甘棠书系

清人联语别集笺注

俞樾联语笺注

主编……常江
笺注……俞劭华

广西美术出版社

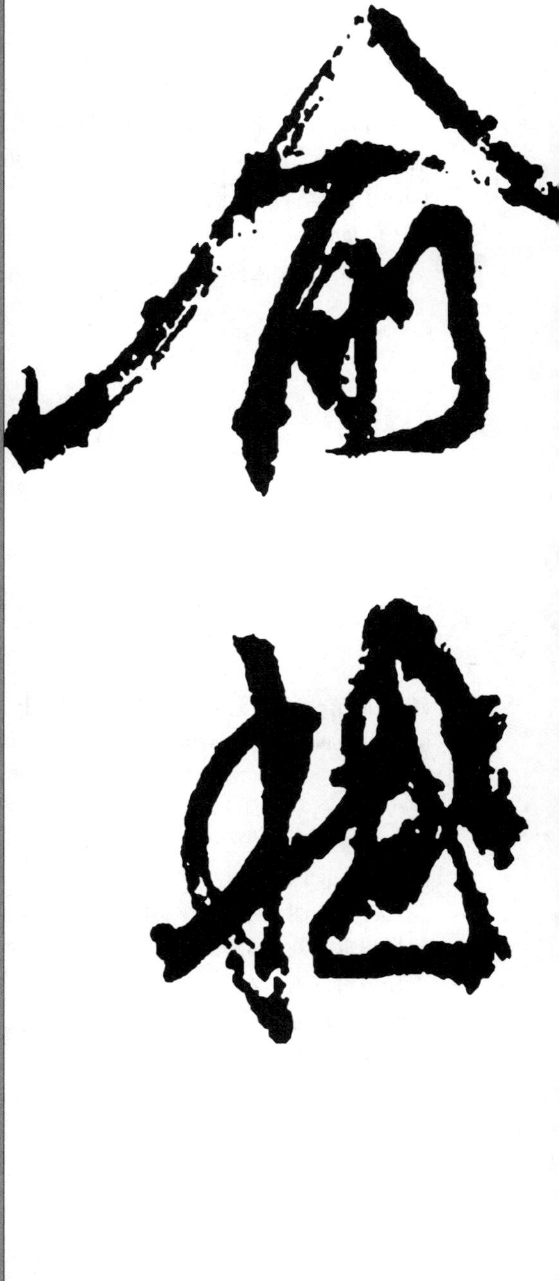

图书在版编目（CIP）数据

清人联语别集笺注. 俞樾联语笺注 / 常江主编；俞劭华笺注. -- 南宁：广西美术出版社，2025. 5.

ISBN 978-7-5494-2984-4

Ⅰ. I269.6

中国国家版本馆CIP数据核字第2025E04Y62号

清人联语别集笺注 **俞樾联语笺注**

QINGREN LIANYU BIEJI JIANZHU YU YUE LIANYU JIANZHU

主　　编：常　江

笺　　注：俞劭华

出 版 人：白竹林

总 策 划：谢　冬　杨　勇

策划编辑：刘　丽

责任编辑：刘　丽

书籍设计：陈　凌

美术编辑：李　冰

校　　对：王雪英　梁冬梅

监　　制：黄庆云　莫明杰

出版发行：广西美术出版社

地　　址：广西南宁市青秀区望园路9号

邮　　编：530023

印　　刷：广西民族印刷包装集团有限公司

开　　本：787 mm × 1092 mm 1/16

字　　数：730千字

印　　张：35.75

版次印次：2025年5月第1版第1次印刷

书　　号：ISBN 978-7-5494-2984-4

定　　价：108.00元

甘棠书系

“清人联语别集笺注”编委会

俞樾像

总序

忘记是摄影还是绘画，也忘记在何时何地看到：一棵树，独绿于沙漠之上、阳光之下，亮丽，抢眼，比起“万绿丛中一点红”，多了几分震撼。

我曾久久地看着、想着、回味着，突然觉得那棵树是棠树，有很大很大树荫的棠树。那树下坐着办公的，不再是召公，而是得到召公遗爱的一群当代人。他们没想到治国安天下，只是将甘棠作为一种理念与信仰，在商量并且付诸行动：在棠树周围种出一片片联林，越种越远；这些树木，要常青常绿，高品质，高追求，以新的风景，改变“局部小气候”。

甘棠人开辟出的第一片风景，是“甘棠奖”。这个奖是不是权威，要历史认定，但它确定是高尚的：获奖者不是凭一副联，而是从年度作品中自选十副得意之作，靠的是整体水平；评奖者是个庞大的团队，几乎代表了时下楹联创作和研究的“天花板”，且见不到一位“楹联官员”的名字，却有诗词大家的位置，因此，他们的投票情况是敢于公布的；参加颁奖典礼的楹联人，竟可以享受走蓝地毯这样崇高的礼遇。

谁能想到，楹联创作的风景如此美好。

甘棠人开辟出的第二片风景，是“甘棠丛书”。出版丛书，是个长远的计划，有诸多的项目，恕我不能详加介绍，否则，既不符合甘棠人“做了再说”的风格，也让出版社的选题过早暴露。但第一个项目“清人联语别集笺注”丛书已经问世，是一定要说说的。

我曾经和许多人一样，对于各种文学史不收入楹联而愤愤不平，直到现在，如果哪种文学断代史、文学类型史说上几句楹联，我们都会报以热烈掌声，仿佛得到了高度认可，甚至某种胜利。可我们却从来不想想，怎么写进去，写什么进去。文学史的内容，主要就是作家与作品。假如我是一个工匠，要砌“文学史”这面墙，“杜甫诗”“稼轩词”大可放心使用，但拿起大名鼎鼎的“苏轼楹联”这块“砖”，你敢砌进去吗？苏轼是位雅人、俗人都喜欢的人物，他虽命运多舛，却是人们茶余饭后的喜剧角色，关于他的对联传说，是文人笔记中“蹭热点”的话题，到底哪些是真、哪些是假，没有人梳理过。把这样的“砖”砌进墙里，终成破洞；砌进堤内，终成管涌。难过的是，楹联界所谓“历代名人”的联语，几乎都没有被认真梳理过，满地都是“碎砖头”。全都凑凑合合堆进去，“文学史”岂不是“豆腐渣工程”？

平心而论，在当代楹联发展的早期，有心人注重搜集、出版各类楹联作品集，是有积极作用的。出现“听风就是雨”“不问青红皂白”“多多益善”的现象，也情有可原。几十年了，各地出版“集成”的高潮已经过去；该争论的话题，似乎永远不会停止；振奋人心的预言，留给未来。当下，有志于楹联文化的人，该重新考虑“楹联作家和作品”这一永恒的主题了。不研究“楹联作家和作品”，中国楹联史就没办法落笔；没有楹联史，楹联学就会残缺；不搞楹联学，楹联界还有什么“学术”可言？

然而，研究“楹联作家和作品”，很难，也很复杂。搜寻、整理、辑佚、增补就已经很不容易了，点校、辨伪、考讹、笺注更不是人人都敢碰的。研究“楹联作家和作品”要具备三个条件：有一个好的作品底本，可以与其他本子参校；有关于作家的丰富的史料，可以详尽地对照取舍；有一批具备历史眼光、学问功底和坚强毅力的学者，互相助力。

当甘棠人认识到“楹联作家和作品”的巨大价值和潜在意义之后，

便又一次聚集在棠树下。那里已经有创作团队，是活跃在联坛上的中坚力量；也有评审团队，是威望重、素养高、创研俱佳的诗联宿将；还有眼力独特、思维全面的甘棠风景的设计者。如今又有一些成就斐然的中青年学者，与德高望重的老先生们一起整装出发，去组建甘棠大军的先头部队，完成“清人联语别集笺注”丛书，努力让那些“养在深闺人未识”的对联集尽早地“飞入寻常百姓家”。按着规划，清人的作品集将分批出版，最先与读者见面的是张之洞、范当世、王闿运、俞樾、梁章钜等人的作品，成熟一批，出版一批，出版顺序与联家的社会地位、影响程度、作品高下毫无关系。

这样的系统工程，诗词人早就完成了，为诗史、词史提供了稳妥的资料，并积累了宝贵的经验。楹联界似乎才刚刚开始，亡羊补牢吧，该做的总要做，也总要有人来做。我们给这套书的定位是：既有史料意义，又有阅读价值，还能发挥一定的学术引导作用。

欢迎更多的朋友到棠树下聚合，甘棠人，永远在创造新风景的路上。

常江

癸卯二伏于北京丰台两栖轩

序

虽然我也姓俞，也是浙江人，而且出生于俞樾的家乡德清的邻县崇德（在俞樾所在的年代叫“石门”，民国时期恢复叫“崇德”，20世纪50年代后期并入桐乡），但是我对俞樾的了解却很晚。

2008年，承蒙刘太品先生赠我《名家联集丛编》第一辑，我这才开始对作为晚清对联大家的俞樾的了解。当年8月，我在中国楹联论坛开帖《读〈春在堂楹联录存〉杂记》，大致以每天两联的速度更新。文章的内容或注释，或考证，或评点，或兼而有之，总之是杂乱无章。到第二年6月，经过近十个月的写作，除附录的六百多副集字联外，全部读完。当时的网络资料远没有现在丰富，其间查找检索的艰辛，可说是一言难尽。好在这是写“杂记”，不妨扬长避短。对于查不到的内容，尽可以避而不谈，甚至可以公然说“某某不知何许人也”“此事未知出于何典”等等。尽管如此，这十个月所下的功夫，对于拓宽我的知识面，对于增进我对俞樾的了解，都是大有裨益的。

随着对俞樾的了解，特别是对俞樾在对联方面情况的了解，我发现俞樾在对联创作的很多方面有着较为显著的个人特色，并有一些开创性的成就。

作为海内外知名的大学者，俞樾对对联、小说等“杂学”也有浓厚的兴趣。他是同时代对联大家中为数不多的自行结集对联作品的人之一，而且还结集了多次。这一点似乎还无人能出其右。目前我能看到的较早的《楹联录存》是三卷本的，其内容远较后来的五卷加附录的本子少。除第三卷为集字联，第二卷的最后一联是“严缁生庶常六十寿联”。根据严辰的出生年份推算，此联当创作于1881年。这个版本也应该是结集于1881年或稍后，结集的时间离俞樾去世还有二十多年，可说是相当早的了。

俞樾1890年创作的“西湖彭玉麟祠堂联”，长达三百一十四字，在当时是最长的。全联布局得当，脉络清晰，文字典雅，对仗也甚工整，连不规则重字也只有“尚”“台”“于”三个，在没有重字检索软件的古代，甚属不易。

在这副“彭刚直公祠联”中，俞樾使用了“尚书剑履，回翔上接星辰；少保旌旗，飞舞远临海澨”与“粤峤初还，举足已怜鳖躄；吴阊七至，发言亦觉含糊”

相对的自对句式，这在当时还相当罕见。而且早在1871年的“恽次山抚部挽联”中，俞樾就已经使用了以“大雅宏达，是名翰林；清通简要，是真吏部；严明仁恕，是封疆重臣”与“论芸香俸，为前后辈；编花萼集，为同年生；订缟纻交，为吴中老友”相对的自对句式。作于1873年的“潘母汪太宜人挽联”，也采用了以“叹膝下佳儿，止存双凤，闺中贞女，先跨孤鸾”与“算萱花慈寿，已过七旬，桐树孙枝，刚符八士”相对的自对句式。虽然这种句式在钟云舫的几副长联中屡次出现，但是比之俞樾则晚了十几年到二十几年。说俞樾开了这种自对句式的先河，应该是不为过的。

在对联创作中，相较于声律，俞樾对对仗要重视得多。在俞樾的联中，常常可以见到对仗方面夺人眼目的亮点。对于数目字、方位字、颜色字等在对仗方面最为敏感的字，俞樾几乎总是采用小类工对。即使是敏感度稍次一等的天文字、动物字、植物字、干支字等，俞樾也几乎总是采用小类工对。有时是一个词语的两个字都采用小类工对，如以“丁卯”对“甲辰”、以“跨鹤”对“离鸾”、以“萱草”对“桃花”、以“齿杖”对“牙琴”等；有时是在一个词语的两个字中，敏感度较高的字用小类工对，另一个字用邻对或宽对，如以“花县”对“薤歌”、以“桐孙”对“蒲酒”、以“萤窗”对“鹤发”、以“青山”对“红药”等。两种不同的对仗处理，一个工稳，一个灵动，各极其妙。

俞樾尤其擅长的是借对的使用。通过一两个字的借对，形成对仗方面的亮点，或工稳，或灵动，有的甚至巧不可阶，令人叹为观止。比如以“苏公千载后”对“桂子一轮秋”，以“奉檄丁沽”对“鸣琴子舍”，以“衣锦喜荣归”对“报罗惊大去”，以“花砖接武”对“棘院衡文”，以“看令子六旬舞彩”对“卜良辰四月称觞”，以“白苏旧治”对“黄菊新花”，以“日下兰孙”对“月中桂子”，以“临淮李”对“召伯棠”，等等，都是非常工巧的借对。

在俞樾的对联中，声律方面有瑕疵的作品不时可见。毫无疑问，以俞樾丰富的腹笥和卓越的文字驾驭能力，绝大部分瑕疵是完全可以修改掉的。之所以我们现在还能见到，“是不为也，非不能也”。这个就是一些后人所说的俞樾在对联声律方面的“率意而为”。如果深入一步来分析，我们可以发现，俞樾的这个“率意而为”是分情况的。就题材而言，用于较为庄重的场合，需要长期悬挂的对联，比如祠堂联、庙宇联等，俞樾往往并不“率意而为”；而在一次性使用的挽联和寿联等方面，则较多地出现“率意而为”。就句式而言，对于诗词句式、辞赋句式的联句，俞樾往往会令其声律严谨；而对于古文句式的联句，俞樾则最为“率意而为”的。就文字在联句中所处的位置而言，对于联末和句脚的声律相对，俞樾往往会相当注意；而对于联句中节奏点的对句声律相对和本句声律交替，俞樾则容易“率意而为”。最明显的例子是俞樾曾为了声律关系而调整了一副集句联中唐人张蠙“不离三亩地，似入万重山”这两句诗的次序，并明确说：“惟张句上下易置，则以楹联体裁须谐平仄耳。”这些现象提示我们，在没有明确的对联写作规则的古代，对联大家们各有自己的一定之规。这个一定之规，往往大同而小异。在总体相近的前提下，有的严格一些，有的宽松一些；有的在此方面严格一些而在彼方面宽松一些，有的在彼方面严格一些而在此方面宽松一些。俞樾则是在对仗方面颇为严格而在声律方面尤其是句中平仄安排方面相当宽松的一位。

文学鉴赏本属仁者见仁、智者见智，并没有统一的标准，必然要受到鉴赏者的理念、喜好的影响。本书的赏析部分纯属一家之言，或许可以为一部分初学者提供一些对联创作的门径，或许可以引起一部分同好者的共鸣。苟能如此，斯愿已足。附录部分的集字联，只作了必要的注释，而没有作赏析。

这里想说一点题外话。俞樾自己已经对其对联多次结集，那么是否还有散佚于《楹联录存》集外的作品呢？从目前掌握的情况来看，显然还是有的。一是少数散见于多家联话、笔记的俞樾联作，未见于《楹联录存》。如著名的俞樾挽妻联“四十年赤手持家，君死料难如往日；六旬人白头永诀，我生谅亦不多时”，在《楹联录存》中就找不到。二是俞樾的一些亲友或有交往的重要人物去世，俞樾照理应该有挽联的，《楹联录存》里没有。如同治九年（1870年）两江总督马新贻遇刺身亡。当时俞樾在苏杭两地居住，不可能不知道消息。而俞樾任杭州诂经精舍山长是时任浙江巡抚马新贻所聘。按理这副挽联是应该有的，《楹联录存》里却没有。三是散见于俞樾的其他著作，而某种原因没有收入《楹联录存》的联。如在《春在堂尺牍》俞樾致汪鸣銮书中，记录了一副俞樾旧句，汪鸣銮书写的题右台仙馆联“曾闻古有归真室；已视身如不系船”。四是从俞樾的书信中可以见到俞樾曾随信寄出了对联（信中没有记载联文），而在《楹联录存》中找不到相对应的联。如果有心人能够从俞樾的其他著作、书信，晚清及民国的联话、笔记、荣哀录，以及俞樾的各种书法拍卖品中大海捞针般地找出俞樾散佚于《楹联录存》之外的对联，并加以必要的考证、辨别，应该是一件功德无量的大好事。

俞樾生于清道光辛巳年十二月初二日，至今年岁在辛丑，恰是其二百周年诞辰。本书能于此时完稿，于巧合之外，或可算作献给曲园老人的一件小小的生日礼物。

俞劭华

辛丑七月于重庆巴南

凡例

一、本书以《名家联集丛编》第一辑（刘太品主编，常江终审。诗联文化出品，2008年4月）中的《楹联录存》为底本，用能找到影印本的一种五卷加附录的完全本和一种早期的三卷本加以校对，择善而从。

二、对底本中标点欠当之处，径行改正，不出校记。

三、用简体字出版，故附录部分的集字联也没有使用与碑文原文一致的繁体字或异体字。

四、对所涉及的人物、事件、地名、典章制度、典故等加以注释，对引用、化用的古诗文给出出处，一般不重复加注。

五、从思想性和艺术性两方面对联作进行解析，具体到每一联，各有侧重，不追求面面俱到。对附录的集字联，只作了必要的注释，没有作解析。

六、从俞樾的其他著作中搜集到的《楹联录存》未收录而确实可信的俞樾对联十二副，附于书尾。

目　次

楹联录存一

楹联录存二

楹联录存三

楹联录存四

楹联录存五

楹联附录

《楹联录存》集外联

附录

楹联录存一

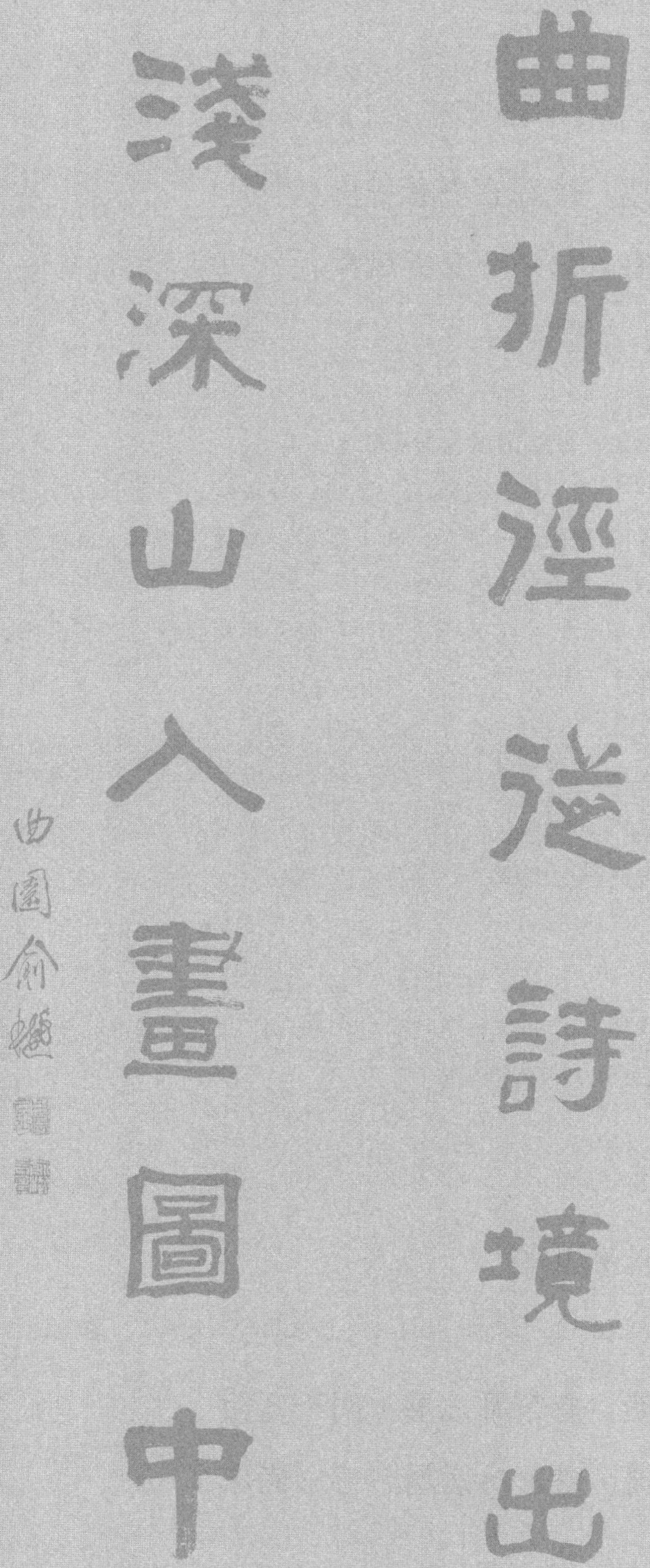

新安孙莲叔观旭楼联

莲叔有小楼，可观日出，署曰“观旭”。余甲辰岁曾宿其中，适大风竟夕，遂题此联。故人马谦香孝廉极赏之，故至今犹未忘也。

高吸红霞，最好五更看日出；

薄游黄海，曾来一夕听风声。

【注释】

新安：古地名，所辖范围包括安徽休宁县。

孙莲叔：据俞樾《春在堂随笔》记载，孙殿龄，字莲叔，安徽休宁人，1820年生（年长俞樾一岁），出身富家。俞樾在“新安汪氏”家教书时，与孙交好，“有异姓昆弟之约”。

甲辰岁：中国古代使用的干支纪年年份。此处指清道光甲辰年，即1844年。联即作于此时。

马谦香：马晋藩，字谦香，举人，其余不详。

孝廉：举人的别称。秀才经过省一级科举考试（乡试），考中的称为“举人”。

黄海：黄山云海（离休宁不远）。

【解析】

上联写“观旭”；下联写当时实事，并以作者自己融入联中。对仗工处极工，随意处也极随意，很值得玩味。

孙莲叔红叶读书楼联

此莲叔读书处也。楼凡三折，故其家人呼之曰“曲尺楼”。客至辄留宿其上。

仙到应迷，有帘幕几重、阑干几曲；

客来不速，看落叶满屋、奇书满床。

【注释】

不速：没有邀请。汉马融解释《周易·需》中“有不速之客三人来”云：“速，召也。”

【解析】

上联写实，状其“曲尺”；下联切楼名。下联后八字句中平仄不交替，值得注意。因为以俞樾之才，如果要做到平仄交替，当不为难（比如改为“奇书满榻、落叶满楼”），而没有做到，似乎提示了他认为这样写也是没有问题的。

新安汪村关庙联

庙在汪村水口，并祀张睢阳，上有文昌阁。

威名满华夏，真义士，真忠臣，若论千载神交，合与睢阳同俎豆；

戎服读春秋，亦英雄，亦儒雅，试认九霄正气，常随奎壁焕光芒。

【注释】

关庙：关帝庙的简称，供奉三国蜀汉关羽的庙宇。

汪村水口：休宁县的小地名，在休宁西南部。

张睢阳：唐代张巡，在安史之乱时以死守睢阳、宁死不屈著称。

文昌阁：供奉文昌帝君的建筑。文昌帝君是传说中主宰禄位和功名的神仙。

威名满华夏：化用《三国志》“（关）羽威震华夏”之文。见《三国志·关羽传》。

俎豆：古代祭祀时使用的两种器皿，代指奉祀。

戎服读春秋：《春秋》是儒家六经之一，记载春秋时期各国历史的经典。《三国志·关羽传》裴松之注引《江表传》的记载：“（关）羽好《左氏传》，讽诵略皆上口。”《左氏传》即对《春秋》的“传”，旧传《春秋》为左丘明所撰。

奎壁：二十八宿的奎宿和壁宿。古人认为此二宿主文运。

【解析】

上下联分别从武、文两个方面写关羽，上联照应张巡，下联照应文昌，章法井然。所谓面面俱到，确切不移。

河南汝州关庙联

吾乡人之商于汝者，以此庙为公所。丙辰年余行部至此，乡人乞题。

庙貌遍尘寰，此间地接许昌，请看魏国山河，徒留荒草；

轺车遵汝水，使者家居苕霅，愿与故乡父老，同拜灵旗。

【注释】

汝州：清代河南省的直隶州，下辖鲁山、宝丰、郏县、伊阳四县。

公所：此指在汝州经商的浙江湖州同乡的办公、聚会场所，类似于会馆。

丙辰年：指清咸丰丙辰，即1856年。联即作于此时。

行部：官员巡行视察所管辖的地区。俞樾时任河南学政，负责全省的教育工作，需要到各地去视察和主持考试。

地接许昌：许昌是东汉末年汉献帝时期的京城（曹操“挟天子以令诸侯”即在此地），在清代为许州，是河南省直隶州，与汝州相邻。

轺车：使者所乘的马车。学政亦称“督学使者”。

汝水：古水名，流经汝州。

苕霅：苕溪和霅溪，在浙江湖州境内。俞樾家乡德清在清时属湖州府，也在此二水的流域之内。

【解析】

上联紧扣庙的所在地汝州“地接许昌”的特点，形成关庙与“魏国山河，徒留荒草”的强烈对比；下联因为此庙已经成了在汝州的湖州商人的“公所”（会馆），所以基本上是会馆联与庙宇联的综合写法。

苏州积功堂联

乃掩骼埋胔之公所也。司事者乞题。

积累譬为山，得寸则寸，得尺则尺；

功修无幸获，种豆是豆，种瓜是瓜。

【注释】

积功堂：慈善机构。因为从事慈善活动是积功德的，故名。

掩骼埋胔：此指掩埋无人埋葬的尸体。

【解析】

此联语言平实，但语意精警，联首嵌字也相当自然。

舅氏平泉姚公挽联

公于诸甥中极赏余，有天才之叹，以第四女女焉。又尝著《畴经》，衍九畴为八十一畴，命余成其书。至今不果。无以见公地下矣。

宅相托空谈，想盛德如公，后起自应能继美；

馆甥承谬爱，愧畴经付我，至今犹未有成书。

【注释】

舅氏平泉姚公：俞樾的舅舅兼岳父姚光晋，字仲瑜，号平泉。

以第四女女焉：第二个女字是把女儿嫁给某人为妻的意思。姚光晋的第四女名姚文玉。

九畴：传说中上天赐给禹的治理天下的九类大法。见《尚书·洪范》。

宅相：用《晋书·魏舒传》之典，相宅的人认为魏舒外祖母家住宅的风水好，要出“贵甥”。外祖母认为会应在从小住在她家的魏舒身上。魏舒说：“当为外氏成此宅相。”也用作外甥的代称。

馆甥：女婿的别称。典出《孟子·万章下》：“舜尚见帝，帝馆甥于贰室。”

【解析】

联语是挽联的常规写法，没有特别出彩之处，但是几处局部对仗的工整还是很见功力的。

苏州漱碧山庄联

潘玉泉观察索题。不知其为谁氏之庄也。

丘壑在胸中，看垒石疏泉，有天然画意；

园林甲吴下，愿携琴载酒，作人外清游。

【注释】

潘玉泉：潘曾玮，字宝臣，号玉泉，江苏吴县（今苏州）人，有记名道员的身份。

观察：道员（道台）的别称。因清代道员的职权与古代观察使大体相似，故用作别称。道员是正四品官。

吴下：苏州的别称。苏州的别称尚有“吴中”“吴阊”“金阊”“姑苏”“茂苑”“苏台”等。

【解析】

很有趣的一点是，俞樾“不知其为谁氏之庄也”，也就是说他没有到过这个漱碧山庄，而且这个漱碧山庄也没有什么知名度。看来此联是俞樾按照一般苏州园林的特点，加上对“漱碧山庄”这个名字的想象或者还有潘曾玮的一些简单的口头介绍而写的。因此，他巧妙地避免进行细致的景物描写，上联称赞园林的设计者，下联称赞园林，表示自己希望去游玩。真正的写景只有“垒石疏泉”四个字。苏州园林普遍有假山，而既然名为潄碧山庄，有水是必然的，这样写完全可以保证不会说错话。但是这样写也有弊端，就是由于无题可切，几乎可以挂在很多苏州园林里。

潘玉泉观察五十寿联

观察乃相国文恭公之第四子。此联丁禹生中丞极赏之，然观察谦不敢当，悬未久即撤去。

以名父子，生宰相家，有德业事功，文章气节；

当中兴年，祝无量寿，是英雄儒雅，富贵神仙。

【注释】

相国文恭公：指潘曾玮之父潘世恩。他是乾隆五十八年（1793年）癸丑科状元，曾任体仁阁大学士、军机大臣，文恭是他的谥号。

丁禹生：丁日昌，字禹生，亦作雨生，广东丰顺人，时任江苏巡抚（驻苏州）。

中丞：明、清巡抚的别称。清代巡抚是主管一省的最高官员。巡抚一般挂兵部侍郎（所以有时也称巡抚为“抚部”）和都察院右副都御史衔，右副都御史相当于古代的御史中丞，所以常称巡抚为“中丞”。巡抚是从二品官。

中兴年：潘曾玮生于1818年，此联应作于1867年，其时太平天国已经被消灭，北方的捻军也已是强弩之末（第二年就被消灭了），正是“同治中兴”时期。

【解析】

此联中规中矩，切其家世，也切当时形势，但是有吹捧过度之病（这也几乎是应酬联的通病）。潘曾玮的道台是捐来的，虽然也有些著作，但并不以文章驰名，上下联结尾的十六个字是绝对当不起的，怪不得要“悬未久即撤去”了。

许信臣抚部七十寿联

抚部善谈名理，能以《周易》及《大学》《中庸》说释典。余戊辰年主其家旬日，抚部每夕出谈，娓娓可听也。

前词苑，后封疆，频年养望湖山，绿野优游，共推老福；
内儒书，外释典，每夕纵谈名理，青灯滋味，还似儿时。

【注释】

许信臣：许乃钊，字信臣，号贞恒，浙江仁和（今杭州）人，道光十五年（1835年）乙未科进士，入翰林，曾任江苏巡抚，时已革职家居。

《周易》《大学》《中庸》：儒家经典。《周易》属六经之一；《大学》《中庸》属四书。

释典：佛教经典。

戊辰年：指同治戊辰年，即1868年。许生于1799年，至此年正好七十岁（虚岁，下同）。联即作于此年。

主其家：在其家做客。

词苑：指翰林院。翰林院的别称很多，除词苑外，如词馆、词林、玉堂、蓬瀛、芸馆、芸署等皆可用以指翰林院。

封疆：指巡抚、总督等封疆大吏。

绿野：绿野堂，唐朝名相裴度晚年在洛阳所建的别墅。

【解析】

上联从许的经历说到晚年悠闲的林下生活，归结到老福。下联涉及双方交往，重点在赞许“善谈名理”，亦属寿联的常规写法。以裴度绿野相比，稍嫌逾分，但也是应酬联常见的，算不得毛病。对仗方面，前两句的自对和“频年”与“每夕”之对、“绿野”与“青灯”之对，可称亮点。

吴母朱太夫人七十寿联

太夫人乃平斋观察之继母。其孙广庵刺史亦成进士，官吴中矣。夫人以五月八日生。余与平斋交，因进此联为寿。

有子宦三吴，喜从前治谱流传，已见桐孙能济美；

后佛生一月，愿自此慈容矍铄，长将蒲酒祝延龄。

【注释】

太夫人：古代对官员家命妇的封号，不同品级的官员的妻子、母亲、祖母有不同的封号。“命妇之号九：一曰一品夫人，二品亦曰夫人，三品曰淑人，四品曰恭人，五品曰宜人，六品曰安人，七品曰孺人，八品曰八品孺人，九品曰九品孺人，不分正从。因其子孙封者加‘太’字，夫在则否。”见《清史稿·职官志》。

平斋：吴云，字少甫，号平斋，浙江归安（今湖州）人（一作安徽歙县人），捐纳出身，官至苏州知府（有道员衔）。知府是从四品官。

其孙广庵：吴云之子吴承潞，字广庵，号慎思，同治四年（1865年）乙丑科进士，时官江苏太仓直隶州知州。

刺史：古代州的长官。清代的直隶州虽然比前代的州小，但也往往用刺史、直牧（直隶州州牧）作为直隶州知州的别称。直隶州知州是正五品官。

三吴：古地区名，不同时代所指范围有所不同。此处泛指苏南、浙北一带。

治谱：称颂他人父子兄弟居官有治绩。典出《南齐书·良政传·傅琰》：“（傅）琰父子并著奇绩，江左鲜有。世云‘诸傅有《治县谱》，子孙相传，不以示人’。”

桐孙：对他人孙子的美称。

济美：指后代能继承先人志业，发扬光大。出自《左传》之“世济其美，不陨其名”。

后佛生一月：传说佛祖生日为农历四月八日。吴云之母生日为五月八日，故云。

矍铄：形容老人目光炯炯，精神健旺。典出《后汉书·马援列传》：“（马）援据鞍顾眄，以示可用。帝笑曰：‘矍铄哉！是翁也。’”

蒲酒：菖蒲酒，端阳节饮。因吴母生日为五月八日，近端阳节，故云。

【解析】

古代妇女往往没有自己的事业，因此给妇女贺寿的联往往只好从她们的父亲、丈夫、儿子身上着笔。上联就是从太夫人的儿子和孙子都在江苏做官来写的。下联则从太夫人生日是五月八日，恰好比佛诞日四月八日晚一个月上着笔，而“蒲酒”则是从生日接近端阳节联想到的，也算得是很具巧思的了。以“桐孙”对“蒲酒”，极大地改善了工整程度，可见前人对对仗的讲究。

冯室徐恭人挽联

恭人乃冯少渠明府之室，有贤德，且善词章，工书法。其子听涛茂才曾从余游，颇有声，乃母教也。

为名门大妇，为剧县小君，而疏食，而布衣，尽洗庸庸脂粉气；

以官箴勖夫，以家学课子，是令妻，是贤母，长留落落孝慈声。

【注释】

冯少渠：浙江仁和（今杭州）人，知县。据《江苏省通志稿·职官志》，自同治中期至光绪初，有浙江仁和人冯渭在江苏新阳、丹徒、丹阳、青浦等县任知县，或是此人。

明府：知县的别称。知县的别称还有“县令”“大令”“百里侯”等。知县是正七品官。

其子听涛：冯崧生，字听涛，浙江仁和人，俞樾在杭州诂经精舍的学生（“从余游”是俞樾作为老师谦虚的说法），“俞门八俊”之一，光绪元年（1875年）乙亥恩科乡试中举，次年成进士，官翰林院检讨。

茂才：秀才的别称。因东汉时避光武帝刘秀之讳，秀才改称“茂才”，后世就成为秀才的别称。清代读书人经过县试、府试、院试合格后称为“秀才”，亦称“生员”。中秀才亦称“进学”“游泮水”“补博士弟子员”等。

剧县：汉代将县分为剧县和平县。剧县指县情复杂、政务繁忙的县。

小君：周代指诸侯之妻。因当时一些较小的诸侯国大体上就相当于后来一个县那么大，所以后世也以“小君”称知县之妻。

疏食：蔬食。“疏”古同“蔬”。

【解析】

上联说勤俭持家，下联说相夫教子，古代挽妇女的联也大都只能这样写。两组自对均相当工整。但此联“挽”的气氛过淡，只有“长留”二字稍稍有一点“挽”的味道，或可算是不足之处。

李太夫人七十寿联

太夫人生六子。长君筱泉中丞方抚吾浙，次公少荃相国以大学士、肃毅伯督两湖，家门之盛甲海内。己巳二月三日，为太夫人七十生日，余与相国为甲辰乡榜同年，而又承中丞知爱，延主讲席，故为二联，一致中丞，一致相国也。

起居八座，亦多寿，亦多男，先百花生日，祝慈荫长春，凤舞鸾歌，遍浙水东西，洞庭南北；

文昌六星，有上相，有上将，以万石家风，佐熙朝景运，玉昆金友，比荀龙减二，贾虎增三。

花下板舆来，自皖而两浙，而三吴，而潇湘洞庭，数千里瞻拜慈云，凤鸟舞，鸾鸟歌，颂无量寿佛；

床头朝笏满，有子为宰相，为节度，为观察转运，五百年特钟间气，玉策贤，金策圣，作中兴名臣。

【注释】

长君：指弟兄中的老大。

筱泉中丞方抚吾浙：李瀚章，字筱泉，安徽合肥人，李家长子，拔贡出身，时任浙江巡抚。

次公少荃相国以大学士、肃毅伯督两湖：李鸿章，字少荃，李瀚章之弟，道光二十七年（1847年）丁未科进士，入翰林，因平定太平天国和捻军之功被封为肃毅伯，协办大学士（清代不设宰相，习惯上把大学士称为宰相），时任湖广总督。总督为一省或二三省的最高军政长官，一般挂兵部尚书和都察院右都御史衔。总督常被称为“制台”“制军”“督军”等。肃毅伯是五等封爵公、侯、伯、子、男之一。

己巳：指同治己巳年，即1869年，联即作于此时。

甲辰乡榜同年：俞樾和李鸿章都是在道光甲辰年（1844年）参加本省乡试中的举人。因此，两人就有了同年这种科举时代特有的社会关系。

承中丞知爱，延主讲席：指李瀚章任浙江巡抚时请俞樾担任杭州诂经精舍山长之事。

八座：八抬大轿。

先百花生日：一说农历二月十二日为百花生日。李太夫人生于二月三日，故曰“先百花生日”。

凤舞鸾歌：美妙的歌舞。出自唐宋之问《太平公主山池赋》：“凤舞鸾歌兮俨欲飞，披烟弄月兮宵未归。”

文昌六星：《史记·天官书》有“斗魁戴匡六星曰文昌宫：一曰上将，二曰次将，三曰贵相，四曰司命，五曰司中，六曰司禄”。此指李家六个儿子。

万石家风：东汉石奋与四个儿子都官至二千石（二千石是汉代官员俸禄的一个级别，大致相当于后世的知府），被称为“万石君”。

熙朝：兴盛的朝代，常用作对本朝的美称。

玉昆金友：对他人兄弟的赞美，典出前凉辛攀兄弟三人被称为“三龙一门，金友玉昆”。见《十六国春秋·前凉录·辛攀》。

荀龙减二、贾虎增三：东汉荀淑有八个儿子，“时人谓之八龙”，见《后汉书·荀淑传》。东汉贾彪三兄弟“并有高名”，被世人称为“贾氏三虎”，见《后汉书·党锢列传·贾彪传》。而李家是六个儿子，故曰“减二”“增三”。

板舆：亦作版舆，古代一种人抬的代步工具，常用于老年人出行。代指官员迎养父母。

两浙：浙东、浙西合称。

床头朝笏满：用满床笏之典，出自《旧唐书·崔义玄传》，崔义玄子侄辈多人为官，“每岁时家宴，组珮辉映，以一榻置笏，重叠于其上”。

节度：节度使。此指李瀚章的巡抚身份。

观察转运：观察即道员，此指任职甘肃甘凉道的李家老三李鹤章。转运即都转盐运使，此指任此官职的李家老六李昭庆。都转盐运使是从三品官。

钟间气：旧谓英雄豪杰上应星象，禀天地特殊之气，间世而出。

【解析】

作为应酬联，这两联并无新意，且有过度吹捧之嫌。但是在使事用典、切地切时、对仗处理等方面都显示出了俞樾很深厚的功力。

又

代许信臣前辈作。

入鼎鼐，出封疆，看膝前将相成行，武达文通，佐一代中兴大业；

月初三，春未半，祝堂上佛仙齐寿，玉牙金齿，开八旬曼衍遐龄。

【注释】

前辈：按照翰林院的规矩，新翰林称早一科以上的翰林为“前辈”，称早三科以上的翰林为“老前辈”。

鼎鼐：代指宰相。因宰相有“调和鼎鼐”的职责。此指任协办大学士的李鸿章。

武达文通：凭武略或文学致高位。典出《南史·檀珪传》，檀珪与王僧虔书曰：“仆一门虽谢文通，乃忝武达。”

玉牙金齿：牙齿坚固洁白，代指身体康健。

开八旬：过了七十岁，开始了第八个十年。白居易六十岁时有诗“年开第七秩，屈指几多人”。此处因平仄关系，不用秩，而用旬。

遐龄：高寿。出自《魏书·常景传》：“以知命为遐龄，以乐天为大惠。”

【解析】

上联称赞其出将入相、文武双全的儿子们；下联切生日并祝长寿（遐龄），用“开八旬”切七十大寿，是古代为妇女祝寿常见的写法。对仗虽然没有特别出彩的亮点，但总体上较为工整。

张仲甫先生八十寿联

先生为前庚午孝廉，至己巳岁行年八十，明年重赋鹿鸣矣。精神渊著，且通内典。所著书甚多，而《春秋属词辨例》六十卷尤为巨制。乱后毁其版，拟重刻之，然非容易也。

万卷拥书城，精神满腹，著作等身，积卅年雪案萤窗，尤于麟经有得；

两回游泮水，净土潜修，名场倦踏，看明载苍颜鹤发，重歌鹿鸣而来。

【注释】

张仲甫：张应昌，字仲甫，号寄庵，祖籍浙江钱塘（今杭州），1790年生于浙江归安（今湖州），故联应作于1869年（即文中所称“己巳”）。

前庚午：指清嘉庆庚午年，即1810年。张应昌于该年中举。

重赋鹿鸣：科举时代招待新科举人的宴会。因宴会上要歌《诗经》的“鹿鸣”篇，故名鹿鸣宴。此时如果还有六十年前同一个干支年份中举的人在，会邀请他们一起参加，称为“重赋鹿鸣”（也作“重宴鹿鸣”）。

内典：佛教经典。

雪案萤窗：用囊萤映雪之典，此指辛苦著述。

麟经：《春秋》的别称，因孔子作《春秋》，绝笔于“获麟”。

两回游泮水：“泮水”指学宫前的水池。“游泮水”指考中秀才。张应昌距离考中秀才已经满六十年，所以称为“重游泮水”。

净土：此指佛教（佛教有净土宗）。

名场：此指官场。亦可指科场。

【解析】

上联写张的文章著作；下联写张的淡于名利，从已经重游泮水，再预想明年重宴鹿鸣的荣耀，深得赞颂之法。

此联在对仗的细节上非常讲究，“萤”“麟”“鹤”“鹿”四个动物类字之对，尤见功力。

吴母朱太夫人挽联

太夫人为平斋观察之母，广庵刺史之祖母，生于五月八日，卒于六月九日。

有造福三吴之子，又有造福三吴之孙，先后讴歌盈茂苑；

迟浴佛一月而生，再迟浴佛一月而卒，去来踪迹在灵山。

【注释】

浴佛：浴佛节，即纪念佛祖诞生的佛教节日，在农历四月初八日。

灵山：此指佛教圣地印度的灵鹫山。

【解析】

上联和前面的寿联一样，也是从儿子和孙子身上着笔，称赞他们官声好；下联则在生日和忌日上做文章，推出老太太从西方极乐世界来，又回西方极乐世界去的结论，联想可谓巧妙。

此联的前两句，是句中带重言的较为特殊的自对，因重言而不能兼顾句中与句脚的平仄交替，是不得已的。但佛、福同仄，多少要算是一个小小的缺憾。

李薇生太守六十寿联

太守于九月四日生。其先德曾任安徽廉访，有阴德也。

借黄花九秋，祝黄堂千秋，菊部好翻新乐府；

承高门驷马，居高官五马，柏台行绍旧家声。

【注释】

李薇生：李铭皖，字薇生，河南夏邑人，道光二十年（1840年）庚子恩科进士，曾任苏州知府，官至湖北安襄郧荆兵备道。

太守：知府的别称。

其先德曾任安徽廉访：先德是对他人已去世父亲的尊称。廉访是按察使（臬台）的别称。按察使负责一省的监察、司法、驿站等工作，与元代的肃政廉访使职权相近。按察使是正三品官。李铭皖之父李奕畴，字书年，号立斋，乾隆四十五年（1780年）庚子科进士，嘉庆十三年（1808年）曾任安徽按察使。

阴德：只有自己知道，别人都不知道的功德。典出《隋书·李士谦传》，李士谦认为“所谓阴德者何？犹耳鸣，己独闻之，人无知者”。李奕畴任安徽按察使时，曾平反霍邱一件死刑冤案，使五名嫌疑人得无罪释放。

黄堂：古代太守的大堂为黄色，故用作知府的别称。

菊部：指戏班子。

驷马：同拉一辆车的四匹马。

五马：代指知府。因汉时唯太守用五匹马拉车。

柏台：指御史台，因汉时御史台种植柏树。另因树上多乌鸦，亦作乌台。由于按察使也有监察职能，故柏台也可用以指按察使。

【解析】

此联既切生日在秋天，又切寿星与其父的官衔；既祝寿（祝黄堂千秋），又预祝升官（“柏台行绍旧家声”，知府升一级是道台，再升就是臬台），可谓面面俱到。前面的自对部分巧妙地使用重言，后面的七言句对仗也极工整，尤其是“菊部”与“柏台”之对，工巧之极。

江苏臬署联

同年应敏斋任江苏廉访，以署中楹联无佳者，属为更易。辄拟数联诒之，亦未知其果用否也。聊识于此。

听讼吾犹人，纵到此平反，已苦下情迟上达；
举头天不远，愿大家猛省，莫将私意入公门。

右大门联。上联乃旧句，对联余所易也。

读律即读书，愿凡事从天理讲求，勿以聪明矜独见；
在官如在客，念平日所私心向往，肯将温饱负初衷。

右大堂联

且住为佳，何必园林穷胜事；
集思广益，岂惟风月助清谈。

小坐集衣冠，花径常迎三益友；
清言见滋味，芸窗胜读十年书。

右便坐联

【注释】

臬署：按察使（臬台）衙门。

应敏斋：应宝时，字敏斋，浙江永康人，与俞樾同在道光二十四年（1844年）甲辰科乡试中举，故为同年。同治九年（1870年）任江苏按察使，联当作于此时。

听讼吾犹人：子曰“听讼，吾犹人也。必也使无讼乎”。见《论语·颜渊》。

右大门联：古书竖排，从右至左，右即指前。对横排书而言，指上。下同，不一一注明。

且住为佳：集自颜真卿《寒食帖》“寒食只数日间，得且住为佳耳”。

集思广益：化用诸葛亮《教与军师长史参军掾属》“夫参署者，集众思，广忠益也”。

三益友：孔子曰“益者三友，损者三友。友直，友谅，友多闻，益矣”。见《论语·季氏》。

芸窗：书斋。因以芸香驱虫，故称。

胜读十年书：集自北宋魏野诗句“闲听一夜话，胜读十年书”。

便坐：正室以外的房间。司马贞《史记索隐》：“盖谓为之不处正室，别坐他处，故曰便坐。”

【解析】

按察使的主要职责是负责一省的司法，按察司衙门（臬署）的主要工作就是审案子。第一联上联要求审案的官员明白“听讼，吾犹人也”的道理，尽量避免冤案的发生，因为即使最后能够平反，也已经晚了。下联警告审案的官员不要徇私枉法，否则天理不容。全联以意胜，对仗则较为宽松。

第二联也是以劝勉立意的联。苏轼诗有“读书万卷不读律，致君尧舜知无术”之句，是把读书和读律对立起来的，而且是反话。上联则把两者融合起来，说对于司法官员，读书和读律是一回事，办事要按天理，不要自恃聪明而固执己见。下联则希望把做官当做客看待，要记住以往的初衷，不要因为贪图“温饱”而改变。全联全不用典，语言平实而有劝勉深意。虽然内容几乎可以针对任何官员，但是有“读律”二字在，又切得住题。

第三联上联首句用颜真卿《寒食帖》文字，也还罢了。下联首句化用诸葛亮对下属的“教”，真是贴切之极。

第四联“花径”与“芸窗”之对极好。

题便坐的联就和题大门、大堂的联有完全不一样的立意。它着眼于办公场所的俭朴，着眼于对客人的赞扬，着眼于谈话要有利于工作，很值得思考。

许仁山阁学挽联

阁学为余甲辰同年，在翰林则为前辈矣。嗣子奉其丧自京师归，余以此联挽之。

伤心丁卯桥边，萎翣归来从此过；

屈指甲辰榜上，文章遭际似君稀。

【注释】

许仁山：许彭寿，字仁山，浙江钱塘（今杭州）人，原名许寿身，许乃普之子，道光二十七年（1847年）丁未科二甲第一名进士（即传胪），入翰林，官至内阁学士。许卒于1866年11月，联即作于此时或稍后。

阁学：内阁学士的简称。内阁学士是从二品官。

翰林：此指翰林院，也可以指在翰林院任职的人。

阁学为余甲辰同年：许与俞樾同为道光二十四年（1844年）甲辰科举人，故云。

在翰林则为前辈：俞樾中进士、入翰林在道光三十年（1850年），比许晚一科，故云。

嗣子：过继为后嗣的儿子。

丁卯桥：在镇江南门外运河边。是运河水运的必经之地。

萎翣：古代棺材的装饰物，此处代指棺材。

【解析】

此联前一句的对仗工巧之极，令人叹为观止。

朱绩臣处士五十寿联

处士乃采孙孝廉之父，有五子。正月十一日其生日也。

有丹桂五株，共大椿不老；

先元宵四日，祝明月长圆。

【注释】

朱绩臣处士：除本联提供的信息外，其余不详。

采孙孝廉：朱采孙曾在苏州紫阳书院跟俞樾学习过，其余不详。

处士：有才德而隐居不仕的人。

丹桂五株：化用五代冯道诗句“灵椿一株老，丹桂五枝芳”，以切朱有五个好儿子。

大椿：男寿的祝词，用《庄子·逍遥游》“上古有大椿者，以八千岁为春，八千岁为秋”之典。

【解析】

上联化冯道诗切其有五子，用庄子句祝寿；下联切生日，又从元宵联系到“明月长圆”，再次祝寿。章法井然。联中元宵的“元”字，亦可看作借音对（借“玄”字音）。

020

张太夫人八十寿联

太夫人乃友山方伯之母。方伯官刑曹二十年，出守秦中，迁四川廉访使，由广东、安徽方伯移姑苏，而太夫人行年八十矣。方伯与家兄同年，因献此联为寿。

京国奉慈舆，而秦而蜀，而皖粤诸邦，又向三吴开寿寓；

元宵张夜宴，有子有孙，有曾玄继起，行看五代共华堂。

又

慈云从京国而来，为秦蜀皖粤诸大邦，万家生佛；

爱日至苏台更永，与中丞廉访两贤母，三寿作朋。

时丁雨生中丞、应敏斋廉访均有寿母。

【注释】

友山：张兆栋，字伯隆，号友山，山东潍县（今潍坊）人，道光二十五年（1845年）乙巳恩科进士，时任江苏布政使，官至福建巡抚。

方伯：布政使的别称。布政使亦称“藩台”，从二品，是主管一省民政、财政的官员。

刑曹：刑部的官员，如郎中（正五品）、员外郎（从五品）、主事（正六品）等。张曾任刑部主事，后升任刑部郎中。

秦中：陕西。张曾任陕西凤翔府知府。

家兄：向他人称呼自己的哥哥。此指俞樾之兄俞林。俞林，字壬甫，号芝石，道光二十三年（1843年）癸卯科举人，先后任福建沙县、永安知县，厦门海防同知、福州海防同知、漳州云霄同知，官至福宁府知府。俞林与张兆栋是乡试同年。

生佛：本指活佛，亦用以喻有恩德于民的官吏。

爱日：儿子供养父母的时日。典出扬雄《法言·孝至》：“不可得而久者，事亲之谓也，孝子爱日。”

苏台：姑苏台，亦名“胥台”，在苏州西南姑苏山上。传为春秋时吴王阖庐所筑。此代指苏州。

【解析】

两联内容平常，但是其巧妙地组织材料和处理局部对仗却颇有可观。

韩母王太夫人五十寿联

夫人为韩君耀辉之继室。韩君以都司殉难，有五子。长殿甲，记名提督；次殿爵，记名总兵；次晋昌，候补副将；次殿荣，县令；次庆云，直隶州牧。同治九年，夫人年五十。二月二日，其生日也。杜小舫观察与其长君善，属撰此联为寿。

膝前种五树桂，天上拜五花封，正仲春鳦降鹏鸣，共祝五旬寿母；

报国提一旅师，传家罗一床笏，看诸子文通武达，同披一品仙衣。

【注释】

韩君耀辉：韩映奎，字耀辉，安徽寿州（治今寿县）人。咸丰二年（1852年）在武昌与太平军作战时阵亡。

继室：男子在妻子去世后再娶的妻子。

都司：清代武官名，正四品。

记名提督：提督是清代从一品武官，主管一省的军事，受总督领导。记名提督则只有提督的头衔，没有实际担任某地提督的职务。

总兵：清代正二品武官，掌管一“镇”（镇是军队编制单位，相当于后世的师）的军政，受提督领导。

候补副将：副将是清代从二品武官。候补副将则只有副将的头衔，等待现有副将职位出现空缺时递补。

同治九年：1870年。联当作于此时。

杜小舫：杜文澜，字小舫，亦作筱舫，浙江秀水（今嘉兴）人，初为幕僚，后捐纳县丞，时官江苏道员，署两淮盐运使。

五花封：封即封诰。因古代帝王封赠命妇的诏书，以五色金花绫纸制成，故云。

鳦降鹂鸣：鳦即燕子，鹂即黄鹂。

一品仙衣：清代文武官员分一至九共九品，每品又分正和从两个级别。她的长子官提督，是从一品，故云。

【解析】

此联的特点在于材料的组织，由于面面俱到，所以十分切题。另外重言技巧的运用也得心应手。

曾涤生侯相六十寿联

大勇在安民，运际中兴出名世；

小春欣遇闰，天教两度祝延龄。

【注释】

曾涤生：曾国藩，字伯涵，号涤生，湖南湘乡人，道光十八年（1838年）戊戌科进士，入翰林。是晚清名臣，时任两江总督。他也是俞樾会试复试的恩师。

侯相：曾国藩封一等毅勇侯，任武英殿大学士，故称“侯相”。

名世：名高一世。出自《孟子·公孙丑下》：“五百年必有王者兴，其间必有名世者。”

小春欣遇闰：曾国藩生于嘉庆十六年（1811年）农历十月十一日。十月称“小阳春”。曾六十岁在1870年（联即作于此时），该年正好闰十月。

【解析】

上联颂扬曾国藩消灭太平天国的功勋，称其是不世出的“中兴名臣”，也还罢了。下联用1870年闰十月的巧合组织而成，一句“天教两度祝延龄”，可谓颂扬得与众不同。

丁母黄太夫人挽联

太夫人为丁雨生中丞之母。同治九年七月，中丞奉命赴天津。时太夫人已卧病，中丞欲少留一二日，不许。已而病甚，中丞犹在津，秘不使知。乌乎！可谓贤矣。

读晋史慨温峤之绝裾，若膝下牵衣，堂前劝驾，旦夕间促办行装，此事须知足千古；

在圣门有曾母之啮指，乃身膺疢疾，书报平安，巾帼中深明大义，至今传诵满三吴。

又

代友人作。

多寿复多男，有令子，有贤孙，有文孙之孙，五代一堂同躄踊；

教忠即教孝，是严师，是慈母，是众母之母，三吴百越共讴思。

【注释】

同治九年：1870年，联即作于此时。

温峤之绝裾：东晋温峤之母不愿儿子温峤出差而拉住儿子的衣服，温峤“绝裾而去”。见《世说新语·尤悔》。

曾母之啮指：圣人曾子之母因为想儿子而“啮指”，使得“从仲尼（孔子）在楚”的曾子因为“心动”而“辞归”。见《搜神记》。

疢疾：疾病。

巾帼：古代妇女的头巾和发饰。借指妇女。

文孙：对他人之孙的美称。

躄踊：捶胸顿足，很哀痛的样子。

众母之母：古代地方官被称为“父母官”，所以地方官的母亲就是“众母之母”。

百越：古代南方各地的总称。今江苏、上海、浙江、福建、广东、海南、广西和越南北部等地区，古时均为越族所居，故称为“百越”，亦作“百粤”。丁是广东人，故云。

【解析】

第一联是典型的拉人作衬的手法。上联用东晋温峤“绝裾而去”的事，来反衬黄太夫人面对“膝下牵衣”，舍不得离开的儿子，却“堂前劝驾”“促办行装”的公私分明。下联用圣人曾子之母想儿子了还要“啮指”，使得“从仲尼在楚”的曾子因为“心动”而“辞归”的事，来反衬黄太夫人自己已经“身膺疢疾”还要“书报平安”，瞒着儿子的深明大义。二者衬得都相当成功。

第二联无甚新意，但是对仗之讲究和重言的运用却是很值得学习的。

应室凌夫人挽联

夫人为应敏斋同年继室，殁于江苏臬使署。

夜月冷皋桥，尚有余芬留德曜；

秋风鼓庄缶，不堪清泪洒安仁。

【注释】

皋桥：苏州古桥，据说东汉梁鸿和孟光举案齐眉的故事就发生在这附近。

德曜：梁鸿妻孟光字德曜。

庄缶：用“庄子妻死，惠子吊之，庄子则方箕踞鼓盆而歌”之典。见《庄子·至乐》。联中用“缶”字而不用“盆”字，或因照顾平仄之故。

安仁：西晋潘岳字安仁。潘岳妻死，其作《悼亡诗》三首。

【解析】

上联写死者，下联写生者，这是挽联的又一种写法。

用“夜月冷”和“秋风”这样两个凄凉的意象来营造哀挽联所需要的悲情气氛，还是相当成功的。

张友山漕帅五十寿联

时友山新从苏藩迁漕督。十二月十日，其生日也。太夫人在堂，年八十矣。潘季玉观察属余撰此联。

筹添大衍，腊遇嘉平，奉八秩慈亲，鹤发堂前同笑语；

任重漕舻，恩承使节，合三吴父老，骊歌声里颂台莱。

【注释】

张友山：张兆栋。张兆栋生于1821年，联当作于1870年。

漕帅：漕运总督的别称，亦简称“漕督”。主管南方各省经运河向北方运粮的事务。漕运总督通常是正二品官。

苏藩：江苏布政使（藩台）的简称。

潘季玉：指前文的潘玉泉，因排行老四，按伯仲叔季的顺序，亦称“季玉”。

筹添：用海屋添筹之典，祝人长寿语。传说有仙人云：“海水变桑田时，吾辄下一筹，迩来吾筹已满十间屋。”见苏轼《东坡志林》。

大衍：代指五十岁。因《周易·系辞上》有“大衍之数五十”的说法。

嘉平：嘉平月，农历十二月的别称。《史记·秦始皇本纪》载：“三十一年十二月，更名腊曰‘嘉平’。”

骊歌：指离别之歌。《逸诗·骊驹》：“骊驹在门，仆夫具存；骊驹在路，仆夫整驾。”因张即将离开苏州赴漕运总督新任，故用此语。

台莱：出自《诗经·南山有台》，其前两句为“南山有台，北山有莱”，全诗则是祝宾客有德有寿，为国之柱石的。

【解析】

此联用典贴切，使事面面俱到。总体对仗较为宽松，但“鹤”与“骊”之对形成亮点。高手作联，往往如此。

史忠正公祠联

其裔孙花机大令属题。

明月梅花，拜祁连高冢；

疾风劲草，识版荡忠臣。

【注释】

史忠正公祠：史忠正公指明末大臣、抗清英雄史可法，“忠正”是清乾隆时为他追谥的。其祠在扬州梅花岭畔。

花机大令：综合各种资料，初步推定，史兆霖，字（或号）花机，河南祥符（今开封）人，史可法七世孙，曾官同知。其余不详。

明月：扬州素有“天下三分明月夜，二分无赖是扬州”（唐诗人徐凝诗句）之称。

梅花：此指史可法墓所在的扬州梅花岭。

祁连高冢：西汉名将霍去病死后，汉武帝为他筑墓“象祁连山”。见《史记·卫将军骠骑列传》。此指史可法之衣冠冢。

疾风劲草，识版荡忠臣：“版”同“板”。化用唐太宗李世民诗“疾风知劲草，板荡识诚臣”。“板荡”原是《诗经·大雅》的两个篇名，因为所描述的都是时局动荡的情形，后来就用“板荡”指政局混乱、社会动荡的乱世。

【解析】

上联用“明月梅花”这两种象征高洁的事物喻史可法，极为恰当。下联的评介也很到位。

联中风月花草之对极工，然毫无轻佻感。可见文字本无一定属性，全看人如何使用耳。

王荫斋观察挽联

观察名曾樾，故字荫斋，与余名字皆相合。前年在沪渎，曾与同坐威林密轮船至金陵。观察之殁也，拟书此联挽之。数字推敲未定，竟不果书。补录于此。

旧梦怕重提，海上同舟，两夜联床还似昨；

微名惭偶合，吴中怀刺，一时惊坐更无人。

【注释】

王荫斋：王曾樾，顺天大城县（今属河北廊坊市）人，举人出身，道光二十七年（1847年）曾任江西长宁知县，其余不详。

与余名字皆相合：古人名与字号往往有关联。樾是路边遮阴的树，而荫是树荫。所以俞樾名樾而字荫甫，王曾樾名曾樾而号荫斋。

沪渎：吴淞江下游，代指上海。

怀刺：带着名刺（名片），准备谒见。

惊坐：用《汉书·游侠传·陈遵传》“时列侯有与（陈）遵同姓字者。每至人门，曰陈孟公（陈遵字孟公），坐中莫不震动。既至而非，因号其人曰陈惊坐云”的典故。

【解析】

上联怀旧，写双方的交往，是挽联的常见写法。下联以二人名字“相合”为切入点，用陈遵惊坐的典故，很有新意。末句“更无人”三字，就落到了“挽”上来。

以俞樾之才而因“数字推敲未定，竟不果书”，可见其对于创作是何等认真。

张母孟太夫人八十有四寿联

太夫人为子青中丞之母。同治十年，年八十四。正月十八日，其生日也。中丞以丁未第一人历任封圻。时新从漕督调苏抚，太夫人犹在淮上也。余与中丞同年，因献此联。

溯八韡来四番春信，青衣鼓瑟，祝高堂百年，看膝前虎武龙文，从状头至宰相；

算元宵后三夜月明，金钱买灯，庆中兴十载，听竟内鸾歌凤舞，自淮北到江南。

【注释】

子青中丞：张之万，字子青，号銮坡，直隶南皮（今属河北）人，时新任江苏巡抚。

丁未第一人：张之万是道光二十七年（1847年）丁未科状元，故云。状元亦称“状头”“殿撰”。

历任封圻：封圻此指封疆大吏。张之万在任江苏巡抚之前，已经任过河南巡抚、河道总督、漕运总督等职，故云“历任”。

余与中丞同年：俞樾是道光丁酉科（1837年）的乡试副榜，而张之万是此年的拔贡。

八𪚥：八十岁。“𪚥”同“秩”。

竟内：境内。“竟”通“境”。

自淮北到江南：漕运总督驻地是淮安，江苏巡抚驻地是苏州，故云。

【解析】

此联无甚新意，但是在切年龄、切生日、切儿子的功名和先后做官的地方等处下足了功夫。局部对仗如数目字、动物字等都比较讲究。

应母朱太夫人七十有八寿联

太夫人为敏斋廉访同年之母。二月十七，其生日也。敏斋尚未得子，时有抱子之望。太夫人望之綦切矣。

距花朝五日，开萱寿八旬，吴下刚翻新菊部；

酌春酒三杯，披仙衣一品，怀中行抱小兰孙。

【注释】

花朝：旧俗以农历二月十五日为“百花生日”，亦称“花朝节”。一说为十二日，又说为初二日。

萱寿：古代以椿比父，以萱比母，故云。

兰孙：对他人孙子的美称。

【解析】

此联最大的特点在四个数目字之对和“下”与“中”的方位对、“菊”与“兰”的植物对，以及“花”与“萱”、“日”与“旬”的自对。有了这几个亮点，全联就显得很工整了。

唐母沈太淑人挽联

太淑人乃鷉安明府之继母，卒年五十八。

有令子宦三吴，官舍清闲，正向北堂树萱草；

距周甲尚两载，仙山归去，遽从西母看桃花。

【注释】

鷉安明府：唐翰题，字子冰，一字鷉安，浙江嘉兴人，廪贡生，曾任江苏青浦、吴县知县，后升任通州直隶州知州、松江水利通判、苏州太湖厅抚民同知等职。通判是正六品官；同知是正五品官。

北堂树萱草：《诗经·卫风·伯兮》“焉得谖草？言树之背”。毛亨注解：“谖草，令人忘忧。背，北堂也。”谖草即萱草。后遂以北堂萱指母亲。

周甲：干支纪年的一个循环六十年。亦作花甲。

西母：西王母，神话传说中的女神。

【解析】

此联属应酬之作，切儿子的情况，切去世的年龄，内容方面也不过如此。可观处还是在局部对仗，数目字、方位字、植物字都对得很工整。而“子”与“甲”这种不顾平仄的借对，也很值得注意。

沈菁士太守挽联

癸丑夏，余在京师，乞假南旋。眷属先发，余寄居君寓数日。及君罢官归，主讲诂经精舍，未久辞去。余遂承其乏，于今三年矣。闻君归道山，感念今昔，寄此联挽之。

京国整归装，几日从君商出处；

湖楼开讲席，三年让我养疏顽。

【注释】

沈菁士：沈丙莹，字菁士，浙江归安（今湖州）人，道光二十五年（1845年）乙巳恩科进士，授刑部主事，历官贵州安顺知府等职。沈卒于1870年，联当作于此时。

癸丑：咸丰癸丑年（1853年），当时俞樾在北京翰林院任职编修。

诂经精舍：杭州有名的书院，创办人是阮元，同治初在平定了太平军之后重建。俞樾于1867年应浙江巡抚马新贻之聘出任山长，其前任正是沈丙莹。

归道山：去世的委婉说法，类似的还有捐馆舍等。

湖楼：指诂经精舍内的“第一楼”。

三年让我养疏顽：从1867年沈辞职后俞樾接任到1870年沈去世，正好三年。

【解析】

此联回忆双方早年的交往和诂经精舍山长职务的交接，颇见真情，对仗亦工。但全联几乎没有“挽”的味道，似可算一缺憾。

王子勤观察七十寿联

观察以五月十日生，有子十一人。许信臣前辈，其门下士也，属撰此联。

舞彩满华堂，看膝前簪笏成行，以八龙兼三凤；

称觞进蒲酒，愿林下康强逢吉，从夏五祝秋千。

【注释】

王子勤：王广业，字子勤，江苏泰州人，道光六年（1826年）丙戌科进士，官至福建汀漳龙兵备道。王生于1803年，联当作于1872年。

门下士：门生。科举时代考中的考生是考官（包括主考官和同考官）的门生。

舞彩：用老莱子斑衣戏彩典。

簪笏：冠簪和手板，古代官吏所用。代指做官。

三凤：唐薛元敬与叔薛收及收族兄薛德音齐名，时人谓之“河东三凤”。见《旧唐书·薛收传》。

称觞：举杯祝酒，以表庆贺。

林下：此指退休后的生活。

【解析】

上联着眼于祝寿时儿子之多，下联切生日在端阳后，切已经退休兼祝寿，是寿联较常见的写法。上下联末句是一种较为特殊的自对。

汤敏斋太常挽联

太常为协揆文端公次子。咸丰庚申岁，疏陈时事，与当轴者不合，遂引退。今年卒于吴中寓庐。其长子名纪尚，闻颇能继其家学也。

顿失老成人，忆咸丰季年，阙下封章持正论；

重披世系表，溯文端遗泽，床头祖笏付佳儿。

【注释】

汤敏斋：汤修，字敏斋，浙江萧山人，道光十九年（1839年）己亥科举人，官至太常寺卿。汤卒于1871年，联当作于此时。

太常：太常寺卿。太常寺是管理祭祀的部门，太常寺卿是太常寺的主官，正三品。

协揆文端公：指汤修之父汤金钊，他是吏部尚书、协办大学士（简称“协揆”），文端是他的谥号。

咸丰庚申岁：咸丰十年（1860年）。

当轴者：身居要职的官员。

纪尚：汤纪尚，字伯述，汤修之子，后官至道员。

季年：末年。

阙下：宫阙之下，借指京城。

【解析】

上联追忆死者值得钦敬的往事，痛感“顿失老成人”；下联从辉煌的祖父联想到孙子的前程，颇有新意。

恩竹樵方伯五十有四寿联

方伯喜吟诗，与余唱和无虚日。六月十一日，其生日。书此为寿。

白香山五十四官苏州，早见诗篇满吴郡；

范纯仁六月中赐生日，行看制草出坡公。

【注释】

恩竹樵：恩锡，字竹樵，苏完瓜尔佳氏，清末满洲正白旗人，时任江苏布政使（驻苏州）。

白香山五十四官苏州：唐白居易号香山居士。白生于大历七年（772年），至宝历元年（825年）任苏州刺史时，正好是五十四岁。

吴郡：古地名，此指苏州。

范纯仁：北宋名臣范仲淹之子，江苏吴县（今苏州）人，多次做到宰相级的大官。其生日是六月十八日。

制草出坡公：坡公指宋苏轼，号东坡居士。宋哲宗元祐二年（1087年），皇帝下诏为范纯仁庆寿。诏书《赐同知枢密院事范纯仁生日诏》由苏轼执笔。

【解析】

上联、下联各用一典，分切年龄、地方、喜吟诗和生日。巧固然是极巧，也不是一般人所能写得出来的，但不免有颂扬过当之病。

杨母丁淑人挽联

淑人能诗，工书，曾刲臂肉和药疗君姑之病。所适杨君秉，字子宣，宦游浙江，辛酉之春死寇难。夫忠妇孝，是可传矣。

有令德，有清才，不愧声称是贤母；

一忠臣，一孝妇，最难伉俪并传人。

【注释】

君姑：婆母。

杨君秉：除本联提供的信息外，其余不详。

辛酉之春死寇难：辛酉指咸丰辛酉，即1861年。寇当指太平军，此年太平军与清军在苏南、浙北多次交战，反复争夺。杭嘉湖平原很多城市都曾被太平军占领。

声称：在古文中“声称”可以作声誉、名声解。

【解析】

上联从德与才两方面着笔，得出贤母的结论；下联联系死难的丈夫，写出一忠一孝，并归结到“最难伉俪并传人”。全联可算中规中矩，但也无甚特别的亮点。

管洵美明经挽联

明经乃陈硕甫先生之高足弟子。其殁之夕，有星陨之异。硕甫先生名奂，精《毛诗》学，居吴下之南园，学者称南园陈先生也。

东壁陨文光，一星炯然，果应此老；

南园访乔木，三吴学者，又失斯人。

【注释】

管洵美：除本联提供的信息外，其余不详。

明经：明、清贡生的别称。

陈硕甫：陈奂，字倬云，号硕甫，晚年自号南园老人，江苏长洲（今苏州）人，清代著名学者。

《毛诗》：《诗经》，相传现在流传的《诗经》是毛亨和毛苌所传，故亦名《毛诗》。

东壁：古有“东壁二星，主文章，天下图书之秘府也”之说。见《晋书·天文志上》。

【解析】

上联在“星陨之异”上做文章，下联表哀悼。看来俞樾与此人无甚深交，联语也只能泛泛而言。亮点在“东壁”与“南园”之对以及“然”与“者”的虚字对。

周母沈太夫人挽联

太夫人为缦云侍御前辈之母，年八十六而终。

享八秩更六龄，富贵贫贱患难，处之夷然，屡承芝诰褒扬，有是儿，有是母；

以一身兼五福，康宁令德考终，数者备矣，请看麻衣罗拜，又多子，又多孙。

【注释】

缦云侍御：周学浚，字缦云，浙江乌程（今湖州）人，道光二十四年（1844年）甲辰科榜眼，入翰林，曾任山东道监察御史。侍御是侍御史、监察御史等的省称。监察御史是从五品官。

芝诰：皇家的封诰。

有是儿，有是母：化用范逵感叹陶侃母子“非此母不生此子”之语。见《晋书·列女传》。

五福：“五福：一曰寿，二曰富，三曰康宁，四曰攸好德，五曰考终命。”见《尚书·洪范》。因在“五福”前面有一“九”字，亦常称作“九五福”。

麻衣：死者儿孙所穿的孝服。

【解析】

此联几乎全从女性死者身上着笔，只略略提了一下儿子，这在古代挽妇女联中是不常见的。此联的亮点也是在对仗方面。联中“之”“然”“者”“矣”四字，全按文言虚字看待，只作字面对，是一个特点，而“儿”“子”“母”“孙”四个人伦字以及四个数目字之对，都很见功力。尤其是“芝诰”与“麻衣”之对，更是工巧。

恽次山抚部挽联

抚部以庶常改吏部，官至湖南巡抚，罢归。乃家兄壬甫太守癸卯同年也。年来同寓吴下，时相过从。所居有栎树，余去年为书“栎存草堂”额，不意其遽作古人也。

大雅宏达，是名翰林；清通简要，是真吏部；严明仁恕，是封疆重臣，遗爱长留荆楚地；

论芸香俸，为前后辈；编花萼集，为同年生；订缟纻交，为吴中老友，伤心怕过栎存堂。

【注释】

恽次山：恽世临，字季咸，号次山，江苏阳湖（今常州）人，道光二十三年（1843年）癸卯科举人，二十四年（1844年）甲辰科进士，入翰林，官至湖南巡抚。恽世临卒于1871年，联当作于此时。

庶常：翰林院庶常馆。新进士点翰林后，以庶吉士的身份入庶常馆学习。庶常亦代指翰林院庶吉士。

改吏部：庶吉士在翰林院庶常馆学习期满，经过考试后重新分配工作（称“散馆”），分别是留翰林院任编修（正七品），到各部任主事，到各省任知县。改吏部即改任吏部主事。吏部是中央政府六部之一，掌管文官的任用、考核、升降等工作。

家兄壬甫太守癸卯同年：俞林（字壬甫）与恽世临是道光二十三年癸卯科乡试同年。

芸香俸：指俞樾与恽世临先后入翰林院（俞1850年，恽1844年）。芸香是对翰林院的美称。

花萼集：用唐朝李乂兄弟《李氏花萼集》典。此联当是俞樾以兄弟二人的名义致送的（俞林当时远在福建），故称“同年生”。

缟纻交：喻深厚的友谊。典出《左传》：“（吴季札）聘于郑，见子产如旧相识，与之缟带，子产献纻衣焉。”

【解析】

上联写死者的事迹，下联写双方的交情，是很正宗的挽联写法。前六句以两句为一个单位的自对相当有特点，这种自对在当时是很少见的。

对仗方面，“荆楚”与“栎存”之对工巧可喜。

沈仲复观察五十寿联

观察生于九月四日。时方从常镇道调苏松太道，尚未莅新任也。

为第一泉小驻行旌，英荡将临黄歇浦；

先重九日特开公宴，茱萸预佐紫霞觞。

又

观察实生于九月十日。前联小误，复撰是联。

以玉堂客作金山主人，旌节将移，且为第一泉小住；

歌鹤南飞和大江东去，茱萸未老，好补重九日清游。

【注释】

沈仲复：沈秉成，字仲复，浙江归安（今湖州）人，咸丰六年（1856年）丙辰科进士，入翰林，官至两江总督。沈生于1823年，联当作于1872年。

常镇道：常镇通海道的简称，管理常州、镇江、通州、海门，驻镇江。

苏松太道：管理苏州、松江、太仓，驻上海。

第一泉：镇江中泠泉，有“天下第一泉”之称。此处代指镇江。

英荡：古代竹制的符节，见《周礼·地官·掌节》。此处代指持符节的官员。后文亦作荡节。

黄歇浦：黄浦江的别称，因战国时楚国春申君黄歇疏凿此浦而得名，此处代指上海。

重九日：农历九月九日重阳节。

茱萸：古人有在重阳节佩茱萸的风俗。

玉堂客：指沈秉成曾任翰林院编修。玉堂是翰林院的别称。

金山：山名，在镇江。

鹤南飞：用李委在苏轼生日吹《鹤南飞》曲祝寿求诗之典，见苏轼《玉局文》。

大江东去：见苏轼著名的《念奴娇·赤壁怀古》词。

【解析】

两联均很有文采，对仗甚工，且切题甚紧，生日一错，即不能用，很有启发性。

第二联首句中三言与四言的特殊自对形式也很有意思。

潘少梅明经挽联

少梅乃余兄子黼堂之妇翁也。工举子业，屡困场屋。晚年管宗文义塾事。余在西湖讲舍，频与往返。今年四月六日，余将还吴下，尚话别于塾中。不意别未数月，遂作古人也。少梅有子曰鸿，字仪父，乃诂经精舍之高才生，去岁已举于乡矣。

论年齿宜兄事，论昏媾是亲家，忆浴佛前两日，话别依依，何意重来失良友；

以道义式乡闾，以举业训后进，与及门二三子，谈文娓娓，所欣继起有佳儿。

【注释】

潘少梅：潘承翰，字少梅，浙江仁和（今杭州）人，道光十八年（1838年）增贡生，俞林的儿女亲家。潘卒于1871年，联当作于此时。

余兄子黼堂：俞林次子，名祖福，字或号黼堂，曾任福建候补盐场大使（正八品），1898年在福建去世，其余不详。

举子业：应科举考试的学问。

场屋：考场。

宗文义塾：杭州一个专收“孤寒子弟”的公益性免费学校。

西湖讲舍：指诂经精舍。

少梅有子曰鸿：潘鸿，字仪父，号凤洲，同治九年（1870年）庚午科举人。

【解析】

上联写双方交情，下联写死者生平，并提及“所欣继起有佳儿”，是挽联的常规写法。

前三句六言句属古文句式，于句中平仄甚至句脚平仄都不太在意；末句是七言律句，则格律和谐，也值得注意。

财神庙联

潘玉泉观察属撰。久无以报命，偶于舟中集四书语作二联与之。亦不知其果用否也。

无以为宝，惟善以为宝，则财恒足矣；

义然后取，人不厌其取，又从而招之。

生财有大道，则拳拳服膺，仁是也，义是也，富哉言乎至足矣；

君子无所争，故源源而来，孰与之，天与之，神之格思如此夫。

【注释】

四书：儒家经典《大学》《中庸》《论语》《孟子》的合称。

无以为宝，惟善以为宝：出自《大学》“《楚书》曰：‘楚国无以为宝，惟善以为宝。’”

则财恒足矣：出自《大学》“生财有大道，生之者众，食之者寡，为之者疾，用之者舒，则财恒足矣”。第二联的“生财有大道”也出自此。

义然后取，人不厌其取：出自《论语·宪问》，是公明贾对“夫子不言，不笑，不取乎？”的回答。“夫子时然后言，人不厌其言；乐然后笑，人不厌其笑；义然后取，人不厌其取。”

又从而招之：出自《孟子·尽心下》，原文是孟子说的话“今之与杨墨辩者，如追放豚，既入其苙，又从而招之”。

则拳拳服膺：出自《中庸》“子曰：‘回之为人也：择乎中庸，得一善，则拳拳服膺而弗失之矣。’”

仁是也，义是也：出自《孟子·尽心上》“仁义而已矣。杀一无罪，非仁也；非其有而取之，非义也。居恶在？仁是也；路恶在？义是也。居仁由义，大人之事备矣”。

富哉言乎：出自《论语·颜渊》“子夏曰：‘富哉言乎！舜有天下，选于众，举皋陶，不仁者远矣。汤有天下，选于众，举伊尹，不仁者远矣。’”

至足矣：出自《孟子·尽心上》“民非水火不生活，昏暮叩人之门户，求水火，无弗与者，至足矣”。

君子无所争：出自《论语·八佾》“子曰：‘君子无所争，必也射乎!’”

故源源而来：出自《孟子·万章上》“虽然，欲常常而见之，故源源而来，‘不及贡，以政接于有庳’，此之谓也”。

孰与之，天与之：出自《孟子·万章上》“‘然则舜有天下也，孰与之？’曰：‘天与之’”。

神之格思如此夫：出自《中庸》“《诗》曰：‘神之格思，不可度思！矧可射思！’夫微之显，诚之不可掩如此夫”。

【解析】

这两联集得自然流畅，尤其是第二联的末句，就像他当年做学政时出“截搭题”一样，是从不同的地方找来的，却又天衣无缝，极见功力。

因是集句，所集又都是古文，所以在平仄、对仗甚至不规则重字方面都比较宽松。但就内容而言，确是上乘之作。

又

西湖孤山有财神庙，庙中联语无一佳者。余拟书此联县之，未果也。

梅鹤洗酸寒，且教逋老扬眉，葛仙生色；

莺花添富丽，恰称金牛湖上，宝石山边。

【注释】

孤山：西湖景点，在外西湖与里西湖之间。

县之：“县”通“悬”。

梅鹤：林逋隐居在孤山种梅养鹤，人称“梅妻鹤子”。

逋老：林逋，北宋著名隐士、诗人。

葛仙：东晋著名的炼丹家葛洪。传说葛洪曾在杭州修道炼丹，其修道所居住的山至今仍被称为“葛岭”。

金牛湖：西湖的别称之一。

宝石山：西湖周边山名，在里西湖之北，葛岭之东，与孤山隔里西湖相望。

【解析】

上联用拉人作衬手法；下联“金牛”“宝石”之名饱含富丽气象，与财神庙非常相称。

此联不直接写财神庙，但又句句不离财神庙，文字典雅，对仗工整，不愧大家手笔。

李少荃爵相五十寿联

余与相公为甲辰同年。闻其于同治十一年正月五日庆五十寿，寄此联祝之。公时为直隶总督。

以岁之正，以月之令，春酒一尊，为相公寿；

治内用文，治外用武，长城万里，殿天子邦。

【注释】

爵相：对又有公侯伯子男封爵，又任职大学士的官员的称呼。

同治十一年：1872年。联当作于此年。

以岁之正，以月之令：出自《仪礼·士冠礼》。此处仅作切时，无深意。

殿天子邦：化用《诗经·采菽》，原文是“维柞之枝，其叶蓬蓬。乐只君子，殿天子之邦”。

【解析】

此联在文字上下了功夫，又是引用和化用经典字句，又是采用重言技巧。内容则只是颂扬而已，不过以李鸿章当时的地位、声望，也算不得太过誉。

汪莲府驾部六十寿联

驾部乃先君门下士，余三十六年来老友也。以孝廉官郎署，未久即移疾归新安故里。以齿德为一乡望，今岁行年六十矣。十一月二十日，其生日也。余方在西湖诂经精舍，寄此寿之。

北阙赋归田，岿然作东鲁灵光，际一阳始生，逢六旬初度；

西湖劳望远，安得跨南飞瑞鹤，来桃花潭上，拜柏叶仙人。

【注释】

汪莲府：汪丙照，字莲府，安徽休宁人，俞樾父亲和舅父都曾在其家坐馆，道光十六年（1836年）杭州府学附生，咸丰元年（1851年）辛亥科举人，后捐纳主事，在兵部职方司任职。

驾部：兵部车驾司的别称。但俞樾所作《兵部候补主事汪君行述》谓汪“入资得主事，分兵部职方司行走”。则“驾部”之说疑误。

郎署：指六部内各司，因司的官员为郎中和员外郎。

北阙：此指朝廷。

赋归田：用东汉张衡辞官时作《归田赋》典。

东鲁灵光：喻仅存的有声望的人或事物。因东汉王延寿在《鲁灵光殿赋》中有“遭汉中微，盗贼奔突，自西京未央建章之殿，皆见隳坏，而灵光岿然独存”的说法。

一阳始生：用“冬至一阳生”的说法，汪的生日在农历十一月二十日，与冬至相近，甚至可能正好这一年的十一月二十日是冬至日。

南飞瑞鹤：用李委在苏轼生日吹《鹤南飞》曲祝寿求诗之典。

桃花潭：用李白与汪伦之典（李白《赠汪伦》诗有“桃花潭水深千尺，不及汪伦送我情”之句），切汪姓，且切地（桃花潭也在安徽）。

柏叶仙人：典出《太平广记》转引之《化源记》，田鸾因为服食柏叶活至一百二十三岁，“无疾而终，颜色不改，盖尸解也”。

【解析】

此联切寿星生平，切生日，切年龄，切姓，切双方所在地，可谓面面俱到。在对仗方面则是通过几处局部工对（如东南西北的方位字对，桃花柏叶的植物字自对）来提升整体的工整感。

柳母俞孺人挽联

孺人乃柳质卿孝廉之母。议者以孝廉有前母，宜称继母。孝廉以书问余。余按《仪礼·丧服》篇“继母如母”，《疏》曰：“继母本非骨肉，故次亲母后。”然则以亲母而谓之继母，义不可通矣。孝廉从余言，遂称先妣。余因书此联挽之。

生称母，死称妣，必也正名，一字记曾参末议；

钟氏礼，郝氏法，幸哉有子，九泉会见赉恩纶。

【注释】

柳质卿：柳商贤，字质卿，江苏吴县（今苏州）人，同治九年（1870年）庚午科举人，官浙江宁海知县。

生称母，死称妣：化用《礼记·曲礼下》“生曰‘父’、曰‘母’、曰‘妻’，死曰‘考’、曰‘妣’、曰‘嫔’”。

必也正名：出自《论语·子路》的“必也正名乎”。

钟氏礼，郝氏法：据《世说新语·贤媛》记载“王司徒妇，钟氏女，太傅曾孙，亦有俊才女德。钟、郝为娣姒，雅相亲重。钟不以贵陵郝，郝亦不以贱下钟。东海家内，则郝夫人之法。京陵家内，范钟夫人之礼”。

幸哉有子：出自《礼记·祭义》中曾子的话“君子之所谓孝也者，国人称愿然曰：‘幸哉有子如此！’所谓孝也已”。

恩纶：皇帝加恩颁发的诏书。

【解析】

上下联前两句因是化用古人成句，虽然内容极好，自对也不错，但是句脚同仄，应是不得已的事。上联说的是俞樾引经据典地反驳错误观点的事，其实是很觉得意的，但只在末句用“一字记曾参末议”轻轻带过。欲扬故抑的手法，很是不错。

罗壮节、王贞介两公祠联

壮节名遵殿，乙未进士，浙江巡抚；贞介名友端，丁未进士，署浙江布政使。同死庚申之难者也。浙江省城新建两公祠，高滋园都转属题此联。

由名进士起家为名臣，一开府，一开藩，浙东西崇德报功，人与白苏共千古；

是大丈夫出身临大节，以死战，以死守，城内外矢穷援绝，天教巡远作双忠。

【注释】

罗壮节：罗遵殿，字有光，号澹村，安徽宿松人，道光十五年（1835年）乙未科进士。1860年太平军破杭州城，时任浙江巡抚的罗遵殿自杀。死后谥壮节。

王贞介：王友端，字汝仁，安徽婺源（今属江西）人，道光二十七年（1847年）丁未科进士。1860年太平军破杭州城，时任浙江粮道署理布政使的王友端殉节。死后谥贞介。

庚申之难：咸丰庚申年（1860年）3月太平军李秀成部为破清军江南大营而采用围魏救赵之计，突然攻占杭州。

高滋园：高卿培，字滋园，安徽贵池（今池州）人，捐纳出身，以为左宗棠军办理盐务和厘金，筹集军饷之功，逐步升到两浙都转盐运使。

开府：指成为封疆大吏，此指任巡抚。

开藩：指成为布政使（藩司）。

白苏：唐白居易，宋苏轼，二人都曾任杭州地方官，且有很好的声誉。

巡远：唐代安史之乱时死守睢阳的张巡、许远。

【解析】

同时写两个人的联，不能厚此薄彼，更不能顾此失彼。上下联处处并提，都照顾得很好。此联对仗很讲究，平仄则较宽松，缺憾在于颂扬过当。上联以白居易、苏轼相比已经过誉，但还可以用同在杭州做官，又都在杭州建有祠堂，罗王将会如白苏一样名传千古勉强解释。下联比作张巡、许远则更是逾分了，杭州守城只有短短几天，完全乏善可陈，如何比得惨烈的睢阳保卫战？

曾文正公挽联

余受知文正最深。庚戌进士覆试，公充阅卷官，以余诗有“花落春仍在”句，期许甚大。余以春在名堂，识感亦识愧也。山颓木坏，吾将安仰？于挽联仍及此意。追惟昔欤，曷胜泫然。

是名宰相，是真将军，当代郭汾阳，到此顿惊梁木坏；

为天下悲，为后学惜，伤心宋公序，从今谁诵落花诗。

【注释】

曾文正公：曾国藩，文正是其谥号。详见第23页注。曾卒于同治十一年（1872年），联当作于此时。

余受知文正最深：俞樾参加道光三十年（1850年）庚戌科会试。复试的诗题是“淡烟疏雨落花天”。俞樾所作诗的前两句“花落春仍在，天时尚艳阳”深得考官之一的曾国藩的赞赏。曾国藩认为“咏落花而无衰飒意，与‘将飞更作回风舞，已落犹成半面妆’相似，他日所至，未可限量”。俞樾也因此得以高中进士。

余以春在名堂：俞樾在苏州马医科巷的住宅曲园有堂名春在堂，就是为了纪念此事。

山颓木坏，吾将安仰：喻有重要影响人物的死亡。化自《礼记·檀弓上》：“孔子蚤作，负手曳杖，消摇于门，歌曰：‘泰山其颓乎！梁木其坏乎！哲人其萎乎！’既歌而入，当户而坐。子贡闻之曰：‘泰山其颓，则吾将安仰？……’”联文中“梁木坏”亦出此。

是名宰相，是真将军：指曾国藩有大学士头衔，是湘军主帅。

郭汾阳：唐代平定安史之乱的名将郭子仪。郭官做到中书令（名义上的宰相），封汾阳郡王。

伤心宋公序，从今谁诵落花诗：北宋宋祁与兄宋庠（字公序）年轻时曾由后来官做到宰相的夏竦命题作《落花》诗，宋庠诗中有“汉皋佩冷临江失，金谷楼危到地香”一联，宋祁诗中有曾国藩引来比俞樾诗的“将飞更作回风舞，已落犹成半面妆”。夏竦更欣赏宋庠的诗作，认为“咏落花而不言落，大宋君须作状元及第。又风骨秀重，异日作宰相”。后来果然都被夏竦一一言中，传为佳话。见《宋朝事实类苑》引《青箱杂记》的记载。

【解析】

上联从曾国藩的功绩和地位着笔，以唐朝名臣郭子仪相比。曾国藩与郭子仪确有很多相似之处，比得就比较合理。末句引用孔子去世前所作的歌，把曾国藩的死比作“梁木坏”，也就是把曾国藩比作孔子，可说是推崇备至。

下联“为天下悲，为后学惜”分从经邦济世和学术文章两个方面对曾国藩的去世表示哀悼和可惜，然后把话题回到两人的关系上来，引用宋庠咏落花诗之典，自比宋庠，而以曾国藩比夏竦，说从此再也没有赏识自己的人了，极为得体。

吴仲云制府挽联

制府为嘉庆甲戌翰林，至余庚戌入词林，为一十九科前辈矣。官至云贵总督，引疾归。门户萧然，与寒士不异。晚年主讲敷文书院，与余所主诂经精舍，止隔一西湖也。

树滇黔数万里外威名，归卧林泉，一品门庭若寒素；

溯翰苑十九科前老辈，叨陪杖履，半年坛坫共湖山。

【注释】

吴仲云：吴振棫，字仲云，号再翁，浙江钱塘（今杭州）人，嘉庆十九年（1814年）甲戌科进士，入翰林，官至云贵总督。吴卒于1871年，联当作于此时。

敷文书院：位于杭州凤凰山北万松岭上，在西湖南岸，与俞樾主持的在西湖北岸的诂经精舍隔湖相对。吴振棫退休后曾在同治七年（1868年）主持敷文书院。

树滇黔数万里外威名：吴在云贵总督任上曾平定了云南回民起义。

一品门庭：总督是从一品官，故云。

【解析】

此联全不用典，上联写吴做官时的政绩和退休后的闲适，下联写吴的老资格和双方的关系。对仗方面也是通过局部工对来提升整体的工整感。

吴晓帆方伯挽联

晓帆曾摄苏藩，有宦迹。归里后，于里中善举，皆力为之。余今春至福宁省亲，晓帆使人至江干为余问船价，甚拳拳。不意自闽中还，遽哭其死也。

送我八闽游，何意归来失良友；

惟公一乡望，深为吾党惜斯人。

【注释】

吴晓帆：吴煦，字晓帆，浙江钱塘（今杭州）人，捐纳知县出身，官至督理江海关并苏松太兵备道，曾署理江苏布政使（即摄苏藩）。吴卒于1872年，联当作于此时。

至福宁省亲：因俞樾之母随官福建福宁知府的俞林在福宁，故俞樾前往探望。

江干：杭州地名，在靠近钱塘江一带。

拳拳：真挚诚恳之意。

八闽：福建的别称。因福建包含福州、兴化、建宁、延平、汀州、邵武、泉州、漳州共八个下一级行政单位。

一乡望：一乡之望的意思。此处“望”字作“人望”之“望”解。

【解析】

此联也是全不用典，纯以情胜，而对仗则较为宽松。

吴母徐太夫人七十寿联

太夫人为吴子儁庶常之母。布衣蔬食，贵而能贫。庶常先以军功积官至观察，辛未会试入词林，乡人荣之。时余与同寓吴中，以此联为寿。

芝诰日边来，积半生克俭克勤，天以佳儿报贤母；

版舆吴下驻，愿此后多福多寿，人从盛夏祝长春。

【注释】

吴子儁：吴观礼，字子儁，号圭盦，浙江仁和（今杭州）人。吴已以军功官至道员，又以举人身份参加同治十年（1871年）辛未科会试，成进士，入翰林，散馆后任职翰林院编修。

日边：此指首都北京，即皇帝身边，犹言日下。

【解析】

此联对仗较讲究而句中平仄较宽松，末句“佳儿”与“贤母”和“盛夏”与“长春”的自对很有特点。

恩竹樵中丞五十有五寿联

竹樵吾诗友也。六月十一日，为其生日。余去年曾寿以一联，今又赠此。时奉命摄苏抚矣。

歌咏满三吴，喜玉节金符，新自屏藩晋开府；

唱酬同一集，愿冰桃雪藕，长从六月祝千秋。

【注释】

时奉命摄苏抚：按照清代的惯例，在巡抚因故离任时（如调任、革职、丁忧、病故、请长假等），由于交通不便，新巡抚不可能马上到任，所以一般是由布政使（藩台）先代理巡抚。这里的“摄苏抚”就是这么回事。新巡抚一到任，代理者就要回归原职。其实也算不得“晋开府”的。

玉节金符：指朝廷授予担任官职的符节。

【解析】

此联也是全不用典。上联切地，切事；下联切诗人身份，切生日。全联以对仗胜。

翁母许太夫人挽联

太夫人为常熟翁文端相国原配。药房中丞同书、玉甫中丞同爵、叔平阁学同龢，皆其子也。夫为宰相，子孙皆状元，极笄珈之至荣。其殁也，诏书褒美，赐祭一坛。盖旷典也。文端为先朝议君同年。樾以年家子敬献此联，固未足揄扬万一耳。

夫为宰相，状元子，状元孙，看门庭武达文通，世代勋贤，会见韦平承旧业；

帝褒贤母，御赐祭，御赐葬，极恩礼隆天重地，年家子姓，敬从钟郝缅遗徽。

【注释】

常熟翁文端相国：翁心存，字二铭，号邃庵，江苏常熟人，道光二年（1822年）壬午科进士，入翰林，官至体仁阁大学士（相当于相国），谥文端。

药房中丞同书、玉甫中丞同爵、叔平阁学同龢：翁心存长子翁同书，字祖庚，号药房，官至安徽巡抚；次子翁同爵，字侠君，号玉甫，官至湖北巡抚；三子翁同龢，字声甫，号叔平，咸丰六年（1856年）丙辰科状元，时任内阁学士。

子孙皆状元：除翁心存三子翁同龢是状元外，其长子翁同书之子翁曾源是同治二年（1863年）癸亥科状元。

笄珈：原指妇女首饰，这里与“巾帼”一样代指妇女。

为先朝议君同年：先朝议君指俞樾已经去世的父亲俞鸿渐。“朝议”即“朝议大夫”（从四品），当是因其长子俞林任知府而得的封诰。翁心存与俞鸿渐是嘉庆二十一年（1816年）丙子科乡试同年。

年家子：有同年关系的两家人的后一辈。

韦平：西汉韦贤、韦玄成父子与平当、平晏父子相继为相。典出《汉书》韦、平二人之传。后来翁同龢也当到大学士，果然让俞樾说中了。

【解析】

此联材料丰富，组织得也恰当，文字技巧亦较为讲究，对仗严谨而平仄则相对宽松。另外不规则重一“子”字，当是无心之失。

高辛才观察八十寿联

观察名应元，乃嘉庆癸酉拔贡，仕至四川永宁道，引疾归。因故里富阳无家，寓居杭州。时又自杭移苏，将至扬州。因其孙从长芦改官两淮，入京师引见，将归也。八月下旬遇其生日，以此联为寿。

泛宅到三吴，喜捧檄而归，日下兰孙新得意；

悬弧逢八月，想称觞一笑，月中桂子共长生。

又

代许信臣前辈。

吴下故人来，是六十年前总角旧交，皓首庞眉登八十；

弧南寿星见，正中秋节后缦亭高会，琼楼玉宇庆千秋。

【注释】

高辛才：除本联提供的信息外，其余不详。

嘉庆癸酉：1813年。

拔贡：直接从秀才中选拔人才，经过考试合格后可以与进士一样做七品的小京官或者知县。当时每十二年举行一次。

长芦、两淮：长芦和两淮都是重要的产盐地区，设有管理盐务的衙门。高应元之孙应是盐务官员。

引见：引导晋见皇帝。

泛宅：本义指以船为家，此处义近流寓。

日下：指京城。因以日喻帝王。

总角：古代未成年男女编扎的头发形如两角，称为“总角”，故用以指未成年男女。

皓首庞眉：头发和眉毛都白了。

弧南：弧指弧矢星，其南为南极星（也称“老人星”“寿星”）。

【解析】

第一联切地、切事、切生日，“日下兰孙”与“月中桂子”之对巧不可阶。

第二联相对平淡些，采用的是以几个工对字来带动全联的手法。联中用两个“秋”对两个“十”的做法，则比较少见。

许母姚太夫人七十有八寿联

太夫人为许小舫太守之母。九月二日，其生日也。

跻七十又八龄，萱寿行看登百岁；
先重九只六日，菊花刚好祝千秋。

【注释】

许小舫：除本联提供的信息外，其余不详。

【解析】

此联看似信手而成，但既切年龄，又切生日，再加上八个数目字和“萱”与“菊”之对，还是很见功力的。

汪瘦梅水部挽联

余未通籍前，馆新安汪氏最久。水部即彼时从学者也。举孝廉，官水部，未成进士，郁郁成疾，卒于京师。其弟芙青鹾尹入都，奉其灵輀，挈其妻女以归。途中又亡其长女。今仅存一女，是亦可哀也已。余去新安二十二载，然故交零落殆尽，今又哭君，不自知其言之悲也。

置身郎署十六年，名心未死，病骨遽销，孀妻弱弟，扶旅榇而归，到此膝前，止存孤女；
回首新安廿二载，馆舍荒凉，故交零落，感旧伤今，向秋风一恸，痛吾门下，又失斯人。

【注释】

汪瘦梅：汪鸿逵，字仪卿，号瘦梅，安徽休宁人，咸丰十一年（1861年）辛酉科举人，候补工部主事。

水部：工部司官的别称。

通籍：开始做官，对俞樾而言就是考中进士后。

其弟芙青：汪鸿运，字或号芙青，安徽休宁人，浙江候补盐场大使，其余不详。

鹾尹：对中下级盐务官员的称呼。

灵輀：运灵柩的丧车。

【解析】

因为死者与俞樾有师生关系又身后凄凉，所以此联就写得文情并茂、哀婉感人。而几处局部工对如数目字、形体字、方位字等的对仗，也相当出色。

刘听襄庶常挽联

庶常乃丁未前辈也。余主讲诂经，常相见。今年四月间，犹来湖上长谈半日。及九月中再至西湖，则已作古人矣。

溯廿年前词馆清声，林下相逢尊老辈；

忆四月中湖楼闲话，秋来重到失良朋。

【注释】

刘听襄：只查到李鸿章幕僚中有一人名刘汝翼，字或号听襄，安徽庐州（治今合肥）人。从刘听襄是道光丁未翰林看，很有可能就是此人。因李鸿章也是丁未进士，两人有会试同年这层关系，且又是安徽同乡。

丁未：道光丁未年（1847年）。

【解析】

此联全从双方交情着笔，一忆往日，一写当前，友情跃然纸上。

莳红小筑联

苏州山塘斟酌桥，新修东阳张忠敏公祠。旁屋数楹，应敏斋廉访署曰“莳红小筑”，颇有泉石、竹篱、荷沼，楚楚可观。癸酉秋，余将有武林之行，倚装题此。

小筑三楹，看浅碧垣墙，淡红池沼；

相逢一笑，有袖中诗本，襟上酒痕。

【注释】

山塘斟酌桥：山塘是苏州街名。斟酌桥是位于山塘街的桥名。

东阳张忠敏公：明末张国维，浙江东阳人，明亡前曾任应天巡抚，南明时曾任鲁王政权的兵部尚书、武英殿大学士，抗清失败后自杀。乾隆时“褒扬胜国忠臣，赐谥忠敏，列入祀典”，见清陈其元《庸闲斋笔记》卷四。陈是当时具体负责修复祠堂者之一。

癸酉：此当指同治癸酉，1873年。联当作于此时。

武林：杭州的别称。因境内有武林山，故名。

浅碧垣墙，淡红池沼：化用唐殷尧藩《访许浑》诗句“浅绿垣墙绵薜荔，淡红池沼映芙蕖”。

袖中诗本，襟上酒痕：化用唐白居易《故衫》诗句“袖中吴郡新诗本，襟上杭州旧酒痕”。

【解析】

此联上写景，下写人，化句自然，清雅脱俗，自对又甚工。相信很多人都会喜欢。

陈母汤太淑人挽联

淑人为陈仲泉观察之母。尝偕赠公南至广西，西至甘肃，备尝辛苦。赠公卒，哭之失明。今年冬，殁于直隶。仲泉观察需次吴中，闻信奔赴。余与观察同年，故挽以此联。

泪眼十年枯，忆从前辛苦随夫，纸阁芦帘，远历关山到秦陇；

悲风千里动，怜吾友仓皇闻讣，麻衣桐杖，独冲风雪到幽燕。

【注释】

陈仲泉：除本联及后文俞樾的挽陈联所提供的信息之外，陈仲泉的情况所知甚少。网上有光绪十年（1884年）嘉善陈仲泉清玉资助他人刻书的信息（与他一起资助的还有杭州许家的人），或就是此人。

赠公：对官员已故父亲的敬称（官员的父母、祖父母生前得诰命者称“封”，死后得诰命者称“赠”）。

纸阁芦帘：住处简陋，以形容生活清苦。如白居易诗有“来春更葺东厢屋，纸阁芦帘著孟光”之句。

桐杖：为母送丧时拄的孝杖。《埤雅·释木》云：“父丧杖竹，母丧杖桐。”

【解析】

此联上写母，下写儿，文情并茂，切事、切时、切地，对仗也甚工整。联中同位重“到”字，疑有误；异位重“风”字，当是无心之失。

倪母张太夫人挽联

太夫人为载轩观察之母。其卒也，有姑在堂。

封膺一品，寿届七旬，戚党流传，共羡膝前有贤子；

黍谷阳回，萱闱春去，岁除将近，最难堂上慰慈姑。

【注释】

倪载轩：结合后面几联，大约知道此人（载轩非名，当是字或号）

由县令起家，在苏州当候补道员，到死也没有补到官，住在苏州大儒巷。其余情况不详。

姑：此指婆母。

黍谷阳回：典出刘向《别录》。邹衍“吹律”而使得原来“美而寒，不生五谷”的地方“温至，生黍，到今名黍谷焉”。此处与“冬至一阳生”意近。

萱闱：指母亲。亦用萱室等。

【解析】

上联赞其多福：富贵、寿考，又“膝前有贤子”。下联则想到了张太夫人在“岁除将近”时去世，应该怎样安慰老人的难题，于平常中写出了特点。

对仗方面，也有几处亮点。如“黍谷阳回”与“萱闱春去”的自对，“膝前”与“堂上”和“贤子”与“慈姑”之对，都很工整。

吴室孙夫人挽联

夫人为吴彤云观察之配。幼失怙恃，育于兄嫂。既归吴，抚八岁小姑以迄于嫁，亦如其兄嫂。中年挈子女避兵，辛苦备尝。遂得拘挛之疾，困顿床席者几十年。将卒，尤命其子善事庶母，亦云贤矣。

噩耗到江南，溯自早岁零丁，中年离乱，暮齿又疾疢缠绵，何怪神伤荀奉倩；

褒扬来日下，想其勤俭相夫，孝友勖子，恩义逮遍妻女妹，允推闺范宋宣文。

【注释】

吴彤云：吴大廷，字彤云（或作桐云），湖南沅陵人，咸丰五年（1855年）乙卯科举人，官至台湾兵备道。

失怙恃：父母双亡。典出《诗经·蓼莪》：“无父何怙？无母何恃？”

拘挛之疾：四肢拘急，难以屈伸之证。见《素问》。

庶母：父之妾。

荀奉倩：三国魏荀粲，字奉倩。夫妻感情极好。据《世说新语·惑溺》记载："荀奉倩与妇至笃。冬月妇病热，乃出中庭自取冷，还以身熨之。妇亡，奉倩后少时亦卒。"

遍妻：妾，"遍"通"偏"，犹侧室。

女妹：小姑。《尔雅》有"夫之女弟为女妹"之说。

宋宣文：前秦韦逞之母宋氏。苻坚请她传授周官礼注，"就宋氏家立讲堂，置生员百二十人，隔绛纱幔而受业，号宋氏为宣文君，赐侍婢十人。周官学复行于世，时称韦氏宋母焉"。见《晋书·列女传》。

【解析】

此联用典雅切，局部对仗的处理也甚讲究，但平仄则多处不谐。

汪观澜封翁与刘夫人挽联

封翁与夫人结褵六十载，于壬申年重行合卺之礼，至是年十二月，夫人卒，明年元旦，封翁卒，相距九日，亦人瑞也。

倡随到六十年，白发苍颜，已届耄期重合卺；

考终完九五福，年头腊尾，未逾旬日两游仙。

【注释】

汪观澜：汪若洋，字观澜，俞樾《咸宁汪氏义庄录序》（据俞樾《江苏补用道汪君墓志铭》，汪应是安徽怀宁人而非湖北咸宁人）提到汪"习申韩家言，为诸侯老宾客"，其第三子即后文提及的"汪耕余观察"。据俞樾《江苏补用道汪君墓志铭》，汪若洋"以道员注选籍"。其余不详。

封翁：本人没有做官或官小，因为其子孙做官或官大而得到封诰的人。

结褵：本是女子出嫁时的一个程序（母亲为女儿系上佩巾，并谆谆教诲的仪式），后泛指结婚。

壬申年：此指同治壬申年，即1872年。年底至第二年初老两口过世，故联当作于1873年。

合卺：喝交杯酒。后泛指结婚。

人瑞：人中的祥瑞，此指高寿之人。

倡随：夫倡妇随。典出《关尹子》的“天下之理，夫者倡，妇者随”。

耄期：八九十岁高寿。“八十、九十曰耄……百年曰期、颐。”见《礼记·曲礼上》。

【解析】

此联切事、切时，对仗工整规范，尤其是数目字、形体字及“已届”与“未逾”之对，均颇见功力。

沈韵初中翰挽联

中翰嗜书画，癖金石，问字于余十余年矣。频以金石疑义相质，洵门下一佳士也。卧疴一载，竟以不起。其母夫人犹在堂，是可伤已。

一载卧沉疴，李贺床头呼阿奶；

十年问奇字，杨云门下失侯芭。

【注释】

沈韵初：沈树镛，字韵初，江苏川沙（今属上海浦东新区）人，咸丰九年（1859年）己未科举人，官至内阁中书。沈卒于1873年，联当作于此时。.

中翰：内阁中书的别称。内阁中书是从七品官。

问字：请教学问。典出《汉书·扬雄传下》“刘棻尝从（扬）雄学作奇字”。

李贺床头呼阿奶：用李贺典。李贺将死时，见有绯衣人奉天帝令召他，李贺说“阿奶老且病，贺不愿去”。见李商隐《李贺小传》。

杨云门下失侯芭：杨云即扬雄（亦作杨雄），字子云。侯芭是扬雄的学生，“常从雄居，受其《太玄》《法言》焉”。见《汉书·扬雄传下》。

【解析】

上联用李贺典，以切沈的英年早逝（沈去世时年仅42岁）；下联用扬雄与侯芭的师生关系比自己与沈的师生关系。两典均相当贴切，更好地烘托了挽联的哀伤气氛。

扬雄通常不写作杨雄。此处用杨，或有以杨对李，更显工整的考虑。

贾耘樵观察挽联

观察以县令起家，曾摄苏臬。

陈臬苏台，长使吴儿歌贾父；

题诗水阁，更无耘老和坡翁。

【注释】

贾耘樵：贾益谦，字又轩，号芸樵，或作耘樵，山西夏县人，道光十四年（1834年）甲午科举人，在江苏官场任职多年，同治九年（1870年）署江苏按察使，十二年（1873年）卒于任上。联当作于此时。

贾父：东汉贾彪，为新息令时，严令禁止百姓弃子不养。令发数年后，“人养子者千数，佥曰‘贾父所长’”。见《后汉书·党锢列传》。

题诗水阁，更无耘老和坡翁：北宋贾收，字耘老，浙江湖州人。据《苕溪渔隐丛话》记载：“贾耘老旧有水阁，在苕溪之上，景物清旷，东坡作守时屡过之，题诗画竹于壁间。”贾收与苏轼、秦观等人都有唱和，但其诗不传。

【解析】

上下联各用一典以切贾姓。上联写其官声；下联写双方交情并对失去诗友表示悲伤，极见功力。尤其下联用贾耘老比贾耘樵，可称巧极。

丁濂甫学使同年挽联

学使视学吾浙。今春招同杜莲衢侍郎，小饮于其署斋。皆庚戌同年也。出所著《蜀游草》一卷，嘱余商定。又画横幅及团扇见赠，乃未数月而遽归道山矣。可伤也。

小集三同年，杯酒清谈，犹忆同商蜀游草；

伤心一分手，画图留赠，不能再写浙中山。

【注释】

丁濂甫：丁绍周，字濂甫，江苏丹徒（今镇江）人，道光三十年（1850年）庚戌科进士，官至光禄寺卿。丁卒于1873年，联即作于此时。

学使：学政，亦称“督学使者”。

杜莲衢：杜联，字莲衢，浙江上虞人，官至礼部右侍郎，与俞樾和丁绍周为道光庚戌会试同年。

侍郎：中央政府六部的副长官，是正二品官。

《蜀游草》：书名，丁绍周担任四川乡试正主考时所著。

【解析】

此联纯以双方近日交往之事入联，又是一种写法，但也写得满纸悲情。

潘母汪太宜人挽联

宜人为潘兰仪司马之母，卒于同治十二年闰六月之朔，年七十四。生七子，今存其二，有孙八人。守节四十余年。其长女守贞不字，先母卒。同治八年，母女同请旌。倪载轩观察寓苏，为其西邻，属代撰斯联。

青灯四十载，独抱冰心，叹膝下佳儿，止存双凤，闺中贞女，先跨孤鸾，老景逼桑榆，半死枯杨遭闰厄；

丹诏九重天，特褒苦节，算萱花慈寿，已过七旬，桐树孙枝，刚符八士，高风留绰楔，平分清籁到邻春。

【注释】

潘兰仪：除本联提供的信息外，其余不详。

司马：同知的别称。

同治十二年：1873年。联当作于此时。

朔：农历每个月的初一。

双凤：指两位才德出众的人。《北史·魏兰根传》有“（魏）景义、景礼并有才行，乡人呼为双凤”。

桑榆：指傍晚，比喻人的暮年。《后汉书·冯异传》有“失之东隅，收之桑榆”。

半死枯杨遭闰厄：传说黄杨木平时一年长一寸，遇到有闰月之年又缩一寸，叫作“厄闰”。

九重天：代指皇帝。亦可只用九重。

桐树孙枝：桐孙，对他人孙子的美称。庾信《咏树》诗句有“枫子留为式，桐孙待作琴”。

八士：八个有才能的人。出自《论语·微子》的“周有八士：伯达、伯适、仲突、仲忽、叔夜、叔夏、季随、季騧”。

绰楔：原指古代表彰用的木柱，此指贞节牌坊。

邻舂：邻居有丧事，舂米的时候不要喊号子。典出《礼记·曲礼上》的“邻有丧，舂不相”。

【解析】

上联末句巧借死者死于闰六月初一做文章，用关于黄杨木的传说入联，相当出新。

下联末句用“邻有丧，舂不相”之典，切送挽联者的邻居身份，贴切至极。

此联在对仗和自对的局部处理上很讲究，提升了全联的工整感。中间四句则是属于较少见的两句一组的自对。

魁时若将军七十寿联

将军生于闰六月，至癸酉岁，行年七十，又逢闰六月，时官成都将军。许信臣前辈属撰斯联寄之。

周亚夫真将军，溯从前崧生岳降，正碧梧益叶之年，而今八秩初开，清簟疏帘，又驻羲鞭逢闰六；

郭汾阳大富贵，看诸子武达文通，如琪树凌霄而起，从此一门鼎盛，木公金母，好书蜀锦祝秋千。

【注释】

魁时若：魁玉，富察氏，字时若，清满洲镶红旗人，时任成都将军。

将军：各省驻防将军，从一品武官，此指四川驻防将军即成都将军。

癸酉岁：同治癸酉年，即1873年。联即作于此时。

周亚夫真将军：周亚夫是西汉文景时期名将，汉文帝在视察他驻在细柳的部队后大加赞赏，说："嗟乎，此真将军矣！"见《史记·绛侯周勃世家》。

崧生岳降：出自《诗经·崧高》的"崧高维岳，骏极于天。维岳降神，生甫及申"。常用以称出身高贵的大臣。

碧梧益叶之年：有闰六月的年份。因为"梧桐一叶落，天下尽知秋"，而闰六月推迟了秋天的到来，所以使梧桐增加叶子了。

八秩初开：以十年为一秩，年满七十后，进入第八个十年。

驻羲鞭：指延迟了时序的更替。据《淮南子》注"日乘车，驾以六龙，羲和御之"。羲和是给太阳赶车的，他的鞭子停下来，也就意味着时序的更替延迟了。

看诸子武达文通：魁玉的儿子们，文的最高做到道台，武的最高做到副将。大致可以算"武达文通"了。

木公金母：指神话传说中的东王公和西王母（东属木，西属金），后来一般用于祝寿时称寿星夫妇。

【解析】

此联切生于闰六月，祝寿于闰六月，又切成都将军，切七十大寿，可算得面面俱到。只是以周亚夫、郭子仪相比，颂扬得有些逾分了。

同样是闰六月，前面一联是挽联，就写得凄凄惨惨；这一联是寿联，就写得喜气洋洋。各用各的典，很值得借鉴。

朱久香前辈挽联

先生安徽学政报满，即谢病归余姚故里。曾以《花阴补读图》属题。今年又属书四明楼额。未及书而先生归道山矣。公子镇甫孝廉，当先生七十生日，乞言为寿。曾以《三老碑》为赠，乃余姚客星山中新出汉碑也。

谢荡节而归田，故山泉石，前辈风流，没世无惭三老碣；

坐花阴以补读，硕德虽亡，遗书犹在，拈毫敢署四明楼。

【注释】

朱久香：朱兰，字久香，号耐庵，浙江余姚人，道光九年（1829年）己丑科探花，入翰林，官至内阁学士。朱兰卒于1873年，联当作于此时。

公子镇甫孝廉：朱衍绪，字镇夫（或作镇甫），浙江余姚人，同治六年（1867年）丁卯科举人。

三老碑：全称《三老讳字忌日碑》，全碑217字，书体介于篆隶之间，记录了一位“三老”（“三老”是汉代官名）祖孙三代的名讳和祖、父辈逝世的日子。于咸丰二年（1852年）在余姚客星山出土。据考证是东汉光武帝建武年间所刻。

客星山：山名，在今浙江慈溪市境内（当时属余姚），因汉严光“客星犯帝座”（见《后汉书·严光传》）而得名。

【解析】

此联几乎不用典，以使事为主，对仗并不求工，但也不失对，别是一种风格。

何子贞前辈挽联

先生在史馆曾建议修三品以下列传。卒不果行。晚年居吴中，于维扬书局刊大字本《十三经注疏》，手自雠校。甫毕《毛诗》，从事“三礼”，未卒业而归道山。先生书名满天下，为当代鲁灵光。余辱先生知爱，书此联挽之。举其大者，其余琐琐可无述也。

史馆建嘉谟，惜创议未行，三品下庶僚，至今无列传；

讲堂刊定本，奈校雠方半，九经中大义，从此付何人。

【注释】

何子贞：何绍基，字子贞，湖南道州（今道县）人，著名书法家，道光十六年（1836年）丙申科进士，曾任国史馆提调，官至四川学政。何卒于1873年，联当作于此时。

先生在史馆曾建议修三品以下列传：据何绍基自述“因（国史）馆中照例进书，皆一品二品大臣传，无三品以下传，虽经高宗屡次严旨申谕，史馆仍因循至今。因创拟条例，欲遍搜官书及前人文集，补办国初以来三品以下名臣各传”。

《十三经注疏》：清代阮元所编。“十三经”指《易》《书》《诗》《周礼》《仪礼》《礼记》《春秋左氏传》《春秋公羊传》《春秋穀梁传》《论语》《孝经》《尔雅》《孟子》。其中前九种又称“九经”。

雠校：校对文字，亦作校雠。

“三礼”：《周礼》《仪礼》《礼记》。

嘉谟：好的谋略。

【解析】

此联的写法是“举其大者”，只就两件大事立论：上联与史有关，下联与经有关，而把书法之类视为“琐琐可无述”，是颇为独到的角度。

金小韵太守六十有九寿联

太守由盐尹累擢至知府，历佐戎幕有声。三子五孙，济济称盛。其曾祖母在时，曾有五代一堂之庆，庶几其再见乎。

六秩又九龄，溯起家禺筴，历佐戎旃，此后勋名殊未艾；

一堂曾五代，看伉俪齐眉，儿孙绕膝，从前佳话定重来。

【注释】

金小韵：除本联提供的信息外，其余不详。

禺筴：禺筴见于《管子》的“禺筴之商，日二百万，十日二千万，一月六千万，万乘之国，正九百万也”。本义是合计的意思，但是由于在文章里是用来算盐税收入的，后来就成了盐业的代称。

戎旃：“戎，兵；旃，旌也”（见《六臣注文选》），此处代指军队、军事。“佐戎旃”即在军中任幕僚。

【解析】

此联虽无特别出色处，但切年龄、切事，上联写事业，以“此后勋名殊未艾”作结；下联写家庭，以“从前佳话定重来”作结。堪称善颂善祷。

对仗方面，数字对和“伉俪齐眉”与“儿孙绕膝”的自对也很见功力。

徐诚庵大令挽联

诚庵为余三十八年前同补博士弟子员老友，宦游吴下，不得志而没。然所撰《词律拾遗》，实足为万红友功臣。余尝为序而行之。半世苦心，庶其不负乎？

补四百余阕新声，传世应偕万红友；

溯三十八年旧梦，与君同是一青衿。

【注释】

徐诚庵：徐本立，字子坚，号诚庵，浙江德清人，与俞樾同年中秀才，道光二十六年（1846年）丙午科举人，曾任南汇（在今上海市东南）县令。徐卒于1874年，联当作于此时。

博士弟子员：秀才的别称。

《词律拾遗》：徐本立著，是对清初人万树［字红友，江苏阳羡（今宜兴）人］的《词律》的补充。万树的《词律》共收一千一百八十多个“体”。徐本立的《词律拾遗》“补其未收之调一百六十有五；补其未备之体三百一十有六”。见俞樾《重刻〈词律〉序》。

青衿：此指秀才。《毛诗故训传》对《诗经》中“青青子衿”的解释是：“青衿，青领也，学子之所服。”

【解析】

以“一青衿”对“万红友”，工巧之极，应是此联最大的亮点。当然，首句的对仗也相当工整。

德清乌山土地庙联

余旧居德清乌山之阳。距所居里许有土谷祠，父老相传曰尧皇土地，不知何义。然长兴有尧市山，“一统志”云，尧时洪水，民避难于此，成市。则吾邑有尧时迹，亦无怪也。岁在癸酉，庙重修落成，为题此联。

耕而食，凿而饮，相传中古遗风，尚留村社；

春有祈，秋有报，愿与故乡父老，同拜神旗。

【注释】

乌山：山名，在浙江德清县。据《大清一统志》记载：“德清山，在德清县东四里，本名乌山。”

“一统志”：此处指《大清一统志》，清代官方修撰的地理书。

癸酉：此指同治癸酉年，即1873年。

耕而食，凿而饮：化用传说帝尧时老人所歌的《击壤歌》诗句“凿井而饮，耕田而食”。

春有祈，秋有报：出自《礼记·郊特牲》的“祭有祈焉，有报焉”。

【解析】

上下联前两句化用成句，一切“尧皇土地”传说，一切土地庙，颇有可观。惜第二句句脚同仄，终是一个遗憾。

台州东湖湖心亭联

台州之有东湖，犹杭州之有西湖也。出东郭门不过半里，湖光山色与西湖无异。隔以长堤，分里外湖。其外湖有湖心亭，杰阁三层，登临最胜。为题此联。

好水好山，出东郭不半里而至；

宜晴宜雨，比西湖第一楼何如。

【注释】

台州东湖：为台州风景名胜，在台州城墙东侧，始辟于宋代，湖中有湖心亭。

宜晴宜雨：化用苏轼《饮湖上初晴后雨》“水光潋滟晴方好，山色空蒙雨亦奇”诗意。

【解析】

与写人一样，写风景也可以“拉人作衬”。下联用杭州西湖一衬，就使人凭空地对台州东湖产生了遐想。

上下联后一分句脱离对仗与平仄的约束，自成一种写法，所谓“率性而为”是也。

江苏藩署联

同年应敏斋廉访摄苏藩。属拟署中楹联，未知果用否。

燕息敢忘天下事；

和平先养一家春。

右内室

小集宾僚同骨肉；

纵谈政事即文章。

右客坐

【注释】

藩署：布政使（藩台）衙门。

燕息：休息，出自《诗经·北山》的“或燕燕居息”。据《毛诗故训传》的解释“燕燕，安息貌”。

宾僚：宾客、同僚。

客坐：同客座，此指会客室。

【解析】

这两联的亮点是切题。写内室的就写休息也不敢“忘天下事”，写希望国家、社会“和平”就先从家庭和睦做起。写客座的就写与“宾僚”情同骨肉，写大家一起“纵谈政事即文章”。这就是所谓的“移易不得”。

赵母蒋太恭人八十寿联

恭人为赵雨田大令之母，生三子皆成立。其前室所生子，已有曾孙在。恭人为五世同堂矣。四月二十七日，其生日也。

萱花不老，芝草有根，已见一堂罗五代；

八秩初开，百龄将届，好从首夏祝长春。

【注释】

赵雨田：据俞樾《赵母蒋太恭人八十寿序》，赵雨田，名不详，雨田当是字或号，浙江山阴（今绍兴）人，系蒋太恭人长子，时在苏州做官。其余不详。

前室：此指丈夫的前一任妻子。

芝草：此指优秀的儿孙。犹芝兰玉树，用谢安叔侄问答典。谢安问："子弟亦何预人事，而正欲使其佳？"谢玄答曰："譬如芝兰玉树，欲使其生于庭阶耳。"见《晋书·谢安传》。

八秩初开：此处疑有误。按白居易《喜老自嘲》诗"行开第八秩，可谓尽天年"。白自注云"时俗谓七十已上为开第八秩"。则寿八十不当云"八秩初开"。

【解析】

此联的亮点在自对。前两句"萱花"与"芝草"、"八秩"与"百龄"的自对均甚为工整。后一句"一堂"与"五代"、"首夏"与"长春"的自对，在俞樾联中已见过几次，是一种颇有用的自对手法。

杜筱舫观察六十寿联

观察初学申韩家言，从盐官起家，历署藩臬。著有《古谣谚》及《平定粤寇纪略》《江南北大营纪事本末》及《万红友〈词律〉校勘记》。始生时，其大父梦一老僧担簦入室，盖有夙根云。

从名法入手，由盐官起家，而陈臬，而开藩，意思萧闲，共识东坡是五戒转世；

纪近代战功，辑古来谣谚，又工词，又能诗，精神渊著，请歌南山之六章寿公。

【注释】

杜筱舫：杜文澜。详见第22页注。杜生于1815年，联当作于1874年。

学申韩家言：申韩即申不害和韩非，战国时期法家人物。此处指学做刑名师爷。

大父：祖父。

担簦："簦"指长柄笠，类似于雨伞。清人段玉裁注《说文解字》曰："笠而有柄如盖也，即今之雨伞。"

萧闲：潇洒悠闲。

东坡是五戒转世：此说见于明代朱时恩的《居士分灯录》"苏子瞻，眉山人，名轼，号东坡。初母程氏方娠，梦一僧至门，瘠而眇。后弟辙官高安时，真净、文圣、寿聪时时相过从。一夕三人同梦迎五祖戒。俄而轼至，理梦事。轼曰：'某年七八岁，尝梦身是僧，往来陕右。'真净曰：'戒禅师陕右人也，暮年弃五祖，来游高安，终于大愚逆数，盖五十年。'而轼时年四十九，又戒眇一目，乃悟轼前身即戒和尚云"。

南山之六章：《诗经·天保》第六章"如月之恒，如日之升。如南山之寿，不骞不崩。如松柏之茂，无不尔或承"，正是祝寿之辞。

【解析】

上联写政事，然后转写其萧闲如老僧，颇出人意料；下联写文学，然后转而祝寿，则是题中应有之义。此联声律方面颇多不谐处，亦属率意而为之作。

海宁观音殿联

同治二年，海宁犹陷贼中。于北门内后街民间屋壁，得八面观音铜像一尊，不知何年所铸也。因供奉天后行宫，而是年官军即收复海宁，浙西以次肃清。盖慈容见而劫运消，非偶然也。寺僧仁寿属题，为书此联。

八面现金容，看一出人间，便消劫运；

十方瞻宝相，愿大家心上，各发慈悲。

【注释】

观音殿：供奉观音菩萨的佛殿。

同治二年：1863年。当时浙江北部杭嘉湖地区基本为太平军所占领，所以文中称“陷贼中”。当年下半年，李鸿章部淮军在占领苏州后进军浙江嘉兴，左宗棠部湘军也进军杭州。太平军海宁守将蔡元隆向左军蒋益澧部投降。故云“是年官军即收复海宁，浙西以次肃清”。

【解析】

此联从“八面”和“观音”上着笔，把“消劫运”归功于菩萨。虽然未必恰当，但作为题寺庙联，却是题中应有之义。

此联是要长期悬挂的，俞樾写来就严谨规矩，而非率意而为。

理安寺静室联

理安寺毁于贼。新筑静室三楹，余每游九溪十八涧，必至此小坐。因书一联。

竹笕潜通十八涧；

蒲团小坐两三时。

【注释】

理安寺：佛教寺名，在杭州九溪，古称“涌泉禅院”，又名“法雨寺”（因寺内有著名的法雨泉），始建于五代时。

毁于贼：清军与太平军在杭州多次作战，寺因战乱而毁。

九溪十八涧：杭州著名景点，在西湖西边山中。

竹笕：引水的竹管。

【解析】

此联题静室，就用极朴实无华的风格。上联切地，而一个“潜”字也与静室相协调。下联以己入联，以“蒲团小坐”切佛寺，切静室。

峨眉山馆联

吾浙布政司署前有山，俗呼管米山，以宋粮料院得名，实则为峨眉山。同治甲子岁，诸同人于其地建崇义祠，祀庚辛死难诸公。祠之右积石嵯峨，乃山之峰也。面峰筑屋三间，颜曰“峨眉山馆”，并移大洞经阁宋思陵御书《道德经》石幢于其前。丁君松生属题楹帖，率书十四字。至山名峨眉，不知何取。或如《太平寰宇记》所载，南浦县蛾眉碛以形得名乎。

古墨尚存宋时石；

遥青如对蜀中山。

【注释】

吾浙布政司署：据杭州政府网介绍，明清时期的浙江布政使衙门在“清河坊以西，西峨眉山（属吴山）故开元宫旧址（今河坊街北旧藩署一带）”。

同治甲子岁：1864年。联即作于此时。

庚辛死难诸公：指在庚申（1860年）和辛酉（1861年）太平军两次攻陷杭州时战死或自杀、被杀的政府官员。

宋思陵：此指宋高宗赵构，因其死后葬于永思陵。

丁君松生：丁丙，字嘉鱼，别字松生，浙江钱塘（今杭州）人，著名藏书家，在籍同知衔候补知县。

《太平寰宇记》：宋太宗时编著的地理书，共二百卷。

【解析】

此联寥寥十四字，既切事，又切地，对仗也相当工整，尤其是“古墨”与“遥青”，甚是工巧。

湖心亭联

圣因寺僧永清属题。

四面轩窗宜小坐；

一湖风月此平分。

【注释】

湖心亭：杭州西湖湖中三岛之一。

圣因寺：在西湖孤山南麓，原是南宋时“西太乙行宫”，清康熙南巡时作为行宫，雍正年间改为“圣因寺”。

【解析】

此联全不用典，纯以写景为联，又是一种风格。下联紧切湖心亭。

徐庄愍公祠联

公名有壬，归安人，官江苏巡抚。庚申城陷，死之。其妾施氏、子震翼及一女皆死。幕友仆妾从死者五人。同治十三年建祠苏州。同乡诸君属题此联。按谥法，履正志和曰庄，使民悲伤曰愍。联语用之，附记以告观者。

仗节镇危疆，当军事土崩瓦解，不可收拾之时，视城中无固志，视城外无援兵，糜顶踵以报君恩，妇竖舆台同授命；

结缨完大义，与谥法履正志和，使民悲伤有合，在吴会为名臣，在吴兴为先达，节春秋而修祀典，日星河岳共昭垂。

【注释】

徐庄愍公：徐有壬，字钧卿，浙江归安（今湖州）人，道光九年（1829年）己丑科进士，官至江苏巡抚。徐有壬在苏州城破时被杀，庄愍是他的谥号。

庚申城陷：庚申年（1860年）太平军击破清军江南大营并进克苏州。

子震翼：徐震翼，徐有壬之子，官候选郎中。与其父一起遇难。

同治十三年：1874年。

谥法：封建时代给皇帝和大臣定“谥号”的一种规定。谥号一般是一个字或者两个字，谥法则对每个字规定了若干种适用的条件。文中说“履正志和曰庄，使民悲伤曰愍”，就分别是用“庄”字和“愍”字的条件之一。

妇竖：妇女和儿童。

舆台：出自《左传》的“天有十日，人有十等”，舆是第六等，台是第十等。此处泛指仆人。

结缨：据《史记·仲尼弟子列传》记载，孔门弟子子路在战斗中“缨”被“击断”，子路说“君子死而冠不免”，“遂结缨而死”。据《清史稿·徐有壬传》记载，苏州城破时，“短兵巷战，贼矛刺（徐）有壬冠，抗声骂贼，遇害”。

吴会：此代指苏州。苏州是江苏巡抚的驻地。

先达：德行高、学问深的知名先辈。

日星河岳：化用文天祥《正气歌》“下则为河岳，上则为日星”诗句。

【解析】

上联“结缨”之典用得极好。徐有壬和子路都是在混战中被杀，而且都和帽子有关。这就有了共同点。把徐有壬和子路相提并论，似乎也就算不得过分拔高了。下联的“日星河岳”化用文天祥的《正气歌》，这就隐隐然把徐有壬抬高到了文天祥的地位，但又没有明着说。这就是作者的高明之处。

莫愁湖胜棋楼联

楼有徐中山王像。相传王与明太祖弈棋而胜，即以此湖赐之。湖中荷花弥望无际。

占全湖绿水芙蕖，胜国君臣棋一局；

看终古雕梁玳瑁，卢家庭院燕双栖。

【注释】

莫愁湖胜棋楼：莫愁湖在南京城西，内有胜棋楼，始建于明洪武年间，是传说中明太祖朱元璋和中山王徐达赌棋的地方。

胜国君臣：胜国指被本朝所胜的前朝，此处指明朝。君臣指朱元璋和徐达。

看终古雕梁玳瑁，卢家庭院燕双栖：化用唐沈佺期《独不见》“卢家少妇郁金堂，海燕双栖玳瑁梁”诗句。

【解析】

联题“莫愁湖胜棋楼”，而实际只上联写胜棋楼，下联则不得不拉莫愁来作衬，可见莫愁女影响力之大。然既有英雄，又有儿女，于水软山温之江南风光，似更适合一些。

冯景庭宫允挽联

宫允以庚子第二人及第。迁中允后即乞归，优游林下，潜心著述，物望甚隆，又善治生。今年夏，以老病终。时方修《苏州府志》未竟，深为三吴文献惜之。

富贵寿考，重以科名，算海内知交，都无此福。

儒林文苑，兼之经济，叹吴中耆旧，顿失斯人。

【注释】

冯景庭：冯桂芬，字林一，号景庭（或作景亭），江苏吴县（今苏州）人，道光二十年（1840年）庚子科榜眼（故称其“以第二人及第”），官至詹事府右春坊右中允（正六品）。冯卒于1874年，联当作于此时。

宫允：詹事府在明朝是属于东宫的（清朝自康熙以后不立太子，但是继续保留了詹事府这个衙门，作为翰林们的升转之处），所以詹事府詹事常被称为“宫詹”，而中允则被称为“宫允”。

儒林文苑：多数正史都有儒林传和文苑传，分别收大儒和大文学家入传。此谓冯既有资格入儒林传，也有资格入文苑传。

【解析】

冯桂芬中过榜眼，做过官，活到六十六岁，生前先后主讲南京惜阴、上海敬业、苏州紫阳、徐州正谊诸书院，而且所学甚博，经史掌故之外，于天文、舆地、算学、小学、水利、农田，皆有讲求，对当时的河漕、兵刑、盐铁等问题尤有研究，文章也写得很好，有多部著作传世。联中所写，基本是实情，而材料组织也颇见功力。

赠张任庵同年联

任庵同年名保衡，道光己酉举于乡，庚戌成进士。其嗣君瀚堂中翰名德霈，以同治癸酉举于乡，甲戌成进士。父子并以酉戌联捷，亦科名佳话也。

北山梓，南山桥，联步到桂宫杏苑；

酉年科，戌年第，成名占后甲先庚。

【注释】

任庵同年名保衡：张保衡，字莘夫，号任庵，安徽全椒人，道光三十年（1850年）庚戌科进士，先后在山西、奉天和江苏任过知县。

其嗣君瀚堂中翰名德霈：张德霈，字叔涵，号瀚堂，又号菡潭，张保衡第三子，同治十三年（1874年）甲戌科进士，授内阁中书，官云南云龙州知州，改凤阳府教授。

道光己酉：1849年。

同治癸酉：1873年。

联捷：此指中举的第二年即中进士。

北山梓，南山桥：桥亦作乔，喻父子。本《尚书大传》有“南山之阳有木焉，名乔”“南山之阴有木焉，名梓”“乔者，父道也”“梓者，子道也”之说。

桂宫杏苑：桂宫代指中举，因中举有月中折桂之说。杏苑代指中进士，因唐朝新进士要参加长安曲江的杏园宴。

【解析】

此联内容无甚新意，但既有重言技巧，又有工整的自对，使事用典也甚到位，很有可观。

赠潘筑岩茂才联

茂才为相国潘文恭公之孙，娶道光壬辰状元吴崧甫侍郎之女，于十月初旬亲迎成礼。书此贺之。

门第旧金张，喜宰相文孙，刚配状元娇女；

倡随小梁孟，缔百年嘉耦，恰当十月阳春。

【注释】

潘筑岩：潘祖颐，字竹岩，一作筑岩，1849年生，潘世恩孙。从后文可知，潘祖颐官至知府。

吴崧甫：吴钟骏，字崧甫，江苏吴县（今苏州）人，道光十二年（1832年）壬辰科状元。

亲迎：古代婚礼的一种仪式，指新郎到新娘家迎亲。

金张：指汉武帝时大臣金日磾、张安世，其子孙累世为高官，《汉书·张汤传》称“功臣之世，唯有金氏、张氏，亲近宠贵，比于外戚”。后世用作显宦的代称。

梁孟：指汉代著名的模范夫妻梁鸿和孟光。

十月阳春：夏历十月有“小阳春”之称。

【解析】

此联的亮点在用典的精到和材料的组织，做到切事、切时。而后两句的自对也有其特点。

潘季玉观察六十寿联

观察为文恭相国之子，以刑部起家。庚申之乱，克复苏州，与有力焉。有子四人，孙十余人，夫人同享眉寿，于今年十一月初旬称六十之觞。书此寿之。

相门硕望，郎署清才，功德在珂乡，骥子龙孙能济美；

一阳将生，六旬初度，笙歌围绮席，木公金母共长春。

【注释】

庚申之乱，克复苏州，与有力焉：当太平军占领苏州，进攻上海时，时任刑部郎中的潘曾玮被派回江南办团练。潘曾玮与冯桂芬一起操办团练，在清军收复苏州城一事中颇有功绩。潘曾玮生于1818年，联当作于1877年。

眉寿：长寿，典出《诗经·七月》的“为此春酒，以介眉寿”。

珂乡：对别人家乡的美称，亦作“珂里”，典出唐朝张嘉贞兄弟同居高位，“昆弟每上朝，轩盖驺导盈闾巷。时号所居坊曰‘鸣珂里’”。见《新唐书·张嘉贞传》。

骥子龙孙：本义指良马，常用以赞美他人的子孙才华出众。

【解析】

上联从门第、出身、功绩、后辈写其人，下联从生日、年龄、夫妻同享长寿写祝寿，极有章法。

对仗方面，“相门”与“郎署”的自对和“骥子龙孙”与“木公金母”的既自对又互对，都极工整。

张太夫人挽联

太夫人为振轩中丞之继母，今年九月卒于江苏节署。

玉帐动金风，吹散慈云刚九月；

北堂拜西母，留将福荫在三吴。

【注释】

振轩中丞：指时任江苏巡抚的张树声。张字振轩，安徽合肥人，廪生出身，淮军将领。据《清史稿·张树声传》，张树声在“（同治）十三年，实授（江苏巡抚）。遭继母忧，归”。故联当作于1874年。

节署：地方大员的衙门，节此取持节之节义。此处指巡抚衙门。

北堂拜西母：北堂指母亲。西母指西王母。此句犹言“母亲驾返瑶池”。

【解析】

此联只是应酬之作，亦无特别出色之处，只是切时、切地，九月死在苏州的巡抚家或中高级武官家的老太太都用得。但其扎实的文字基本功还是很明显的。

邹蓉阁县尉挽联

蓉阁能诗，钱塘人，官长洲典史。盖贤而隐于下位者也。今岁，杭州老辈高辛才观察、张仲甫中翰先后下世，蓉阁继之，不胜耆旧凋零之感。

耆旧叹凋零，杭郡连伤三老辈；

闲官擅风雅，吴中顿失一诗人。

【注释】

邹蓉阁：邹在衡，字蓉阁，浙江钱塘（今杭州）人，历任江苏金山、长洲典史。

长洲：旧县名，是苏州府的附郭属县之一。

县尉：典史的别称。典史是县一级最小的官，主管“稽检狱囚”，大致相当于监狱长，属于“未入流”即没有品的小官（但是当时多数县往往不设专职的县丞或主簿，一般由典史兼任，这样就是正八品或者正九品）。

老辈：邹生于1806年，长于俞樾十五岁，合称老辈。

高辛才观察、张仲甫中翰：详见有关二人前后联。

闲官擅风雅，吴中顿失一诗人：邹在衡曾与黄爵滋、戴熙等人结红亭诗社。

【解析】

此联中规中矩，缺少亮点，在俞樾的联中算不得上乘。

杨石泉中丞四十有九寿联

中丞生于九月九日。时适请觐。朝廷以海疆有事，未允也。

仗节久西湖，才见仙筹添大衍；

携香迟北阙，好凭春酒醉重阳。

【注释】

杨石泉：杨昌濬，字石泉，湖南湘乡人，秀才出身，是左宗棠手下的重要将领，官至陕甘总督，时任浙江巡抚。杨生于道光六年（1826年），联当作于1874年。

海疆有事：指日本借口琉球人在台湾被杀之事，出兵在台湾强行登陆。

仗节久西湖：杨在同治八年（1869年）即署理浙江巡抚，次年实授，故云。

仙筹：用海屋添筹之典。

【解析】

上联切职务、切年龄；下联切暂不入京，切生日，对仗甚工整，堪称上乘之作。

高辛才观察挽联

观察名应元，富阳人。登嘉庆癸酉拔萃科，以县令起家，仕直隶、河南最久。后迁四川永宁道，引疾未赴。余昔年奉使中州，以岁科两试至怀庆，君适为太守，甚相得。庚辛之乱，余避地天津，君亦寓此，过从益密。及余南还寓吴中，而君亦归，访我春在草堂。嗣是无岁不于苏杭相见。今年夏间，君移家自扬州归杭，道出吴中，向余借西湖诂经精舍暂住。不意其竟卒于是也。闻君易箦时，其家人焚寓车寓马，皆腾空而起，高出楼屋，不知所之。意其必升天矣。

浙水旧文雄，明经释褐，县令起家，虽锦江玉垒，未莅双旌，至今治谱流传，三辅两河犹叹美；

覃怀贤地主，同客津门，重逢茂苑，看皓首庞眉，将登九秩，何意湖楼暂借，云车风马遽来迎。

【注释】

岁科两试：清朝各省学政一任三年，到任后第一年举行岁试，第二年举行科试。岁试指从童生中考选秀才；科试指甄试要参加乡试的生员。

怀庆：怀庆府，清代河南府名，府治在今河南沁阳。

庚辛之乱：指咸丰庚申（1860年）、辛酉（1861年）两年太平军在苏南浙北多次大破清军，占领苏州、杭州等大片区域。

易箦：指人临终。典出《礼记·檀弓上》所记载的曾子临终时要求儿子曾元为他“易箦”（换席子）之事。

释褐：开始做官。“褐，毛布也。”见《诗经》郑玄笺。“释褐”即脱去粗布衣服。

双旌：古代观察使离京赴任时“赐双旌双节”，清代道台别称“观察”，故以“双旌”代指道台的仪仗。

锦江玉垒：此指成都。杜甫有诗句“锦江春色来天地，玉垒浮云变古今”。

三辅：汉代治理京畿地区的三个职官，即京兆尹、左冯翊、右扶风的合称。后亦指京师附近之地。此指直隶。

覃怀：古地名，《尚书·禹贡》有“覃怀厎绩，至于衡漳”，这里代指河南。

津门：天津的别称。

云车风马：以云为车，以风为马。指神仙的车马。

【解析】

上联写其一生经历，下联写双方关系并表示哀悼，是挽联的常规写法。多处自对的运用也颇见功力。

张仲甫先生挽联

先生登嘉庆庚午贤书，其先德适官闽抚。谢恩疏入，仁庙御批“欣慰”二字。同治庚午，重赋鹿鸣。所著《春秋属辞辨例》一书，曾呈乙览，亦儒者之至荣也。

耆年硕德，两赋鹿鸣篇，忆从前初奏笙簧，喜动天颜曾一笑；

辨例属辞，独得麟经意，想此后不祧俎豆，长传绝业到千秋。

【注释】

登嘉庆庚午贤书：中嘉庆十五年（1810年）庚午科举人。《周礼·乡大夫》：“乡老及乡大夫群吏献贤能之书于王。”贤能之书，谓举荐贤能的名录，后因以“登贤书”指考试中式的名榜，尤其特指乡试中举。

先德适官闽抚：张应昌之父张师诚时任福建巡抚。

仁庙：嘉庆帝，仁宗是其庙号。

同治庚午：1870年。

乙览：皇帝御览，因皇帝有“甲夜视事，乙夜观书”之说，见《杜阳杂编》。

不祧：指家庙中永不迁移的神主。家庙中祖先的神主，随着世代的更迭，较早的祖先神主要依次迁移到远祖庙合祭。

【解析】

“两赋鹿鸣篇”与“独得麟经意”之对甚是工巧。

此联“挽”的氛围不浓，但有“想此后不祧俎豆”一句在，亦不离题。

高滋园都转六十寿联

都转官浙最久，历官至盐运使，署按察使，加二品衔。引疾归，仍居杭州。今岁行年六十。九月二十四日，其生日也。

官两浙近卅年，以二品归田，仍在白苏旧治；

过重阳刚半月，为六旬介寿，恰当黄菊新花。

【注释】

以二品归田：高卿培有二品顶戴，故云。高生于1815年，联当作于1874年。

白苏旧治：指杭州。白居易、苏轼都做过杭州的地方官。

【解析】

此联全不用典，但切事、切地、切年龄、切生日，对仗又特别讲究，尤其是六个数目字之对和“白苏”与“黄菊”的借对（苏也是植物名），相当漂亮。

江室仇夫人挽联

夫人为江小云观察之配。通文墨而不为诗词。喜观史，每以史中可法可戒事，为子若妇言之。尤好施与，能急人之急。庚申、辛酉之乱，戚党中往依之者，人人佽助之，罄所有不惜。临终自为挽联曰：“平生尽为谁忙，代夫子辛劳，敢分人己？家法原非我设，受祖宗懿训，敬告儿孙。”呜呼，是亦女有士行者矣。

以巾帼中人，常落落然有儒生气象，有豪杰襟怀，日对青史一编，迥异寻常脂粉辈；

当绵惙之际，所拳拳者在祖宗懿训，在儿孙家法，手题繐帷数语，岂惟明白去来间。

【注释】

江小云：江清骥，字小云，号颐园，浙江钱塘（今杭州）人，道光二十年（1840年）庚子科举人，官江苏常镇道。

绵惙：指临终时病势沉重，语出《世说新语·德行》。

手题繐帷数语：指自作挽联。繐帷是设于灵柩前的帷幕。

【解析】

上联赞其平生，下联赞其临终，章法井然。唯因化挽联文字入联，致第三句句脚同仄，是一小疵。

无锡惠山五中丞祠联

五中丞者，海忠介瑞、周文襄忱、周怀鲁孔教、汤文正斌、李文恭星沅也。祠成后，应敏斋同年属题。

自胜国至熙朝，歌咏不忘，四百年来五开府；
以事功兼学术，馨香无愧，九龙山下一崇祠。

【注释】

五中丞祠：据清光绪《无锡金匮县志》记载，“五中丞祠”在惠山寺左，旧为周忱（谥文襄）专祠，明正统十四年（1449年）知县谈清始建列祀。万历中并祀海瑞（谥忠介）。继又并祀周孔教（号怀鲁）。清康熙六十年（1721年）又增祀汤斌（谥文正），称“四中丞祠”。道光二十六年（1846年）又增祀李星沅（谥文恭），为“五中丞祠”。五人都当过应天（江南）巡抚或江苏巡抚。

四百年来：自明宣德五年（1430年）周忱任江南巡抚到清道光二十五年（1845年）李星沅为江苏巡抚，共四百一十五年，取约数为四百年。

九龙山：无锡惠山的别称。

【解析】

以一联而写五人，势难面面俱到。用总括的方式，笼统地写来，也不失为一种可行的方法。

五人中海瑞和汤斌是著名的清官，周忱和周孔教是有惠政的能臣，唯独李星沅乏善可陈，最没有含金量。但既然五人已经合祀，俞樾题联也就只好这样了。

吴山仓颉祠联

吴山新建仓颉祠，前临浙江，后枕西湖，形势殊胜，吴康甫大令之所定也。康甫属题此联。

上溯羲皇画八卦时，文字权舆，秦而篆，汉而隶，任后来缣素流传，不外六书体例；

高踞吴山第一峰顶，川原环抱，江为襟，湖为带，看从此菁华大启，振兴两浙人才。

【注释】

吴山：杭州山名，又名城隍山，在西湖之东南。

仓颉：传说中汉字的创造者，仓颉是黄帝时的“史”。

吴康甫大令：吴廷康，字元生，号康甫，安徽桐城人，时任杭州府仁和县丞。因有知县头衔，故称其为“大令”。

羲皇画八卦：羲皇即伏羲，传说中的古代三皇之一，是“始画八卦”的人文初祖。

权舆：起始。

缣素：本义指可供书画用的白绢。此处当泛指书写文字的载体。

六书：指“指事、象形、形声、会意、转注、假借”这六种汉字的构字方法。

【解析】

上联写仓颉造字的伟大意义，不论后世字体如何变化，书写工具和材料如何变化，仓颉造字的原理——六书是不变的。下联从仓颉祠的位置环境写到希望借此振兴浙江的人才，以“从此”二字切祠堂是新建的。

此联首句对仗甚宽，后六字一是时间概念，一是空间概念，并各有一个数目字，两者即借此成对而已。当代人很少敢这样写的。

倪载轩观察挽联

观察由县令起家，以道员候阙，未补官也。数年前曾买苏州大儒巷屋居之。余为题其舫斋曰“小摇碧”。今年就余商量，拟叠石穿池，略仿余曲园规制，未果而卒。

卜宅阖闾城，园林花木，犹待评量，遽归海上仙龛，冷落空斋小摇碧；

历官观察使，霖雨经纶，未遑展布，徒令吴中父老，欷歔遗爱古龚黄。

【注释】

候阙：阙同缺，即候补。

阖闾城：指苏州，《史记正义》有“（阖闾）使子胥筑阖闾城都之，今苏州也”。

海上仙龛：用白居易《客有说》诗意。全诗是：近有人从海上回，海山深处见楼台。中有仙龛虚一室，多传此待乐天来。

霖雨：比喻官员对百姓的恩泽。出自《尚书·商书·说命》：“若岁大旱，用汝作霖雨。”

经纶：筹划治理国家大事。

龚黄：西汉循吏龚遂与黄霸。

【解析】

上联写计划建花园未果，下联写候补未得任用，都是遗憾事，这就使得全联有了哀伤感。而联末的“黄”与“碧”的借对，也大大提高了对仗的工整程度。

吴中二程子祠

为恩竹樵方伯作。

后尼山千五百年，笃生两先生，辟邪说，辨异端，道统天开，正所以下启紫阳，上承邹峄；

环苏台数十万户，过此一瞻拜，黜浮华，崇实学，士风日起，庶不愧言游故里，泰伯遗封。

【注释】

二程子：北宋大儒程颢、程颐兄弟，理学的开创者，后世尊其为“子”。

尼山：代指孔子，因为孔子的父母“祷于尼丘得孔子”，见《史记·孔子世家》。“尼丘”即尼丘山，后世为了避孔子的名讳孔丘而改称“尼山”。

千五百年：孔子生活于公元前551—479年。“二程”生活于1032—1107年。二者相距约为一千五百年。

辟邪说，辨异端：出自程颐对其兄程颢的评价“先生出，倡圣学以示人，辨异端，辟邪说，开历古之沉迷，圣人之道得先生而后明，为功大矣”。见程颐《明道先生墓表》。

紫阳：代指南宋大儒朱熹。朱熹称“紫阳先生”，其师李侗是“二程”的四传弟子。

邹峄：代指孟子。孟子生于邹。峄山在邹，此山就是“孔子登东山而小鲁”的东山。

言游故里：言游即孔门七十二贤之一的言偃。“吴人，字子游。少孔子四十五岁”。见《史记·仲尼弟子列传》。言偃墓在苏州府下属的常熟。

泰伯遗封：泰伯是吴国的开国君主，以避位让国著名的贤人。吴国建都于苏州。

【解析】

上联颂扬祠堂祭祀的“二程”，认为他们在儒家道统的传承中起了承上启下的重要作用。下联写给祭祀者、瞻仰者看，希望能不愧对本地的先贤。属于常见的祠堂联格式。

杨石泉中丞五十寿联

中丞生于九月九日。去年四十有九，曾赠一联。今年正五十矣，因又赠此。是岁为光绪元年恩科乡试，中丞充监临官，又为武闱主考也。

钟三湘秀气，为两浙福星，奋武揆文，恰值宾兴大典；

借九日秋光，献五旬春酒，翔禨集嘏，恭逢御极初元。

【注释】

光绪元年：1875年。联即作于此时。

恩科：因为朝廷有喜庆之事（比如皇帝或者太后的整寿，这次是新皇帝登基）而在正常的科举考试之外增加的一次科举考试。

监临官：负责科举考试考场监督的官员。乡试的监临官照例由本省巡抚担任。

武闱：武科考试。武科乡试的主考照例由本省巡抚担任。

宾兴：周代从乡小学选出贤能的人，以上宾之礼升于国学。《周礼·大司徒》有“以乡三物教万民而宾兴之”。郑玄注曰：“兴，犹举也。”故常用以指乡试。

翔禨集嘏：“禨”有“祥”义，“嘏”有“福”义。

御极：天子登基即位。

【解析】

此联切湖南人，切在浙江做官，切文武乡试，切生日，切年龄，还切新皇帝登基元年，可说是面面俱到。

石门高氏祠堂联

高氏出齐公族，由谷熟迁姑苏。晋元兴时，又由苏迁池州。其地在九华山西南，曰魁峰、曰石门、曰桃坞，皆其地也。高滋园都转属撰祠堂楹联。因据其家谱所云，为题长句。

卜宅晋元兴，石门秋色，桃坞春风，聚九华秀气，绵延累代簪缨，后裔至今怀祖泽；

溯源齐公族，谷熟分支，姑苏别派，守百祀清芬，崇奉不祧俎豆，先祠终古傍魁峰。

【注释】

公族：国君的同族。高氏是“齐太公之后，食采于高，因以为氏”。见《广韵》。

谷熟：古地名，在今河南商丘东南。

晋元兴：东晋安帝的年号，元兴二年为403年（元兴无元年）。

九华山：中国佛教四大名山之一，在安徽池州。

簪缨：古代显贵者的冠饰。比喻高官显宦。

【解析】

此联虽然只是“据其家谱所云”而作，但切事、切地，用语也极切合祠堂，可见善于组织材料也是高手必具的能力。联末的“泽”与“峰”的借对，很是巧妙。

许母卢太夫人挽联

太夫人乃余次女之姑也。余亲家翁季传孝廉为山东掖县令，卒于官，身后无余赀。夫人拮据支持，历十余年，心力交瘁。所生二子，长曰观身，字子宾，由拔贡生举孝廉，以病废。次曰祐身，字子原，则余女婿也，亦已捷于京兆矣。余三子皆庶出。

有弱女感姑恩，为言辛苦持家，十载伤心搔白发；

勖诸孤成父志，会见联翩兢爽，一门接踵到青云。

【注释】

亲家翁季传孝廉：许乃恩，字季传，浙江仁和（今杭州）人，道光二十三年（1843年）癸卯科举人，官至山东掖县知县。许乃普和许乃钊之弟，俞樾的儿女亲家（俞樾次女绣孙嫁其次子祐身）。

捷于京兆：参加顺天府乡试，考中举人［许祐身是同治十二年（1873年）癸酉科顺天乡试举人］。

【解析】

此联以写实胜，而其中“姑恩”与“父志”、“伤心”与“接踵”、“白发”与“青云”等处的对仗，是很值得当代的联作者学习的。

蒯士香同年廉访七十寿联

廉访由知县起家，官河南光州牧时，战功甚著。张朗斋军门以姻家子为帐下健儿，今官至提督，立功塞外，为当代班定远矣。余与廉访甲辰同年也，故以此联寿之。

溯转战申息间，军前部曲，万里封侯，白发坡仙，犹坐冷泉判公牍；

忆同登甲辰榜，都下宴游，卅年成世，黄花魏国，长从老圃看秋容。

此联曾面为廉访诵之，本拟还苏寓后买长笺写寄。乃未及写，而廉访逝矣。因易其语曰：

溯转战申息间，军前部曲，万里封侯，至今鬓雪飘萧，尚有雄心谈往事；

忆同登甲辰榜，都下宴游，卅年成世，可叹晨星零落，又将清泪哭明公。

不胜故旧凋零之感矣。

【注释】

蒯士香：蒯贺荪，字则钦，号士芗，江苏吴江（今苏州市吴江区）人，道光二十四年（1844年）甲辰恩科顺天举人（与俞樾为乡试同年），历任河南永宁、固始、祥符知县，光州知州，在对抗太平军林凤祥部和捻军时立有战功。后升任南汝光兵备道，捻军被消灭后赏布政司衔，迁任浙江按察使。光绪乙亥（1875年）卒于官，年七十。联即作于此时。

张朗斋：张曜，字亮臣，号朗斋，浙江上虞人，蒯贺荪的内侄（故曰姻家子）。张曜在姑父蒯贺荪手下办团练起家，积功升到了总兵、提督，随左宗棠远征新疆。所以称他“立功塞外，为当代班定远矣”。

军门：提督或总兵加提督衔者的尊称。

申息：申和息都是古代国名，地理位置随时代有变迁，大致在今河南一带。

部曲：此指军中部属。

白发坡仙，犹坐冷泉判公牍：苏轼任杭州通判时“徜徉灵隐天竺间，以吏牍自随。至冷泉亭，据案剖决，落笔如风雨，分争辨讼，谈笑而办”。见《杭州府志》。

卅年成世：三十年为一世。见《说文解字》。

黄花魏国，长从老圃看秋容：化用北宋韩琦（封魏国公）《九日水阁》诗“虽惭老圃秋容淡，且看黄花晚节香”。

晨星：清晨天空中稀疏的星星。喻稀少。

【解析】

这两联非常有意思，前三句完全相同，仅后两句不同，就一为寿联，一为挽联。但是通联读来，却都能恰当。上联后两句都写到白发，但寿联见儒雅潇洒，而挽联见烈士暮年，很值得玩味。

“申息”与“甲辰”之对，本来一为地名，一为年份，并不特别工整，但是借用了天干“甲”对地支“申”，工整程度大为提升。前代高手，往往善于运用此道。另外“军前”与“都下”、“万里”与“卅年”、“白发”与“黄花”、“鬓雪”与“晨星”等处的对仗，也甚见功力。

金眉生廉访六十寿联

眉生喜谈经济，意气浩然，亦当代振奇人也。值其六十生日，以此寿之。上联用陈同甫语，非此老不能当。下联则用香山太傅《耳顺吟》中语。

推倒一世豪杰，拓开万古心胸，陈同甫一流人物，如是如是；

醉吟旧诗几篇，闲尝新酒数盏，白香山六十岁时，仙乎仙乎。

【注释】

金眉生：金安清，字眉生，号傥斋，晚号六幸翁，浙江嘉善人，监生出身，清末诗人，官至江苏按察使。金安清生于1817年，联当作于1876年。

经济：此处系经邦济世之意。

振奇人：特出、非凡的人。

陈同甫：南宋豪放派爱国词人陈亮，字同甫。

香山太傅：唐代诗人白居易，号香山居士，曾任太子少傅。但自唐代起就有人称其为“太傅”，如其好友元稹就有《酬白太傅》诗。

耳顺吟：白居易六十岁时作的诗《耳顺吟，寄敦诗、梦得》，取《论语》“六十而耳顺”之意。

推倒一世豪杰，拓开万古心胸：化用陈亮《甲辰答朱元晦书》“推倒一世之智勇，开拓万古之心胸”。

醉吟旧诗几篇，闲尝新酒数盏：化用白居易《耳顺吟，寄敦诗、梦得》诗“闲开新酒尝数盏，醉忆旧诗吟一篇”。

【解析】

此联化用前人诗文贴切无痕，用金安清比陈亮和白居易虽然属于过誉，但二人与金安清也确有相似点，也就无伤大雅了。

沈兰舫广文五十寿联

余曩居临平时，兰舫曾受业焉。其地有临平湖，所谓东湖者也。比年来，余主讲西湖诂经精舍，兰舫又充监院官。光绪元年，值其五十初度，盖小于余者五岁。而其生日为嘉平朔，则又先我一日。因自吴下寄此联寿之。

共学东湖，同客西湖，坐对腊灯怀旧雨；

五年迟我，一日先我，互斟春酒祝长生。

【注释】

沈兰舫：除本联提供的信息外，其余不详。

广文：学官（如教谕、训导等）的别称。

临平：地名，旧属杭州府仁和县，今杭州市临平区。

临平湖：临平湖在唐宋时甚大，有“与西湖、南湖称鼎峙”之说，后日益缩小，如今基本已无。

旧雨：老朋友。出自杜甫《秋述》：“常时车马之客，旧，雨来；今，雨不来。”

【解析】

此联以巧胜，材料组织和切题都通过巧来实现。唯“旧雨”与“长生”之对似嫌随手。

张母彭太宜人挽联

太宜人生三子。长曰绍渠，以进士作令吴中；次曰绍轩，余视学中州时所取士也；三曰绍潜，亦诸生。绍渠子德迪，已入词馆矣。太宜人年八十而卒。寄此联挽之。

问俗到中州，记壶史流传，于孝友门风，见宣文母范；

享年登大耋，况家声鼎盛，有琴堂令子，与芸馆贤孙。

【注释】

绍渠：张绍渠与其子张德迪同于同治十三年（1874年）甲戌科中三甲进士。儿子的名次还高些，并入翰林院。其余情况不详。其两个弟弟的情况也不详。

壶史：此指史籍。

宣文：宣文君。详见第57页注。

大耋：指八十岁。《说文解字》："年八十曰耊。""耊"同"耋"。

琴堂：代指州县官，用"宓子贱治单父，弹鸣琴，身不下堂，而单父治"。典见《吕氏春秋·察贤》。

【解析】

此联因俞樾与死者关系不深，了解有限（只是多年前门生的母亲），故内容较敷衍。文字则较认真，如以"中"与"大"之对改善对仗工整程度，末两句的特殊自对方式等，都颇有可观。

此联"挽"的意味极淡，但是有"享年"二字在，亦不离题。如改作"高年"，说是寿联也未尝不可。

吴母朱太宜人七十寿联

太宜人为时山大令之母。光绪二年正月八日，其七十生日也。已有曾孙矣。

罗四世于一堂，有子有孙曾，再茁兰芽，便成五代；

由七旬而百岁，曰耄曰期颐，每逢谷日，敬祝千春。

【注释】

时山大令：除本联提供的信息外，其余不详。

光绪二年：1876年。联即作于此时。

兰芽：常喻指优秀的子孙。

期颐：一百岁。出《礼记·曲礼上》："百年曰期、颐。"

谷日：指正月初八，见宋人蔡絛《西清诗话》所引东方朔《占书》

关于“岁后八日，一日鸡，二日犬，三日豕，四日羊，五日牛，六日马，七日人，八日谷”的记载。

【解析】

上联写子孙兴旺，预祝五世同堂；下联切年龄、切生日，祝长寿，于平常中见功力。而六个数目字都对得极好，尤其“谷日”与“兰芽”之对，更是非常工巧。“再”“每”二字也下得很准确。

许雪门太守六十寿联

雪门工诗。自编其诗，自道光庚子至咸丰壬子，为《悠游集》；自癸丑至同治癸亥，为《蒿目集》；甲子以后，则为《上元初集》。时之治乱，具见其诗。光绪二年正月七日为六十生辰。以此联寿之。是岁正月初十日立春。

先立春三日作生辰，千万户柏酒桃汤，敬为使君寿；

合大集一编即年谱，六十岁前忧后乐，又到上元初。

【注释】

许雪门：许瑶光，字雪门，号复斋，湖南善化（今长沙）人，时任嘉兴知府。许生于嘉庆二十二年（1817年），联当作于1876年。

道光庚子至咸丰壬子：1840年至1852年。

癸丑至同治癸亥：1853年至1863年。

甲子：1864年。

时之治乱，具见其诗：许的第二本诗集的起始年咸丰癸丑正好是太平军攻克南京，江浙两省从此进入战乱时期；第三本诗集的起始年同治甲子正好是清军收复苏州、杭州、南京，肃清江浙两省战乱的时候。故云。

柏酒桃汤：古代春节时“进椒柏酒，饮桃汤”（见《荆楚岁时记》），是饮以辟邪的。此处泛指新年饮酒。

【解析】

上联从生日在新年期间着笔，把老百姓过年饮酒说成“敬为使君寿”，颇为别出心裁。下联落到诗集上，与一般寿联的写法有所不同，但又点出“六十岁”，并不离题。

王补帆中丞挽联

中丞为余庚戌同年，同官翰林。在京师时，晨夕往还无间也。遂以余长女妻君仲子。年来，君历官至闽抚，所至有声。今年驻节台湾，办理招垦之事。甫还省垣，遽捐馆舍。虽恩礼优渥，亦可哀矣。去年在吴中，与余倡酬，和人字韵各十余叠。讵可再耶？

乘桴过斗六门边，瘴雨蛮烟，不辞辛苦，立功在绝徼，盖视傅郑尤难，伟矣半载经营，尽辟天南生熟地；

回头思廿七年事，敝车羸马，时相过从，同谱若弟兄，遂订朱陈之好，伤哉一朝诀别，未完吴下倡酬篇。

【注释】

王补帆：王凯泰，字幼轩，号补帆，江苏宝应人，道光三十年（1850年）庚戌科进士，与俞樾同年并同入翰林，同治七年（1868年）任福建巡抚。王去世于光绪元年（1875年）十月，文中称今年，则联当作于1875年。

以余长女妻君仲子：俞樾长女锦孙嫁王凯泰次子豫卿。

恩礼优渥：王凯泰死后，“天子悼焉，诏赠太子少保衔，视总督例赐恤，赉白金治其丧，予谥文勤，并命于福建省城、台湾府城建祠祀焉。凡祭葬，咸赐如例”。见俞樾所撰王凯泰《神道碑》。

斗六门：台湾地名，在台湾中部云林县，是控制台湾南北交通的咽喉要道。

立功在绝徼：当时台湾还没有建省，王凯泰以福建巡抚的身份渡海到台湾，前后五个多月（所以说“半载经营”），处理解决了包括行政区域的划分、官职的设立、建城的计划、驻军指挥权的归属、科举考试的办法、屯垦军人的善后安排等一系列工作，对加强中央政府对台湾的管理是很有贡献的。

傅郑：西汉傅介子和郑吉。二人都是立功西域的功臣。

订朱陈之好：指双方结为婚姻。白居易《朱陈村》诗有“一村唯两姓，世世为婚姻”的说法。此指“以余长女妻君仲子”之事。

【解析】

上联写死者的功绩，下联写双方的交往，是典型的挽联正格。

联中说王凯泰比“傅郑尤难”，应属过誉。但是从台湾远隔大海比西域有陆路可通更难的角度看，亦可自圆其说。适度过誉但角度独特而能自圆其说，亦是可师法之处。

瓜尔佳李夫人挽联

夫人为恩竹樵方伯之配。方伯之摄漕督也，夫人与偕。及回苏藩任，方伯南来，夫人北去，遂别矣。方伯为余诗友。槐云馆，其所居斋名也。

使节记南来，漂母祠边，遂成长别地；

吟怀劳北望，槐云馆内，添得悼亡词。

【注释】

漂母祠：祭祀韩信年轻落魄时给他饭吃的漂母的祠堂，在淮安。淮安是漕运总督的驻地。

槐云馆：恩锡的室名。

悼亡词：丈夫悼念去世的妻子的诗文。

【解析】

上联用“漂母祠边”切其夫妻分别之地。下联则从丈夫悼亡方面着笔，这也是因死者可入联素材少而采取的一种有效的补救措施。

朱母赵太淑人六十寿联

淑人为朱竹石司马生母，有子三人。其生辰为正月二十四日。前期三日，为其幼子梅石娶妇。

三珠树环侍一金萱，添个比肩人，来助彩衣舞；
周甲年刚逢建寅月，留将婪尾酒，敬祝锦堂春。

【注释】

朱竹石：朱之榛，字仲蕃，号竹石，浙江平湖人，官至道员，曾署按察使、布政使。时任苏州府总捕同知。

珠树："珠兰玉树"的略语，对他人子侄的美称。

彩衣舞：用斑衣戏彩之典。

周甲年：六十花甲循环一周，即满六十年。

建寅月：农历正月。《淮南子》有"天一元始，正月建寅"之说。

婪尾酒：指酒席上依次饮酒时最后一个人所饮的酒。一般饮酒次序是年长者先饮，但是过年时因为"少者得岁，故贺之；老者失岁，故罚之"而倒过来，年长者最后饮。此指过年饮的酒。

【解析】

此联第一句特殊形式的自对和后面"肩"与"尾"、"彩"与"锦"之对，均极讲究。

葛母李太夫人挽联

太夫人为吴县葛瑞卿明府之母，河南许州人也。行年八十，卒于吴县署。

二品紫泥封，颍上版舆，花县迎来众母母；
八旬黄发寿，吴中丹旐，薤歌送到大家家。

【注释】

葛瑞卿：据俞樾《候选训导葛君墓志铭》，河南许州（治今许昌）人，葛龙光之子，名兆堂，秀才，“以军功由训导迁知县，在江苏历宰大县”，葛龙光之妻李氏，皆吻合。另查《江苏省通志稿·职官志》及《上海旧政权建置志·人物》，同治、光绪年间，有河南许州人葛兆堂，廪贡生，在包括吴县在内的江苏（含今上海）多个县任过知县。当是此人。其余不详。

紫泥封：指皇帝诏书，古代只有皇帝的诏书才用紫泥来封。

颍上：颍水流经许州。

花县：知县。用晋潘岳典。“潘岳为河阳令，种桃李花，人号曰‘河阳一县花’。”见《白氏六帖》。

黄发：指老年人，唐吕延济注《文选》中的“玄龆巷歌，黄发击壤”，就认为是“谓玄发童子，黄发寿人，并歌谣于衢巷田壤之中也”。

丹旐：引魂幡。

薤歌：《薤露》，古代的丧歌。

大家家：前一“家”字通“姑”。“大家”是古代对女子的尊称，如东汉班昭就被称为“曹大家”。

【解析】

此联切河南人，切儿子在苏州做县官，切八十岁，切二品封诰，可算得面面俱到。

对仗方面也颇讲究，如“二品”与“八旬”、“紫泥”与“黄发”、“颍上”与“吴中”、“花县”与“薤歌”等处，均甚工巧。

张少渠别驾五十寿联

少渠性好善，遇善举必勇为之。去年四十有九，奉檄预江苏海运之役，将附福星轮船以行，忽舍之而就他船。福星船竟沉于海。君幸而免。佥曰是好善之报也。今年五十矣，因书此联为寿。

不福星，真福星，即此一言，可为君寿；

已五十，又五十，请至百岁，再征余文。

【注释】

张少渠：张豫立，字少渠，浙江秀水（今嘉兴）人，俞樾的姨甥女婿，时任县丞。张生于1827年，联当作于1876年。

别驾：通判的别称。通判是正六品官，远高于县丞（正八品）。张或者有通判的头衔。

江苏海运之役：指江苏送往北京的漕运粮食不通过运河而改由轮船从海上运输。

福星轮船：福星轮是在光绪元年二月二十八日（1875年4月4日）从上海开往天津途中，在烟台附近被英商怡和洋行的澳顺轮撞沉的。这次海难共溺死65人，船上所运载的江苏解送北京的漕米7270石全部沉没。死者中有江苏押载委员同知四人，直隶知州一人，通判二人，县令六人，县丞五人，巡检、守备二人，绅董一人，盐知事一人，浙江同知一人等。

【解析】

此联除以巧胜外，亦以幽默胜。下联与樊增祥贺其子五十寿联之上联“我亦痴翁，愿再抚汝五十年，寿汝乎，抑自寿也”可谓异曲同工，而且不点破，似更胜一筹。

佛殿联

三藐三菩提，与大众同游净土；

一花一世界，看我佛即在灵台。

【注释】

三藐三菩提：梵文音译，意为正等正觉。

一花一世界：佛教语，多种佛经都有相近的说法。

灵台：人的心灵。

【解析】

题佛殿联，即用佛家语。但如纯用佛家语，则普通百姓就未必能懂。后两句明白如话，是为普通百姓而说，可谓雅俗共赏。

费室张夫人挽联

夫人为费幼亭观察继室。幼亭寓吴下，方议迁寓。夫人日间犹为相度新居，其夕遽卒。

吴下议移家，停车半日，相度新居，何期骤中膏肓，仙梦三更俄跨鹤；

天边荣锡诰，随宦廿年，勤劳内治，忍使未衰夫婿，伤心一曲赋离鸾。

【注释】

费幼亭：费学曾，字绳庵，号幼亭，江苏武进（今常州）人，官至直隶清河道。其父是嘉庆二十四年（1819年）会元费庚吉。

膏肓：人体心脏与横膈膜之间的部分。旧时认为是药效无法达到的地方。见《左传》。

跨鹤：本义指成仙，常用作逝世的委婉说法。

离鸾：比喻夫妻分开。

【解析】

此联前三句以叙事为主，后两句上吊死者、下吊存者。俞樾用这样的写法，已有多次。当然前提是联作者与存者的关系应该比与死者更密切。对仗方面仍然是有几处局部对得极工整（如“半日”与“廿年”、“跨鹤”与“离鸾”），而全联则不为求工所束缚。

顾室叶淑人挽联

淑人为顾竹城明府之配。年五十九，四月三日卒。

鹤寿未六旬，仙去后一年，再向仙山献寿；
莺花过三月，佛生前五日，遽归佛地拈花。

【注释】

顾竹城：顾思贤，字竹城，广东新兴人，道光二十九年（1849年）己酉科举人，历任江苏长洲、昭文、娄县、新阳、南汇等县知县。

鹤寿：《淮南子》有“鹤寿千岁”之说，故常用以祝人长寿。

佛生前五日：佛祖诞日为农历四月八日，故云。

【解析】

此联胜在工与切。除了中间一句极工，“鹤”与“莺”、“六旬”与“三月”、“仙山”与“佛地”均相当工整。而上联切年龄，下联切去世时间，也都确切不移。唯稍嫌费辞耳。

赵忠节公祠联

公讳景贤，字竹生，余甲辰同年也。粤贼之乱，起义兵卫乡里，守湖州城三年。城破后陷于贼，骂贼死。

在朝忠臣，在乡义士，百战艰难，至死不二；
有唐睢阳，有宋信国，千秋俎豆，得公而三。

【注释】

赵忠节公：赵景贤，字竹生，浙江归安（今湖州）人，道光二十四年（1844年）甲辰科乡试与俞樾同中举人。太平军进入江浙两省后，他就在家乡办团练，自咸丰十年（1860年）至同治元年（1862

年），坚守湖州孤城两年多（当时苏南浙北几乎全部被太平军占领），功劳越来越大，官也一直升到“加布政使衔”。城破后，赵景贤被俘。忠王李秀成、慕王谭绍光都想劝降他，被赵景贤严词拒绝。在其回复李秀成的信中有这样一段话：“某受国恩，万勿他说。张睢阳慷慨成仁，文信国从容取义，私心窃向往之。若隳节一时，贻笑万世，虽甚不才，断不为此也。”第二年被杀于苏州。清政府给予其“加恩依巡抚例优恤，于湖州建专祠，宣付史馆为立特传，予骑都尉世职，谥忠节”的褒奖。见《清史稿·赵景贤传》。

粤贼之乱：指太平天国起义。

有唐睢阳：唐代张巡，因在安史之乱时死守睢阳而著名。

有宋信国：南宋末年抗元的英雄文天祥，封信国公。后世常称其为“文信国”。

【解析】

全联典重悲壮，极适合于烈士祠堂。然有褒扬太过之嫌，唯因“张睢阳”“文信国”是以赵信中语入联，尚可理解。

前两句由于“朝”与“乡”不能颠倒、“唐”与“宋”不能颠倒，导致上下联句脚平仄相同，当是一憾。

自题春在堂联

先祖南庄府君，尝举韩昌黎诗“此日足可惜”一语以勉人。曰此语极有味。试思明日亦日也，然非此日矣；明年亦有此日也，然非今年此日矣。然则古人惜分阴，岂为过乎？盖府君笃志于学，故其训人若此。又先舅氏姚平泉先生，尝自言以出世之心，行入世之事。斯言亦极有味。樾因窃取此二意为一联。异日当书而悬之春在堂焉。

日有明年之日，年非今日之年，吾祖南庄府君是以垂惜日之训，后人宜敬体此意；

事或入世之事，心仍出世之心，先舅平泉老人用此为处事之方，小子窃有味其言。

【注释】

先祖南庄府君：俞樾祖父俞廷镳，字昌时，号南庄。府君是子孙对已故男性长辈的敬称。

韩昌黎诗：唐著名诗人、文学家韩愈，字退之，河南河阳（今孟州南）人，自称“郡望昌黎”。后世称“韩昌黎”。此处诗指《此日足可惜赠张籍》诗。“此日足可惜”为诗的第一句。

古人惜分阴：晋陶侃语“大禹圣者，乃惜寸阴。至于众人，当惜分阴”。见《晋书·陶侃传》。

出世、入世：佛教用语。出世指脱离世间束缚；入世指置身于红尘俗世之中。

【解析】

此格言联之内容甚好。

俞樾对此类古文句式联的平仄安排和重字似都不大在意，否则下联前两句之句脚平仄并非无法调整。后两句之不规则重“人”字，亦并非无法解决。

此外，前两句之自对形式亦非常特别，连重字皆是各重各的。

風雲才略千秋羿

日月光華九德歌

甲午浴佛日曲園俞樾書

徐云阶部郎挽联

云阶为震泽县之震泽镇人，曾举义兵卫乡里，乱后又勷办善后之事。其没也，余铭其墓。

负干济长才，小试于乡，已为遗黎复元气；

综生平义举，大书其事，愧无巨笔志幽宫。

【注释】

徐云阶：徐汝福，字寅阶，江苏震泽（今苏州）人，官至礼部郎中。李鸿章收复苏州后，曾任其负责江苏抚恤总局。徐去世时年仅三十八岁。由徐汝福重建于清同治三年（1864年）的师俭堂，现已成为全国重点文物保护单位。

部郎：指某部的郎中或者员外郎。

震泽县：清代县名，入民国后并入吴江县，现属苏州。

铭其墓：撰写墓志铭。

干济：干练能办事，白居易执笔的《与卢恒卿诏》有“以卿有忠劳之前效，干济之长才，常简朕心，宜授此职”。

幽宫：此处指坟墓。

【解析】

上联写徐云阶的才干与事迹，下联以自己为其作墓志铭之事入联，中规中矩，无亮点，只能算俞樾联作中平平的。

陈子舫太守挽联

子舫为先兄癸卯同年，以太守候补江苏，卒于江宁。

二千石太守清贫，虽负长才，未施利器；

三十载同年寥落，既伤老友，更念先兄。

【注释】

陈子舫：除本联提供的信息外，只知其曾署江宁知府，其余不详。

江宁：清江宁府，辖今江苏南京市及句容等县地。

二千石：汉代内自九卿、郎将，外至郡守、尉，俸禄皆为二千石。后遂以“二千石”称知府。

利器：此指杰出的治理才能。《后汉书·虞诩传》“不遇盘根错节，何以别利器乎？”

【解析】

上联切其候补未得缺，既穷困潦倒又怀才不遇（清代的候补官由于拿不到养廉银，更拿不到陋规，是很穷的）。下联因同年关系而由此及彼联想到去世的兄长，亦属情理之中。

此联亦无甚亮点，平平而已。

陈母缪淑人挽联

淑人为同年陈吁堂司马之母。其家始极贫，淑人具饘粥食舅姑，而自掘野菜作羹以充饥。吁堂官吾浙。就养浙中者数年，然勤俭如故也。卒年七十七。

多福多寿，过七秩又七龄，芝诰荣封，大好桑榆新景色；

克俭克勤，历一生如一日，版舆就养，未忘藜苋旧家风。

【注释】

陈吁堂：除本联提供的信息外，其余不详。

饘粥：较稠的稀饭。

藜苋：泛指贫穷者所食用的粗劣菜蔬。

【解析】

此联“挽”的气息极淡，但从“历一生如一日”中应能体会到。另“桑榆新景色”与“藜苋旧家风”之对极好。

濮少霞观察七十寿联

少霞旧宦蜀。光绪三年正月，其生日也。

陆放翁于老学庵中话成都旧游，灯市笙歌正月节；
白乐天从大历年间到会昌初载，香山诗酒七旬人。

【注释】

濮少霞：除本联提供的信息外，只知其晚年曾居住于杭州金衙庄，其余不详。

光绪三年：1877年。联当作于此时。

陆放翁：南宋著名爱国诗人陆游，号放翁。

老学庵：陆游书斋名。

话成都旧游：陆游晚年有追忆成都诗词多首。

灯市笙歌正月节：化用陆游写上元看灯诗“随计当时入帝城，笙歌灯火夜连明。宁知六十余年后，老眼重来看太平”。

白乐天：唐代大诗人白居易，字乐天，号香山居士。

大历、会昌：大历是唐代宗年号。会昌是唐武宗年号。

香山诗酒七旬人：会昌元年是841年，而白居易生于大历七年（772年），其时正好七十岁。白居易七十一岁时《喜入新年自咏》诗有句云：“大历年中骑竹马，几人得见会昌春。”

【解析】

上下联一切曾在四川做官，一切七十岁，但以陆游、白居易相比，无论如何总有逾分之嫌。

前一句为古文句式，全然不顾句中平仄；后一句为七言律句，格律严谨。俞樾对句中平仄的安排，大致就是如此考虑的。

郑畬香孝廉挽联

孝廉太湖东山人，曾官户部。光绪丙子十二月自湖北归，卒于沪渎。时，其父年六十余矣。

腊鼓动悲音，千里征帆，輀轴迎归黄歇浦；

春明树文望，一官农部，科名盼断白头亲。

【注释】

郑畬香：除本联提供的信息外，其余不详。

太湖东山：又称“东洞庭山”，是太湖东南方的一个半岛，现属苏州吴中区。

光绪丙子：1876年。但农历十二月或已是1877年了，联当作于此时。

輀轴：古代载棺的工具。此处代指灵柩。

春明：代指首都，因唐代长安有春明门。

农部：户部的别称。

【解析】

此联切时，切地，切官，切父尚在世，切未中进士，内容极为丰富。而对仗方面有“腊”与“春”、“千”与“一”、“黄”与“白”三处亮点在，也相当出彩了。

张母孟太夫人挽联

太夫人为同年子青制府之母，年九十矣。正月十八日，其生日也。于正月三日卒。

一品紫泥封，看膝前令子贤孙，更有曾孙同蹡踊；

九旬黄发寿，正岁首良辰吉月，再迟半月即称觞。

先是，余曾为寿联，将书而未果，不意遽易寿为挽也，因亦附录于此云：

养志在东山，看膝前有令子，有贤孙，有婚冠之曾孙，会见一堂成五代；

腾欢遍南服，自日下而梁园，而吴会，而闽浙诸都会，齐从正月祝千春。

制府曾官豫抚，由河督、漕督移抚三吴，迁闽浙总督，陈情乞养。故联语云然也。

【注释】

子青制府：张之万，字子青，曾任闽浙总督，故称“制府”。详见第28页注。

擗踊：捶胸顿足，哀痛之状。

养志在东山：用东晋谢安隐居东山典。时张之万以母亲年迈而辞官回家养亲。

婚冠：婚指已成婚。冠指已成年。

南服：南方。

梁园：代指开封。开封是河南巡抚的驻地。

河督：河道总督的简称，河道总督亦称“河帅”，从一品或正二品。

【解析】

这两联在内容方面无新意，在重言技巧和局部对仗方面则是下了一些功夫的。

挽联首句和以前的一副基本相同，可见得俞樾在写这些应酬联时也并不时时刻意求新求变。这一次从寿联改挽联，变动很大，与以前变动很小的一副相对照，应该是可以得到一些启发的。

钱太淑人挽联

太淑人为子密枢部之母，女而有士行者。钱，故禾中望族。太淑人尝举其先世故事训其子孙云。

九五福令德考终，向来尹吉遗形，彤史允堪辉柱下。

六十年清门旧事，此后孙曾环立，白头无复话灯前。

【注释】

子密枢部：钱应溥，字子密，浙江嘉兴人，拔贡出身，后官至军机大臣（枢）、工部尚书（部），故称“枢部”。钱应溥至光绪二十一年（1895年）始以吏部侍郎在军机大臣上行走，次年始迁左都御史，转工部尚书。故文中“枢部”之称应是俞樾整理楹联录存时所用。

禾中：嘉兴的别称。

尹吉：出自《诗经·小雅·都人士之什》的“彼君子女，谓之尹吉”。郑玄认为“尹氏，姞氏，周室婚姻之旧姓也”。此处以比钱母。

彤史允堪辉柱下：彤史是古代宫中女官名。而女官是“选良家女子之知书者充之”的。见《胜朝彤史拾遗记》。此处谓钱母作为“女而有士行者”，可以充当女官。

【解析】

下联从再无人为孙曾话“六十年清门旧事”角度出发，颇见新意。

对仗方面，“彤史”与“白头”、“柱下”与“灯前”之对，皆甚工整。

吴勤惠公挽联

公名棠，以县令起家，官至四川总督。以病乞归，到家九日而卒。亦咸、同间名臣也。余曾承其延主受经书院，以远不赴。今闻其卒，拟以一联挽之，因循未果。万小庭大令，其门下士，又有葭莩戚，属余代撰此联。因录而存之。

由牧令起家，不十载简在帝心，而监司，而开府，卅年来勤政惠民，允推柱石勋名，岂仅偏隅资保障；

从成都返旆，只九日身骑箕尾，若闽浙，若江淮，千里外报功崇德，何况葭莩戚谊，曾陪下坐在门墙。

【注释】

吴勤惠公：吴棠，字仲宣，号棣华，安徽盱眙（今属江苏）人，道光十五年（1835年）乙未科举人，官至四川总督。吴棠卒于光绪二年（1876年），谥勤惠。联当作于此时。

受经书院：俞樾《前诗意有未尽，再成一律》诗之注文有“同治季年，蜀中设尊经书院，延余主讲，谢不赴”，可知“受经书院”系“尊经书院”之笔误。尊经书院系时任四川总督吴棠与学政张之洞共同筹办。

以远不赴：吴棠曾致信俞樾，请其赴成都就任书院山长。俞樾以“老母今年八十有九，晨昏奉侍，未敢远离”推辞了。见俞樾《春在堂尺牍·与吴仲宣制府》。

万小庭：万叶封，字耐诚，一字筱亭，安徽凤阳人，举人，同治十一年（1872年）任长洲知县。

由牧令起家，不十载简在帝心，而监司，而开府：吴棠道光二十九年（1849年）以举人大挑一等授淮安府桃园县令。咸丰年间因与捻军作战有功，不断得到提升。到咸丰十年（1860年）实授徐海道（此前早已是候补道），十一年（1861年）升任江宁布政使（这时就可以称“监司”了），署理漕运总督（这时就可以称“开府”了）。同治二年（1863年）实授漕运总督，次年署江苏巡抚，再次年升两广总督（因江淮地区局势还紧张实际均未到任，仍留漕督原任）。同治五年（1866年）调任闽浙总督，七年（1868年）调任四川总督。

监司：通常指按察使、布政使这一级别的官员。

偏隅：偏居一隅。

骑箕尾：《庄子·大宗师》有“傅说得之以相武丁，奄有天下，乘东维，骑箕尾，而比于列星”。后因以骑箕尾（亦作骑箕）喻人死后升天。

葭莩戚：葭莩指芦苇里的薄膜。喻远亲。

【解析】

上联写其经历，并以谥号“勤惠”入联，再推崇为国家柱石而不仅仅是方面大员。下联写其死，并切到所代挽者的亲戚和门生身份。属挽联常规写法。

“帝心”与“箕尾”之借对，是一亮点。

沈母张太恭人挽联

太恭人为翠岭沈君之配，乐善好施。道光二十九年大水，沈君借庵村报恩寺设局养饥民，太恭人手制绵衣数十褶以赐。又尝乘舟之平望，过杨家荡遇风，乃命其孙中坚召水工于下流最深处，筑堤三十丈有奇，至今赖之。

嘉言懿行，落落数大端，至今客路经过，杨荡堤边，定有丛生慈竹；

仁粟义浆，孳孳八十载，长使灾黎感泣，庵村寺内，领来手制寒衣。

【注释】

翠岭沈君：沈懋德，字虞扬，号翠岭，江苏吴江（今苏州市吴江区）人，富翁，乐善好施，又喜刻印历代遗书。

道光二十九年：1849年。

庵村：吴江所属村名。宋代诗人杨万里有诗句：“呼僮速买庵村酒，更煮鲈鱼蒪菜羹。”诗中庵村即指此地。

平望：吴江下属镇名。

其孙中坚：沈中坚，字飏生，沈懋德之孙。据《清史稿·谢家福传》记载：“时又有吴江绅富沈中坚，鬻田三十顷，亲往山西赈灾。亦义行之尤著者。”即是此人。沈中坚因此而得到三品衔候选郎中的官衔，并获赐御书“乐善好施”匾。

筑堤三十丈有奇：沈中坚主持堆筑了100多米的平望到黎里间杨家荡大坝。

【解析】

此联不用典，全以事迹入联，对仗不甚工，但也不失对，别是一种风格。

浙绍会馆联

在苏州盘门新桥巷。余为题二联，一悬客坐，一联戏台。

游宦到金阊，把越酒话乡关，如读会稽三赋；
清时调玉烛，借苏台成雅集，胜在永和九年。

高会即兰亭，叙觞咏幽情，更饶丝竹兴；
新声征菊部，对苏台风月，应忆镜湖游。

【注释】

浙绍会馆：此指苏州的浙江绍兴会馆。会馆是同乡或同业的人在各城市设立的联络机构，主要以馆址的房舍供同乡、同业聚会或寄寓。

盘门：苏州城门，在城西南方。

越酒：古酒名，此指绍兴老酒。

会稽三赋：宋王十朋撰，“三赋”分别是《会稽风俗赋》《民事堂赋》《蓬莱阁赋》，因为“皆在会稽，故统名曰《会稽三赋》”。见《四库全书总目·地理类》。

玉烛：“春为青阳，夏为朱明，秋为白藏，冬为玄英，四气和谓之玉烛。”见《尔雅·释天》。

永和九年：永和是东晋穆帝的年号。永和九年是王羲之等人在兰亭雅集的年份，也是《兰亭集序》的第一句。

兰亭：在会稽山阴，兰亭雅集的举办地。

丝竹：此泛指乐器。

镜湖：绍兴湖名，亦称“鉴湖”。

【解析】

此二联是会馆联的典型写法，既不离所在地，也不离家乡。客坐联就用“话乡关”“成雅集”等文字，戏台联就用“丝竹”“菊部”等文字，很值得玩味。

对仗方面，“金阊”与“玉烛”、“越酒”与“苏台”、“兰亭”与“菊部”等处都极见功力。

周琳粟观察挽联

观察以孝廉官天津府知府，迁天津河间兵备道。四十外即谢病归，卜居于杭州横河桥，有园林之胜。光绪二年卒，齿未五十。余在天津与君相识，君时犹中书舍人也。

刚七载卧林泉，最怜甲第经营，便有青山终老意；

由一麾迁观察，回忆丁沽款洽，及君红药赋诗时。

【注释】

周琳粟：周家勋，字琳粟，浙江钱塘（今杭州）人，官至天津河间兵备道。因天津教案被革职。

光绪二年：1876年，联即作于此时。

中书舍人：官名，属内阁中书科，从七品。

青山终老：化用宋薛嵎“赢得青山终老看，闲身受用不须多”诗句。

一麾：代指知府（太守），典出颜延之诗“屡荐不入官，一麾乃出守”。

丁沽：丁字沽，代指天津。

及君红药赋诗时：用谢朓《直中书省》诗“红药当阶翻，苍苔依砌上”之句，以切周当时的职务内阁中书。

【解析】

上联悲其早死，未能在经营的甲第中青山终老；下联由双方关系，忆及当年情景。亦属常见的挽联格局。

联中“甲第”与“丁沽”之对极工巧，“青山”与“红药”之对也甚好。

钟子勤孝廉挽联

子勤精穀梁之学，著《穀梁补注》二十四卷，主讲上海敬业书院者十余年。余每至沪，必与讨论经义，今不可得矣。其殁也，年六十。

廿四卷补注，为穀梁子功臣，频年手校青编，镂版告成犹及见；

六十岁耆儒，是乾嘉间宗派，此后我来黄浦，谈经同调更无人。

【注释】

钟子勤：钟文烝，字殿才，又字朝美，号子勤，又号伯美、伯微，浙江嘉善人，学者。钟卒于1877年，联当作于此时。

《穀梁补注》：全名《春秋穀梁经传补注》，钟文烝著，于1876年出版。《春秋穀梁经传补注》被认为是清人所作的较好的注本。

上海敬业书院：清乾隆年间创办的书院。

余每至沪，必与讨论经义：俞樾曾主讲过上海求志书院，而钟文烝亦曾在求志书院讲过学，故二人有交流。

穀梁子：《春秋穀梁传》的作者战国时人穀梁赤。

乾嘉间宗派：指乾嘉学派，清代着重考据的一个学派，鼎盛于乾隆、嘉庆年间。

【解析】

上联写其著作，下联从双方关系的角度表达哀悼，并点出死者的年龄，是挽联的常见写法。

“青编”与“黄浦”之对又是局部工对的典范。

沈母李氏、蒋氏两太夫人寿联

李为沈莲溪观察之配，蒋为沈雪门广文之配，娣姒也。观察公为嘉庆丙子优贡，广文公则是科领乡荐，皆先大夫同年也。光绪三年，李年七十，蒋年八十。书森太守乃广文公子，而嗣观察公者也，奉两太夫人于八月十三日合而称觞云。

钟夫人礼，郝夫人法，登八咏楼，互相辉映；

七十曰耋，八十曰耄，唱百年曲，同到期颐。

【注释】

沈莲溪：沈濂，字景周，号莲溪，浙江秀水（今嘉兴）人，道光三年（1823年）癸未科进士，曾在刑部任职，后任镇江、南京知府，官至署江苏淮徐海道。

沈雪门：沈洛，字雪门，沈濂之兄，嘉庆二十一年（1816年）丙子科举人，官至浙江乐清教谕。

娣姒：妯娌。

嘉庆丙子：1816年。

优贡：每三年由各省学政保送品学优良的生员（秀才）若干人，朝考后分别任职，称为"优贡"。

领乡荐：乡试考中举人。

先大夫：俞樾对自己已经去世的父亲的称呼。

光绪三年：1877年。联即作于此时。

书森太守：沈玮宝，字书森，浙江秀水人，捐纳通判出身，官至江苏候补知府。

嗣观察公：过继给沈濂做嗣子。

八咏楼：金华的名胜古迹。因沈约八咏诗而名。此以切沈姓。

七十曰耋，八十曰耄：古代关于"耄""耋"有多种解释，"七十曰耋，八十曰耄"的说法是其中之一。其中马融注《周易·离》云"七十曰耋"。《礼记·曲礼上》云"八十、九十曰耄"。

【解析】

将"钟夫人礼，郝夫人法"用于此联，真是天造地设，恰当之至。

此联胜在以成句入联而非常贴切地同时为两位老人祝寿。亦因以成句入联，致上下联首句句脚同仄，可谓有得有失。

朱母赵太淑人七十寿联

太淑人为朱少虞农部之母。其君舅曾为某县校官。太淑人从之黉舍，奉侍甚谨。光绪三年，年七十矣。少虞迎养于京寓。九月中，其生日也。寄此联寿之。

佳节过重阳，借九月菊华，祝七旬萱寿；

慈颜生一笑，对绮筵甘肥，忆冷署虀汤。

【注释】

朱少虞：朱丙寿，字少虞，号梦鹿，浙江海盐人，同治四年（1865年）乙丑科进士，时任户部主事。

君舅：公公。古代媳妇对公公，女婿对岳父，都可以称“舅”。

县校官：县一级的学官、教谕（正八品）、训导（从八品）。

黉舍：学宫，即校舍，也是学官的官舍。

冷署：冷清的衙门。

【解析】

上联写九月，写七十岁，是寿联常规。下联抚今追昔，写出其从前做贤惠媳妇的一面，较有新意。

上联自对句甚工整。联中第二句句脚同平，是一瑕疵。

杭州安徽会馆联

为徽人之宦浙者作。不知其书何人之名，亦不知其果用否也。

游宦到钱唐，饮水思源，喜两浙东西，与歙浦江流相接；

钟灵自灊岳，登高望远，问双峰南北，比皖公山色何如。

【注释】

钱唐：即钱塘，古代县名，杭州府的附郭县之一，此指杭州。

与歙浦江流相接：安徽徽州府歙县西北有黄山，是新安江的发源地，向东南流时叫歙浦，转向东流后叫新安江，到浙江建德后与东阳江合流，是钱塘江的上游。见《明史·地理志》。宋人范成大《浣溪沙》词句“歙浦钱塘一水通”，即此意。

灊岳：古山名，也叫天柱山、皖公山，位于今安徽省潜山市境内，西汉时曾被汉武帝封为“南岳”。

双峰南北：杭州西湖边的南高峰、北高峰。双峰插云是西湖十景之一。

【解析】

多数会馆联总是同时写到家乡和会馆所在地的，但一般情况下是各写各的，比如上联写所在地，下联就写家乡，或者反过来。俞樾此联却有些与众不同，是联系起来写的。俞樾充分利用了浙皖两省山水相连的地理特点，上联串起来写，下联对比着写，跳出了常见会馆联的雷同写法，就胜出一筹了。

对仗方面，“两浙东西”与“双峰南北”和“江流”与“山色”之对也极为工整。

八旗奉直会馆联

在吴中，即以拙政园为之，固三吴胜地也。

胜迹冠吴中，有梅村诗句、衡山画图，坐对茶花思往事；

名流来日下，是丰沛故家、金张贵姓，好凭酒盏话升平。

【注释】

八旗：清代满族的军队组织和户口编制，以旗为号，分正黄、正白、正红、正蓝、镶黄、镶白、镶红、镶蓝八旗。后亦有蒙古八旗和汉军八旗。

奉直会馆：满族人的会馆，奉指奉天（今辽宁），直指直隶（今北京、天津二市，河北大部及河南、山东部分地区）。

抽政园：抽政园是苏州著名园林，始建于明朝。始建者王献臣，清初园归大学士陈之遴所有。太平军占领苏州时，抽政园成为李秀成忠王府的一部分。光绪初抽政园的一部分又成了“八旗奉直会馆”。

梅村诗句：清初诗人吴伟业［号梅村，苏州府太仓（今属江苏）人］与陈之遴是儿女亲家，曾写有《咏抽政园山茶花》诗。

衡山画图：始建者王献臣曾委托著名画家文徵明［号衡山，苏州府长洲（今江苏苏州）人］设计，并绘有《抽政园图》。

丰沛故家：汉高祖刘邦的老家在沛县丰邑中阳里（今属江苏丰县），后以“丰沛”泛指帝王故乡。丰沛故家即追随刘邦打天下的功臣勋贵，此与金张贵姓皆指“从龙入关”的满洲贵族。

【解析】

联中“胜”与“名”、“中”与“下”、“茶”与“酒”等处的局部工对，仍是俞樾作为楹联高手的惯用风格。

吴桐云观察挽联

观察为湖南沅陵人。曾从戎幕，有战功，后为曾文正公奏调江苏，统带轮船，遂殁于沪。其生卒皆十二月初八日，亦可异也。

仕宦本劳人，况当阳九年，戎马军中，飙轮海上；

去来皆佛地，两逢腊八日，酉山毓秀，申浦归真。

【注释】

吴桐云：吴大廷，字桐云。详见第56页注。吴卒于1877年，联当作于此时。

后为曾文正公奏调江苏，统带轮船：曾国藩曾上奏，想以吴“熟悉船政，于兵事洋务讲究有素”为理由，把他“调至江南，综理轮船操练事宜”。

阳九年：术数家的说法，且有几种不同的说法，大致是说属于“阳九”的年份不吉利。

腊八日：农历十二月初八，传说是佛祖释迦牟尼“悟道成佛”的日子（故联曰“去来皆佛地”）。

酉山：小酉山，在湖南省沅陵县境西北。此处用以切其出生地。

申浦：黄浦江（春申江），此代指上海。

【解析】

下联从“生卒皆十二月初八日”生发成文，极是巧妙。反观上联则略嫌平常了。

对仗方面，“阳九年”与“腊八日”之对及“军中”与“海上”和“酉山”与“申浦”之自对，皆甚工整。

许季蓉明府挽联

季蓉于兄弟行中居第五，乃信臣抚部之子，官江苏嘉定县。卒于光绪三年十二月二十七日。其明年二月，乃信臣抚部八十生日也。

何准第五，许慎无双，祝堂上八旬，正拟椿庭同舞彩；

病共秋深，算随腊尽，剩年前三日，不能花县再颁春。

【注释】

许季蓉：许恒身，字季蓉，浙江仁和（今杭州）人，监生出身，历任江苏新阳、震泽、嘉定知县，卒于任。

光绪三年：1877年，但农历十二月二十七日已是1878年，联当作于此时。

何准第五：何准，字幼道，在兄弟辈排行第五，东晋穆帝皇后之父，年轻时就“高尚寡欲”，一直不愿意做官。其兄骠骑将军何充劝他出来做官，他回答说：“予第五之名，何必减骠骑？”见《世说新语·栖逸》。

许慎无双：许慎，字叔重，汝南召陵（今河南漯河市召陵区）人，东汉时期著名的经学家、文字学家，《说文解字》的作者。时有“五经无双许叔重”之说。此切许姓。

算随腊尽：此处“算”指寿算，即寿命、寿数。

颁春：亦作班春，旧时立春日由地方官主持的颁布春令、督导农耕的活动。此与花县均切官。

【解析】

此联切排行、切姓、切时、切事、切官职，可谓面面俱到。

联亦以对仗胜。无论是前面的自对还是后面的“堂上八旬”与“年前三日”和“椿庭”与“花县”之对，均极见功力。

濮少霞观察挽联

少霞宦蜀中二十七年，曾管前后藏及拉里军粮府，摄夷情章京，督办乍了夷务。班禅喇嘛录为弟子，赠名罗桑策忍，译言“心好长寿”也。光绪四年二月卒于家，年七十有一。

历万里以归来，巴蜀旧使君、班禅大弟子；

逾七旬而化去，神仙苏玉局、兜率白香山。

【注释】

前后藏：当时西藏分前藏和后藏，分别由达赖和班禅管理。

拉里军粮府：拉里即今西藏那曲市嘉黎县，位于川藏交通要道，当时设有军粮府，归四川管理。

夷情章京：驻藏大臣衙门办理夷务的夷情房官员，由理藩院主事担任。理藩院是管理少数民族事务的机构。

光绪四年：1878年。联即作于此时。

使君：对地方官的尊称。

苏玉局：北宋大诗人苏轼。宋徽宗登基后，下旨让被贬到海南的苏轼复朝奉郎，提举成都玉局观，因此后世也称苏轼为“苏玉局”。

兜率白香山：出自白居易（号香山居士）的《答客说》诗，全诗是“吾学空门非学仙，恐君此说是虚传。海山不是吾归处，归即应归兜率天”。

【解析】

俞樾把这位“濮少霞观察”抬到了苏轼和白居易的高度，又没有给出任何能够自圆其说的理由，实属过誉。

即纯从文字而言，此联亦不过平平而已。

冯竹儒观察挽联

竹儒观察乞假出关，奉其父尹平刺史遗骨以归。适有朝命引见，乃疾行而返。甫至沪渎，遽捐馆舍。其人有肝胆，喜谈经济，有用才也。其祖子皋先生，实与先君子同举于乡。故有通家之谊。在沪上时，与余交甚深。今闻其逝，不禁泫然。寄此联挽之。

负父骨而返，闻君命而趋，是真忠臣，是真孝子；

论人才可惜，念交谊可感，一则公义，一则私情。

【注释】

冯竹儒：冯峻光，字竹儒，广东南海人，曾任江南制造局总办，官至苏松太道。冯卒于1878年，联当作于此时。

尹平刺史：冯峻光之父，遣戍新疆，“城陷殉难”（左宗棠语）。其余不详。

其祖子皋先生：除本联提供的信息外，其余不详。

通家：双方世代交谊深厚，如同一家。

【解析】

此联胜在言之有物且言之有理。重言技巧的运用，亦见纯熟。唯首句句脚同仄，终是遗憾。

郜荻洲观察七十寿联

观察以水部郎起家，年至古稀，精神强固。其幼子即今岁所生也。矍铄可想矣。

瞿铄古稀翁，添个娇儿作生日；

清闲观察使，本来水部是诗人。

【注释】

郜荻洲：郜云鹄，字荻洲，安徽五河人，咸丰二年（1852年）壬子科进士，历任工部主事、邳州知州、海州直隶州知州、徐州府知府，官至道员，署按察使。

古稀：七十岁。出杜甫诗“人生七十古来稀”。

本来水部是诗人：化用苏轼“诗人例作水曹郎”诗句。

【解析】

上联无甚特别出彩处。下联着眼于其曾任工部主事这么一件小事上，化用苏轼“逐客不妨员外置，诗人例作水曹郎”诗句而成，极大地提升了联作的品位。

应敏斋同年适园联

敏斋筑适园于杭之忠清里，泉石之胜，与真山水无异。有三层楼，登其上层，则襟江带湖，空旷可喜。因集唐人张蠙、王之涣句为楹帖赠之。语颇切合，惟张句上下易置，则以楹联体裁须谐平仄耳。

似入万重山，不离三亩地；

欲穷千里目，更上一层楼。

【注释】

忠清里：杭州地名，在今新华街一带。

集唐人张蠙、王之涣句为楹帖：张蠙诗句出自《和崔监丞春游郑仆射东园》诗，全诗是“春兴随花尽，东园自养闲。不离三亩地，似入万重山。白鸟穿萝去，清泉抵石还。岂同秦代客，无位隐商山”。王之涣诗句出自《登鹳雀楼》诗，全诗是“白日依山尽，黄河入海流。欲穷千里目，更上一层楼”。

楹联体裁须谐平仄：这是俞樾第一次论及“楹联体裁须谐平仄”，可惜语焉不详。但是从他有意调整上联两句的先后次序来看，至少他是顾及了联末不能同为平声的。

【解析】

此联集得自然而又贴切，自非高手莫办。

潘星斋侍郎暨陆夫人挽联

侍郎乃吴县相国文恭公仲子，由翰林起家，历官卿贰。于光绪四年三月三日，与夫人陆氏同日而卒。夫人卒于丑时，侍郎卒于巳时，可谓偕老矣。

清望历四朝，承黄阁门风，重登八座；

仙游同一日，携白头佳耦，俱返三山。

【注释】

潘星斋：潘曾莹，字申甫，别字星斋，江苏吴县（今苏州）人，潘世恩次子，道光二十一年（1841年）辛丑科进士，入翰林，官至工部左侍郎。

卿贰：次于卿相的朝中大官。

光绪四年：1878年。联即作于此时。

四朝：道光、咸丰、同治、光绪四朝。

黄阁：汉代丞相、太尉办公的地方，后世代指宰相。

八座：八抬大轿，潘曾莹官至侍郎，是正二品衔，按照规定如果出京是可以坐八抬大轿的。

三山：海上三神山（蓬莱、方丈、瀛洲），此处代指仙界。

【解析】

上联写其继承父亲的门风，下联写其夫妻同日而逝，是常规的挽联写法。对仗方面，四个数目字之对和“黄”与“白”之对都相当工整。

金眉生廉访挽联

眉生负经世才，喜谈天下事，亦古之振奇人也。今春招余游其偶园，颇擅泉石亭台之胜。乃园中一别，竟尔千古，亦可慨也。

春初招作偶园游，泉石幽深，亭台曲折，花木扶疏，忍抛三径烟霞，海上仙龛遽归去；

酒后听谈天下事，世运升降，学术盛衰，政治得失，空剩千秋著述，山中经济更谁论。

【注释】

今春招余游其偶园：杜文澜《憩园词话》云“光绪戊寅四月，嘉善金眉生廉访造偶园落成，广招二三百里内友人，作文酒之会”。所记即此事。光绪戊寅是1878年。当年金即逝世。联即作于此时。偶园原是嘉善城内的二十五峰园，本属海宁查家，后归苏州汪家，最后归金安清所有，并改造成偶园。

三径：用陶潜《归去来兮辞》“三径就荒”典。

海上仙龛：化用白居易《客有说》诗意。详见第86页注。

山中经济：经济此处取经邦济世义。山中谓金不在朝而在野，与“山中宰相”之“山中”义同。

【解析】

此联不注重用典，对仗也不特别着意，别是一种风格。

王母劳太恭人七十寿联

太恭人为王君梦薇之母。嘉平八日，其生日也。

愿岁岁今朝，以腊八良辰，陈秋千雅戏；

祝婆婆老福，从古稀七十，到上寿百年。

【注释】

王君梦薇：王廷鼎，字梦薇，江苏震泽（今苏州）人，捐纳从九品，官至县丞，加四品衔，是俞樾在杭州诂经精舍的弟子，曾绘《俞楼秋集图》。

【解析】

此联不用典，以祝颂为主，文字平易，直接点出生日和年龄。相信这位寿星老婆婆也可以读懂。

童际庭观察挽联

观察行年六十而卒，距生辰止三日耳。生平颇豪侈自喜，身后门庭萧索，孤子才五岁，亦可哀也。

悬弧穀旦，便是盖棺期，只争三日光阴，未满六旬眉寿；

绮席清歌，变成蒿里曲，堪叹一门细弱，仅存五岁孤儿。

【注释】

童际庭：除本联提供的信息外，只知其曾在苏州生活过一段时间，与顾文彬等人也有交往，其余不详。

悬弧：男子生日，典出《礼记》“子生，男子设弧于门左，女子设帨于门右”。

穀旦：指好日子。孔颖达解释《诗经·东门之枌》的“穀旦于差，南方之原”时，就说是“见朝日善明，无阴云风雨，则曰可以相择而行乐矣”。

蒿里曲：古代丧歌。

【解析】

此联以哀胜，通过生日和死期、寿宴和丧礼的强烈对比，通过对“只争三日光阴”和“仅存五岁孤儿”的现实描述，确实达到了使人觉得“亦可哀也”的效果。

江砚云封翁挽联

封翁乃小云观察之父。年至八十，尚思游京师。小云谏阻，乃率全家卜居于留下山中。小筑甫成，遽捐馆舍。因以此联挽之。时余正丁太夫人之忧也。

不辇毂即林泉，率全家入山必深，知暮年尚抱权奇气；
以考终完老福，与令子论交最久，痛去岁同衔风木悲。

【注释】

江砚云：除本联提供的信息外，其余不详。其子小云详见第83页注。

留下：杭州郊区地名。

余正丁太夫人之忧：丁忧指遭遇父母的丧事。俞樾之母去世于光绪四年（1878年），联文称“去岁”，则此联当作于1879年。

辇毂：皇帝的车舆。代指京城。

权奇：王先谦补注《汉书·礼乐志》认为“权奇者，奇谲非常之意”。常用以形容马，联中说“暮年尚抱权奇气”就相当于说“老骥伏枥，志在千里”了。

风木悲：父母去世不得孝养的悲哀。典出《韩诗外传》：“树欲静而风不止，子欲养而亲不待也。”

【解析】

上联首句极为贴切，下联以自己丧母之事入联，是挽联的又一种写法。

岳庙联

杭城众安桥畔，为岳忠武王初瘗处。同治甲子，吴康甫大令创议，于其地建忠显庙，植柏于庭。至丁丑岁，大雪，枝干分披，遂至中裂。异而谛视之，则其树柏叶松身，固桧树也。西湖岳庙，旧有分尸桧，前明同知马伟所植。顾彼则人力为之，此则天意，而非人力矣。敬题此联，以志灵异。

老奸终古分尸，鬼斧神斤，劈开桧树；

快事一时抚掌，风欺雪虐，压倒秦头。

【注释】

众安桥：杭州市区地名，亦桥名。

岳忠武王：南宋名将岳飞。岳飞获平反后最初的谥号是武穆，至宋宁宗时追封鄂王，宋理宗时改谥忠武。

同治甲子：1864年。

丁丑岁：光绪三年（1877年）。

前明同知马伟：马伟，河北故城人，明英宗天顺年间任杭州府同知，主持重修岳飞祠、墓。

【解析】

联中自然地嵌入“秦桧”二字。“分尸”与“抚掌”之对也相当漂亮。

安徽会馆戏台联

馆中奉包孝肃、朱文公栗主，潘玉泉方伯属题此联。

菊部小排当，听他绛树新歌，好博河清同一笑；

梓乡众耆旧，来自紫阳故里，试将风景认三吴。

【注释】

包孝肃：北宋名臣包拯，谥孝肃，安徽合肥人。

朱文公：南宋著名理学家朱熹，谥文，后世尊称为“朱文公”，徽州婺源（今属江西）人。

栗主：神主。古代神主用栗木制成，后泛指神主。

绛树：古代著名的歌女。

河清同一笑：“人以包拯笑比黄河清。”见《宋史·包拯传》。

梓乡：故乡。桑树和梓树是古人种于住宅旁的，后即借指故乡。

紫阳故里：朱熹的家乡。

【解析】

上联以“菊部”“绛树”切戏台，以“河清”切包拯；下联以“紫阳”切朱熹，以“三吴”切苏州。真是面面俱到。

对仗方面，“菊部”与“梓乡”、“绛树新歌”与“紫阳故里”之对均很见功力。

衡峰和尚挽联

和尚住苏州宝积寺。寺圮，新之；乱后又圮，又新之。余有《重建宝积寺记》，存《杂文》中。和尚工丹青，凡相地相人及星命家言，无不通晓。余孙陛云，自幼多病，曾托其取一僧名，曰“莲生”云。

积半生苦行，经营碧殿赪廊，从前宝地落成，曾许简栖来作记；

携总角雏孙，瞻仰绀眉藕发，此后香山老去，更无如满共论交。

【注释】

衡峰和尚：衡峰和尚于道光年间挂锡于宝积寺，当时“议修复之，堂构粗定”，因咸丰同治年间战乱，宝积寺“化为邱墟”，“三吴底定”后，经衡峰和尚多年努力，终于“复其旧观”。见俞樾《宝积寺传戒录序》。其余不详。

宝积寺：在苏州黄土塔桥东，始建于南朝梁天监中。

《杂文》：此指俞樾所著之《春在堂杂文》。

余孙陛云：俞樾孙俞陛云。

简栖：唐代和尚。僧皎然有《送简栖上人之建州觐使君舅》诗。

绀眉藕发：绀，深青带红的颜色；藕，藕色，即微红的浅灰色。

此后香山老去，更无如满共论交：如满是唐代和尚，与白居易等人同称“香山九老”。此处俞樾自比白居易，而以如满比衡峰。

【解析】

用两位唐代僧人比衡峰和四个颜色字之对，是此联亮点。

高滋园都转挽联

都转官吾浙最久，曾权臬使。及引疾后，仍寓杭州。余与交最深。今年春至杭，则已病矣。犹延入内室，茶话中庭，良久而别。别未匝月，遽闻其讣，悲夫！

宦游两浙，几及卅年，从前宪府兼权，棠荫尚留遗爱在；

话别中庭，未逾一月，此后湖楼重到，柳阴少个故人来。

【注释】

权臬使：暂时代理按察使。一省的按察使临时缺位，在新任命的按察使到任之前，一般由该省一位地位重要的道员代理。

宪府：此指按察使。按察使和巡抚、布政使合称“三大宪”。

棠荫尚留遗爱在：指官员离任后留下德政。用周代召公“甘棠遗爱”之典。出自《诗经·甘棠》。

【解析】

此联也是一写其生平和政绩，一写双方的交往。联中“棠荫”与“柳阴”之对极工。

应敏斋方伯六十寿联

敏斋与余同岁生，道光甲辰年，同举于乡，今年皆六十岁矣。十月二十二日，其生日也。其太夫人在堂，年八十有七。余寄此联赠之，并为其太夫人寿也。

长于我一月有余，忆卅六年前同列贤书，榜上并题年廿四；

亲在堂九旬将届，合百五十岁三周大衍，筵前兼祝母千秋。

【注释】

今年皆六十岁矣：二人生于1821年，则联当作于1880年。

长于我一月有余：俞樾生于十二月初二，故云。

榜上并题年廿四：俞樾与应敏斋都生于1821年，到道光甲辰年（1844年）中举时虚岁二十四。

【解析】

此联算不得如何出色，但是把那么多数字罗列其中，也着实不易。

又，为杜筱舫观察作

敏斋少年时无子，五十岁后有丈夫子五。自苏藩乞养归，卜居杭州，买忠清里沈氏宅，极园林之胜。有三层楼，登之，则圣湖钱江，皆了了在望。亦壮观也。

母九旬，儿六旬，更欣绕膝人多，商瞿五十岁后，兰玉丛生，得峥嵘五男子；

官二品，阶一品，尤喜乞身归早，灵隐三天竺外，园林胜地，有突兀三层楼。

【注释】

圣湖：明圣湖，西湖的别称，亦简称“明湖”。

商瞿：春秋末期鲁国人，孔子弟子。《史记·仲尼弟子列传》云：“商瞿年长无子，其母为取室。孔子使之齐，瞿母请之。孔子曰：‘无忧，瞿年四十后当有五丈夫子。’已而果然。”

兰玉：珠兰玉树的省略，对他人子弟的美称。

官二品，阶一品：布政使是从二品，应敏斋当另有一品的虚衔。

乞身：指向朝廷请求退休。

灵隐三天竺：杭州的风景名胜。灵隐即灵隐寺，三天竺指上中下天竺。

【解析】

代人作联，不便代人讲双方的关系，于是就换一种写法，写儿孙绕膝，写舒适的退休生活，等等。

用商瞿切应宝时的情况，真是恰到好处。然非博学者，亦难办此。

对仗方面，几个数目字之对和“绕膝”与“乞身”之对，都很工整。

潘母胡淑人挽联

淑人为太傅潘文恭公孙妇，东园君之德配也。东园君年五十一而终。其卒也，以二月十九日。淑人亦年五十一而终，其卒也，以六月十九日。二月十九，世传观音菩萨生日；六月十九，则言是成佛之日。此两人者，殆亦必有宿根者矣。

佛诞志观音，最难伉俪归真，季夏仲春，同逢十九日；

仙筹添大衍，却好期颐分享，锦琴瑶瑟，合成百二年。

【注释】

东园君：潘仪凤，字或号东园，潘世恩孙，潘曾沂子，官郎中。其余不详。

德配：对他人妻子的尊称。

宿根：佛教语，指因前世修行而具有的悟道潜能。

【解析】

此联的特点是在夫妻同是五十一岁去世和去世的日子都和观音有关系上做文章，以此生发出一副挽联来，可算得煞费苦心。

联中用“锦琴瑶瑟”而非“瑶琴锦瑟”，不知是出于何种考虑。

吴平斋观察七十寿联

平斋好金石，所著有《两罍轩彝器图识》，余曾为序之。今年为其七十生日，而余亦六十矣。其所居曰“金太师场”，与余所居马医科巷，前后相望，苏人所谓隔一条巷者也。

合千古之寿寿公，永保用，永保享，左鼎右彝，坐两罍轩，居然三代上；

以十年之长长我，六十耆，七十老，望衡对宇，隔一条巷，有此二闲人。

【注释】

《两罍轩彝器图识》：应为《两罍轩彝器图释》之误。

今年为其七十生日：吴云生于1811年，至1880年七十虚岁。联即作于此时。

永保用，永保享：古代青铜器铭文常用的文字。

两罍轩：吴云是著名的金石家、鉴赏家，曾获得两个齐侯罍，因称所居为“两罍轩”。

鼎、彝、罍：皆古代青铜器。

三代上：三代通常指夏商周，“三代上”即上古世外高人之意。

以十年之长长我：俞樾生于1821年，恰比吴云小十岁。

六十耆，七十老：对于六十、七十等整数岁，古代有各种不同的称呼，《礼记·曲礼上》有“六十曰耆，指使。七十曰老，而传”之说。

【解析】

虽然也是上联祝寿，下联写双方关系。但上联重点是突出其金石家身份；下联重点在写双方的邻居关系。这就写出特点来了。

此联句中平仄有随意处，但句脚平仄则处处相对，这种情况前面也曾多次出现过，可见俞樾对两者的重视程度是有不同的。

杨振甫同年挽联

振甫为余庚戌同年，同入翰林者也。仕至广东布政使。光绪五年正月三日卒于官。其母沈太夫人，殁于四年十二月十八日，相距止半月也。振甫之官时，召见问行期，有“母老，途次不必急促”之命，亦荣遇矣。

从慈母以西归，虽隔岁未越两旬，回思宣室垂询，亲老途长，曾荷殷殷天上语；

哭故人于南海，叹同年又弱一个，屈指玉堂旧友，风流云散，空余落落晓来星。

【注释】

杨振甫：杨庆麟，字振甫，江苏吴江（今苏州市吴江区）人，道光三十年（1850年）庚戌科与俞樾同中进士，同入翰林，官至广东布政使。

光绪五年：1879年，联即作于此时。

宣室垂询：此指皇帝问话。隐约用汉文帝问贾谊典。

【解析】

上联以皇帝召见时的关怀语入联。“宣室”虽然只是代指皇宫里的召见处，但却隐以贾谊相比。这种不着痕迹的抬高，是相当高明的手法。

对仗方面，“隔岁”与“同年”、“宣室”与“玉堂”之对甚巧。而“西归”与“南海”原本几不成对，但借“西”与“南”之方位对，竟能形成工对的错觉。

许星台廉访六十寿联

廉访与夫人同庚，其膝前子女及孙男女、曾孙男女及外孙男女、外曾孙男女，共得七十人，亦盛事也。

聚儿孙内外得七十人，登堂同拜生辰，从古汾阳无此盛；

合夫妇倡随成百廿岁，转瞬再周花甲，如今吴会是初筵。

又

廉访自言其夫人于十七岁举长男后，连举二女；又得一男，又连举二女。自此一男二女相间而生，得男六人、女十二人。有如夫人者二人，得男女各四人。共得男十人、女十六人，因又撰此联寿之。

奇偶合阴阳，算一男二女相间而生，得十有八人，每岁必添丁，其余兰梦分占，又弄四回璋瓦；

富贵亦寿考，从六旬初度递推而上，到百又廿载，大年再周甲，长此华堂聚顺，坐看七代云仍。

【注释】

许星台：许应鑅，字昌言，号星台，广东番禺人，咸丰三年（1853年）癸丑科进士，时任江苏按察使。许生于1820年，联当作于1879年。

汾阳：此指唐代名将汾阳郡王郭子仪，他历来是富贵寿考、儿孙满堂的典型。

如夫人：妾。

兰梦：典出《左传》，常作为得子的征兆，因原典涉及的人物是郑文公的“贱妾”，所以用到妾生子女就更显贴切。

弄璋瓦：弄璋指生男孩，出自《诗经·斯干》“乃生男子，载寝之床，载衣之裳，载弄之璋”。弄瓦指生女孩，出自《诗经·斯干》“乃生女子，载寝之地，载衣之裼，载弄之瓦”。

云仍：据《尔雅》“孙之子为曾孙，曾孙之子为玄孙，玄孙之子为来孙，来孙之子为晜孙，晜孙之子为仍孙，仍孙之子为云孙”。此处泛指远代孙辈。

【解析】

两联意思皆平平，但材料的组织和文字的对仗却甚为不易。尤其“生辰”与“花甲”和“添丁”与“周甲”的借对，极为精巧。

任竹贤刺史挽联

刺史曾官江西乐平县，权景德镇同知。当粤贼之乱，设立飞字营，颇著战功。及从乐平移德化，以其地多水患，筑长堤护之，名曰“永安堤”，并建石闸焉。居民即为立生祠于堤上。后迁云南邓川州牧，以病不赴，归里数年而卒。

以书生杀贼立功，飞字营前，父老至今谈战绩；

为闾阎筑堤捍水，永安闸上，使君未死有崇祠。

【注释】

任竹贤：除本联提供的信息外，其余不详。

生祠：为奉祀尚未去世的人而修建的祠堂。

闾阎：指民间、乡里。

【解析】

此联从任竹贤两件生平最足称道的事出发，组织成联。末句出一“死”字，落到挽联上来。如果不是有末句在，其他五句写寿联也是可以用的。

周霞城广文挽联

霞城名茂榕，镇海人。余曾预修《镇海县志》，君亦在志局中，故时通音问。虽未谋面，其意拳拳，愿在私淑之列。庚辰冬日，犹寄余洋钱四十，助刻《右台仙馆笔记》。至辛巳元旦而卒，亦可悲也。

汝川旧族、望海名家，惜此时邑乘已成，未及为君作佳传；

鸡日占凶、蛇年应谶，忆去岁邮筒远寄，尚烦助我刻新书。

【注释】

周霞城：周茂榕，字霞城，号野臣，浙江镇海（今宁波）人，咸丰间廪贡生，官训导。周生于1823年，卒于1881年，联即作于此时。

志局：此指修《镇海县志》的机构。

私淑：未亲受业而宗仰其学，并以之为榜样，作为学习的对象。语出《孟子·离娄下》："予未得为孔子徒也，予私淑诸人也。"此为私淑弟子简称。

庚辰、辛巳：1880年、1881年。

《右台仙馆笔记》：俞樾晚年所著的笔记小说。

汝川：古汝南郡，是周姓的主要郡望，此处用以切姓。

望海：镇海有望海楼，此处代指镇海。

邑乘：此指县志。

未及为君作佳传：地方志不为活人立传，故云。

鸡日：正月初一。

蛇年应谶：用东汉郑玄典。汉献帝建安五年（200年），著名经学大师郑玄梦见孔子对他说："起，起，今年岁在辰，来年岁在巳。"醒来后对照当时流行的"谶书"，知道自己要死了。见《后汉书·郑玄传》。后世常把龙年、蛇年看作不利于贤人的年份。

【解析】

全联切姓、切地、切时、切事，面面俱到，而使事用典毫不牵强，尤其前两句自对又甚为工整，极是名家手段。

缪仲英观察七十寿联

观察以道光举人官黔中，至光绪辛巳，年七十矣。其子小珊太史迎养入都。因余与观察有同岁之谊，乞此联为寿。

开八秩至期颐，溯西科名列贤书，四十年前，同咏霓裳天上句；

由一麾迁观察，喜子舍官居翰苑，三千里外，笑扶鸠杖日边来。

【注释】

缪仲英：缪焕章，字仲英，号云樵，江苏江阴人，道光十七年（1837年）丁酉科举人，官至贵州候补道。

黔中：贵州。

光绪辛巳，年七十矣：缪生于1812年，至光绪辛巳（1881年）正好七十岁。联当作于此时。

小珊太史：清末著名学者缪荃孙，字炎之，又字筱珊，江苏江阴人，光绪二年（1876年）丙子科进士，入翰林院。

同岁之谊：此指同年。因缪仲英道光丁酉科中举，俞樾同一年中乡试副榜。

同咏霓裳天上句：因中举有月中折桂之喻，故云。

子舍：此指儿子。

鸠杖：指朝廷赐给老人的刻有鸠形的杖，最早由刘邦实行。见《风俗通》。《礼记》有“七十杖于国，八十杖于朝”之说，此处用以切七十。

【解析】

此联除“四十年前”与“三千里外”、“天上”与“日边”对仗极工外，“酉科”与“子舍”的借对也相当巧妙。另“霓裳”与“鸠杖”之对实亦工巧。盖“霓”古同“蜺”，亦有动物义。

谭文卿中丞六十寿联

中丞始官日下，屡上封事，皆持大体。及抚三秦，活饥民无算。光绪五年，移节浙中。适有海外之警，不动声色而备御有法。又修建文澜阁，购书庋其中，以嘉惠学者。余有寿序文，言之甚详。中丞生日，余适在湖楼，复献此联。

内而调和宫府，外而存活闾阎，妙在声色不动中，便有如是经济；

武则海上旌旗，文则阁中缃素，欲验期颐无量寿，请看何等精神。

【注释】

谭文卿：谭钟麟，字文卿，湖南茶陵人，咸丰六年（1856年）丙辰科进士，历任江南道监察御史、杭州知府、杭嘉湖道、河南按察使、陕西布政使、陕西巡抚，时任浙江巡抚。谭生于1822年，联当作于1881年。

封事：古代臣子奏事，以皂囊封板，防止泄露，称为“封事”。

三秦：陕西。

海外之警：1879年3月，日本侵占琉球，导致中日关系紧张。

文澜阁：在杭州孤山。始建于乾隆年间，收藏《四库全书》一套。后因战乱毁损，书亦有散失。谭钟麟任浙江巡抚时组织重建文澜阁。

宫府：宫指宫内，府指政府。即诸葛亮《出师表》“宫中府中，俱为一体；陟罚臧否，不宜异同”中“宫府”之义。

缃素：此指书籍。

【解析】

全联以颂扬为主，但有“欲验期颐无量寿”一句在，并不脱离寿联之题。此联也是句脚平仄严整而句中平仄不甚在意。

谭丽生编修挽联

丽生名鑫振，湖南衡山人，光绪庚辰以第三人及第。至辛巳春来吾浙。适余从湖上俞楼还吴下春在堂，已登舟矣。丽生知之，即乘肩舆出武林门至余舟中，以后进礼见余。未及往答，期再见于吴中。乃甫逾一月而丽生遽以咯血而死。闻其临终神识不乱，以其九龄幼子所临《元秘塔碑》，交付其同年徐花农庶常，默寓托孤之意。亦深可悲矣。

如何探花使，竟作报罗人，最怜客死浙西，难携九岁孤儿，托付同年良友；

回忆小舟中，曾修同馆礼，犹冀重逢吴下，谁料武林一面，勾销文字因缘。

【注释】

谭丽生：谭鑫振，字丽生，湖南衡山人，光绪六年（1880年）庚辰科探花，官翰林院编修。谭卒于光绪辛巳，即1881年，联当作于此时。

以第三人及第：殿试一甲第三名进士及第，称“探花”。

俞楼：俞樾在杭州的住处，在孤山南麓，系诂经精舍的弟子们集资为其所建。

肩舆：轿子。

《元秘塔碑》：字帖，即《玄秘塔碑》（清代因避康熙帝讳，“玄”字常写作“元”），唐柳公权书。

徐花农：俞樾诂经精舍的学生徐琪（号花农），浙江仁和（今杭州）人，也是庚辰进士。

报罗：旧称考取进士后暴卒者。事涉迷信，说法不一。

同馆：指俞樾与谭鑫振都曾入翰林院庶常馆。

【解析】

此联和上一联大量使用六言句，读着感觉不是太流畅。但此联的局部对仗还是比较讲究的。另外不规则重一“同”字，或当是疏忽所致。

吴母张太夫人挽联

太夫人为子健中丞之生母，年八十有二，于辛巳岁五月五日，卒于江苏抚署。时慈安端裕康庆昭和庄敬皇太后遗诰颁行天下，江苏甫奉到也。

忆往岁鸾歌凤舞，献寿寝门，逾八秩甫二龄，曾元五代，同祝期颐，何今年佳节端阳，顿撤蒲觞陈素俎；

看令子武达文通，起家翰苑，由屏藩到开府，节钺三吴，亲承色笑，痛此日普天缟素，又扶桐杖哭慈闱。

又，为潘季玉观察作

中丞河南固始人，曾为湘藩鄂抚，及抚苏，又再摄两江总督，所至辄奉太夫人版舆以行。故上联云然。

钟毓自两河，两湖两江，同依福荫；

曾元罗五代，五月五日，顿失慈云。

【注释】

子健中丞：吴元炳，字子健，河南固始人，咸丰十年（1860年）庚申科进士，时任江苏巡抚，并曾代理两江总督。

辛巳岁：此指光绪辛巳，即1881年。联当作于此时。

慈安端裕康庆昭和庄敬皇太后：咸丰帝皇后、同治帝嫡母慈安太后的全称。

曾元：曾玄，指曾孙和玄孙。清代为避康熙帝的名字玄烨而把“玄”写成“元”（或缺笔）。

蒲觞：端午节的菖蒲酒。

屏藩：布政使（藩台）。

普天缟素：指全天下为慈安太后服丧。

钟毓：钟灵毓秀的缩略。

【解析】

这两联内容基本一样，但写法却一铺陈，一简约，有较大的不同。第一联的“蒲觞”对“桐杖”相当漂亮。第二联则胜在连用三个“两”字和三个“五”字的技巧上。

第一联出现两个“素”字，虽然字义有别，毕竟属于重字，总是欠妥。

密通和尚挽联

和尚扬州人，卓锡姑苏有年矣。城外虎邱寺、城中永定寺，皆其所重建也。于光绪辛巳岁示寂，年六十有一，盖与余同岁者。

看君赤手兴两处三门，此事由心精力果；

愧我白头亦六旬一岁，至今犹带水拖泥。

【注释】

密通和尚：除本联提供的信息外，其余不详。

卓锡：卓，植立；锡，锡杖，僧人外出所用。因谓僧人居留为卓锡。

城外虎邱寺、城中永定寺：皆苏州佛教寺庙。

光绪辛巳岁：1881年。联即作于此时。

三门：寺院大门，通常作山门。

【解析】

此联全不用典，上联叙事，下联用自己作对照，“赤手”与“白头”之对也极工，但全联几乎看不到“挽”的意味，是一遗憾。

杭州金华将军庙联

金华将军，曹氏名杲，仕后唐，为金华令。吴越时，守婺州。钱氏入朝，委以国事。杲即城隅浚三池，曰涌金。既殁，民为立祠池上。其神每化为蛙，游戏人间。光绪辛巳岁三月，见于俞楼。因题是联：

踵邺侯六井，凿金牛湖畔三池，利泽绵延百世祀；

傍坡老古庵，筑碧霞亭前新舍，神灵飘忽一来游。

【注释】

金华将军：俞樾已经介绍了很多，这里只补充一点。金华将军在清代是列入正式的祀典的，即地方官在每年规定的时间要去祭祀。

婺州：清金华府，今金华市。

邺侯六井：邺侯即唐代李泌，邺侯是他的封号。李泌任杭州刺史时，曾在钱塘门、涌金门一带开掘了六口井，以解决人民的饮水问题（西湖原是由海演变而成的，在唐代西湖的水还有咸味）。

金牛湖：西湖的别称。

坡老古庵：苏轼曾在孤山访僧惠勤，有诗多首，并为六一泉定名。俞樾题俞楼诗有："桥边香冢邻苏小，山上吟庵伴老坡。"

碧霞亭前新舍，神灵飘忽一来游：碧霞亭即俞楼中名碧霞西舍的小轩。俞樾在《俞楼诗记·灵松阁》题下有文如后："由伴坡亭循廊西上，有灵松阁。以今年春金华将军之神降于阁前松上，初拟名以'迎仙'。余谓将军乃神，而非仙也。故易此名。"

【解析】

上联以李泌比曹杲，认为他们都"利泽绵延百世祀"。下联则写金华将军"光绪辛巳岁三月，见于俞楼"之事，亦即至今仍能"显灵"。

上下联前两句实是一种很特殊的自对。"六井"与"三池"、"古庵"与"新舍"之对很有意思。而"金"与"碧"之对也起到了改善对仗工整程度的作用。

黄觐臣太守挽联

太守为恕偕前辈之子，需次江苏，与海运之役，卒于通州。

潞水转云帆，未及生还黄歇浦；

长沙归旅榇，不堪肠断白头亲。

【注释】

黄觐臣：除本联提供的信息外，其余不详。

恕偕前辈：黄倬，字恕阶，湖南善化（今长沙）人，道光二十年（1840年）庚子科进士，入翰林，官至吏部左侍郎。推测黄倬是俞樾所称的"恕偕前辈"的理由有四：一为恕阶（阶繁体作階）与恕偕形近；二为善化属长沙府，与下联"长沙归旅榇"吻合；三为黄倬比俞樾早十年入翰林，符合称前辈的条件；四为黄倬卒于1885年，此时尚在世，满足下联"不堪肠断白头亲"的条件。

潞水：今北京市通州区以下的北运河，切其去世之地。

【解析】

上联悼其一去不复返。下联则联想到其故乡长沙还有白发老父在，进一步写出白发人送黑发人的悲哀。

对仗方面，“水”与“沙”、“帆”与“榇”和“黄”与“白”之对，皆是通过局部工对来改善总体对仗工整程度的手法。

俞友声大令挽联

友声名麟振，绍兴人。以诸生从戎，积功得知县。同治丁卯岁举于乡，光绪丁丑岁成进士，仍以知县原班分发江苏。未几，以疾乞归，卒于杭州，年五十三。余在吴下及湖上，皆来相见，执族子礼。然服属固不可考矣。

戎幕久参北府，文闱仍捷南宫，在吾宗不愧后来秀；

吏才未试东吴，噩耗俄传西浙，于古人甫及服官年。

【注释】

俞友声：俞麟振，字友声，浙江山阴（今绍兴）人，光绪六年（1880年）庚辰科三甲进士，授知县。查光绪三年（1877年）丁丑科进士无俞姓者，而六年庚辰科进士有俞麟振。当是俞樾误记。

同治丁卯岁：1867年。

执族子礼：以同族晚辈的礼节与俞樾相见。

服属固不可考矣：是否属于五服内的亲族，已经无法考证了。

北府：东晋时军府在首都建康以北的广陵，故称“北府”。此泛指军队。

南宫：此处为礼部的别称。

服官年：五十岁，因《礼记·曲礼上》有“五十曰艾，服官政”之说。

【解析】

此联的特色是恰当地组织材料而自然地以“东西南北”入联。而四个自对句的四个副词，皆属用字精当，以“仍”字为尤当。

应母朱太夫人挽联

朱太夫人为应敏斋同年之母。光绪辛巳，年八十有八。春间即卧病，至六月十三日，自言欲去。已属纩矣，乃历三刻许，复苏。至十五日，呼敏斋至床前，传以遗命，又言欲去。言已溘然，举家号呼。则又言曰：“人生有何乐处？汝曹唤我转来，甚无谓也。”自是又阅数日，至二十二日而逝。其来去之际，若可自主，必是有夙根者。敏斋妾张氏同日化去，亦可异也。

勉为儿曹作十日留，来去从容，携膝前小妇同行，定有三生缘分在；

并算闰余过九旬外，富贵寿考，想天上群仙高会，依然八坐起居荣。

【注释】

光绪辛巳：1881年。联当作于此时。

属纩：指用新绵置于死者鼻前，验其是否还有呼吸。见《礼记·丧大记》郑玄注。此处谓已无呼吸。

闰余：指农历年因为闰月而多出来的时间。按照农历“十九年七闰”的闰月设置原则，八十八年中应该多出三十个以上的闰月，如果仍然按十二个月一年算，这位八十八岁的老太太就有九十多岁了。

【解析】

上联在死者去世时的特点上做文章，下联则用颂扬口吻。死者那么高寿，儿子又做大官，死亡时又是善终，应该算是“喜丧”了，联中不见哀悼语亦属情理中事。

对仗方面，“十日”与“九旬”、“膝前”与“天上”、“三生”与“八坐”之对均甚工整。

德清乌山社庙戏台联

乌山即德清山。余故居南埭，在山之阳。余即社中人也。社庙戏台成，父老属题此联。

借丝竹传山水清音，里社歌谣新乐府；

与父老话升平盛事，岁时伏腊古临溪。

【注释】

社庙：土地庙。

乌山即德清山：德清山在“县东四里。本名乌山，即秦时善酿者乌巾所居。唐天宝中改今名”。见《读史方舆纪要》。

南埭：俞樾老家所在的南埭村。

岁时伏腊：出自杜甫《咏怀古迹五首·其四》诗“古庙杉松巢水鹤，岁时伏腊走村翁”。

古临溪：德清县在唐代曾名临溪县，后始改名德清县。

【解析】

上联用“丝竹”“清音”“歌谣”“新乐府”切戏台，而用“里社”切土地庙。下联则写土地庙的祭祀活动和看社戏的父老。全联文字简朴，不事雕琢。

杜筱舫方伯挽联

筱舫六十岁时，余曾以联为寿，载在上卷，已略述其生平矣。辛巳之秋，筱舫卒于嘉禾里第，因复以此联挽之。余为内子姚夫人之侄谷孙，娶筱舫从兄女，故有婚姻之语。

入仕途到开藩陈臬，游刃恢恢，更观采香小集，平寇巨编，叹公戎幕起家，又向词坛高树帜；

论交谊兼朋友婚姻，前尘历历，回忆倾盖秣陵，望衡吴市，此后武林归棹，为谁秀水再停桡。

【注释】

杜筱舫：杜文澜。详见第22页注。

辛巳：光绪七年辛巳，即1881年。联即作于此时。

嘉禾：嘉兴的别称。

姚夫人之侄谷孙：姚祖诒，字谷孙，浙江仁和（今杭州）人，俞樾内侄，曾在江苏太仓浏河官巡检（正九品），其余不详。

开藩陈臬：杜曾署理江宁按察使，任江宁布政使，故云。

采香小集：杜有词集《采香词》。

平寇巨编：杜著有《平定粤寇纪略》。

戎幕起家：杜在咸丰年间曾入曾国藩幕。

倾盖：指初交。典出《史记·鲁仲连邹阳列传》："谚曰：'有白头如新，倾盖如故。'何则？知与不知也。"

秣陵：南京的别称。

秀水：清代嘉兴府的附郭县之一，亦为嘉兴河流名。

【解析】

此联的出彩处是在下联，在叙述了两人的初交和相邻而居之后，用"此后武林归棹，为谁秀水再停桡"设问作结，大有《三国演义》中诸葛亮吊周瑜时所说的"从此天下，再无知音"的意味。

严缁生庶常六十寿联

缁生自入词曹，至今十有一科矣。改官比部，因太夫人年高，不赴。今太夫人年逾八旬，而缁生亦六十矣。八月三十日，其生日也。以一联寿之。

六旬人词馆逾十科，长依堂上慈亲，学老莱子白发彩衣而舞；

一樽酒清秋交九月，好作山中宰相，领韩魏公黄花晚节之香。

【注释】

严缁生：严辰，字缁生，号达叟，浙江桐乡人，咸丰九年（1859年）己未科进士，授翰林院庶吉士。严生于1822年，联当作于1881年。

至今十有一科：会试每三年一科，另外加上同治、光绪两位皇帝登基的恩科和咸丰皇帝三十万寿的恩科，正好是十一科。

比部：刑部的别称。

老莱子：二十四孝中“老莱娱亲”的主角，七十几岁了还穿着彩衣为父母跳舞。

山中宰相：此泛指隐居的贤人。

【解析】

此联在几处局部对仗上相当讲究，如“十科”与“九月”、“堂上”与“山中”、“老莱子白发”与“韩魏公黄花”等处。而用“清秋交九月”来切八月三十，也稳极。

李少荃相国六十寿联

相国于光绪壬午岁，行年六十。正月五日，其生日也。

岳降崧生，溯道光三年，到光绪八载；

鸾歌凤舞，先上元十日，祝元老千秋。

【注释】

光绪壬午岁：1882年。

岳降崧生：出自《诗经》。详见第62页注。

溯道光三年，到光绪八载：李生于道光三年（1823年），至光绪八年（1882年）正好六十虚岁。联即作于此时。

上元：元宵节的别称。农历正月十五日。

【解析】

此联无甚新意，但两个“光”字和两个“元”字用得巧妙，而“三年”“八载”“十日”“千秋”之对也甚为工巧。

勒少仲河帅挽联

少仲于道光丁酉岁充拔贡生，甲辰举于乡，皆与余为同年。而又副癸卯贤书，先兄福宁君亦于是岁捷乡闱，则又所称“兄弟同年”者也。数十年来以文字论交，最为莫逆。君由刑曹起家，历官至江苏布政使，迁福建巡抚，调贵州巡抚，未之任，道拜河东河道总督，即引疾归。阅数月，遂不起。忆去岁君自闽赴黔，道出苏州，寓居吴退楼听枫山馆，时相过从。不意一别，遂成千古！因寄此联挽之，不禁长泪之横集也。

屈指数名场，于丁酉，于癸卯，于甲辰，居然三度，叨分攀桂天香，积四十余载文字交情，如此同年能几个；

起家由比部，而苏藩，而福抚，而河督，归自八闽，小住听枫山馆，与六七故人从容谈笑，谁知一别竟千秋。

【注释】

勒少仲：勒方锜，字悟九，号少仲，江西新建（今南昌市新建区）人，官至河道总督。勒卒于1882年，联当作于此时。

河帅：河道总督的别称。

拔贡生：由各省学政选拔秀才中文行兼优的人，贡入京师，称为“拔贡生”。经考试及格后，入选者按成绩分别授官，余者罢归。每十二年一次。

副癸卯贤书：癸卯科乡试中副榜（备取）。

先兄福宁君：俞樾已经去世的哥哥俞林，因曾任福宁知府，故称“福宁君”。

兄弟同年：道光丁酉科（1837年）勒方锜拔贡，俞樾中乡试副榜；癸卯科（1843年）勒方锜中副榜，俞林中举；甲辰科（1844年），勒方锜与俞樾同时中举。

吴退楼听枫山馆：吴云晚年号退楼主人。听枫山馆是其住宅。

【解析】

此联上联写双方的兄弟同年关系，以“如此同年能几个”作结；下联写勒生平及临终前的友人聚会，以“谁知一别竟千秋”作结。内容贴切，亦见真情。但对仗较为宽松，唯“攀桂”与“听枫”之对是一亮点。

李伯太夫人挽联

太夫人乃小荃制府、少荃相国之母也。光绪八年二月卒于两湖节署。特降诏书，有“贤母”之褒。海内荣之。时海外又小有龃龉，朝廷方倚相国为重，优诏夺情。而相国固辞。未知能如所请否也。

贤母之名，定自朝廷，降明诏褒扬，荣在重重芝诰外；
诸侯之孝，异乎士庶，赞庙谟挞伐，谋成五五垩庐中。

【注释】

李伯太夫人：因李鸿章有一等肃毅伯的爵位，故其母称“伯太夫人”。

光绪八年：1882年。联当作于此时。

两湖节署：湖广总督衙门。

海外又小有龃龉：法军在越南的侵略活动导致中法关系日益紧张。后由李鸿章与法方谈判签订条约。

夺情：古代官员因父母之丧，须在家守孝，谓之丁忧。如朝廷认为有重要的国家大事必须由此人办理，可以要求其不在家守孝而出来办事，谓之夺情。

诸侯之孝，异乎士庶：《孝经》把孝分为天子之孝、诸侯之孝、卿大夫之孝、士之孝和庶人之孝五种，各有其具体内容。李鸿章的地位相当于古代的诸侯，所以说“诸侯之孝”是“异乎士庶”的。

五五：指守丧之期。《礼记·三年问》有“三年之丧，二十五月而毕”之说，五五二十五，故用“五五”代指丧期。

垩庐：亦作垩室，指居丧者的住所。

【解析】

上联写其母获得不同寻常的“明诏褒扬”；下联写其子身为朝廷重臣，以不同寻常的方式尽孝。此联与寻常挽联的写法也迥然不同。

吕仙祠联

苏州阊门外有一公所。众商人醵资为善举者，于此会集焉。中奉吕仙。盛旭人观察属题此联。

小筑仙居，是当年宝剑藏精故地；

广为善举，体先生金丹济世婆心。

【注释】

吕仙祠：吕仙即传说中八仙之一的吕纯阳。苏州阊门内下塘有福济观，奉祀吕祖，俗称“神仙庙”，是苏州供奉吕纯阳最著名的场所。或即是此吕仙祠。

盛旭人：盛康，字旭人，江苏常州人，道光二十四年（1844年）甲辰科进士，官至汉口道。

【解析】

下联能联系到商人们的善举来写，就比一般泛泛而论高明得多了。

樊让村太守挽联

让村为余亲家翁玉农太守之长子，余大儿妇之兄也。虽以知府候补，而实未一日居官。优游家食，年五十六岁而卒。其长子年二十矣，未娶也。

五十年知命，又过六龄，看弱冠佳儿将纳妇；

二千石好官，未曾一赴，享半生清福竟成仙。

【注释】

樊让村：樊希楠，字或号让村，候选道。见俞樾《河南府知府樊公传》。其余不详。

玉农太守：樊琨，字玉农，湖北咸宁人，道光十一年（1831年）辛卯恩科举人，曾任河南中牟、安阳知县，官至河南府知府，赏盐运使衔。

余大儿妇：俞樾长子俞绍莱之妻、樊琨之女。

五十年知命：《论语·为政》有“五十而知天命”。

弱冠：泛指男子二十左右的年纪。出自《礼记·曲礼》：二十曰弱，冠。

【解析】

候补官无权无钱，与实缺官不可同日而语。本来做了一辈子候补官而没有得到实缺，不是好事。但是俞樾却用“享半生清福”做了翻案文章，这就是名家的高明之处。

张通甫大令挽联

通甫以县令官吴中，今年与于海运之役。四月既望，卒于津门，年六十矣。其子振棨，正摄天津县事。

矍铄六旬翁，尚堪奉檄丁沽，海舶千帆催转粟；

清和四月节，正听鸣琴子舍，津门一夕罢栽花。

【注释】

张通甫：除本联提供的信息外，其余不详。

既望：农历每月十六日。

其子振棨：张振棨，官至候补道，曾会办北洋铁路事务，任天津邮政局局长等职。其余不详。

清和：此指农历四月。

鸣琴：代指州县官，用宓子贱治单父典。详见第94页注。

栽花：用晋潘岳典。详见第99页注。

【解析】

上联切年龄、切事，下联切忌日，又通过“鸣琴”和“栽花”两切其子是知县。而着一“罢”字，就写出了挽联所必需的氛围。

“丁沽”与“子舍”的借对，“转粟”与“栽花”之对，都极为工巧。

邵步梅刺史七十寿联

壬午九月为步梅七十生辰，余为文寿之，已详载其行事矣。是月其家适有事，改于十月称觞，又赠此联。

在家为善士，在官为循吏，到七秩古稀年，继起有贤子，子又生孙生曾孙，行看五代同堂，作熙朝人瑞；

故乡诸戚友，故交诸弟兄，借十月小春日，合词而祝公，公与夫人如夫人，俱享百龄上寿，成平地神仙。

【注释】

邵步梅：俞樾《右台仙馆笔记》有“邵君步梅，亦杭人官于苏者”的记载。《邵步梅太守七十寿序》有“君之长于余者，八岁也。……余始识君时，在道光癸巳以后，君已补博士弟子员。……庚申之春，杭城戒严。君已以直隶州牧官江苏矣。……先兄福宁君与君有异姓昆弟之谊”的记载。

壬午：光绪壬午年，即1882年。

【解析】

此联全是寻常应酬语，无甚新意。所以是在技巧方面下了点功夫。而“子又生孙生曾孙”与“公与夫人如夫人”的重字并不交叉互重，极为少见。

顾晋叔待诏挽联

晋叔为子山观察子，喜翰墨，澹荣利，亦一佳子弟也。去年曾绘《自讼图》。图中三人：一官一吏一讼者，实即一人，皆自貌其容也。余为载入《春在堂随笔》。今年秋以微疾卒，年五十矣。

借自讼意以成图，化一我幻影成三，知达者久存南郭忘形见；

到知命年而出世，叹老父衰龄望八，与走也同作西河抱痛人。

【注释】

顾晋叔：顾承，字承之，号骏叔，亦作晋叔，同治七年（1868年）庠生，官至翰林院待诏，顾文彬之子，善绘画，精鉴赏。顾卒于1882年，联当作于此时。

待诏：翰林院设待诏厅待诏，从九品。

《自讼图》：俞樾在《春在堂随笔》中说“顾晋叔承，乃子山观察之子，行年四十有九，绘《自讼图》。图中坐者立者各一人，若官与吏然；跪者一人，若对簿然。三人实即一人，皆自肖其像也”。

南郭忘形：典出《庄子·齐物论》，南郭即“南郭子綦”。

走也：俞樾对自己的谦称。司马迁在《报任少卿书》中自称“太史公牛马走”，李善注认为这是“自谦之辞也”，“走，犹仆也”。

西河抱痛：典出《史记·仲尼弟子列传》，指丧子之痛。西河是地名，孔子的学生子夏“居西河教授，为魏文侯师。其子死，哭之失明”。俞樾在直隶任同知的长子俞绍莱病死于1881年，故云己与顾文彬“同作西河抱痛人”。

【解析】

老年丧子，是人生大不幸事。俞樾与顾文彬同病相怜，故联中感情真挚，催人泪下。

“南郭忘形”与“西河抱痛”之对，真是工整之极。

此联是古文句式，俞樾对句中平仄似不甚在意。唯末句后七字实际是七言律句，则又声律严谨。

陆星农观察挽联

星农以第一人及第，余庚戌同年也。自湖南谢病归，所藏古砖甚富。今年在西湖俞楼，犹与相见。不谓越两月，遽闻其讣也。

四五月间访我楼头，茗碗清谈到金石；
三十年前附君榜尾，蓬山旧梦落江湖。

【注释】

陆星农：陆增祥，字魁仲，号星农，一作莘农，江苏太仓人，清道光三十年（1850年）庚戌科状元（俞樾是这一科的进士，两人属会试同年），官至湖南辰沅永靖道。陆卒于1882年，联当作于此时。2011年陆增祥的墓志铭在太仓出土，铭文系俞樾所撰。

第一人及第：殿试一甲第一名状元及第。

三十年前：自道光庚戌至光绪壬午，计三十二年。三十年取其约数。

蓬山：本指海上三神山之一的蓬莱，此指翰林院。

【解析】

此联胜在对仗。数目字之对，“访我楼头”与“附君榜尾”之对，以及“茗碗”与“蓬山”之对，皆可算亮点。

王母俞太恭人挽联

太恭人为王孝子继谷之母。孝子因母病，为疏祷于神，请以身代，遂自投月湖以死。死后相传为月湖之神。太恭人病愈，又数年而卒。卒之日，八月廿四也。

为孝子一疏，尘世小留，此事不由南斗注；
后中秋九日，月河就养，至今仍是北堂身。

【注释】

王孝子继谷：王孝子，名继谷，字子诒，浙江会稽（今绍兴）人。因其母病，王继谷留下向神祈祷以身代母的疏文后，投月湖自杀。其母病愈。其事迹俞樾详细记载于《右台仙馆笔记》。

月湖：湖名，在今宁波市。当时王继谷家住鄞县（今宁波市鄞州区）。

南斗：指传说中的南斗星君，道家有“南斗注生，北斗注死”之说。

月河：题下文字及《右台仙馆笔记》均作月湖。“河”字疑系笔误。

北堂：代指母亲。

【解析】

上联说其母的生是由孝子争取来的，而不是由南斗注定的。下联则说老太太是到儿子为神的月湖去了，仍然是母亲的身份。此联与寻常挽联作法迥异。

对仗方面，则“南斗”与“北堂”之对，可称亮点。

严母王太夫人挽联

太夫人曾从夫官游滇中，著有《写韵楼诗钞》一卷。晚年捐赀助赈，赐建乐善好施坊。卒年八十四。

行万里路，传一卷诗，写韵楼小集编排，共羡清才兼硕德；

膺二品封，开九秩寿，乐善坊大书绰楔，长教薄俗式高风。

又

太夫人之父竹屿先生，仕浙江，有惠政，殁祀嘉兴名宦祠；夫比玉先生，祀乡贤祠；其少子某，官贵州石阡府知府，死寇难，赐恤如例；其幼女，刲臂肉疗太夫人疾，太夫人愈而女竟卒，以孝女旌；亦可谓极人伦之盛矣。张少渠属代撰挽联，因又作此：

父在名宦祠，夫在乡贤祠，子在昭忠祠，女在节孝祠，相见黄泉，死犹生也；

德可先贤传，行可逸民传，才可文苑传，年可耆旧传，有光青史，女而士乎。

【注释】

严母王太夫人：王瑶芬，字云蓝，安徽婺源（今属江西）人，著有《写韵楼诗钞》。

行万里路：当其夫、其子在云南顺宁府、贵州石阡府做官时，王老太太都曾随行。

父竹屿先生：王凤生，字振轩，号竹屿，安徽婺源人，捐纳通判，官至两淮盐运使。

夫比玉先生：严廷珏，字行之，号比玉，浙江桐乡人，王瑶芬夫，道光贡生，捐纳同知，官至云南顺宁知府。

其少子某：严谨，字子衡，号叔和，王瑶芬第三子，监生，同治三年（1864年）任贵州石阡知府，同治四年殉难。

其幼女：严澄华，字稚芗，王瑶芬之女，因封臂肉疗王瑶芬病而亡。

名宦祠、乡贤祠、昭忠祠、节孝祠：分别是奉祀著名官员、本地先贤、死难忠臣和孝女节妇的祠堂。

先贤传、逸民传、文苑传、耆旧传：分别是国家史籍或地方志中记录前代贤人、隐逸人士、著名文人和年高德劭者的传记。

【解析】

因为材料足够，这两联写来得心应手。尤其第二联，借用前人联话用语，可谓“扎硬寨，打死仗”。但第一联无挽联语气，似有欠妥。

钱敏肃公专祠联

公讳鼎铭。当江苏沦陷时，公间关赴皖，谒曾文正公，慷慨乞师。遂以楚师至。江南底定，公之力也。后官河南巡抚，有善政，卒于官。敕于原籍太仓州建专祠。祠成，其嗣君溯耆、溯时，乞撰此联。

溯当年千里乞师，一舟摩寇垒而过，抵掌高谈，论列山川形势，与夫贼情变幻，及东南进取之方，声共泪俱，此事中兴关大局；

迨后来两河开府，四载在夷门坐镇，悉心综理，讲求治术源流，旁及边境安危，并水旱偏灾之备，人亡政在，于今故里有崇祠。

【注释】

钱敏肃公：钱鼎铭，字调甫，江苏太仓人，道光二十六年（1846年）丙午科举人，咸丰三年（1853年）大挑训导，后捐纳主事，官至河南巡抚，谥敏肃。

乞师：在太平军击破江南大营，席卷苏南，威胁上海时，正是由钱鼎铭“驾轮舰越伪卡十数，径诣安庆”，面见并说服曾国藩派李鸿章所部进军上海，在说服的过程中还“继以痛哭”。李鸿章也从此开始了独当一面的军事行动。见李鸿章《皇清诰授资政大夫兵部侍郎河南巡抚钱公墓志铭》。

江南底定：同治三年（1864年），曾国藩、李鸿章、左宗棠三路大军击败太平军，收复南京、苏州、杭州等江南各地。

溯耆、溯时：钱溯耆，字籥龢，号伊臣、听邠，钱鼎铭长子，恩赏主事，官直隶深州知州，三品衔候补道。钱溯时，字平三，号甘卿，钱鼎铭次子，庠生，赐举人，浙江严州府知府，盐运使衔在任候补道。

夷门：战国时魏国首都大梁的东门，此代指开封。河南巡抚驻地是当时的河南省会开封。

【解析】

上联写当年“千里乞师”的情状，并指出“此事中兴关大局”；下联写任河南巡抚这几年的政绩，并落到“故里有崇祠”上，以切祠堂。适合在祠堂悬挂。

联中“寇垒”与“夷门”、“抵掌”与“悉心”、“大局”与“崇祠”之对均甚工稳。

钱湘吟侍郎挽联

侍郎乃庚戌同年也，嘉善人。

数杭嘉湖同乡同馆同年，白首江湖惟我在；

历咸同光三朝三十三载，黄粱光景不多时。

【注释】

钱湘吟：钱宝廉，字湘吟，浙江嘉善人，道光三十年（1850年）庚戌科进士，入翰林，官至刑部侍郎。

咸同光三朝：钱中进士虽在道光三十年，但此时道光帝已经去世，殿试实际由新登基的咸丰帝主持。故言咸同光三朝，亦无不可。

三十三载：网络资料普遍认为钱宝廉卒于1881年，但从1850年算起，无论如何也算不出三十三年。俞樾似无为了对仗而擅改钱宝廉去世年份之理。或可据此反证网络关于钱之卒年有误。

黄粱光景不多时：用黄粱一梦之典。此处似取“黄粱未熟”之意。

【解析】

上下联前一句组织材料，运用重言技巧，十分不易（下联与上联不规则重一“同”字，或系无奈之举）。后一句发浮生若梦、人生苦短感慨，颇有借他人酒杯浇自己块垒之意。

从平仄角度来看，此联的前一句是古文句式，句中平仄全不讲究，只保证了句脚一平一仄；后一句是七言律句，句中平仄格律严谨。两相对比，很有意思。

邵汴生侍郎挽联

湘吟卒之明年，汴生又卒。余与汴生甲辰、庚戌两次同年，即用挽湘吟联，增益其词，盖情事既同，词亦不嫌复也。

算乡会试两榜两度作同年，并列贤书，俱成进士，偕入翰林，白首江湖惟我在；

溯咸丰来三朝三十有四载，起家词馆，历任封疆，跻登卿贰，黄粱光景不多时。

【注释】

邵汴生：邵亨豫，字汴生，江苏常熟人，道光甲辰举人，庚戌进士，均与俞樾同年，二人并同入翰林。邵亨豫历任福建、湖北、湖南巡抚和吏、户、工、礼部侍郎。邵卒于1883年，联当作于此时。亦可进一步反证网络关于钱宝廉之卒年有误。

【解析】

多一个乡试同年关系，少一个同乡关系。于是就在上一联的基础上“增益其词”而成联。看似取巧，其实在文字上也下了不少功夫的。末句一字不改，可见得俞樾是相当满意这两句的。

陶大母凌太淑人挽联

太淑人为柳门刺史之祖母。年十六归于陶，未逾年而寡。其卒也，年八十九矣。是年四月间已病，柳门自吴下归省之。笑曰：“吾犹未也，当在端午前三日耳。”后竟于五月三日卒，亦可异也。

黄鹄寿偏高，回头七十二年，苦节终身如旦暮；

青鸾来有信，屈指五月三日，归期一笑语孙曾。

【注释】

大母：祖母。

柳门刺史：陶甄，字柳门，又字昌时，浙江乌程（今湖州）人，咸丰八年（1858年）戊午科举人，同治十二年（1873年）任江苏太仓州同知，光绪四年（1878年）丁父忧离任。

是年四月间：据俞樾《爱庐介寿图记》记载，“是年”系光绪十年（1884年）。联即作于此时。

黄鹄：指守节不嫁的寡妇。典出刘向《列女传》中寡妇陶婴歌以明志的歌词“悲黄鹄之早寡兮，七年不双”。

青鸾：传说中女性神仙的坐骑。此指来接引死者成仙的坐骑。

【解析】

上联写其七十二年“苦节”，下联则从预言死期着笔，认为已经登仙，亦属挽联的常见写法。

“黄鹄”与“青鸾”相对，真是工稳之极。而“回头”与“屈指”之对也相当漂亮。

恽小山太守挽联

太守为恽次山中丞之子，曾与大儿绍莱同官。

旧泽在甘棠，喜君绍南服官声，冀他时阅历老成，三楚建旄仍虎节；

重泉埋玉树，令我触西河余痛，忆曩日联翩年少，一官听鼓共豚儿。

【注释】

恽小山：恽桂孙，号小山，恽世临长子，官候补知府。

与大儿绍莱同官：恽桂孙在直隶任直隶州知州时，俞绍莱任直隶北运河同知。

南服官声：恽桂孙之父恽世临多年在湖南做官，先后任长沙知府、岳常澧道、湖南布政使、湖南巡抚等职。

建旄仍虎节：虎节犹言节旄、符节。此指成为封疆大吏。

听鼓：官吏赴衙署候值应班。

豚儿：对他人谦称自己的儿子，犹言“犬子”。

【解析】

下联触景生情，联想到自己英年早逝的儿子。亦是挽联的一种写法。

此联在对仗方面相当漂亮，如“旧泽”与“重泉”、“甘棠”与“玉树”、“南服”与“西河”、“他时”与“曩日”、“建旄”与“听鼓”、“虎节”与“豚儿”等处均极见功力。

许寿民太守挽联

太守为许星台廉访之子，南海世家也。其生也，高祖母黄太夫人犹在，五世同堂。而黄太夫人及事祖舅姑，亲见七代，蒙恩赐“七叶衍祥”额。太守应京兆试，举孝廉，官郎署。今以知府需次江西，故廉访宦游旧地也。乃未及补官而卒，年甫四十八，惜哉！

甲第重羊城，在襁褓名达九重天，记生初七叶衍祥，曾荷恩荣来北阙；

丁年捷燕市，历兵农出为二千石，惜中寿五旬未满，不能宦迹继西江。

【注释】

许寿民：除本联提供的信息外，其余不详。网上有据书画鉴赏印言其字幼恭者，不可靠。

许星台廉访：许应鑅。详见第136页注。

南海世家：广州许家自乾隆朝从事盐业起家，由富而贵，逐步成为“广州第一家族”。龚自珍有“粤称世家，必曰番禺许氏”之言。

祖舅姑：丈夫的祖父母。

故廉访宦游旧地：许应鑅曾在江西做过多年地方官，先后任过江西临江府和南昌府知府，广饶九南和吉南赣宁兵备道。

在襁褓名达九重天：当许出生时，其高祖母实现了“亲见七代”。

地方官据实上报，其名自然就“达九重天”了。

丁年：成丁之年。出自李陵《答苏武书》：“丁年奉使，皓首而归。”

燕市：指北京。

中寿：古籍说法不一，从六十岁到一百岁的都有。据《左传》“中寿，尔墓之木拱矣”，论之，似以六十岁较合理。而许寿民去世时“五旬未满”，可见俞樾亦取此意。

【解析】

上联写其出身世家望族，从小便名达天听，下联接着写其乡试告捷，升官知府，一路写来，都是顺风顺水。到下联第三句，突然出一“惜”字，这就营造出了悲凉气氛，很见手段。

首句的两处借对和末句的“北阙”与“西江”之对，均极为工巧。

王晓莲方伯挽联

方伯为先兄癸卯同年，官至湖北布政使，以理学自命者也。

溯咸同间投笔而兴，人谓名臣，自云儒者；

问癸卯科同年有几？既伤老友，更念先兄。

【注释】

王晓莲：王大经，字经畬，号梦莲、晓莲，浙江平湖人，道光二十三年（1843年）癸卯科举人（与俞林为同年），官至湖北布政使。王卒于1884年，联当作于此时。

咸同间投笔而兴：王大经咸丰三年（1853年）以知县拣发安徽，在皖北军营对抗太平军，后又入安徽巡抚福济幕及李鸿章幕。

【解析】

下联仍是前几副挽联“悲君亦自悲”的写法，但上联称其为“名臣”，虽是借他人之口，究属过誉。

不规则重一“同”字，或是无心之失。

姚室张夫人挽联

夫人为访梅方伯之配，生平乐善好施。其灵輀自天津返，有瞽者数十人泣送，盖皆受其惠者也。余为作家传，存杂文中。

好施从天性而生，积数十年阴德耳鸣，记曾丙舍勒铭，虽拙笔不工言是实；

遗泽在人心未死，合千百家穷檐顶礼，看取丁沽归旐，纵盲儿无目泪难干。

【注释】

访梅方伯：姚文柟，字访梅，浙江嘉兴人，时以布政司衔记名道员，在天津任长芦盐运司同知。其妻张夫人于光绪九年（1883年）11月卒于天津邸舍，联当作于此时。张夫人是俞樾姨甥女婿张豫立之姐。

丙舍勒铭：丙舍指坟墓旁边的房舍。勒铭此指“余为作家传”之事。

【解析】

此联在局部对仗方面颇有亮点，如“天性而生”与“人心未死”、“耳鸣”与“顶礼”、“丙舍”与“丁沽”等处，都极工巧。

孟河蒋氏支祠联

常州孟河马培之文植以医名。光绪六年，慈禧皇太后有疾，诏征天下精医术者，马君亦与焉。比归，命南书房翰林书“务存精要”四字赐之，遇亦荣矣。然君实姓蒋氏。在汉世有封函亭侯者，其始祖也。明季有自凤阳迁金陵者，婚于马氏。马，故世医也，至是无后，以蒋氏承其业，遂袭其姓。然医则马氏，婚宦则皆蒋氏也。支祠落成，求余为记，又乞是联。

渊源溯汉代侯封，纵盛名马服交推，蒋径清风传自远；

祠宇法文公家礼，况宸翰龙章宠锡，孟河乔木仰弥高。

【注释】

孟河：常州地名，在常州西北。

马培之文植：马培之，字文植，江苏武进（今常州）孟河人，世代名医，侨寓苏州瓣莲巷。

慈禧皇太后有疾：据《清史稿·慈禧传》记载"（光绪）六年，太后不豫，上命诸督抚荐医治疾。八年，疾愈"。

𨚕亭侯：东汉蒋澄，逡遒侯蒋横第九子。蒋横被光武帝冤杀，后获平反，其九子皆封侯，蒋澄封𨚕亭侯。

马服：战国时赵国名将赵奢封马服君，后世子孙以马服为姓氏，后改单姓马。此切马姓。

蒋径：典出西汉蒋诩。晋赵岐《三辅决录》记载："蒋诩归乡里，荆棘塞门。舍中有三径，不出。唯求仲、羊仲从之游。"

文公家礼：《家礼》是朱熹（后世称为"朱文公"）作的关于家庭礼仪的书，祠堂的祭祀当然也要按照《家礼》中有关祭礼的规定。

宸翰：本指皇帝的书法作品，此指御赐的书法作品。

乔木：此指世家。典出《诗经·伐木》："出自幽谷，迁于乔木。"

【解析】

联中"马服"与"龙章"、"蒋径"与"孟河"均对得极工巧。

钟桂溪广文七十寿联

桂溪与余皆于道光丙申年入德清县学，至今五十年矣。

溯五十年泮水同游，为问几人今健在；

祝八百岁大椿不老，休言七秩古来稀。

【注释】

钟桂溪：浙江德清新市镇人，与俞樾同年中秀才，曾在新市镇创办仙潭书院，未成而卒，其子承父志而建成。俞樾为书院撰《仙潭书院碑记》，并题“敬业乐群”匾。

道光丙申年：1836年。

入德清县学：成为德清县学生员，俗称“秀才”。

八百岁大椿不老：化用“上古有大椿者，以八千岁为春，八千岁为秋”。见《庄子·逍遥游》。

休言七秩古来稀：“人生七十古来稀”系杜甫诗句，此处反用其义以祝寿。

【解析】

下联末句反“人生七十古来稀”立言，极合祝寿口吻，而又极少见人曾用，是高明处。

贺许星台方伯之孙新婚联

时方伯方由苏臬迁浙藩，期于明春赴浙。

嘉耦百年成，试新画眉，刚好梅开东阁；

阿翁一笑起，携小比肩，去看花放西湖。

【注释】

画眉：用西汉张敞画眉典，喻夫妻恩爱。见《汉书·张敞传》。

梅开东阁：化用杜甫“东阁官梅动诗兴，还如何逊在扬州”诗句。

【解析】

此联看如信手拈来，其实也有些讲究。上联切新婚，切时；下联切祖父升官，切杭州。“东阁”与“西湖”之对，相当漂亮。而“画眉”与“比肩”之对，文字对仗甚为灵动，但声律方面“眉”与“肩”失之同平，得失之间，如何选择，似亦因人而异。

徐室杨夫人挽联

夫人为同年徐荫轩尚书元配，有子五人、孙四人、曾孙一人，且曾四次拜缎匹之赐，岁六十五而卒，亦福寿兼备者矣。

寿近七旬、封膺一品，试检取笥中文绮，从九重几度颁来，岂止崇班冠兴庆；

子荣五桂、孙倍双珠，更携将膝下锦绷，合四代同堂聚处，差堪哀思慰安仁。

【注释】

徐荫轩：徐桐，字豫如，号荫轩，清汉军正蓝旗人，道光三十年（1850年）庚戌科进士（与俞樾同年），时任礼部尚书。

尚书：六部的主官，从一品。

缎匹之赐：此指皇后或太后赏赐给官员命妇的丝织品。

文绮：华丽的丝织品。此指所赐的缎匹。

崇班冠兴庆：唐兴庆宫，玄宗时修建。当时杨玉环“三姊皆美劭，帝呼为姨，封韩、虢、秦三国，为夫人，出入宫掖，恩宠声焰震天下。每命妇入班，持盈公主等皆让不敢就位”。见《新唐书·杨贵妃传》。此谓徐桐之妻不止为入宫命妇之冠。

双珠：喻指风姿或才华出众的兄弟二人。典出汉孔融《与韦休甫书》，孔融赞韦端（字休甫）二子曰：“不意双珠，近出老蚌，甚珍贵之。”

锦绷：锦制的襁褓，此处代指婴儿。

【解析】

上联写死者的富贵寿考。下联用子孙昌盛、四世同堂来安慰徐桐，在一般挽联中似不多见，但用了“差堪”二字，也不违背挽联的命意。

戴保卿通守挽联

保卿为醇士侍郎之子，官松江府通判。其子青来太史，余门下士也。

以名父子，见宰官身，佐郡在云间，白首浮沉今老矣；

有继起英，绳乃祖武，奔丧从日下，素车风雪太凄其。

【注释】

戴保卿：戴有恒，字大年，号保卿，戴熙长子，以训导官松江府管粮通判。戴卒于1885年，联当作于此时。

通守：通判的别称。

醇士侍郎：著名画家戴熙，字醇士，浙江钱塘（今杭州）人，道光十一年（1831年）辛卯科进士，官至兵部侍郎。

青来太史：戴兆春，字青来，戴有恒次子，能书画（故联中说他“绳乃祖武”），俞樾在苏州紫阳书院、杭州诂经精舍的学生，光绪三年（1877年）丁丑科进士，入翰林。

佐郡：通判是知府的副手，故云。

云间：古华亭、松江府的别称。

【解析】

西晋时“日下荀鸣鹤，云间陆士龙”之对即已著名。见《世说新语·排调》。巧的是俞樾也是很自然地用“日下”对“云间”。除此之外，“白首”对“素车”也相当漂亮。而“矣”与“其”的虚词对也很灵动。

胡樗园明经挽联

樗园乃余从前馆新安汪氏时，曾受业门下者也。

往日列门墙，最怜年少美才，常指青云期远到；

朔风吹噩耗，顿触老夫旧感，重回白首忆前游。

【注释】

胡樗园：除本联提供的信息外，其余不详。从他是俞樾“馆新安汪氏时”的学生看，很可能是安徽人。

列门墙：成为门生。

【解析】

胡至死只考到一个“明经”（贡生），与“最怜年少美才，常指青云期远到”形成强烈对比，因而增加了挽联的哀悼之意。

对仗方面，“往日”与“朔风”的借对和“青云”与“白首”之对都很工巧。

王母李太夫人挽联

太夫人为王竹侯方伯继母。

膺一品封，届九旬寿，罗四代儿孙，瑶岛应推众仙长；

生嘉庆初，终光绪间，受道咸诰命，华堂坐阅五朝春。

【注释】

王竹侯：王承基，字竹侯，号竹鸥，上海人，道光十七年（1837年）丁酉科拔贡，官至陕西布政使。

【解析】

上联说富贵寿考，身后登仙，是挽官宦人家老太太最常见的写法；下联历数“坐阅五朝春”的经历，较为别致。

此联用数量词“一品”“九旬”“四代”对年号名“嘉庆”“光绪”“道咸”，可以看作一种特殊的自对，是值得注意之处。

灵澜精舍联

苏州横山智显禅院有醓醓和尚，以锡杖叩石得泉，见《吴郡图经续记》。虎邱山下有泉，曰“憨憨”，或曰亦醓醓和尚遗迹。横山与虎邱相近，憨与醓音又相同，疑或然也。甲申岁，洪文卿阁学、朱修庭观察访得是泉，筑精舍于其上。郑小坡孝廉命曰“灵澜”，余为题榜并题是联。其地即在真娘墓畔，故下联及之。

一勺试清泉，此邦故老流传，都道是醓师卓锡峰头遗迹；

数椽营胜地，我辈闲人游览，勿徒向真娘埋香冢畔题诗。

【注释】

灵澜精舍：在苏州状元洪钧的拥翠山庄内，至今犹存。

横山：山名，在苏州西南。

智显禅院、醓醓和尚：《姑苏志》云，宝华寺在吴县西南三十里宝华山，旧名智显禅院。醓醓尊者尝卓锡于此。寺有醓醓泉。

虎邱山：即虎丘，苏州名胜，在苏州西北，与横山相距不远。

甲申岁：光绪甲申（1884年）。

洪文卿阁学：洪钧，字陶士，号文卿，江苏吴县（今苏州）人，同治七年（1868年）戊辰科状元，时任内阁学士。

朱修庭观察：朱福清，字修庭，浙江归安（今湖州）人，时任江苏候补道。

郑小坡孝廉：郑文焯，字俊臣，号小坡，奉天（今辽宁）铁岭人，正黄旗汉军，晚清著名词人，光绪元年（1875年）乙亥恩科举人，曾官内阁中书，后旅居苏州。

真娘墓：苏州虎丘古迹。真娘系唐安史之乱时南逃到苏州的北方人，被骗沦落风尘，后自杀。唐白居易、刘禹锡、李商隐等皆有诗咏其人。

【解析】

上联借憨憨泉，下联借真娘墓，全用“拉人作衬”手法。而下联借法又有所不同，包含了“不妨也到这里看看的意思”。“勿徒向”三字与唐人谭铢《真娘墓》诗“武丘山下冢累累，松柏萧条尽可悲。何事世人偏重色，真娘墓上独题诗”有异曲同工之妙。按李渊之祖名李虎，故唐人讳虎字，以武代之。

周叔云都转挽联

都转为余乡、会两榜同年，罢官后来居吴下，未半载而卒。

甲岁发科，庚年登第，两番幸附骥旄，阅历名场皆白首；
都门判袂，吴市班荆，几日同麈麈尾，重提旧梦竟黄粱。

【注释】

周叔云：周星誉，字昀叔，又字叔云，原籍河南祥符（今开封），定居浙江山阴（今绍兴），与俞樾同为道光二十四年（1844年）甲辰科举人、三十年（1850年）庚戌科进士，官至两广都转盐运使司盐运使（简称都转）。周卒于1884年，联当作于此时。

骥旄：犹言骥尾，旄有牦牛尾巴之意。此处为平仄及重字关系而如此处理。

判袂：分别。

班荆：旧友重逢。典出《左传》："伍举奔郑，将遂奔晋。声子将如晋，遇之于郑郊，班荆相与食，而言复故。"

麈麈尾：麈尾是古人闲谈时执以驱虫、掸尘的一种工具。后遂以挥麈（麈麈）为闲谈、清谈之意。

【解析】

此联全从双方关系着笔，上联从年轻时两度同登科举，写到如今的"阅历名场皆白首"；下联先回忆从北京分别到苏州重逢，再感叹老友去世，从此不能挥麈清谈，哀挽之意尽出。

对仗方面，"骥旄"与"麈尾"、"白首"与"黄粱"之对均相当漂亮。

樊稚农比部挽联

稚农以孝廉官比部，颇有才干，因奉母，不之官。年未五十而卒。其上有四兄一姊，不数年，相继逝世，亦可悲也。

兴廉举孝，有干济之才，郎署方期储大用；
兄亡姊逝，又惨遭此变，亲庭何以慰慈怀。

【注释】

樊稚农：除本联提供的信息外，其余不详。

【解析】

此联全不用典，但上联写其有“干济之才”而未能“大用”；下联写其老母在堂，而短期内其与四兄一姐相继去世。这样的悲惨情景历历道来，确实写出了足以动人的哀挽之意。

薛慰农观察挽联

慰农曾以杭州太守权粮储道，解组后主崇文书院讲席，与余所主诂经精舍遥相望也，旋移席金陵尊经书院以去。其在金陵日，以诗酒自娱，颇极林下之乐云。

湖西泠讲席相联，十里湖山两坛坫；
看南国甘棠犹在，千秋循吏一诗人。

【注释】

薛慰农：薛时雨，字慰农，晚号桑根老人，安徽全椒人，咸丰三年（1853年）癸丑科进士，官至杭州知府兼督粮道。薛卒于1885年，联当作于此时。

崇文书院：杭州四大书院之一，在西湖跨虹桥西，与诂经精舍相距不远。

金陵：当时江宁（今南京）的别称。

尊经书院：南京的著名书院，在夫子庙附近。

【解析】

上联回忆双方的关系，下联评价其政绩和在文学方面的成就，是挽联较常见的写法。薛时雨的政绩如何，教育成就如何，现在已经没有什么人去关心了，但是其在对联方面的成就，是完全可以在晚清诸联家中占一席之地的。这个大约是俞樾所不曾想到的吧？从当时的主流观点来看，对联是小道而已，所以联中不曾涉及对联。

对仗方面，四个数目字之对和“西泠”与“南国”之对甚好。

东洲船山书院联

东洲在衡州府东，书院乃彭雪琴尚书所创建。曰船山者，以王船山先生名也。

读船山先生所著全编，得三百余卷之多，经史子集，蔚一代巨观，承其后者，勿徒争门户异同，汉详名物，宋主义理，各有师传，总不外古大儒根柢实学；

卜衡岳胜地而开讲舍，看七十二峰在望，春夏秋冬，备四时佳景，登斯堂也，尚共矢晨昏黾敏，出建功勋，处修节操，交相砥砺，以毋负老尚书创建初心。

【注释】

东洲：衡阳地名，系湘江中岛屿。

船山书院：光绪八年（1882年）创建于衡阳城内船山祠，光绪十一年（1885年）由彭玉麟捐银一万二千两由衡阳城内旧址迁建至东洲。

彭雪琴：彭玉麟，字雪琴，号退省庵主人，湖南衡阳人，秀才出身，湘军名将，官至兵部尚书。

王船山先生：王夫之，字而农，号姜斋，人称“船山先生”，今湖南衡阳人，明末清初思想家。

黾敏：努力。

【解析】

此联虽长，但脉络清晰。上联从王夫之的学问著作讲到对学生的希望：重实学而不要作门户之争。下联从书院的周边环境讲到对学生的希望：努力学习，以期“出建功勋，处修节操”，不辜负彭玉麟的“创建初心”。

此联是古文句式，句中平仄就不甚讲究。这个似已是俞樾联的规律性写法。

宗懋亭封翁挽联

封翁为湘文太守之父。湘文仕吾浙，守衢，守湖，守严，守嘉兴、宁波，所至有声。翁尝训之曰：“汝曹居官，能去民疾苦，是即所以养志也。”今岁，翁年八十有三矣。一日晨兴，诵《金刚经》毕，忽感微疾。越六日，命家人易衣，云将有远行，俄而遽逝。

有令子仕二千石，勤恤民隐、振起人文，先生顾而乐之，笑曰汝能养志；

享大年逾八十岁，服习儒书、精通梵典，一旦飘然逝矣，自云吾有远行。

【注释】

宗懋亭：据宗源瀚之大女婿所撰《诰授通奉大夫赏戴花翎二品衔署浙江温处兵备道上元宗公行状》，知其父名学梁，封赠与宗源瀚之官同，其余不详。

湘文太守：宗源瀚，字湘文，江苏上元（今南京）人，时任知府，后官至浙江候补道。其子宗舜年系俞樾孙女婿。

《金刚经》：佛教经文，全称《金刚般若波罗蜜经》。

梵典：佛教经典。

【解析】

与一般挽联不同，此联是按“喜丧”写的。上联写其教子有成；下联写其儒佛兼修，参透生死，“飘然逝矣”。豁达洒脱，不作悲伤语。

对仗方面，虽无特别亮点，但处理得中规中矩。

日本銈吉君六十寿联

日本东京人井上陈子德来游中土，受业吾门。今年，其父銈吉君行年六十，母下山氏五十有五，寄此联寿之。

有令子万里来游，言家庭期望深心，外则贤父、内则贤母；

祝而翁百年偕老，看郎君讲求实学，处为名士、出为名臣。

【注释】

銈吉君：井上陈政之父。其余不详。銈，音生，铁锈。

井上陈子德：井上陈政（中国名陈子德），日本人，原姓楢原，1862年出生于江户（今东京），寄养井上成光家后，改姓井上，1888年后又恢复原姓。1882年随中国驻日公使何如璋来华。1884年到杭州在诂经精舍成为俞樾的学生。俞樾在《曲园自述诗》中有记载：“甲申岁（1884年），日本东京大藏省留学生井上陈政字子德，奉其国命，游学中华，愿受业于余门下。辞之不可，遂留之。其人颇好学，能为古文。”

【解析】

联文不过平平而已。大约与俞樾对对方不甚了解，只好敷衍成文有些关系吧。

局部对仗与重言技巧方面，稍有可观。

吴叔和郎中挽联

叔和为晓帆观察之孙，尝隶余门下。今年春，余在俞楼。叔和犹载酒过我，作竟日谈。然其时已病矣。既而来苏就医，病重而归。以解维稍晚，虽以小轮船曳之行，然至杭州，已次日亥时矣。不及入城，至子时卒于舟中，惟其妻在侧。一子，甫二岁，一庶子，七岁，均不在舟，亦可惨矣。

滞吴中半日归程，叹到家尚隔重城。黄口孤儿，未及提携拜床下；

忆湖上早春雅集，痛及门又弱一个。白头老友，空余涕泪洒风前。

【注释】

吴叔和：吴寿臧，字叔和，号餐秀室主人，浙江钱塘（今杭州）人，俞樾弟子，官刑部郎中，其余不详。

黄口：原指雏鸟（因口黄），借指小儿。典出《淮南子》：“古之伐国，不杀黄口。”

【解析】

上联写其去世时的悲惨境况，下联写双方关系和自己的痛惜之情，是常见挽联的写法。

此联的局部对仗较讲究，如“吴中半日”与“湖上早春”、“到家”与“及门”、“黄口孤儿”与“白头老友”、“床下”与“风前”等处。但句中平仄则有不甚讲究处。

任秋亭大令挽联

秋亭精于医，筮仕江苏，曾摄金山令。余从前建春在堂，营曲园，所用匠石，即其所荐也。

良吏即良医，看君花县抚循，仍为闾阎苏疾苦；

实心行实事，记我草堂卜筑，曾烦土木助经营。

【注释】

任秋亭：综合上海地方志办公室网站资料及其他网络资料，光绪七年（1881年）、八年（1882年）分别有两个姓任的任金山知县。前者名任本照，安徽旌德人，监生出身，字号不详。后者名任焕奎，贵州镇宁人，原名秋元，字实之，一字仲文，系光绪三年（1877年）三甲进士，入翰林院，散馆后分发江苏，自1882年任金山知县直至1884年，似非署理。此前至咸丰，此后至宣统，均无任姓人任金山知县。初步推测任秋亭当是任本照。其余不详。

筮仕：吏部通过抽签的办法决定分配官员到何省。

抚循：安抚，慰问。

【解析】

上联切其“精于医”，切其为县官，并把两者联系起来，说其做官后“仍为闾阎苏疾苦”。下联则写双方的关系，写死者对自己的帮助。

对仗方面，“花县”与“草堂”之对极好。

李眉生廉访挽联

廉访官苏臬使，未任而以病免，即卜居吴下，买糊师园居之。其地在沧浪亭东，故自称苏东邻。余寓吴下，频与往来。廉访之封翁，乃先大夫丙子同年也。其卒，于光绪十一年八月之望。

苏公千载后，十万买邻，以旧使君吴下勾留，定有前生缘分在；

桂子一轮秋，三五而阙，叹先大夫年家昆弟，不知当代几人存。

【注释】

李眉生：李鸿裔，字眉生，号香严，又号苏邻，四川中江人，咸丰元年（1851年）辛亥科举人，捐纳兵部主事，后入曾国藩幕，官至江苏按察使加布政使衔。

糊师园：通常称“网师园”（“糊”可通“网”），苏州著名园林景点之一，始建于南宋。

沧浪亭：苏州著名园林景点之一，北宋苏舜钦以四万钱买得，并筑亭命名。

廉访之封翁、先大夫丙子同年：李鸿裔之父李崧霖，字梦莲，嘉庆二十一年（1816年）丙子科举人，与俞樾父亲俞鸿渐为同年。

八月之望：望指农历每个月的十五。八月之望指八月十五。

苏公：此指苏舜钦。

【解析】

上联因为网师园与沧浪亭的关系，把李鸿裔和苏舜钦联系起来，认为“定有前生缘分在”，是典型的拉人作衬手法，借以抬高死者的身份。但是只说有“缘分”，并不直接相提并论，分寸把握得极好。下联切去世时间，写两人的“年家昆弟”关系，也是常见的挽联写法。

“苏公”与“桂子”的借对，工巧绝伦。

薛心农鹾尹挽联

心农以鹾尹需次浙江，精于医。往岁慈安皇太后不豫，征天下名医，浙抚以心农应诏，亦奇遇也。其子受采，官知县。

西湖宦迹，与苏白俱留，继起清芬欣有子；

北阙征车，以岐黄应诏，他年方技定传君。

【注释】

薛心农：薛宝田，字心农，江苏如皋人，贡生出身，先后任训导、鹾尹（低级盐务官员），后主持浙江官医局。

慈安皇太后不豫，征天下名医：此处“慈安皇太后”系“慈禧皇太后”之笔误。俞樾为薛宝田《北行日记》（即记载其北上进京之事的日记）所作序即明确是为慈禧太后治病。

其子受采：薛受采是俞樾诂经精舍的学生。本书后面有俞樾挽薛子白大令联，并言其为“心农大令子”，则似是薛受采。

苏白：苏轼和白居易，二人都是杭州的地方官。

岐黄：岐伯和黄帝的合称。二人为医家之祖。此指中医医术。

方技定传君：谓薛将入史书方技传。

【解析】

上联较虚，以“苏白”相比也较勉强。下联落到医术上，较实。挽父而寄望于子，也较自然。

对仗方面，“西湖”与“北阙”、“苏白”与“岐黄”之对甚工。

姚少读太守寿联

少读行年七十，权守松江。十月初旬，其生日也。而官牒则云年六十五，适与余同岁矣。

二千石坐领古三江，问生辰在十月之初，岭上春为公独占；

七十翁行开第八秩，稽仕版则六旬有五，壶中日与我同庚。

【注释】

姚少读：姚丙吉，字少读，浙江归安（今湖州）人，曾入曾国藩幕府，以军功得候补知府衔，1885年署松江知府。

权守：署理。

官牒：记载官吏姓名、爵禄的簿籍。联中“仕版”义同。

年六十五，适与余同岁：俞樾生于1821年。故联当作于1885年。

古三江：古代太湖入海的三条河流娄江、松江和东江，《尚书·禹贡》有“三江既入，震泽底定”之说。此指松江府。

岭上春为公独占：化用唐樊晃《南中感怀》“十月先开岭上梅”诗句，以切十月。

壶中日：此指神仙般的生活。

【解析】

大量使用数目字，是此联特点，亦是难点。巧则巧矣，然未必佳。且不经意间重一“十”字，终属瑕疵。

吴仲英司马六十寿联

仲英以杭人官吴下，吏治之外，兼擅风雅，非俗吏也。行年六十，书此寿之。

王摩诘宿世词客，前生画师，儒雅风流，又官二千石；
白香山杭州酒痕，吴郡诗本，往来游戏，已及六十年。

【注释】

吴仲英：吴恒，字仲英，号颂音，晚号鹤翁，浙江仁和（今杭州）人，曾任松江府海防同知。据吴恒外甥朱景彝为任伯年画《吴仲英先生像》所作的跋，吴生于“道光丙戌九月二十二日”，即1826年，则联当作于1885年。

王摩诘宿世词客，前生画师：化用王维《偶然作六首·其六》诗“宿世谬词客，前身应画师”句意。

白香山杭州酒痕，吴郡诗本：化用白居易《故衫》诗“袖中吴郡新诗本，襟上杭州旧酒痕”句意。

【解析】

因吴恒“兼擅风雅”，诗、书、画都有一定造诣，上下联分用王维、白居易相比，并化用王维、白居易诗句入联。巧在王维做过荆州长史，而白居易最著名职务当推江州司马，与吴之同知皆有相似之处。且吴刚好是“杭人官吴下”，故所化用白诗真可谓恰到好处。

此联文字典雅、贴切，虽有过誉，但尚有所本，而作为寿联，过誉亦属人之常情。

彭雪琴尚书七十寿联

尚书督师广东者三年，今始罢兵而归。行年七十矣。十二月中旬，其生日也。先一月，为其长孙娶妇。因忆余六十岁时为孙儿陛云娶妇，即君之长孙女也。君以一联见赠，上联祝词，下联贺词也。今援其例，亦赠一联。

桂海正销兵，七帙开筵，会有恩纶来锡寿；

兰孙新授室，一堂舞彩，好携佳耦共承欢。

【注释】

尚书督师广东者三年：据《清史稿·德宗本纪》，光绪九年（1883年），彭玉麟奉命“赴广东，会同张树声布置防务”。1885年中法停战，订约后，“罢兵而归”。彭生于1816年，此时正好是七十虚岁，联当作于此时。

其长孙：彭玉麟长孙名彭见绅，在彭玉麟去世时，由员外郎提升为郎中。其余不详。

君之长孙女：彭玉麟长孙女彭见贞嫁俞樾孙子俞陛云。

桂海正销兵：桂海指南海，意谓中法战争结束。

七帙：十年为一帙。

【解析】

此联确实只是“援其例”，上联祝寿，切年龄、切时事；下联贺婚兼祝寿。文字上“桂海”对“兰孙”是一亮点。

朱母赵太夫人七十寿联

即上卷所载六十寿联之朱母赵太淑人也。今行年七十，正月二十四日为其生日。其子竹石司马已迁观察使，且权苏臬矣。

以岁之正，以月之令，鞠膯一尊，为阿母奉觞而上寿；

八十曰耋，九十曰耄，期颐百岁，看佳儿陈臬又开藩。

【注释】

即上卷所载六十寿联之朱母赵太淑人：前面朱之榛之母。朱之榛此时已升任道员。

以岁之正，以月之令：出自《仪礼·士冠礼》，此处似仅为切其正月生日，别无深意。

鞠跽一尊：跪着进一尊酒。

【解析】

此联全是寻常应酬祝贺语，无甚深意，唯前两句引用成句兼以重言技巧，略有可观。

潘玉泉观察挽联

观察乃文恭公季子。同治之初，收复江苏，与有力焉。详见余所撰寿序，已刻入《杂文续编》第五卷矣。光绪十一年十二月二十八日病卒，越三日，于除夕大殓，即其生日也。

溯中兴初，功在三吴，皖江乞援，沪渎联防，最难口舌折冲，坐看反侧异谋，潜消谈笑际；

享古稀寿，荣封一品，夫妇齐眉，儿孙绕膝，方谓期颐操券，何意悬弧谷旦，即是盖棺辰。

【注释】

光绪十一年：1885年，但是农历十二月二十八日已是1886年。联即作于此时。

大殓：丧礼的一个程序，指把死者放进棺材并钉上棺盖。

皖江乞援：指潘曾玮等人商定派员到安徽请曾国藩派李鸿章淮军到上海。

沪渎联防：潘曾玮参与了与英法方面的谈判，决定由英法正规军协助防守上海租界和县城，以及上海地方当局组织洋枪队协同清军作战。

口舌折冲：潘曾玮作为中方代表之一参加上海中外会防局成立前会防章程的谈判和会防局成立后的工作。

操券：稳操左券之意。

【解析】

上联写其在同治初年（即“中兴初”）协助朝廷镇压苏南太平军的功劳。下联先着力写其富贵寿考，“荣封一品，夫妇齐眉，儿孙绕膝”，还能长命百岁，一派喜气洋洋的氛围，然后笔锋一转，“何意悬弧谷旦，即是盖棺辰”，就把悲哀凸显出来了，极有章法。

联中“口舌”与“期颐”之对，值得研究。口、舌都是形体字，颐也是形体字，而期则不是。如此相对，得失之间，颇难取舍。

沈蓉阁方伯挽联

蓉阁乃响泉同年之子。由进士起家，官至广东布政使。中寿而卒，未竟其用，可惜也。

以名进士振起家声，堂构相承，深喜故人能有子；

由贤令尹踌登方岳，节旄未逮，窃为圣代惜斯才。

【注释】

沈蓉阁：沈镕经，字雩仲，号蓉阁、芸阁，浙江乌程（今湖州）人，同治六年（1867年）丁卯科举人，七年戊辰科进士，官至广东布政使。沈卒于1885年，联当作于此时。

响泉同年：沈涛，字响泉，浙江乌程人，道光丁酉科（1837年）乡试举人。俞樾是该年乡试副榜。

堂构：子承父业。出自《尚书·大诰》：“若考作室，既厎法，厥子乃弗肯堂，矧肯构？”

方岳：此指方面大员，布政使掌管一省的民政和财务，被称为“方伯”。

节旄未逮：此指未能“建节”，即未能成为巡抚、总督等封疆大吏。

【解析】

上联写入双方关系，下联表达哀悼惋惜之情，中规中矩。但全联无甚亮点，只能算平平之作。

樊母余太夫人挽联

太夫人为樊玉农亲家之配。生六子，皆前卒。有孙八人、曾孙三人。于光绪十一年八月十七日卒，年七十有七。至十二月吴中始得赴告，其次女为余大儿妇，方有疾，故未使闻知也。

荣封二品、上寿七旬，继起喜有诸孙，玉树依然满阶下；

噩耗三冬、仙逝八月，远嫁最怜弱女，麻衣未得拜床前。

【注释】

至十二月吴中始得赴告：“赴”通“讣”。农历十二月在公历很可能已经是次年元月。故联或作于1886年。

【解析】

此联用平常语，上联以孙辈“继起”之喜，慰六个儿子先亡之痛。下联着眼于“远嫁”而未能尽孝的次女，写出挽联所需要的悲哀氛围。一“喜”一“怜”，章法井然。

对仗方面，四个数目字之对，“诸孙”与“弱女”和“阶下”与“床前”之对可称工整。

恽母戴夫人六十寿联

夫人为次山中丞之配，侠骨清才，非寻常罗绮中人也。五月十三日，为其生日。

历道咸来四朝，重重芝诰，叠膺一品花封，其人擅渊云词藻、具湖海襟怀，信有须眉在巾帼；

过端阳后八日，滟滟蒲觞，留祝六旬萱寿，从此罗五代曾元、跻百龄耄耋，岂非富贵又神仙。

【注释】

恽母戴夫人：戴青，字书卿，浙江归安（今湖州）人，清末女诗人，性豪迈，有丈夫风，自号洗蕉老人，恽世临继配。

渊云词藻：渊云指汉著名文学家王褒（字子渊）和扬雄（字子云）。二人皆以词赋著称。

湖海襟怀：指气度豪爽。如《三国志·陈登传》有“陈元龙湖海之士，豪气不除”之语。

须眉：代指男子。

【解析】

写古代妇女的联，无论寿联还是挽联，往往苦于材料有限，而不得不在其丈夫、儿子身上着笔。这位老太太竟然“侠骨清才，非寻常罗绮中人也”，俞樾自然不会放过。上联的后三句就浓墨重彩地用上了。下联切生日、切年龄，再祝福长命百岁、五世同堂，是常见的寿联写法，亦属题中应有之义。

对仗方面，“四朝”与“八日”、“芝诰”与“蒲觞”、“一品花封”与“六旬萱寿”之对以及“须眉”与“巾帼”和“富贵”与“神仙”的自对，均甚工整。

吴引之观察挽联

观察于咸丰间两守衢州，力保危城。浙东西十一郡，惟衢独完，君之功也。其先德为先大夫丙子同年。

两代订弦韦，问先君丙子世交，乔木故家能有几；

三衢资保障，叹吾浙庚辛浩劫，疾风劲草孰如公。

【注释】

吴引之：吴艾生，字引之，苏州人，道光二十一年（1841年）辛丑科二甲进士，曾官浙江衢州府知府。光绪十六年（1890年），浙江巡抚崧骏上疏，追论当年守衢州之功，经朝廷批准，在衢州建立专祠，“将原任衢州府知府吴艾生，原任衢州镇总兵升任浙江提督饶廷选、原任衢州镇总兵李定太，已故前西安县知县吴来鸿一并入祀”。见《清史列传》。

咸丰间两守衢州：太平军石达开部和李世贤部曾先后攻衢州，均未能攻克。

浙东西十一郡：浙江共十一个府级行政单位，分别是浙西杭、嘉、湖，浙东宁、绍、台、温、处、金、衢、严。

订弦韦：典出孙绰《庾公诔》“君子之交，相与无私。虚中纳是，吐诚诲非。虽实不敏，敬佩弦韦”。“订弦韦”犹言订交。

三衢：代指衢州，因衢州境内有三衢山。

【解析】

上联写双方的两代世交。下联则着重写其守衢州的功劳。在太平军席卷浙江的大势之下，衢州先后顶住了石达开、李秀成、李世贤的三次进攻，确实相当不简单（当时就连省城杭州都丢了两次）。吴引之两次都在守城，虽然不是当时守衢州的最高指挥官，但有功劳是毫无疑问的。而写挽联则自不妨说得稍稍过分一点（说“疾风劲草孰如公”，把他算作最大的功臣，当然有点过分了）。

对仗方面，“丙子”与“庚辛”之对是一亮点。

梁敬叔观察挽联

观察为莅林中丞之子。中丞乃先祖甲寅同年也，而观察又与余为丁酉同年。官浙江数十年，始为温州太守，后官宁绍台道，又历署金衢严道、温处道、杭嘉湖道，浙东西宦迹遍矣。

以名父子跻历二品阶，官太守循声卓卓，官观察政声尤卓卓；

叹老成人又看一个弱，论丁酉年谊寥寥，论甲寅世谊更寥寥。

【注释】

梁敬叔：梁恭辰，字敬叔，福建福州人，道光十七年（1837年）丁酉科举人，梁章钜第三子，官至道员。梁卒于1887年，联当作于此时。

茝林中丞：梁章钜，字闳中，又字茝林，号茝邻，晚号退庵，祖籍福建长乐县（今福州市长乐区），嘉庆七年（1802年）壬戌科进士，入翰林，官至江苏巡抚。《楹联丛话》的作者。

先祖甲寅同年：乾隆甲寅，即1794年。此年梁章钜中举，俞樾之祖俞廷镳中乡试副榜。

丁酉同年：道光丁酉，即1837年，此年俞樾中乡试副榜，梁恭辰中举。

年谊、世谊：同年之谊、世交之谊。

【解析】

从联的内容看，俞樾似乎没有多少可说的，只好说说他的“名父”和空洞的“循声”“政声”，说说两家的“年谊”和“世谊”，应酬而已。技巧方面则略有可观。

吴子健中丞挽联

中丞为诸生时，即从事军旅，后以翰林院侍读学士出藩三楚，旋授节钺。光绪十二年五月十三日，殁于皖江节署，年六十四。

以书生历戎马，由词苑陟封疆，阙下严徐、军中韩范；
周花甲甫四龄，过端午刚八日，民怀遗爱、帝念前劳。

【注释】

吴子健：吴元炳，字子健，河南固始人，咸丰十年（1860年）庚申科进士，入翰林，后从团练大臣毛昶熙回籍办团练，在河南各地与捻军作战，多有战功。巡抚严树森曾向朝廷报告吴元炳“骁捷善战，所向有功，军中最得力”。同治十年（1871年）出任湖南布政使，升任湖北巡抚，之后任安徽、江苏巡抚多年。吴卒于光绪十二年（1886年）。联即作于此时。

翰林院侍读学士：翰林院内的职务，地位仅低于掌院学士，从四品。

出藩：由京官外放担任布政使（藩台）。

皖江：此指安徽省会安庆。

阙下：此指京中。

严徐：汉武帝时严安、徐乐。二人上书言事，武帝很赏识。召见他们时说：“公等皆安在？何相见之晚也！”均拜为郎中。见《史记·平津侯主父列传》。

韩范：北宋名将韩琦、范仲淹。当时有“军中有一韩，西贼闻之心胆寒；军中有一范，西贼闻之惊破胆”的民谣。

【解析】

《清史稿·吴元炳传》后面的“论”提到“吴元炳以词林事军旅，其际遇特异焉”。俞樾在上联中也是从这个特点出发做文章的。虽然有所过誉，但是毕竟写出了特点。下联除了切年龄和去世的时间，无甚新意，但也是题中应有之义，否则就不成其为挽联了。

此联对仗甚工，尤以“花甲”与“端午”之借对为佳。

钮竹君大令挽联

竹君为先兄癸卯同年，官甘肃知县。

叹先兄乡荐同年，攀桂故人，又一个弱矣；
问使君甘凉出宰，栽花何处，有三径资无。

【注释】

钮竹君：钮承筠，字或号竹君，浙江乌程（今湖州）人，道光二十三年（1843年）癸卯科举人，同治辛未（1871年）科大挑一等，曾官甘肃合水知县，同知衔。

乡荐：乡试。

攀桂：乡试中举。

甘凉：甘州和凉州，代指甘肃省。

栽花：用“河阳一县花”典，切知县。

三径资：用汉蒋诩“三径”典。详见第166页注。“三径资”犹归隐之资。唐孟浩然诗曰“一丘常欲卧，三径苦无资”即取此意。

【解析】

上联切乡试同年，悼其死；下联切官知县，叹其贫。俞樾与此人似无甚交往，也只好如此敷衍成联了。

对仗方面，“攀桂”与“栽花”之对甚好。

毕孙帆内翰七十寿联

内翰以八月十六日生，其内子冯氏同岁。

七十古人稀，况偕老百年，有嘉耦共扶鸠杖坐；
三五明月满，加良宵一夕，为先生添取鹤筹来。

【注释】

毕孙帆：毕长庆，字孙帆，江苏镇洋（今太仓）人，著有《适园集》。其妻冯兰，字仲襄，著有《远香榭稿》。

内翰：内阁中书的别称。内阁中书为正七品。

鹤筹：犹鹤算。亦可看作用海屋添筹典。

【解析】

上联切七十双寿，并用“鸠杖”典对下联“鹤筹”，极工巧。下联以十五加“一夕”（切生日）喻“添筹”，亦颇见巧思。

刘母曹太夫人八十寿联

太夫人为刘作仙大令之母，守节五十二年，有三子四孙两曾孙。十月二十七日，其生日也。

合一堂三子四孙，又有两曾孙，彩服斑斓，同祝百龄上寿；

守大节五十二年，今届八旬年，慈容矍铄，欣逢十月阳春。

【注释】

刘作仙：除本联提供的信息外，其余不详。

彩服斑斓：用老莱子斑衣戏彩典。

【解析】

此联把老太太守节的情况、子孙的数量、出生的月份一股脑儿都写了进去，还用了一大堆数目字外加重言技巧，也算是不易的了。但是前两句为了句脚重言而不惜上下联句脚同平，终是一个遗憾。而前两句的平仄不调和后两句的格律严谨，也形成鲜明对照，说明俞樾是有意而为的。

彭南屏太守挽联

南屏曾官广东知府，家居数载。沈仲复阁学疏言其才可用，有旨引见。入京三日而卒。其父讷生太守，犹在堂也。

五羊城内，五马官高，治迹久登黄霸传；

双凤阙前，双鱼信断，伤心莫慰白头亲。

【注释】

彭南屏：彭翰孙，字南屏，江苏长洲（今苏州）人，官至广东惠州知府。彭卒于1886年，联当作于此时。

沈仲复阁学：沈秉成，字仲复，时任内阁学士。详见第37页注。

讷生太守：彭慰高，字讷生，道光二十三年（1843年）癸卯科举人，同治九年（1870年）曾任浙江绍兴知府。

五羊城：广州的别称。

黄霸：西汉名臣，做地方官时尤其出色。

双凤阙：此指首都。唐人诗有“云里帝城双凤阙”之句。

双鱼：喻通信。昔人诗有“客从远方来，遗我双鲤鱼。呼儿烹鲤鱼，中有尺素书”。

【解析】

上联写其为广东知府，“五羊”切地，“五马”切官，并用西汉著名的地方官黄霸作比，可谓推崇备至。下联写其“入京三日而卒”，不得大用和老父“犹在堂也”，白发人送黑发人之悲，深得挽联精要。

四个数目字和动物字之对极为工巧，而“白头”与“黄霸”的借对也相当漂亮。

王小铁同年挽联

小铁为余甲辰同年，年七十有二，老而矍铄，一病遽卒。余往吊之，见其一子一女，子年十五，女仅数龄也。

追溯四十三年前，共咏霓裳，叹故交又少一人，同榜同年竟无几；

正羡七秩二龄翁，健扶鸠杖，讵小病不消半月，幼儿幼女剧堪怜。

【注释】

王小铁：王堃，字厚山，号小铁，浙江钱塘（今杭州）人，道光二十四年（1844年）甲辰科举人（为俞樾乡试同年），官至云南知府。王卒于1887年，联当作于此时。

共咏霓裳：此指一同中举。因中举称“月中折桂”，而“霓裳”是仙曲。

【解析】

上联追忆当年同登科第，叹息故交零落；下联哀其遽然病逝，身后凄凉，是常见的挽联正格。上下联首句平仄完全不遵格律，而后几句则格律井然，《古今楹联名作选萃》说俞樾晚年联作常率性而为，良有以也。

几个数目字之对，“霓裳”与“鸠杖”之对，以及末句的重言处理，均颇见功力。

索尔和碧汉母那拉夫人七十寿联

夫人为文农太守魁元之母。太守曾守镇江，欲为夫人寿。而夫人因适有水灾，辍称觞之费为续命之资。是邦之民，至今感之。今岁年七十矣。十二月十日，其生日也。太守方守苏州，于十月十日预祝，是日乃慈禧皇太后圣寿节也。余在右台仙馆，率书一联，为夫人寿。

借小春预祝千春，恭遇普天开寿宇；

在京口欢腾万口，又闻颂德满苏台。

【注释】

文农太守魁元：魁元，清满洲正红旗人，监生，光绪十年（1884年）起任苏州知府，后曾任广东按察使、广西布政使。

慈禧皇太后圣寿节：慈禧太后生日。

右台仙馆：俞樾在杭州右台山生圹旁所筑的住所。以下为俞樾在《右台仙馆笔记》中的记载："余自己卯夏姚夫人卒，精神意兴，日就阑衰，著述之事，殆将辍笔矣。其年冬，葬夫人于钱唐之右台山，余亦自营生圹于其左。旋于其旁买得隙地一区，筑屋三间，竹篱环之，杂莳花木，颜之曰'右台仙馆'。"

京口：镇江的别称。

【解析】

上联切"十月十日预祝"，下联切当年老太太的善举。此外还拉慈禧太后的生日来作衬，再切现在的居住地苏州，总算是完成了这副寿联。为没有多少素材的老太太写联，真是下笔不易。

季君梅太史挽联

太史为仙九先生子，庚戌翰林，甫留馆，即乞养归。遂不复出，主讲江阴书院。有三子，其长公官两浙盐运分司，其次公官长芦盐运使。

尚书门第，翰苑声华，羡青山绿水，偃仰半生，几年朝服、频年野服；

马帐风凄，鲤庭霜冷，叹苴杖麻鞋，仓黄两地，之字江边、丁字沽边。

【注释】

季君梅：季念诒，字艺伯，号君梅，江苏江阴人，道光三十年（1850年）庚戌科进士，入翰林，因组织团练之功，被授以四品卿衔。

仙九先生：季芝昌，字云书，号仙九，道光十二年（1832年）壬辰科探花，官至军机大臣、闽浙总督。

尚书门第：总督照例挂兵部尚书衔，故云。

马帐：东汉大儒马融所设的绛帐。

鲤庭：父亲教育儿子的场所。孔子之子孔鲤两次“趋而过庭”时，孔子分别要他学诗和礼。典出《论语·季氏》。

苴杖：为父居丧的儿子所持的竹杖。典出《礼记·问丧》：“故为父苴杖，苴杖，竹也；为母削杖，削杖，桐也。”

之字江：钱塘江，因曲折如“之”字而得名，亦简作“之江”。

【解析】

此联文字典雅，对仗相当讲究，又兼及重言技巧，颇见功力。

季念诒和俞樾是庚戌会试同年，又同入翰林。但不知何故联中、文中竟只字未提。

叶春伯观察挽联

观察以进士作令广西，官至候补道，引疾归，寓绍兴，年七十有一而卒。距王小铁观察之卒，不及半年。皆余甲辰同年也。

桂林遗爱，蕺山寓贤，看齿杖优游，七秩已开第八秩；

辋水秋寒，石林冬陨，叹牙琴零落，半年顿失两同年。

【注释】

叶春伯：据俞樾致王同书信，叶葆元，字春伯，浙江仁和（今杭州）人（俞樾查看《甲辰乡试同年录》则作叶德元，俞樾认为“想即其人也”）。叶是咸丰三年（1853年）癸丑科三甲进士，曾任广西思恩府知府，官至候补道。

蕺山：绍兴城中有名的小山。

齿杖：古代帝王授给老年人的手杖。《周礼·伊耆氏》有“共王之齿杖”。郑玄注曰：“王之所以赐老者之杖。”

辋水：亦作辋川，古水名。

石林：此指绍兴的石林。

牙琴：用伯牙弹琴之典。《吕氏春秋·本味》：“伯牙鼓琴，钟子期听之。”此指好友。

【解析】

此联对仗亦十分讲究，尤其“齿杖”与“牙琴”之借对，工巧绝伦。兼以末句的重言技巧，可说是十分用心之作。

唯不规则重一“林”字，当是无心之失。

李肃毅伯夫人赵夫人五十寿联

夫人于二月十九日生。是年为光绪十三年，恭逢皇上于正月十五日亲理万机。肃毅伯以首辅督直隶，驻天津。敬以此联寿之。

新政出九重，黄阁余闲，喜逢家庆日；

春光才一半，绮筵介寿，巧值佛生辰。

【注释】

赵夫人：李鸿章继妻，名小莲，安徽太湖人。

光绪十三年：1887年。联即作于此时。

皇上于正月十五日亲理万机：指慈禧太后归政给光绪皇帝。

首辅督直隶：李鸿章时任文华殿大学士、直隶总督。由于地位最崇高的保和殿大学士一般空置，文华殿大学士就是大学士中地位最高的了，所以勉强可以算“首辅”。其实李鸿章没有进过军机处，更不是领班军机大臣，这个“首辅”是很虚的。

巧值佛生辰：佛祖诞辰一般认为是农历四月初八，但是也有二月初八的说法，这样就比较近了（大户人家的祝寿往往是提前若干天就开始的）。

【解析】

李鸿章当时官至文华殿大学士、直隶总督兼北洋大臣，地位显赫，在联中是大可做一做文章的。但俞樾却并没有花力气去捧他这位“拼命做官”（曾国藩语）的乡试同年，而只用了“黄阁”二字切宰相，其他便在巧逢皇帝亲政、切生日等方面下功夫了。这样的寿联挂在李鸿章家的寿堂可能是会有点与众不同的。

对仗方面，“九重”与“一半”和“家庆日”与“佛生辰”之对可算亮点。

周母姚表姊恭人八十寿联

恭人为平泉舅氏长女，于余为外姊，于亡妇则兄弟也。今年八十矣。于五月一日生，而于四月九日豫行称觞之礼。余往祝之。白发青裙，纵谈往事。因忆余儿时，太夫人每邀姊来度岁。所居史家埭，有楼临街。元夜张灯，与姊登楼观之，情景犹如昨日。而余与姊皆老矣。

借清和四月，祝曼衍千龄，喜看令子贤孙，奉阿母豫庆华堂午节；

越荏苒十年，便期颐百岁，犹忆垂髫总角，与吾姊同看史埭春灯。

【注释】

史家埭：当时仁和县临平地名，俞樾家自德清迁临平后所居住地。今属杭州市临平区，其地尚存。

越荏苒十年，便期颐百岁：俞樾表姊时年八十，则十年后应为九十。故此说似未妥。

垂髫总角：皆指童年。

【解析】

此联回忆儿时光景，情真意切，与一般应酬联迥然不同。

对仗方面，也有“四月”与“十年”、“千龄”与“百岁”、“阿母”与“吾姊”、“华堂午节”与“史埭春灯”等处，可算亮点。

吴牧驺观察挽联

观察与余并以道光丙申年科试入学，庚子举于乡，壬子成进士，由庶常改官云南，所著有《小匏庵诗集·诗话》。

忆柔兆涒滩岁，泮水同游，先我一科举孝廉，迟我一科成进士；

出承明著作庭，滇池远宦，让君千古在政事，附君千古或文章。

【注释】

吴牧驺：吴仰贤，字牧驺，浙江嘉兴人，咸丰二年（1852年）壬子科进士，官至云南迤东道。吴卒于1887年，联当作于此时。

道光丙申年科试入学：1836年经科试中秀才。

庚子举于乡：1840年。但据俞樾《吴牧驺〈小匏庵诗〉序》，谓吴“固先兄壬甫癸卯同年也”，证之此联文中“先我一科举孝廉”，则吴似当是道光癸卯（1843年）中举（与俞林同年，早俞樾一科），而庚子可能是中副榜。

壬子：1852年。

柔兆涒滩岁：丙申年。典出《尔雅》的“（太岁）在丙曰柔兆”和“（太岁）在申曰涒滩”。

承明著作庭：班固《西都赋》“又有承明金马，著作之庭，大雅宏达，于兹为群”。此指翰林院。

滇池：湖名，在云南。此代指云南。

【解析】

上联无甚深意，不过是说两人的科名先后关系。下联后两句却颇有点意思了。俞樾没有做过地方官，所以在“政事”方面要“让君”，但是就文章而言，俞樾远在吴仰贤之上，却又只能谦虚出之，于是就用了一个“附君”，再加上一个“或”字。其实其以“文章”自许之情还是溢于言表的。我们今天能够知道一百多年前有一个在云南做过道台的浙江嘉兴人吴仰贤，多半还要拜这副挽联所赐。

此联“挽”的意味甚淡，但有两个“千古”在，亦不离题。

“泮水同游”与“滇池远宦”之对，颇工整。

朱镜香明府挽联

镜香官宝应县令，罢归后屡主书院讲席。道光丁酉科拔贡生也。余于是科，亦厕名副榜，后又于甲辰科同举于乡。

明经科、孝廉科，两度作同年，共踏名场如昨日；

循吏传、文苑传，千秋无异议，长教里社祀先生。

【注释】

朱镜香：朱泰修，字镜芗（亦作镜香），浙江海盐人，道光二十七年（1847年）丁未科进士，官江苏宝应知县。

长教里社祀先生：化用韩愈文“古之所谓乡先生没而可祭于社者”。见韩愈《送杨少尹序》。

【解析】

此联属一般应酬之作。上联写两人的同年关系，下联赞扬其官声和著作（朱泰修有《竹南精舍诗钞》），认为可以入祀当地的乡贤祠之类的祠堂。

“同年”与“异议”、“名场”与“里社”之对和首两句句脚重言是其亮点。

吴焕卿大令挽联

焕卿与余同岁。而焕卿以正月生，余以十二月生，盖长于余也。余馆休宁汪氏时，来受业于门下。后成进士，官浙江兰溪知县，未满两考，改教授而去。有王晋平恐富求归之意。余尝语浙抚李小荃制府曰：“此君作令必佳。余见其文笔甚清，卜其作令，亦了了也。”后果如余言。

是吾所兄，辱称大弟子，桃花潭畔，以都讲相推，迄今旧梦重提，泡影电光卅年事；

由名进士，出见宰官身，兰茝溪边，有神君之誉，记我片言论定，文章吏治一般清。

【注释】

吴焕卿：吴绍正，字则之，号焕卿，安徽休宁人，同治七年（1868年）戊辰科举人，同治九年（1870年）庚午科进士，官兰溪知县，光绪元年（1875年）去职。吴卒于1888年，联当作于此时。

未满两考：还没有满两个考核周期（外官的考核称“大计”，一般是三年一次）。

王晋平恐富求归：典出《南齐书·王秀之传》“（王秀之）为晋平太守。至郡期年，谓人曰：‘此邦丰壤，禄俸常充。吾山资已足，岂可久留以妨贤路。’上表请代，时人谓‘王晋平恐富求归’”。

桃花潭畔：用李白《赠汪伦》诗意，切休宁汪氏。

都讲：古时主持学舍的人。

兰茝溪：兰江，此代指兰溪县（今兰溪市）。

【解析】

上联回忆四十年前往事，用“桃花潭畔”切安徽汪氏极好，对“兰茝溪边”也相当工巧。下联写其“文章吏治”，而仍联系到双方的关系。

此联“挽”的意味亦甚淡，唯从上联末句“泡影电光卌年事”可以隐隐感觉到些许。

浙江会馆联

馆在天津府城中，因旧时浙绍乡祠旧地为之。

从之字江边，到丁字沽边，三千里远来，同归安宅；

拓越中旧馆，为浙中新馆，十一郡咸集，各话乡山。

【注释】

浙江会馆：原天津浙绍乡祠，始建于康熙七年（1668年），是将已废弃的明代镇仓关帝庙改建而成。光绪八年（1882年）改建为浙江会馆。现已不存。

【解析】

此联以技巧胜，内容与文采则平平而已。

任母王太夫人挽联

太夫人为筱沅中丞之母。中丞父讳烜，为先祖南庄府君同年。太夫人年八十九而终，有元孙矣。

从令子到元孙，五代同堂，堂上尊荣，古贤母中罕见此母；

溯吾祖副乡榜，九十四年，年家故旧，太夫人外更有何人。

【注释】

筱沅中丞：任道镕，字砺甫，别字筱沅，江苏宜兴人，道光二十九年（1849年）己酉科拔贡，曾任浙江布政使，后官至浙江巡抚。任母卒于光绪十三年（1887年），联当作于此时。

父讳烜：任烜，字岐园，乾隆五十九年（1794年）甲寅科举人，六十年（1795年）乙卯科进士，官至直隶通永道。

为先祖南庄府君同年：俞樾之祖俞廷镳乾隆甲寅乡试中副榜，任烜中举人。故云。

【解析】

上联重在五世同堂，下联重在两家是“九十四年”的交情，然后用上顶针和重言技巧，组织成联，应该说也是很花了点功夫的。

而在平仄安排方面则再一次显示出了“率意而为”的特点，不仅句中平仄多处不协调，就是句脚也出现同平。

金苕人观察六十寿联

观察以江苏县令起家，当克复苏州时，设法遣散降贼甚众。后山东、直隶水灾，集巨赀振之。今以按察使衔直隶候补道，办理河工。

耆寿六十龄，起家花县，晋秩柏台，玉节行除观察使；
存活亿万众，解散黄巾，安全赤子，金堤更筑便民渠。

【注释】

金茗人：金福曾，字茗人，浙江秀水（今嘉兴）人，附生，曾任江苏娄县、南汇、吴江等县知县，光绪元年（1875年）捐知府，四、五年先后赴河南、山西办赈，后至直隶任署永定河道。金福曾虽然官不大，但是《清史稿》有传。传中记载了“李鸿章器其才，克苏州，檄办善后”，“光绪初，河南、山西大祲。吴人谢家福等倡义赈，集四十余万金，推福曾董其事”以及“（光绪）七年，疏大清河，浚中亭河，培千里堤。福曾先援例以道员候选，至是鸿章督直隶，奏留总办筹赈局”，“两署永定河道”等事迹。见《清史稿·金福曾传》。

耆寿：六十岁。《礼记·曲礼上》有“六十曰耆”之说。

黄巾：此指清军收复苏州时的太平军降兵。

【解析】

此联以对仗胜，中间两句“花县”与“柏台”、“黄巾”与“赤子”的自对以及末句“玉节”与“金堤”之对均极工巧。

翁仲渊修撰挽联

修撰乃文端公孙、文勤公子，恩赐举人、进士，应殿试，魁天下，然以疾早归，官止修撰。

三秋桂，三春杏，皆从天上颁来，只独占金鳌顶上；
文端孙，文勤子，何意山中归卧，竟长辞绿野堂前。

【注释】

翁仲渊：翁曾源，字仲渊，江苏常熟人，同治二年（1863年）癸亥科状元，官至翰林院修撰。翁卒于1887年，联当作于此时。

修撰：翰林院修撰，从六品。

文端公：翁心存，字二铭，号邃庵，翁仲渊祖父，道光二年（1822年）壬午科进士，官至体仁阁大学士，并曾任同治皇帝的老师，谥文端。

文勤公：翁同书，字祖庚，号药房，翁心存长子，翁曾源父，道光二十年（1840年）庚子科进士，官至安徽巡抚，谥文勤。

恩赐举人、进士，应殿试，魁天下：同治元年（1862年），翁心存病死，朝廷特赐翁曾源举人，且免会试（相当于进士已经到手），直接参加殿试，结果翁曾源高中状元。

三秋桂，三春杏，皆从天上颁来：指特赐翁曾源举人，且免会试之事。乡试在秋天举行，中举称“月中折桂”。会试在春天举行，唐代新进士参加杏园宴。

独占金鳌顶上：科举时代称“中状元”。据说皇宫殿前石阶上刻有巨鳌，只有状元及第者才可以踏上迎榜。

【解析】

有“恩赐举人、进士，应殿试，魁天下”这样好的素材，俞樾自然不会放过，上联完全用此事组织成文。下联写其死，亦属挽联题中应有之义。

前两句自对甚为工整，而“绿野堂前”与“金鳌顶上”之对，也极为工巧灵动。

姚母□太夫人挽联

太夫人以夫笛秋比部、子访梅观察、孙伯庸观察，加级请封，皆封一品。年八十七而终。生平食无兼味、衣必手浣，可谓难矣。

以勤论过人百倍，以俭论过人百倍，以福论亦过人百倍，八十七龄真寿母；

因夫贵受封一品，因子贵受封一品，因孙贵又受封一品，九重三锡太夫人。

【注释】

姚母□太夫人：太夫人之姓底本不清。网上有文章谓姓沈者，未知确否。

夫笛秋比部：姚丙禧，字笛秋，浙江嘉兴人，曾在刑部任职。

孙伯庸观察：姚宝勋，字伯庸，曾官山西候补道。

加级请封：清代中后期，捐班之风越刮越猛，虽然真正的花钱买官还是有限制（最高只能捐道台），但是买荣誉性的头衔却越放越开。到了咸丰年间，只要花钱就可以为父母、祖父母捐个比自己实际官衔大得多的封典，最高甚至可以捐到从一品的封典。

兼味：两种以上的菜肴。出《北史·长孙道生传》："道生廉约，身为三司，而衣不华饰，食不兼味。"

【解析】

此联措辞极巧，却又能言之成理，但"率意而为"的特色也很明显。一是上下联前三句句脚同仄；二是上下联之间不规则重"人"字，而下联自身不规则重"夫"字。

莫意楼观察挽联

意楼以九月十日生，九月四日卒，曾宰嘉定，其子玙香明府，亦以知县官江苏。

治谱在三吴，父为循吏，子为循吏；

清风宜九月，生近重阳，殁近重阳。

【注释】

莫意楼、其子玙香：遍查《江苏省通志稿·职官志》，自咸丰朝至光绪朝，姓莫且籍贯相同者，只有莫元遂与莫葆辰二人，皆浙江会稽（今绍兴）人。莫元遂咸丰三年（1853年）任嘉定知县，咸丰八年（1858年）任苏州府太湖同知。莫葆辰光绪九年（1883年）任青浦知县，光绪十六年（1890年）任苏州府太湖同知。《太湖备考续编》明言

“父子先后官此”。另有资料称莫葆辰，字麒香，莫元遂之子。虽然字号未详，似可确认。

【解析】

此联组织得相当巧妙，寥寥二十六字，就切时、切地、切事，兼又采用重言技巧，实属不易。莫家父子是否都是真正的“循吏”当然很难说，但是在挽联中说得好些也是人之常情，无可厚非。

朱孝子祠联

孝子名高，字兆光，香山人。母病废，与妻陈以竹倚舁之，周行家弄。又因母嗜饴，逢市集，每躬往市之。市者曰：“吾鬻此三十年，但见人市以啖儿女，未闻以奉母也。”一市嗟叹。

有爱子市饴，无爱亲市饴，小节寻常，万口咨嗟称大孝；
儿为母舁舆，妇为姑舁舆，年高安乐，八驺传唱总浮荣。

【注释】

朱孝子：除本联提供的信息外，其余不详。

香山：因朱孝子的情况不详，香山在何处也不能确定。

竹倚：竹椅，“倚”通“椅”。

饴：用麦芽制成的糖浆，糖稀。

八驺传唱：八个骑马人组成的仪仗队在前面开路，是古代高官出行的一种排场。

【解析】

朱孝子既然能建祠，一定有很多很突出的孝行。但是俞樾只选取了“市饴”和“舁舆”这样两个不起眼的“小节”来写。通过“爱子市饴”和“爱亲市饴”的强烈对比，通过儿子、媳妇“舁舆”和“八驺传唱”的强烈对比，顺理成章地得出了“小节”就是“大孝”的结论。这种“大题小作”的手法，有时是相当有用的。

廖仲山少司马五十寿联

仲山以兵部侍郎充总理各国大臣，六月中生日。

盛夏祝长春，半百刚符大衍数；

本兵兼典属，九重深倚老成人。

【注释】

廖仲山：廖寿恒，字仲山，江苏嘉定（今属上海）人，同治二年（1863年）癸亥科进士，时任兵部侍郎，在总理各国事务衙门行走。廖生于1839年，联当作于1888年。

少司马：兵部侍郎的别称。清代六部（包括兵部）设尚书和左、右侍郎，都是满、汉各一人。尚书是部的主官，左、右侍郎是尚书的副手。兵部尚书相当于古代的大司马，侍郎相当于少司马。

总理各国大臣：清代咸丰年间开始设立的外交机构总理各国事务衙门大臣的不规范简称（一般简称为“总理衙门或总署”）。

本兵：兵部尚书的别称。联中实指兵部侍郎（相当于把副部长称为“部长”）。

典属：指总理各国事务衙门及其长官。因汉代有典属国，是主管与周边各属国关系的机构。

【解析】

上联首句切时兼祝寿，次句切年龄。下联首句切官职，次句推崇其为天子所倚重。作为寿联，此联算得中规中矩，要言不烦而又面面俱到，对仗也较工整。

何青士都转八十寿联

都转旧官杭嘉湖道，晚年仍寓杭州，何文□公之子也。

旧日贤使君，今日寓公，六桥三竺，大有缘在；

早年名父子，晚年耆宿，苍颜白发，不亦仙乎。

【注释】

何青士：推测此人为何兆瀛，字通甫，号青耜，江苏上元（今南京）人，曾任浙江杭嘉湖道，官至两广盐运使。理由有六：一是青耜与青士同一“青”字，另一字音近（亦有人称其“号青士”的）；二是官杭嘉湖道相吻合；三是任盐运使（都转）相吻合；四是何兆瀛晚年住在杭州，与联文吻合；五是何兆瀛生于1809年，卒于1890年，活过了八十岁，不存在“死人做寿”的问题；六是何做八十大寿应在1888年，此寿联在集中编排的位置时间上也很吻合。唯一不一致的是其父的谥号。

何文□公：何兆瀛之父名何汝霖，官至军机大臣，谥恪慎。因其只是举人出身，谥号原则上不能用文字。“文□公”疑有误。

六桥三竺：分别指杭州西湖苏堤上的六座桥和杭州的上、中、下天竺。“六桥三竺”常用以代指杭州或者西湖风景区。

【解析】

此联不用典，也不祝寿，写得相当潇洒超脱，大有“仙乎”之感。

唯上下联第三句句脚同仄，是为缺陷。此处改动甚易（将上联改为“三竺六桥”即可），而俞樾竟不改，可见其不甚重视平仄问题。

张屺堂廉访挽联

廉访曾官十府粮道，迁苏臬。今年大府奏请，赴江北开浚河道。甫回任，值亢旱，偕同官求雨，感暴疾，不一日卒。

转漕输于江北，陈臬事于吴中，简在帝心期建节；
忧洪水而治河，悯亢阳而求雨，勤劳民事竟捐躯。

【注释】

张屺堂：张富年，字（或号）屺堂，浙江鄞县（今宁波）人，附贡生，光绪元年（1875年）署江安徽宁池太庐凤淮扬十府粮储道，光绪六年（1880年）实授，光绪十一年（1885年）升任两淮盐运使，光绪十二年（1886年）升任江苏按察使，光绪十三年（1887年）两江总督曾国荃“请调熟悉河工之江苏臬司张富年督理”有关黄河回归故道的履勘工作，获得朝廷批准。联当作于光绪十三年。

十府粮道：江安徽宁池太庐凤淮扬十府粮储道。

偕同官求雨：当时迷信，遇久旱成灾，地方官要举行求雨的仪式。

亢阳：此指旱灾。

【解析】

此联先用两组自对句陈述事迹，然后分别着一“期”字和一“竟”字，写出惋惜和悼念之情，可谓要言不烦。

对仗方面虽无特别突出的亮点，但总体严谨，几无失之宽泛处。

陈母徐太淑人挽联

太淑人为杭州太守陈仲英之母。在室事继母，出嫁事继姑，所处皆甚难，而能曲尽女妇之职。夫亡，抚子女成立。今岁甫得曾孙，乃感微疾，于九月十三日卒。

事继母继姑，曲得欢心，自从夫子云亡，辛苦支持，历三十三年，五夜青灯常饮泣；

教孤子孤女，蔚成鼎族，甫幸曾孙在抱，团栾欢宴，过九月九日，七旬黄发遽归真。

【注释】

陈仲英：陈文騄，字仲英，号寿民，又号南孙，湖南祁阳人，同治十三年（1874年）甲戌科进士，光绪十四年（1888年）任杭州知府，旋丁母忧。联当作于此时。

五夜：五更。

鼎族：豪门大族。

【解析】

一个古代女子在娘家和后妈相处，出嫁后的婆婆又是丈夫的后妈，再加上中年丧夫，守寡三十三年，这一辈子的苦也真是吃得太多了。上联就是历数这些苦难，结以“五夜青灯常饮泣”，营造出非常适合挽联的悲苦氛围。下联先是笔锋一转，写子女成立，家族鼎盛，“曾孙在抱”，一派苦尽甘来的欢乐景象，但是笔锋又一转，结以“七旬黄发遽归真”，又回到哀悼惋惜的氛围中来。全联组织得极有章法。

联中几个重字的处理和“青灯”与“黄发”之对，也很漂亮。但无意中重一“子”字，终是瑕疵（其实如将下联“孤子”改作“孤儿”，不仅可避重字，还可改善句中平仄）。

陈仲泉观察挽联

观察为余甲辰同年，以病乞归久矣。今年重来吴下，主于其女婿家。八月十六日，余往视之。已偏废，不能行动。然其神明不衰，论各省秋闱题，良久乃别。未及十日，竟卒。其自营生圹，即在右台山，与余墓门相望也。

忆中秋后一日，白首重逢，相与挥尘论文，片刻清谈犹娓娓；

溯卅载前同年，黄粱大梦，尚幸眠牛接壤，异时宰树共萧萧。

【注释】

各省秋闱题：各省乡试考题。乡试在秋天举行，故称秋闱。

右台山：杭州山名。在南高峰之东、西湖之西有三台山，由南往北三个山峰，分别是右台山、中台山和左台山。

眠牛：牛眠地，指营葬的吉地。典出《晋书·周光传》：“前岗见一牛眠山污中，其地若葬，位极人臣矣。”此指坟墓。

宰树：坟墓上的树木。宰字有坟墓义。《公羊传》有“若尔之年者，宰上之木拱矣”。

【解析】

此联以局部对仗胜。如“中秋后一日”与“卅载前同年”、“白首”与“黄粱”、“挥尘”与“眠牛”、“片刻”与“异时”之对，都很漂亮。

蔡室朱夫人挽联

夫人乃老友朱璞山司马之女公子。余为平章，归蔡仲然司马为继室。今秋以微疾卒。

小疾竟难瘳，夫婿重占炊臼梦；

老怀殊有感，蹇修曾作执柯人。

【注释】

朱璞山：朱守和，字璞山，浙江山阴（今绍兴）人，官苏州府太湖厅抚民同知。

蔡仲然：除本联提供的信息外，其余不详。

炊臼梦：指丧妻。典出《酉阳杂俎》。有人梦见“炊于臼中”，占梦者认为“君归不见妻矣。臼中炊，固无釜也”。因“无釜”谐音“无妇”。

蹇修：媒人。相传蹇修为伏羲氏臣子，专理婚姻、媒妁。典出《楚辞·离骚》：“解佩纕以结言兮，吾令蹇修以为理。”

执柯：指做媒。《诗经·伐柯》有“伐柯如何？匪斧不克。取妻如何？匪媒不得”。

【解析】

上联用“重占”二字点出“继室”，遣词精准。下联回忆当年做媒情形，切合致挽者身份。

对仗方面，“小疾”与“老怀”、“炊臼”与“执柯”之对，可算亮点。

暴梅村大令挽联

梅村为余甲辰、庚戌乡、会榜同年，以知县仕江西，老而告归，主书院讲席者十许年，年八十一而终。其子举孝廉、登拔萃科者数人。孙式昭，以江苏平望司巡检为谭序初中丞所深赏，列之荐剡，有旨交军机处存记，亦异数也。

居官在循吏传中，居乡在耆英会上，寿逾八十考终，溯嘉道咸同远历五朝，齿德达尊从古重；

有子则天府联登，有孙则御屏特记，坐看一门鼎盛，数甲辰庚戌同年两榜，身名俱泰似君稀。

【注释】

暴梅村：暴大儒，字超亭，别字梅村，河南滑县人，道光二十四年（1844年）甲辰科举人，三十年（1850年）庚戌科三甲八十七名进士，先后官江西都昌、峡江等县知县。

其子举孝廉、登拔萃科者数人：暴大儒子暴骏图，咸丰贡生；子暴荣玉，光绪贡元。

孙式昭：暴式昭，字方子，先后任江苏平望司、角头司巡检。

巡检：巡检司巡检，从九品。掌捕盗贼，诘奸宄。凡州县关津险要则置。见《清史稿·职官志》。

谭序初中丞：谭钧培，字宾寅，别字序初，贵州镇远人。同治元年（1862年）壬戌科进士，入翰林，官至云南巡抚兼署云贵总督。光绪年间曾三度护理江苏巡抚。

荐剡：推荐人的文件。

交军机处存记：把有关此人的材料交给军机处记录在案，以便今后提拔使用。

异数：特殊的礼遇。暴式昭以最低品级（从九品）的身份而得到皇帝亲自下圣旨“交军机处存记”，确实算得上是“异数”。

齿德达尊：见《孟子·公孙丑下》“天下有达尊三：爵一，齿一，德一”。

【解析】

孟子云："天下有达尊三：爵一，齿一，德一。""爵"和"齿"是硬指标。暴大儒只做过知县，"爵"当然是不够格的，但是他活到八十一岁，"齿"则是完全够格的；"德"本来就比较软，说死者有德自然也很正常。上联就是从这两个方面立论，言之成理地尊暴大儒为"达尊"的。下联则从子孙兴旺发达处着眼，尤其是其孙的"异数"，借以达到确切不移，并从而得出两榜同年中"身名俱泰似君稀"的结论。

此联也是对平仄安排不甚在意，前两句句脚平仄相同且句中平仄也有几处不调。同时还重一"同"字，当是不得已而为的。

曾劼刚侍郎五十寿联

劼刚为曾文正师长子，袭一等毅勇侯，历使外国，今以侍郎充帮办海军大臣。

汉班超以通侯，立功万里外；

晋郤縠为元帅，行年五十时。

【注释】

曾劼刚：曾纪泽，字劼刚，湖南湘乡白杨坪（今属双峰）人，曾国藩长子，曾任出使英、法、俄等国大臣，在曾国藩去世后继承侯爵。曾纪泽生于1839年，联当作于1888年。

今以侍郎充帮办海军大臣：曾纪泽于光绪十年（1884年）晋升兵部侍郎，次年任海军衙门帮办。

班超：东汉班超，为朝廷经营西域数十年，促使西域诸国内附，因功封定远侯。

通侯：秦汉时最高等级的侯爵。原称"彻侯"，因避汉武帝刘彻名讳，改称"通侯"或"列侯"。

郤縠：春秋晋国大臣。《国语·晋语》记载：（晋文）公问元帅于赵衰，对曰："郤縠可，行年五十矣。守学弥惇。夫先王之法志，德义之府也。夫德义，生民之本也。能惇笃者，不忘百姓也。请使郤縠。"

【解析】

上下联各用一典，一切侯爵和立功异域，一切为“元帅”和五十岁。虽然不尽吻合，但也是很难得的了。

此联属古文句式，句中平仄不甚讲究。

恽叔来广文挽联

叔来为恽次山同年之子，其两兄皆前卒。叔来内行甚笃，兼有干才。其继母戴夫人自幼抚之，哭甚恸。叔来之未卒也，有为之召仙者。箕笔判曰：“己己己。”今年岁在己丑，其卒于四月十四日，月建己巳，日亦己丑，是可异矣。

伯氏云亡、仲氏云亡，叹堂前衰泪未干，那堪第三度更伤爱子；

年干在己、月干在己，想天上除书早定，巧逢十四日又届先庚。

【注释】

恽叔来：恽夔章，原名俟孙，字叔来，恽世临第三子，秀才，捐纳候选训导。恽卒于光绪十五年（1889年）己丑，联即作于此时。

召仙、箕笔：指“扶乩”（亦作扶箕、扶鸾），一种向神明请示吉凶的迷信活动。

年干、月干：古代用干支纪年、月、日、时。年干即所纪年的天干，月干即所纪月的天干。

除书：任命官职的文书。

先庚：出自《周易·巽》：“先庚三日，后庚三日，吉。”孔颖达解释为在颁布命令的前后三天要向老百姓预告和解释。恽叔来死于“己丑”日，其后一天就是庚寅日即逢庚的日子，所以说这是上天提前颁布了命令。

【解析】

此联的写法和前面的挽联有些不同，上联还是通过两个兄长先已去世和老母在堂来营造哀伤氛围，但是下联却从死亡年月日与“箕笔”的巧合，转而指出这是“天上除书早定”，即恽叔来不是一般的死亡而是奉召上天，借以安慰生者。

联中“先庚”与“爱子”的借对很漂亮。另外需要说明的是联中“年干”“月干”的“干”是“天干”的“干”，其繁体仍作“干”；而“衰泪未干”的“干”是“干燥”的“干”，其繁体作“乾”。所以这里不是不规则重字。

杨滨石太常挽联

滨石以壬子一甲第二人入词馆，直南斋，屡拜御书、御制之赐，历充湖南、福建、山东考官，亦极儒臣之荣遇矣。以太常寺少卿乞病南旋，主书院讲席者垂二十年，年六十七岁而卒。

擢上第以登朝，十八学士，供奉禁廷，六一先生，主持文柄；

捧赐书而旋里，谢傅东山，尚存远志，郑公北海，顿失经师。

【注释】

杨滨石：杨泗孙，字钟鲁，号滨石，江苏常熟人，咸丰二年（1852年）壬子科榜眼，授翰林院编修，多次担任乡试主考官、会试同考官，官至太常寺少卿。杨卒于1889年，联当作于此时。

壬子一甲第二人：1852年壬子科会试中一甲第二名（榜眼）。

直南斋：在宫内南书房值班。

主书院讲席者垂二十年：杨自同治五年（1866年）辞官归里，先后在无锡东林书院、上海求志书院等处任教，共二十余年。

十八学士：唐太宗李世民为秦王时，开文学馆，以杜如晦等十八人为学士，号“秦王府十八学士”。

六一先生：北宋名臣欧阳修，号六一居士，人称“六一先生”。欧阳修在嘉祐二年（1057年）任主考官时，录取了苏轼兄弟、曾巩等一批后来在北宋文坛起重要作用的人物。

文柄：考选文士的权柄。

谢傅：东晋名臣谢安（因官太傅，而被称为“谢傅”），曾隐居东山。

郑公：东汉经学大师郑玄，北海高密（今属山东）人。

【解析】

全联以颂扬为主，上下联各用两典，分别切其在朝时担任文学侍从之臣和主考官，在野时归隐而心存魏阙和“主书院讲席”。末句用了“顿失”二字，就落到了挽联上来。联中与杨泗孙比之人高出杨甚多，但所比之事却与杨有某些类似之处，像这样用到挽联中是相当常见的。

对仗方面，“登朝”与“旋里”之对，以及“谢傅东山”与“郑公北海”之自对，均甚工整。

叶槐生贡士挽联

槐生以庚辰年会试中式贡士，遽以奉讳归，未及殿试，至今十年矣。今年庚辰一科，得试差者七人，而槐生犹未登甲第也。主讲沪上敬业书院，亦游余门下，曾为余注《宾萌外集》，未成。

看几人旌节辎轩，怜君黄榜虚登，博十年进士空名，未与编排金殿试；

了一生皋比讲席，劳我白头远望，抚四卷宾萌外集，更谁笺注玉溪文。

【注释】

叶槐生：叶维干，字槐生，浙江仁和（今杭州）人，光绪六年（1880年）庚辰科会试贡士。

贡士：按照当时的科举考试制度，会试考中后称“贡士”，参加殿试后称“进士”（殿试其实只是排名次，不论成绩如何，一个进士是稳稳到手的），才算正式取得了做官的资格。

庚辰年：此指光绪庚辰年，即1880年。联当作于1889年。

奉讳：因家中父（或母）去世，而需要回家守孝，即丁忧。

得试差者：指翰林或其他曾任过翰林的京官得到出任乡试正副主考官或会试同考官的差使。

沪上敬业书院：上海的书院，始建于乾隆年间。

《宾萌外集》：俞樾的著作，共四卷，收在《春在堂全书》中。

旌节辎轩：使者的仗节和车辆。此指奉旨往各省主持乡试的正副主考官。

皋比：虎皮的座席。后指教师的讲席。

笺注玉溪文：玉溪指唐李商隐，号玉溪生。因其诗文句晦涩，元好问曾有诗说："望帝春心托杜鹃，佳人锦瑟怨华年。诗家总爱西昆好，独恨无人作郑笺。"此处当仅指作笺注。

【解析】

上联用"看几人旌节辎轩"作对比，写出叶槐生的科场失意。下联从注《宾萌外集》写出两人的关系，并以结句"更谁笺注玉溪文"落到挽联。

对仗方面，"黄榜"与"白头"和"金殿"与"玉溪"之对极好。

长女婿王康侯挽联

康侯为余同年文勤公之子。文勤以福建巡抚薨于位，朝廷赏延后嗣，长子赐举人，三子赐主事，而康侯以次子拜员外郎之赐。自幼能文，饩于庠，乡试屡荐不售。庚午科已拟中矣，以文逾八百见摈，郁郁遂成心疾。今年九月，以他疾卒。有子二人，长子念曾已两应乡试矣，颇望其能成父志也。溯自丙寅春入赘于寒门，至今二十四年耳。余衰年又惨遇斯事，老泪不胜挥矣。

甥馆记相依，廿四年遽断尘缘，最怜虚被天恩，了此生白蜡明经，空有头衔挂郎署；

名场嗟久困，八百字误逾功令，自此遂成心疾，问何日青云得路，好将科第付儿曹。

【注释】

长女婿王康侯：王豫卿，字康侯，江苏宝应人，俞樾长女俞锦孙之夫，俞樾会试同年福建巡抚王凯泰次子。

余同年文勤公：王凯泰。详见第96页注。

主事、员外郎：朝中六部的官员。主事正六品，员外郎从五品。

饩于庠：秀才经考试取得可以领取补贴的“廪生”资格。

庚午：1870年。

长子念曾：王念曾，字少侯，王凯泰之孙，王豫卿之子，俞樾外孙。

丙寅：1866年。自丙寅至此时廿四载，则联当作于1890年。

甥馆：女婿所住的房子。语本《孟子·万章下》：“舜尚见帝，帝馆甥于贰室。”亦指女婿。

白蜡明经：典出唐张鷟《朝野佥载》。文中说：“张鷟号青钱学士，以其万选万中。时有明经董万九上不第，号白蜡明经，与鷟为对。”

【解析】

这时的俞樾，已经年近七旬，先后经历了哥哥、母亲、妻子、长子、次女的去世，现在又一次白发人送黑发人，为长女婿写挽联，确实是“老泪不胜挥矣”。但全联在悲伤之余，仍然写出了对外甥们的希望。

联中“甥馆”与“名场”、“郎署”与“儿曹”之对均甚灵动，而“白蜡明经”与“青云得路”之对，很值得玩味。

孙省斋方伯挽联

方伯为道光丁酉拔贡生、甲辰举人，余皆与为同年生。由翰林、御史出任监司，官至直隶布政使，引疾归，寓居扬州十余年而卒。

由东观西台，出膺方面，翱翔皇路，驯至陈臬开藩，又林泉十载闲居，大好绿杨城郭里；

忆丁酉甲辰，共踏名场，寥落晨星，存此同年前辈，叹云水一江远隔，从今白发故人稀。

【注释】

孙省斋：孙观，字国宾，号省斋，安徽舒城人，道光二十七年（1847年）丁未科二甲第二名进士，入翰林，官至直隶布政使。孙卒于1889年，联当作于此时。

余皆与为同年生：道光丁酉，孙拔贡，俞副榜；道光甲辰，孙举人，俞举人。

御史：都察院监察御史，从五品。

监司：此指按察使、布政使。即联文中之“陈臬开藩”。

东观西台：东观本指汉代宫中藏书的地方，这里代指翰林院。西台指御史台。

方面：方面大员。

皇路：此指仕途。

绿杨城郭：此指扬州。化用王士祯《浣溪沙·红桥》“北郭清溪一带流，红桥风物眼中秋，绿杨城郭是扬州”词句。

同年前辈：孙与俞樾是道光丁酉、甲辰两科同年，但入翰林比俞樾早一科，故曰前辈。

【解析】

此联的上联即使用作寿联，也毫无问题。但是下联末两句着一“叹”字，再来一句“从今白发故人稀”，就使全联成了不折不扣的挽联。可见挽联既可以通篇写得悲悲切切，也可以只在局部写出哀悼之意，写法是可以多样化的。

钟桂溪广文挽联

桂溪为余同县人，与余同入县学者也。年七十四而卒，时为其孙娶妇甫逾月也。

备九五福考终，膝下娇孙，刚好迎将新妇至；

话六十年旧梦，邑中老辈，更谁共作泮宫游。

【注释】

泮宫：学宫。中秀才亦称“进学”“游泮”。

【解析】

挽老人的联，说死者有福也是常用的写法。上联所用就是这种写法，除了“考终”，还加上孙子成婚。下联从双方关系着笔，俞樾与钟中秀才是在1836年，至此已经五十多年，离满六十年“重游泮水”为时已经不远，而钟在此时去世，很自然地就引出了“更谁共作泮宫游”的感叹。

潘伯寅尚书六十寿联

伯寅时官大司空。

东坡行年六十，作小乘定；

西汉置公一人，曰大司空。

附录跋语：东坡有《与程正甫书》云：“晓夕默作小乘定，虽非至道，亦且休息。”国朝王文诰作《苏集总案》，定是年为绍圣二年，东坡年六十。“大司空，公，一人”见《后汉书》“续志”。然大司空之设，实始西京，其时固以大司徒、大司马、大司空为三公也，寻绎“班志”自见。

【注释】

潘伯寅：潘祖荫，字伯寅，江苏吴县（今苏州）人，状元宰相潘世恩之孙，咸丰二年（1852年）壬子科探花，时任工部尚书。潘生于1830年，联当作于1889年。

小乘定：佛家术语。联中用此，只为切六十岁且与苏轼拉上关系而已。

大司空：本汉代官名，此指工部尚书。

国朝：本朝。

王文诰作《苏集总案》：王文诰，字纯生，号见大，清代浙江仁和（今杭州）人，著有《苏文忠公诗编注集成》。《苏集总案》即为此书之“总案”。

绍圣二年，东坡年六十：绍圣二年是1095年。苏轼生于1037年1月6日，按农历算尚未过年，故至此时为虚岁六十。

班志：东汉班固《汉书》之志。

【解析】

此联无非是一切年龄、一切官职，同时借以抬高寿星，无甚新意。不过能用到这样两个较为冷僻的典故，也不是人人能够办到的。

冯吉云观察挽联

吉云生于九月，殁亦于九月。其父尹平刺史以事戍伊犁而卒。其兄即竹儒观察也。

孝友备一生，遗恨长留榆塞外；

去来皆九月，清风刚称菊花天。

【注释】

冯吉云：冯峻光之弟，广东南海人，有道员身份。其余不详。

榆塞：此处泛指边塞，而非特指山海关。出自《汉书·韩安国传》：“后蒙恬为秦侵胡，辟数千里，以河为竟，累石为城，树榆为塞，匈奴不敢饮马于河。”

【解析】

此联较平常，唯“榆塞”与“菊花”之对略呈亮色。

钱鸣伯驾部续娶联

鸣伯两娶，皆徐氏女，姊妹也。

诵南国风诗，君子得淑女为配；

仿东坡故事，同安继崇德来归。

【注释】

钱鸣伯：除本联提供的信息外，其余不详。

诵南国风诗，君子得淑女为配：化用《诗经·关雎》的“窈窕淑女，君子好逑”，并因其出自《国风·周南》而有首句。

仿东坡故事，同安继崇德来归：苏轼（号东坡居士）在妻子王弗去世后再娶其堂妹王闰之。“崇德郡君”和“同安郡君”分别是王弗和王闰之的封号。

【解析】

上联化用《诗经》诗句，下联用苏轼典稳切“两娶，皆徐氏女，姊妹也”，典雅得体。

“南国”与“东坡”之对，也极好。

顾子山观察挽联

观察以进士起家，官至宁绍台道，年七十九而卒。卒之明年，重游泮水；又明年，重宴鹿鸣。均不及待也。生平长于填词，分为八集，第一集曰“灵岩樵唱”，第八集曰“跨鹤吹笙谱”。所谓跨鹤吹笙谱者，止《望江南》一调，首句皆以“怡园好”发端，怡园乃君园名也。

待明年泮水重游，及后年鹿鸣再赋，吴中耆宿，已成鲁国灵光，何期耄耋将交，遽报仙凫成海外；

读初集灵岩樵唱，到八集鹤背吹笙，老去襟怀，都付苏家铁板，大息园林正好，空留绝调望江南。

【注释】

怡园：在苏州，是顾子山所建的私家园林，今尚存。

遽报仙龛成海外：化用白居易《客有说》诗意。详见第86页注。

苏家铁板：用苏轼“铁板铜琶”之典。见宋俞文豹《吹剑续录》。

大息：太息。“大”通“太”。

【解析】

在科举时代，“重游泮水”“重宴鹿鸣”和“重宴琼林”是读书人期望获得而又不易实现的殊荣。因为这至少需要满足两个条件：一是科举得中要早，如果上了三十岁才考中，就基本无望了；二是要高寿，如果只活到七十五岁左右，也就基本无望了。凡是能够实现这个目标的，“富贵寿考”就已经占了两件，岂非大大的好事？顾子山只差一两年而没有能够实现，确实是相当可惜的。上联就用这件事组织而成。下联从顾的作品落笔，与常见挽联的写法有些不同，但最后落到“园林正好”而斯人已逝，就又回到挽联的常规上来了。

联中“泮水”与“灵岩”、“鹿鸣”与“鹤背”、“鲁国”与“苏家”、“海外”与“江南”之对都很见功力。

楹联录存三

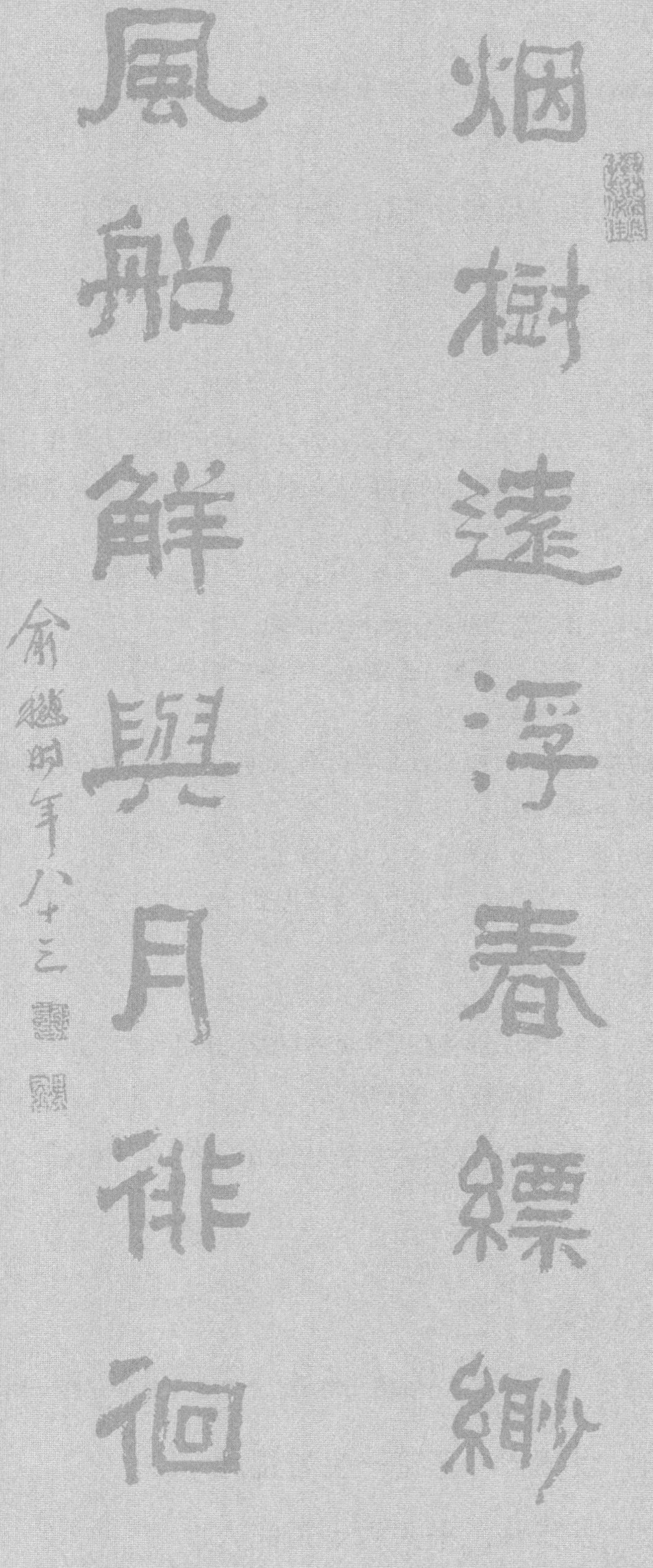

许子舒大令挽联

子舒宰江阴，以公事至省垣，卒于行馆。余从前馆江右玉山，子舒曾执经从余读也。

百里播循声，凫舄不归，童子空骑郊外竹；

卅年寻旧梦，鸡窗同学，老夫曾赏笔头花。

【注释】

许子舒：许之轸，字子舒，浙江仁和（今杭州）人，监生，光绪十二年（1886年）至十六年（1890年）任江阴知县，也是俞樾亲家许乃恩的同族孙辈。联当作于光绪十六年。

余从前馆江右玉山：道光二十三年（1843年），俞樾在江西玉山授馆。

百里：此指知县，因古代一县之地约百里。

凫舄不归：反用《后汉书·王乔传》叶令王乔"双凫"飞来，化而为"舄"之典，以切许的知县身份。

童子空骑郊外竹：反用《后汉书·郭伋传》"童儿数百，各骑竹马，道次迎拜"郭伋之典。

鸡窗：指书斋。典出南朝宋刘义庆《幽明录》。

笔头花：用李白梦笔生花之典，出自五代王仁裕《开元天宝遗事》。

【解析】

上联哀悼，下联忆旧，是挽联最常见的写法。连用数典以切知县，切出而不归，切双方师生关系，均属精当，可称雅切。

"凫舄"与"鸡窗"、"郊外竹"与"笔头花"之对相当漂亮。

黄仲陶大令挽联

仲陶，杭州人，宦游吴下。于正月上旬生，十二月下旬卒，年六十。

家杭州、宦苏州，形迹一生皆福地；

来正月、去腊月，平头六十是完人。

【注释】

黄仲陶：黄世本，字仲陶，浙江钱塘（今杭州）人。查《江苏省通志稿》，未见有姓黄的浙江钱塘人任或署知县，则黄世本应是在省会苏州等差使的候补知县。其余未详。

形迹一生皆福地：民谚有“上有天堂，下有苏杭”之说。

【解析】

此联平平，切倒是很切，但是没有什么真情实感在里面。看来只是组织讣告中材料，用了点重言技巧而成。俞樾虽然是楹联大家，写这种应酬联相信也是很痛苦的。

吴母韩太夫人挽联

太夫人为清卿河帅母。清卿闻太夫人病，疏请归省，未及归而太夫人先卒。

慈荫冀常留，方期上寿百龄，凤诏叠偕鸠杖至；

君恩许归省，谁料长途千里，朱轩竟换素车回。

【注释】

清卿河帅：吴大澂，字清卿，号恒轩，江苏吴县（今苏州）人，同治七年（1868年）戊辰科进士，入翰林，时任河道总督。吴也是俞樾苏州紫阳书院的学生。

凤诏：皇帝的诏书。

朱轩：古代显贵者所乘的车。

【解析】

吴大澂生于1835年，此时已经五十多岁，其母应在七十岁以上，在古代也算高寿了。所以上联从“方期上寿百龄”方面下笔，写出希望和失望的对比。下联则从朝廷允许吴大澂“归省”但来不及送终上下笔，写出“朱轩”与“素车”的对比。俞樾正是通过这两方面的对比，营造出挽联所需要的悲情色彩。

全联的对仗也颇多讲究之处。尤其是“凤诏”与“鸠杖”和“朱轩”与“素车”的自对。

金立甫太守挽联

立甫宦游吴下，被议而归，赍志而殁。其苏寓亦在马医科巷，与余比邻。

门望秺侯高，伏枥悲鸣，白首犹存千里志；

园林吴市寄，连墙笑语，绿杨曾作两家春。

【注释】

金立甫：除本联提供的信息外，其余不详。

秺侯：汉武帝时大臣金日磾的封爵，以切金姓。

伏枥悲鸣，白首犹存千里志：化用东汉末曹操“老骥伏枥，志在千里”诗意。

连墙笑语：化用宋韩驹“岂知去国千山外，又得连墙一笑同”诗意。

【解析】

上下联一写“赍志而殁”，一写“比邻”而居，虽然“挽”的味道不浓，但有“悲鸣”和“曾作”在，也不曾偏题。

此联对仗相当工稳，尤其是中间一句和“白首”与“绿杨”之对。

宋叔元观察挽联

观察充浙江书局提调，与余同事。其子澄之明经为余门下士，乙酉应顺天乡试，中副榜。

玉局赖提纲，十载相从，同对青编怜暮景；

金台频盼捷，一椎误中，要留黄榜慰重泉。

【注释】

宋叔元：宋颐，字继桐，号叔元，江苏溧阳人，曾任浙江杭嘉湖道兼浙江官书局提调。宋卒于光绪十六年（1890年），联当作于此时。

浙江书局：浙江官书局，成立于1864年，俞樾曾任总办多年。

提调：官职名，提举调度的意思，清末各新设机构常设置此职，系处理事务的高级管理人员。其职权大小，因机构而异。

澄之明经：宋文蔚，字澄之，宋颐次子，俞樾杭州诂经精舍的学生。

玉局：此指书局，义近玉版。参见《史记·太史公自序》：“周道废，秦拨去古文，焚灭诗书，故明堂石室金匮玉版图籍散乱。”

金台：燕昭王黄金台，此代指北京。

一椎误中：用张良博浪沙椎秦，“误中副车”之典（见《史记·留侯世家》），以比宋文蔚乡试中副榜（副榜亦称副车）。

重泉：犹九泉，指地府、阴间。

【解析】

上联写两个七旬老人的多年共事关系，用“怜暮景”落到挽联上来。下联转而写其子中“副榜”之事，看似与挽联无甚关系，但通过“要留黄榜慰重泉”来预言今后必中，可以告慰宋颐于泉下，仍然归结到挽联上来。可谓能发能收。值得一提的是，俞樾一语成谶，宋文蔚果然于光绪二十年（1894年）甲午科中举。

联中“玉局”与“金台”、“青编”与“黄榜”之对皆甚工。

彭雪琴尚书挽联

尚书殁于庚寅三月六日。余至二十三日始闻之，为诗一百六十韵哭之，又寄题此联于其灵右。尚书功业满天下，不待余言。惟念自己巳春始与相识，及西湖退省庵成，与余湖楼相望，晨夕过从，情逾昆弟，又申之以昏姻。乃去年九月，嘉兴一见，遂成永诀，能勿泫然！数年以来，因病不能书，久无亲笔书。今年二月中，口占一书，命侍者写以寄余，殆与余诀乎？封口钤“吟香馆主”小印，犹与平昔无殊也。

功业在天下，声名在柱下，我怀姻娅私情，只论退省庵中，历历心头廿年事；

哭别于九月，闻讣于三月，公已支离病榻，犹有吟香馆内，匆匆口授数行书。

【注释】

庚寅：光绪庚寅年，即1890年。联即作于此时。

己巳：同治己巳年，即1869年。

西湖退省庵：此指彭玉麟在杭州的住宅，在西湖中的三潭印月岛。

申之以昏姻：双方约定彭之孙女嫁俞之孙陛云。“昏”通“婚”。

吟香馆主：彭玉麟有斋名吟香馆，有号为吟香外史，有印为吟香馆主。

柱下：周、秦有在柱下记史的御史。此指史册。

【解析】

因为二人关系非同一般，所以此联写得情真意切，而于平仄倒不甚讲究了。

末句的对仗颇为灵动。

曾劼刚侍郎挽联

劼刚乃吾师文正公长子，袭侯爵，官卿贰，历使海外诸邦，精于西学。

论世务有心得，论经术有家传，参中外以独成其学；

为朝廷惜重臣，为师门惜令子，合公私而一恸斯人。

又

劼刚笃信西学，服西医之药而卒，故联语云然。然此联实拟而未用也。

大瀛海环游，为国宣威，方幸相门重出将；

一刀圭误事，以身垂戒，使知西法不宜中。

【注释】

论经术有家传：曾国藩自居曾子后裔，故此处“家传”可视为双关，既可理解为传自当代大儒曾国藩，也可理解为传自古代大儒曾子。

相门重出将：曾纪泽曾担任兵部侍郎和海军衙门帮办，故云。

一刀圭：刀圭是古时药物的量具。一刀圭形容少量的药物。

西法不宜中：俞樾从中年时就提出“废医”的主张，全盘否定中医，但到晚年思想有所转变。此云“西法不宜中”，应是一证。

【解析】

在晚清的外交官中，曾纪泽的才能和成就都是首屈一指的。故俞樾此二联虽然对曾纪泽推崇甚高，基本上还不算过誉。第二联两结句“相”“将”自对、“中”“西”自对，亦颇讲究。

薛子白大令挽联

子白为心农大令子，自少随宦浙江，曾从余游。后亦以县令仕浙，年未五十而卒。去岁曾馈余以家制橙糕，至今食之未尽也。

始随宦，继服官，曩时旧雨适从，老我曾叨一日长；

未五旬，已千古，去岁新橙制赠，至今犹剩隔年香。

【注释】

薛子白：前面挽薛宝田联曾提到“其子受采，官知县”，本联又提到“子白为心农大令子”并“自少随宦浙江，曾从余游”，即曾是俞樾在杭州的学生。而据俞樾另一个杭州学生徐琪在其《俞楼记》中所记载的为修建俞楼出过力的学生中，有“如皋薛受采”，应该就是薛宝田的儿子（薛宝田是如皋人）。同是如皋人，同是薛宝田的儿子，又同是俞樾的学生，薛子白应就是薛受采。《俞楼记》中提到诸人如王廷鼎、冯崧生以及俞樾的女婿王豫卿、许祐身，皆直呼其名而非称其字号。则薛应是名受采，字或号子白。

老我：此“老”字似应按“老吾老”之前一“老”字理解。

【解析】

上联回忆双方的交往。下联通过橙糕未尽，转到人亡物在，亦属挽联的正格。

“新橙”与“旧雨”之对，提升了对仗的工整程度。

湖上高氏别业联

武林高仲英、白叔昆仲，作别业于苏堤锁澜桥边，距花港观鱼甚近，有水门可通舟，树石亦皆有致。

选胜到里湖，过苏堤第二桥，距花港不数武；

维舟登小榭，有奇峰四五朵，又老树两三行。

【注释】

高氏别业：后命名为“红栎山庄”，俗称“高庄”，位于西里湖边，花港观鱼之西。

高仲英、白叔昆仲：高骖麟，字仲瀛、仲英，同治十二年（1873年）癸酉科举人，官至清河道，兼理直隶布政使。高云麟，字白叔，同治四年（1865年）乙丑科举人，官至内阁中书。

苏堤锁澜桥：苏堤六桥中自南往北数的第二座桥。故联中云“第二桥”。

花港观鱼：西湖十景之一，在苏堤南段西侧。

里湖：此指西里湖，即西湖在苏堤以西的那一大片水域（西湖共分为外西湖、里西湖、西里湖、小南湖和岳湖五部分）。

数武：泛指不远。《国语·周语》有“夫目之察度也，不过步武尺寸之间”。注曰：“六尺为步，贾君以半步为武。”

【解析】

上联写其位置，下联写其景致。实话说看到的主要是“率意而为”，实在说不出有多少“好”来。

李心根封翁八十寿联

封翁为杭州太守伯质李君之父。庚寅三月九日，为其八十生辰。余适至杭州，即往祝。舆中得此联，为太守诵之。越日即以玉版笺索书。亦寿言中所罕见者也。

自杖朝到百龄，看令子由二千石黄堂，而登开府；

距修禊才六日，为先生写十三行玉版，以祝延年。

【注释】

李心根：除本联提供的信息外，其余不详。

伯质李君：李士彬，字伯质，湖北蕲州（今蕲春）人，同治四年（1865年）乙丑科进士，光绪十六年（1890年）至二十年（1894年）任杭州知府。

庚寅：光绪庚寅年，即1890年。联即作于此时。

玉版笺：一种宣纸。质地光洁坚韧。亦作玉版纸。

杖朝：八十岁。《礼记·王制》：“五十杖于家，六十杖于乡，七十杖于国，八十杖于朝，九十者，天子欲有问焉，则就其室，以珍从。”

修禊：古代民俗，古人于农历三月上旬的巳日（三国魏以后始固定为三月初三）到水边嬉戏，以祓除不祥。

十三行玉版：《玉版十三行》，东晋王献之的小楷代表作。此只谓以玉版纸书联而已。

【解析】

从文中可知，此联属于“急就章”。而俞樾平时一般不是这样匆匆创作的，所以说“亦寿言中所罕见者也”。但此联却写得颇为高明。上联用“杖朝”紧扣八十岁，在祝寿的同时又祝其子升官——从知府一路升到巡抚、总督。下联用

“修禊”紧扣生日，再写到自己的题联祝寿。可谓面面俱到。

对仗方面，“百龄”与“六日”、“二千石”与“十三行”、“黄堂”与“玉版”之对都相当漂亮。

彭刚直公祠联

楹联乃古桃符之遗，不过五言七言。今人有至数十言者，实非体也。世传云南大观楼联最长，合上下联亦不过一百八十字。今年湖上彭刚直公祠落成，其湖南同乡撰一长联，寄余点定。其联凡二百七十字。余因亦自撰一联，共三百十四字。

伟哉！斯真河岳英灵乎？以诸生请缨投笔，佐曾文正创建师船，青幡一片，直下长江，向贼巢夺转小姑山去。东防歙婺，西障湓浔，日日争命于锋镝丛中。百战功高，仍是秀才本色，外授疆臣辞，内授廷臣又辞，强林泉猿鹤，作霄汉夔龙。尚书剑履，回翔上接星辰；少保旌旗，飞舞远临海澨。虎门开绝壁，岩崖突兀，力扼重洋。千载后过大角炮台，寻求故迹，见者犹肃然动容，谓规模宏壮，布置谨严，中国诚知有人在；

悲夫！今已旂常俎豆矣。忆畴昔倾盖班荆，借阮太傅留遗讲舍，明镜三潭，劝营别墅，从珂里移将退省庵来。南访云栖，北游花坞，岁岁追陪到烟霞深处。两翁契合，遂联儿辈因缘，吾家童孙幼，君家女孙亦幼，对秾华桃李，感暮景桑榆。粤峤初还，举足已怜蹩躠；吴阊七至，发言亦觉含糊。鸳水遇归桡，俄顷流连，便成永诀。数月前于右台仙馆，传报噩音，闻之为潸焉出涕，念酒坐尚温，琴歌顿杳，老夫何忍拜公祠！

【注释】

彭刚直公祠：彭玉麟卒后，谥刚直。为了纪念他，把他在杭州西湖三潭印月岛的住宅退省庵改成了祭祀他的祠堂。

云南大观楼联：指清代乾隆时人孙髯所题的云南昆明大观楼联。全联一百八十字，被誉为天下第一长联。

诸生：彭玉麟是秀才出身。

请缨投笔：用终军请缨、班超投笔从戎之典。分别见《汉书·终军传》与《后汉书·班超传》。

创建师船：彭玉麟是湘军水师的主要缔造者和领导者。

向贼巢夺转小姑山去：这是彭玉麟很得意的一战。此战湘军内湖、外江水师在湖口合力击败太平军，胜利会师，并乘胜夺取小孤山，从此控制了长江的"制海权"。战后彭玉麟曾赋诗以记，诗曰："书生笑率战船来，江上旌旗耀日开。十万貔貅齐奏凯，彭郎夺得小姑回。"

歙婺：歙州和婺源。

湓浔：湓浦和浔阳，指今九江及周边地区。

外授疆臣辞：指彭玉麟先后不接受安徽巡抚、漕运总督、两江总督的任命。

内授廷臣又辞：指彭玉麟不接受兵部尚书的任命。

尚书剑履：中法战争开始后，彭玉麟不再推辞兵部尚书的任命，故云。

少保旌旗：彭玉麟有太子少保的头衔。

虎门开绝壁、大角炮台：中法战争期间，彭玉麟受命赴广东会筹防务时，在珠江口布置炮台等防御工事。

旂常：《周礼·司常》"日月为常，交龙为旂……王建太常，诸侯建旂"。借指王侯。

班荆：指老朋友重逢，典出《左传》。与"倾盖"连用，则意谓一见如故。

阮太傅留遗讲舍：指俞樾当时主持的杭州诂经精舍。诂经精舍是由阮元（退休后受太傅衔）创办的。

云栖、花坞：杭州西湖周边的景点。

粤峤：广东。

鸳水：鸳鸯湖，嘉兴南湖的别称，此指嘉兴。

【解析】

此联长达三百一十四字，是当时最长的对联。但上联写彭玉麟生平事迹，下联写双方交往，布局得当，脉络清晰，文字典雅，对仗也甚工整，连不规则重字也只有“尚”“台”“于”三个，甚属不易。而联中如“尚书剑履，回翔上接星辰；少保旌旗，飞舞远临海澨”与“粤峤初还，举足已怜蹩躠；吴阊七至，发言亦觉含糊”这样的自对句式，在当时还相当罕见。虽然这种句式在钟云舫的几副长联中屡有使用，但是比之俞樾则晚了几年到十几年。说俞樾开了这种自对句式的先河，应该是当之无愧的。

彭母常恭人挽联

恭人为刚直公子妇，后公四月而卒。其长女归余孙陛云，今年四月中，因刚直公卒而归，得侍汤药者两月。

阿翁椿荫初颓，正期独力持家，手理田园，兼以一经传膝下；

有女蓬门远嫁，犹幸先期归省，躬亲汤药，尚能两月侍床前。

【注释】

刚直公子妇：彭玉麟儿子彭永钊的妻子。

蓬门远嫁：远嫁蓬门的倒装。此处蓬门为谦辞。

椿荫：父亲的庇荫。

【解析】

上联联系到彭玉麟刚去世来写，写出不幸后的不幸；下联联系到嫁到俞家的女儿来写，写出不幸中的“犹幸”，都是很恰当的写法。

对仗方面，“椿荫”与“蓬门”、“手理”与“躬亲”、“膝下”与“床前”等处，都极见功力。

联中重一“期”字，虽然字义不同，终是瑕疵。

张子青相国八十寿联

相国生于七月八日。

郭汾阳遇天孙后一日；

文潞国相元祐前四年。

【注释】

张子青：张之万，字子青，官至军机大臣、大学士。详见第28页注。张生于1811年，联当作于1890年。

郭汾阳遇天孙后一日：据宋李昉《太平广记》记载，唐名将郭子仪（封汾阳郡王）自称在年轻时曾于七月初七见到织女，织女预言他将“大富贵，亦寿考”。“天孙”是织女的别称。

文潞国相元祐前四年：宋哲宗元祐元年（1086年）四月，经司马光推荐，八十一岁高龄并已经退休的北宋名臣文彦博（封潞国公）出任“平章军国重事”，直到元祐五年（1090年）再次退休。

【解析】

上下联各用一典，一切生日，一切年龄，而所拉来作衬的两人名望地位都极为崇高，因此就很好地起到了抬高张之万的作用。

包子庄孝廉挽联

余辛亥年避兵定海，与孝廉同乘火轮船至沪上，半夜有风涛之惊，距今三十年矣。孝廉卒于安庆，书此挽之。

沪渎避烽烟，半夜怒涛还如昨；

皖江传噩耗，卅年旧雨又亡君。

【注释】

包子庄：包虎臣，字子庄，浙江归安（今湖州）人，举人，能书画，富藏书，其他情况不详。

辛亥年避兵定海：当是“辛酉年”之笔误。按辛亥是咸丰元年（1851年），此时俞樾正在北京翰林院当庶吉士，太平天国运动也还局限在广西境内，无论从哪方面说都不应该有“避兵定海”之举。且从1851年到写此联时应该有四十年左右而不是“距今三十年矣”。而辛酉则是1861年，正是太平军与清军在苏南浙北反复争夺的时候，无论苏州还是德清都在战乱之中，俞樾此时“避兵”才是合情合理之举（事实上俞樾此时也确实避兵了）。且“距今三十年矣”也正好吻合。

皖江：此指安徽。

【解析】

此联甚简单，但因提及旧事，颇见真情。对仗亦颇工整。

汪母倪太夫人八十寿联

夫人生于十二月二十七日，先期于十月称觞。是日适为其孙纳妇也。

秋鬓绿如初，萱寿八旬，看膝下文孙，刚好迎将新妇至；

腊灯红欲近，梅花数点，为堂前爱日，故教移到早春来。

【注释】

汪母倪太夫人：因未说明系何人之母、何人之妻，无法知其详情。

早春：此指十月小阳春，以切祝寿时间。

【解析】

全联切八十岁，切孙子同时成亲，切从十二月提前到十月祝寿，也算得面面俱到了。

对仗方面则是采用对工若干个字来带动全联的方法。如“秋鬓绿”与“腊灯红”、“萱寿”与“梅花”、“膝下”与“堂前”都是如此。

蒋泽山大令挽联

泽山为生沐先生子。先生即刻《别下斋丛书》者也。泽山登乙亥贤书，与定海黄以恭、诸暨陈伟、东阳龚启荪、仁和徐琪、冯崧生、钱唐汪行恭、丁立诚皆肄业诂经精舍，榜后有“俞门八俊”之目。余初不知之。其子初民茂才所撰行述言之，当不诬也。泽山后以知县仕广东，光绪己丑充乡试同考官，出闱大病，旋卒。

八俊出吾门，如君自有家传。别下斋中，淹雅共推名父子；

一官职民社，到死不离文字。至公堂上，辛勤还似秀才时。

【注释】

蒋泽山：蒋学溥，字长孺，一字泽山，浙江海宁人，光绪乙亥（1875年）恩科举人，广东候补知县，受张之洞赏识，“檄司广雅书局”，任光绪己丑（1889年）恩科广东乡试同考官。蒋卒于1890年，联当作于此时。

生沐先生：蒋光煦，字日甫、爱荀，号雅山、生沐，浙江海宁人，候选训导，著名的藏书家。

《别下斋丛书》：蒋光煦建别下斋藏书，《别下斋丛书》是刻其所藏的一部分精品书而成。

俞门八俊：俞樾主讲杭州诂经精舍是从同治七年（1868年）开始的，但是在短短两年后的1870年浙江乡试中，就有十九名诂经精舍学生考中举人（当时浙江全省一次乡试中式名额也不过百人）；1875年这一科又有蒋学溥等八人中举，并被誉为“俞门八俊”。

其子初民茂才：蒋学溥长子名方泰，或是此人，其余不详。

行述：此指丧家随讣告发给亲友的关于死者平生履历的文字。

乡试同考官：乡试除正、副主考官由朝廷派出外，省里还要抽调一部分进士出身的官员参与分房阅卷，称“同考官”（蒋学溥以举人出身而任同考官，应属特例，亦是由于张之洞赏识之故）。

至公堂：乡试时考官们在贡院里办公的大堂。

【解析】

弟子中出了“俞门八俊”，作为老师的俞樾自然很高兴，但还是在上联中谦虚地表示像蒋学溥那样家学渊源的人不完全是自己的功劳。下联则从蒋泽山病故前“充乡试同考官”着笔，强调蒋泽山作为“职民社”的知县“到死不离文字”的一面。

对仗方面，“别下斋中”与“至公堂上”之对，是一亮点。

函亭乡侯庙联

函亭乡侯蒋澄，字少明，东汉初人也。其父横，佐光武平赤眉之乱，后以谗死，九子皆徙江南。侯，其第九子也，居阳羡。以父仇未复，恒郁郁。帝怜之，为诛其仇，封侯为函亭乡侯。明帝时立庙回图，至今存焉，有唐至德二年碑。其裔孙乞书祠联，录碑文见示。碑伪不足据，然《万姓统谱》所言，与碑大略相同。姑据碑文为撰是联。碑云澄为蒋诩五世孙，故用“三径竹”事。

周公苗裔，汉室侯封，溯当年志复父仇，忠孝兼全，不愧元卿三径竹；

阳羡寓庐，回图庙貌，看此日福流里社，烝尝勿替，长存至德二年碑。

【注释】

函亭乡侯：函亭是地名，据明杨慎《丹铅录》“函山在宜兴县。汉函亭侯，函山即其地”。乡侯是汉代列侯的一个等级，高于亭侯，低于县侯。

蒋澄、其父横：关于二蒋的事迹，见于其家族的各种记载，正史如《后汉书》无可查考。

阳羡：今江苏宜兴。

回图：宜兴的小地名，即函亭乡侯庙的所在地。

唐至德二年：至德是唐肃宗的年号，至德二年是757年。

《万姓统谱》：亦称《古今万姓统谱》，是明代万历年间凌迪知所撰的姓氏学著作，一百四十卷，另附《历代帝王姓系统谱》六卷和《氏族博考》十四卷。

周公苗裔：据《元和姓纂》记载“周公第三子伯龄封蒋，子孙氏焉，国在汝南期思县”。

元卿三径竹：蒋诩字元卿。“三径”见前注。

烝尝：秋祭称“尝”，冬祭称“烝”。泛指祭祀。见《礼记·王制》。

【解析】

此联格律严谨，看来为祠庙这种庄重的场所题写需要长期悬挂的联，俞樾也不会“率意而为”的。

应敏斋廉访挽联

敏斋官江苏，仕至按察使，未竟所施而去。余与同举于乡，又同庚，今年皆七十矣。不谓其遽以微疴谢世也。

溯治绩在三吴，是宜开府开藩，与汤陆诸贤，长留民爱；

享遐龄刚七帙，我亦同庚同榜，哭牙期老友，兼叹吾衰。

【注释】

汤陆：汤斌与陆陇其，两人是康熙朝齐名的清官，且都在江苏做过地方官。

牙期：伯牙与钟子期。高山流水之典的主人公。

兼叹吾衰：化用孔子“甚矣吾衰也，久矣吾不复梦见周公”语。见《论语·述而》。

【解析】

应宝时（字敏斋）大概是本书出现得最多的人物了。他不仅和俞樾同龄、同乡、同年，而且长期同在苏州、杭州居住，还一起在上海编过地方志，彼此交往相当密切。

上联惋惜应宝时只做到按察使，没有能够升任藩台和巡抚，像“汤陆诸贤”那样造福人民。下联写双方的关系，用到“牙期老友”，这是我们在俞樾的挽联里看到的对朋友最高级别的称呼了。可见两人的关系确实不同一般。

不过联文也算不得多么出色，当然也还中规中矩。

许星台方伯贺联

今年九、十月间，方伯夫人大病几危，幸而无恙。一孙入泮，一孙授室。书此贺之。

十月小阳春，阿翁老而矍铄，阿婆病后康强，金母木公双福寿；

全家大欢喜，一孙秀撷芹芬，一孙香圆兰梦，青童玉女众神仙。

【注释】

许星台方伯：许应鑅（号星台）此时已升任浙江藩台。详见第136页注。

撷芹芬：中秀才。犹言采芹，《诗经·泮水》有“思乐泮水，薄采其芹”。

青童：仙童。此处不用金童，当是为避与上联重字。

【解析】

此联无甚深意，但既切时，又切多件事，照顾得面面俱到，亦属不易。

对仗方面，“芹芬”与“兰梦”的自对和“金母木公”与“青童玉女”之对，均甚漂亮。此外，中间两句的自对连重字数都不同，也很特别。

季硕女史挽联

季硕姓曾氏，归张子黼祥龄。古之所谓女士也，能诗画篆隶，且优于德，著《妇礼通考》一书，未竟而卒。病中有句云："伏生老去传经倦，愿作来生立雪人"，为余作也。

妇礼补三通，夫婿多情，筐箧零星寻旧稿；

清才兼众妙，老人何幸，门墙立雪订来生。

【注释】

季硕：曾彦，字季硕，四川华阳（今成都）人，著名的才女。曾彦卒于1890年，联当作于此时。

张子黼祥龄：张祥龄，字子宓，又字子馥，四川汉州（今广汉）人，清光绪二十年（1894年）甲午科进士，曾彦之夫，也是四川颇有名气的才子。夫妻俩在成都曾与易顺鼎等人结社作诗钟。1885年应易顺鼎之父、江苏布政使易佩绅之招，赴苏州。

女士：对女子的尊称。《诗经·既醉》有"其仆维何？厘尔女士"。孔颖达疏曰："女士，谓女而有士行者。"

伏生：西汉人，名胜，治《尚书》，年九十，不能应诏至京师，汉文帝派晁错往受之。诗中用以喻俞樾。

立雪：用程门立雪典。出自《宋史·杨时传》。

【解析】

上联着眼于著书"未竟而卒"，通过其夫"筐箧零星寻旧稿"，写出一死一生的夫妻之情。下联写双方的关系，着眼于病中作诗，写出预约来生的师生之情。

对仗方面，"零星"与"立雪"之对，相当漂亮。

任母□夫人挽联

夫人为任筱园中丞之配。久病不愈，至今岁而卒。其女孙许嫁于刘氏，及吉期而夫人卒，乃于夫人大殓之后，至舟中遣嫁焉。

疾疢已多年，顿教夫婿衰龄，寂寂穗帷哀永逝；

悲欢同一日，堪叹娇孙新嫁，匆匆画舫赋催妆。

【注释】

于夫人大殓之后，至舟中遣嫁：按照古代的丧礼制度，孙子女要为祖父母服一年丧，其间是不能婚嫁的。但这次是遇到了“及吉期而夫人卒”的特殊情况（男方迎亲的船都已经到了），于是采取了变通措施：在“大殓”之后，“成服”即死者的亲属按照亲疏远近穿上相应的丧服之前，把这个孙女嫁了。由于还没有正式服丧，这样做是不算违反礼法的。

疾疢：疾病。

夫婿衰龄：任道镕此时已年近七十，故云。

【解析】

此联当然很贴切，但是不知道任家的人看到之后是一种什么样的心情？

对仗方面，“多年”与“一日”和“夫婿”与“娇孙”之对较为工整。

姚彦侍方伯挽联

方伯以农部起家，仕至广东布政使，罢归。今年有旨引见，未及行而卒。

有诏欲趋朝，丝竹东山，犹以苍生存远志；

斯人不开府，疆理南海，深为圣世惜良材。

【注释】

姚彦侍：姚觐元，字彦侍，浙江归安（今湖州）人，嘉庆、道光朝大臣姚文田之孙，道光二十三年（1843年）癸卯科举人，曾任户部郎中，官至广东布政使。光绪八年（1882年）被户部尚书阎敬铭以“贿结前任司员骩法”的罪名弹劾罢官。

丝竹东山：用东晋谢安隐居东山之典。

南海：此处代指广东。

【解析】

上联谓姚虽家居而犹“存远志”，则引见后当可遂其志，就为“未及行而卒”预设了悲剧伏笔。下联的“深为圣世惜良材”就显出其悲哀来了。

对仗方面，“趋朝”与“开府”、“东山”与“南海”均甚工整而贴切。

严伯雅太守挽联

伯雅以太守需次江苏，能诗，有《养花馆诗稿》十二卷，甫刻成而卒。其妹为皖抚沈仲复夫人，同时谢世。其弟缁生太史各以一联挽之，颇沉痛，传颂于时。

吟草刻初成，才名空满江南，未许诗人真领郡；

同枝吹并折，噩耗又传皖北，那教老弟不伤心？

【注释】

严伯雅：严锡康，字子弓，号伯雅，浙江桐乡人，监生出身，同治四年（1865年）任苏州府同知，五年（1866年）署松江府海防同知，官至候补知府。

《养花馆诗稿》：网上有咸丰十一年（1861年）刊印，署名桐乡严锡康伯雅的《餐花室诗稿》图片。则此处文字或有笔误。

其妹为皖抚沈仲复夫人：其妹严永华是安徽巡抚沈秉成（字仲复）之妻。

其弟缁生太史：严辰，字缁生。详见第149页注。

各以一联挽之，颇沉痛，传颂于时：严辰挽兄联为“贵则由太守加三品，寿则过古稀又二年，所欠者富耳，想黄泉难带一文钱，尽可独来独往；少而共随宦侍双亲，长而各求名分两地，遽至于老耶，恐白首同留千载恨，也将全受全归”。严辰挽妹联为“兄甫亡琴，妹旋撤瑟，垂老服期功，那堪吾痼疾难瘳，更使遭丧增感痛；夫登一品，妻赴九京，同时分贺吊，转是我寒门不幸，未容倚福共荣华”。

未许诗人真领郡：谓严锡康只是候补知府，没有得缺。

同枝：此喻兄妹。

【解析】

上联说两件事，一是诗稿“甫刻成而卒”；二是他这个“太守”只是候补知府，并没有“真领郡”，借以突出严锡康去世的不幸。下联则换一个角度，从同时去世的妹妹和伤心地“各以一联挽之”的弟弟处落笔，进一步推进全联的悲哀氛围。

此联的局部对仗也处理得很漂亮，如“吟草”与“同枝”和“江南”与“皖北”之对。

沈室严夫人挽联

夫人为皖抚沈仲复之配。仲复奉命署两江总督，未赴而夫人卒。其从前寓居吴下耦园，有听橹楼，有鲽砚庐。鲽砚者，仲复得一异石，文理自然，成鱼形；剖而琢之为二砚，砚各一鱼，与夫人分用之，故曰“鲽砚”，而即以颜其室云。

双节拜新恩，雨花台畔旌麾，惜未鱼轩同戾止；

耦园寻旧梦，听橹楼头灯火，不堪鲽砚再摩挲。

【注释】

沈室严夫人：严永华，字少蓝，号不栉书生，浙江桐乡人，沈秉成妻，严锡康、严辰妹。沈秉成任两江总督在光绪十六年（1890年），联当作于此时。

耦园：沈秉成在苏州的住宅园林，今尚存，已列入联合国教科文组织《世界遗产名录》。

鲽砚：“鲽”是比目鱼的意思，故以此命名“剖而琢之为二砚，砚各一鱼”的一对砚台。

雨花台：在南京，此代指南京（时称江宁）。

鱼轩：贵妇人乘坐的车，典出《左传》。

戾止：来到。出自《诗经》："鲁侯戾止，言观其旗。"《毛诗故训传》谓："戾，来；止，至也。"

【解析】

上联切事，从严夫人不能随丈夫到南京上任的角度表示惋惜；下联从沈秉成丧妻后人亡物在的角度表示同情，也是挽联的一种写法。

除"双节"与"耦园"、"鱼轩"与"鲽砚"之外，"新恩"与"旧梦"之对也很工整。

曾忠襄公挽联

光绪十六年十月，两江总督曾公薨。公为文正公介弟，其功业在国史，无待胪陈。殁后恩礼优渥，赠太傅，谥忠襄。溯曾氏一门，父子兄弟，得谥法者五人、建专祠者四人、赠太傅者二人。不独我朝所罕，求之列代，亦为仅见矣。

耀旂常虎武龙文，溯始事于楚，告成功于吴，又有大造于晋，至去年霖雨奇灾，仁粟义浆，兼施两浙；

钟灵秀三湘七泽，予谥法者五，建专祠者四，晋赠太傅者二，数列代凌烟盛迹，玉昆金友，足冠千秋。

【注释】

曾忠襄公：曾国荃，字沅甫，号叔纯，曾国藩之弟，湘军攻克南京的前线总指挥，以功赏加太子少保衔，封一等威毅伯，1890年死于两江总督任上。联当作于此时。

得谥法者五人：曾国荃谥忠襄，其兄曾国藩谥文正，曾家的另外两个兄弟曾国葆和曾国华分别谥靖毅和愍烈，曾国藩之子曾纪泽谥惠敏。

建专祠者四人：此说似略有不确，曾国藩、曾国荃和曾国葆都有建专祠的明确记载，曾国华却只有入祀京师和阵亡地方府城贤良祠的记载。

赠太傅者二人：曾国藩和曾国荃兄弟二人皆获赠太傅。

始事于楚：在湖南组建湘军，出兵对太平天国作战。

告成功于吴：攻克南京，彻底击败太平天国。

有大造于晋：任山西巡抚时努力救灾，“活饥民六百万”（见《清史稿·曾国荃传》），对山西有重大贡献。

仁粟义浆，兼施两浙：任两江总督的曾国荃调运物资救济浙江灾民（浙江不在两江总督管辖范围）。

凌烟：凌烟阁，唐代表彰功臣的地方。此泛指列朝列代表彰功臣的地方。

【解析】

上联写曾国荃的文治武功。下联写曾家一门英才辈出，功勋卓著。因所说都是事实，无须溢美。

此联大量使用自对，整体给人工整的印象。唯句脚平仄多处不谐，是为缺憾。

许子乔刺史挽联

子乔官山东东平州知州，移牧胶州，未赴而卒。生数子皆夭，一女仅十龄，孀妻扶榇由运河南下。然在东平颇有政声，张朗斋中丞据以入告，敕于东平旧治建立专祠，亦不虚死矣。

有儿早夭，有女犹雏，最怜缟素扶棺，一路风霜共南下；

惟帝念功，惟民感德，想见黔黎拜庙，千秋俎豆在东平。

【注释】

许子乔：许祺身，字子乔，浙江仁和（今杭州）人，俞樾亲家许乃恩第四子，其三兄许祐身即俞樾女婿。许祺身历署山东章丘、朝城等县知县，后升胶州知州。光绪十五年（1889年）山东巡抚张曜以循良荐，奉旨嘉奖，调署东平州知州，募兵缉盗，筑运河堤。后回胶州知州任，卒于道。朝廷有旨“以循声卓著。予已故署山东东平州知州许祺身政绩宣付史馆立传”。

张朗斋中丞：时任山东巡抚张曜。详见第91页注。

【解析】

上联写子夭女幼，“嫠妻扶榇”的悲惨景象；下联写“颇有政声”和“建立专祠”的荣耀景象，极有章法。

“缟素扶棺”与“黔黎拜庙”的对仗以及“南下”与“东平”的借对都很漂亮。

韩母王太夫人挽联

太夫人自言：“忠孝节义，萃于一门。”盖其夫以百夫长死难；己守柏舟之节；诸子能手刃父仇；而旧时仆媪相依，流离不去故也。诸子中，次子晋昌官永州镇总兵，三子庆云官江苏候补道，曾署粮道，最知名。总戎入觐，皇太后询及太夫人年岁。晚年又以捐资助赈，敕建“乐善好施”坊，亦备及哀荣矣。

忠孝与节义，萃于一门，好施乐善，绰楔褒扬，更有仁声动朝野；

寿富至考终，合成五福，武达文通，儿孙鼎盛，曾邀天语问年龄。

【注释】

百夫长：百长。未入流武职官。

守柏舟之节：寡妇守节。旧说认为春秋卫世子共伯早死，其妻共姜拒绝父母要其改嫁的要求，作《柏舟》诗自誓。见《诗经·柏舟》。

次子晋昌：韩晋昌，安徽寿州（治今寿县）人，武童出身，官至总兵。

三子庆云：韩庆云，安徽寿州人，监生出身，光绪十一年（1885年）任苏松督粮道，后曾署江苏按察使、徐州道。

【解析】

此联全由组织事迹而成，虽然面面俱到，却无新意，应酬之作而已。当是为在江苏做官的韩庆云写的。

丁月湖先生挽联

先生名宝书，吴兴耆宿也。精于目录之学，宋元旧籍，收藏繁富，校勘精详，著述之志甚盛。潘峄琴学使续刻《两浙輶轩录》，属先生采访湖郡之诗。得数百家，尚拟再访，未竟而卒。

溯乾嘉以来学派相承，惟先生铅椠精详，当世同推真种子；

叹苕霅之间风诗谁采，想使者輶轩怅望，此邦顿失老成人。

【注释】

丁月湖：丁兆庆，字宝书，一字葆书，号月河，浙江归安（今湖州）人，辑有《月河精舍丛钞》，故“月湖”当是音近之误。

潘峄琴学使：潘衍桐，字菶庭，号峄琴，广东南海人，同治七年（1868年）戊辰科进士，入翰林，时任浙江学政。

续刻《两浙輶轩录》：《两浙輶轩录》是嘉庆初年阮元任浙江学政时组织编辑出版的清代浙江诗人的诗集。潘衍桐则组织收集嘉庆以后浙江诗人的作品编辑出版《两浙輶轩续录》。

铅椠：此指写作、校勘。

种子：此处似当作读书种子之种子解。

苕霅：苕溪、霅溪二水的并称，在湖州境内，即以代指湖州。

【解析】

上联称赞丁兆庆的“精于目录之学”，下联以“苕霅之间”切地，然后以“风诗谁采”切“尚拟再访，未竟而卒”之事，落到挽联上来，也属挽联的一种合理布局。

潘伯寅尚书挽联

伯寅以文恭公之孙，由翰林起家，入直南书房。官至工部尚书，兼管顺天府事。爱士怜才，崇尚经术，引掖后进，有古大臣风。今年顺天府属灾于水，每对灾黎，为之泣下，为筹振济，不遗余力。亦可谓以死勤事者矣。

以宰相孙供奉翰林，数十年老书房，怜才爱士，自任斯文，物望重朝端，八百孤寒同感泣；

拜司空公兼领京兆，五六月大霖雨，御患捍灾，不遗余力，遗章闻阙下，九重恩礼异寻常。

【注释】

物望：人望，众望。

领京兆：京兆指首都所在的地区，清代的顺天府管辖范围包括北京，潘祖荫任工部尚书“兼管顺天府尹事”，故云。潘卒于1890年，联当作于此时。

九重恩礼异寻常：潘卒后，“赠太子太傅，谥文勤。宝坻士绅感其救灾勤劳，吁建专祠，报可”。见《清史稿·潘祖荫传》。

【解析】

此联几乎全由事迹组成，切当然是没有问题的，但是似乎少了一点情，作为应酬之作也往往是难免的。

对仗方面，“朝端”与“阙下”之对为一亮点。

陈舫仙廉访六十寿联

舫仙为湘军宿将，勋望颇重。于时两江制府曾忠襄公薨于位，舫仙实总领湘军，颇藉其镇抚之力。

莅吴会名区，矍铄六旬翁，笑听绮席清欧，对腊灯，酌春酒；

数湘军宿将，崎岖百战后，行拜彤延恩命，持玉节，镇金陵。

【注释】

陈舫仙：陈湜，字舫仙，湖南湘乡人，湘军宿将。在对太平军作战时是曾国荃手下的主要将领，后来也参与了对捻军作战，并曾随左宗棠出关西征，中间几起几落，“（光绪）十二年，复出统南洋兵轮，总湘、淮诸军营务，授江苏按察使”。陈生于1832年，联当作于1891年。

欧：“欧”通“讴”，歌唱。

彤延：疑是“彤廷”之误。彤廷亦作彤庭，指皇宫。

【解析】

上联“吴会”切地，“六旬翁”切年龄，“对腊灯，酌春酒”切祝寿的时间，可谓面面俱到。下联从陈湜的湘军宿将身份预祝他将要“持玉节，镇金陵”，即升任巡抚甚至总督。

“对腊灯”与“酌春酒”和“持玉节”与“镇金陵”的自对极为工整。

表姊姚恭人挽联

姊为平泉舅氏长女，吾母之兄女，而吾妇之女兄也。年八十有四。其仲子子云孝廉为山东泰安州书院山长；其季女归许子衡大令，随宦云南，姊年来深以为念。

至亲关中表，生小相依，于吾母为姑侄，于吾妇为弟兄，往事不堪再回首；

上寿近期颐，全归何憾，有爱女在滇南，有爱子在山左，暮年未免两悬心。

【注释】

仲子子云：姚恭人生三子，次子名元奎、三子名元瑞。但次子早卒，亦非举人出身；三子元瑞系光绪二年（1876年）丙子科举人，大挑教谕，当时在世并正在山东。见俞樾《外姊周母姚恭人传》。故文中“仲子”疑是三子之误。

许子衡大令：许台身，字子衡，浙江仁和（今杭州）人，俞樾女婿许祐身庶兄，长期在云南做中下级官员，后曾任驻韩国公使。

全归：福寿全归的简称。

【解析】

俞姚两家是两代姻亲，俞樾的母亲和妻子都娶自姚家，所以才有这种“于吾母为姑侄，于吾妇为弟兄”的关系。此时俞樾之妻姚文玉已经去世多年，俞樾在写挽联时不免会想到她，于是“往事不堪再回首”之叹就油然而生。能活到八十四岁确实可以算得是“福寿全归”了。但是俞樾在下联中接着写出了她子女不在身边的憾事，借以进一步增加挽联的悲哀氛围。

对仗方面，“再回首”与“两悬心”之对极好。

朱莲生明经挽联

莲生曾游于黔，客兴义府张春潭观察幕中。会苗民不靖，以一书生，率偏师收复普安县城。总督吴文节公欲为请奖叙，谢不受。乃奏保光禄寺署正衔，从其志也。暮年居上海，充求志书院副总监院。每课必与焉。余忝主求志讲席，见其所为经解，洋洋万余言，甚奇之，辄置之前列。莲生执弟子礼甚恭，然实长于余四岁也。年七十五而卒。

功成一笑，不慕侯封。从前铁马金戈，竟以头衔六品老；

齿长四龄，谬叨师事。此后青灯黄卷，更无手稿万言来。

【注释】

朱莲生：除本联提供的信息外，朱还在上海担任过《汇报》的编辑、《益报》的主笔，其余不详。朱卒年七十五，而长于俞樾四岁，则朱当卒于1891年。联即作于此时。

张春潭：张锳，字右甫，一字春潭，直隶南皮（今属河北）人，嘉庆十八年（1813年）癸酉科举人，曾任贵州兴义知府，官至贵东道，张之洞之父。

吴文节公：吴文镕，字甄甫，号竹孙，江苏仪征人，嘉庆二十四年

（1819年）己卯科进士，曾任云贵总督，在湖广总督任上被太平军击败后投水自杀，谥文节。

光禄寺署正：光禄寺的属官，从六品。

求志书院：在上海小南门（今乔家路、巡道街），光绪二年（1876年）由上海道冯焌光捐银2万两创办。俞樾曾在此主讲。

副总监院：大致相当于现在的教导处副主任。

【解析】

上联着眼于朱莲生立功而不受奖这件事，感慨一位曾经立功疆场，而又功成不居的人才只顶着个从六品头衔而终，意在赞扬朱莲生的为人并为其遭际抱屈。下联在叙述自己与死者的交往之后，叹息今后再也不能在晚上批改朱莲生“洋洋万余言”的卷子了，对朱莲生之死表示了深切的哀悼。此联抓住死者生平中的出彩点，联系作者与死者的关系而作，是挽联的正格。

“侯封”与“师事”、“头衔”与“手稿”的工巧对仗，“铁马金戈”与“青灯黄卷”的工稳自对，都显示了俞樾的不凡功力。

郭筠仙侍郎挽联

侍郎由翰林起家，权广东巡抚，内历礼、兵两部侍郎，充出使英法大臣。经济学问，见重一时。余丁酉同年，又翰林前辈也。

为翰苑，为封疆，为海外輶轩，青史长留不朽事；

是同年，是前辈，是楚中耆宿，白头顿失老成人。

【注释】

郭筠仙：郭嵩焘，字筠仙，湖南湘阴人，道光二十七年（1847年）丁未科进士，入翰林，曾入曾国藩幕，官至兵部侍郎、出使英国大臣。郭卒于1891年，联当作于此时。

丁酉同年：俞樾是道光丁酉科乡试副榜，郭嵩焘是此科举人。

翰林前辈：郭比俞早一科入翰林，故云。

【解析】

此联全是熟语，但贵在能贴切，局部对仗也有可观处。

严芝生同年七十寿联

芝生于八月下旬生日，而于月初为文孙娶妇。赠以此联，祝而兼贺也。

一双佳耦小比肩，堂上拜生朝，闺中庆满月；

七十老翁大称意，今年娶新妇，明岁抱曾孙。

【注释】

严芝生：据清人陈其元《庸闲斋笔记》记载“桐乡严芝生太史辰，生于道光壬午八月三十日”“太史幼颖悟，弱冠即登贤书。至咸丰己未，捷南宫，以朝元入词林。散馆后，不复赴补，归主桐溪讲席者已十载矣”。又说“太史之妹婿”是“归安沈仲复廉访”。如此则这位字芝生的严辰和前面提到过的“缁生太史”应该就是同一人。同是浙江桐乡人，都名严辰，都是翰林，有同一个妹夫，生活年代一致，而且“芝”与“缁”音近，有这么多理由应该足够了。“道光壬午”是1822年，则联当作于1891年。

【解析】

此联也是写得比较“率意而为”的，尤其是在平仄方面。只是后两句的自对比较工整。

高力臣总戎六十寿联

力臣为湖北汉阳镇总兵。九月十六日，其生日也。

玉帐汉江秋，过重九佳节登高，拜九重恩命；

金樽明月满，正十六良宵既望，庆六十生辰。

【注释】

高力臣：除本联提供的信息外，其余不详。

总戎：总兵的别称。总兵是武官职位，正二品。

汉阳镇：属于长江水师四镇之一，驻湖北汉阳。

既望：农历每月的十六日。

【解析】

上联首句用“玉帐”切合寿星汉阳镇总兵的武官身份，用“汉江秋”切地切时，已是相当贴切，接下来又因生日在九月而联系到九月九日重九节，巧用“重九”和“九重”两词互相颠倒的技巧。

下联“明月满”和“既望”都是紧紧抓住生日在十六日着笔，再巧用“十六”和“六十”来回应上联，又点明了是六十大寿。

在对仗方面，“金樽”与“玉帐”、“良宵”与“佳节”都很工整，而“明”字借对也改善了“明月”与“汉江”的工整程度。

此联在平仄方面有局部不协，但主要是因为技巧所致，只能算是微瑕。

许星台方伯挽联

余与方伯交最久，前赠诸联，言之详矣。今年奉诏入都，卒于通州，仅一孙侍侧，是可悲也。

领郡始豫章，而吴中、而浙中，陈臬开藩，兼权节钺，白首老同年，十载过从，回思话别衙斋，犹如前日事；

克家得贤子，有文孙、有曾孙，珠兰玉树，森列庭阶，黄粱大春梦，三更旅馆，堪叹送归泉壤，仅一小同存。

【注释】

豫章：江西南昌的别称。许曾任南昌知府。

兼权节钺：指许曾护理浙江巡抚。

珠兰玉树，森列庭阶：化用东晋谢玄答谢安“子弟亦何预人事，而正欲使其佳”语，“譬如芝兰玉树，欲使其生于庭阶耳”。见《晋书·谢安传》。

小同：“同”通“童”，即小童。

【解析】

上联罗列许的做官经历：南昌知府、江苏按察使后升布政使、浙江布政使护理巡抚，再说到双方交往，属挽联常见写法。许应鑅在六十岁时就已经“其膝前子女及孙男女、曾孙男女及外孙男女、外曾孙男女，共得七十人”了，临终却客死他乡，只有一个孙子送终，真正是人事难料。下联所说的就是这个可叹可悲之事。

联中其余各句格律严谨，但第二、三句为重言技巧而不惜句脚同平，似属得不偿失。不用“小童”而用“小同”，以致重字，则实在是不知出于何种考虑了。

朱璞山封翁挽联

璞山官太湖同知，素负吏才，未竟其志。有二子，皆美材。其长君伯华观察，余门下士也。璞山与余皆生于道光辛巳岁，是岁于正月二日立春，而其生也，犹在立春之前，星命家仍以庚辰大寒论，则视余若长一岁矣。

抱此才略，惜无此遭逢，尚余伏枥雄心，有子幸能成父志；

长我一年，实与我同岁，等是悬车暮齿，哭公兼亦叹吾衰。

【注释】

长君伯华观察：朱福荣，字伯华，浙江山阴（今绍兴）人，俞樾在苏州的学生，同治四年（1865年）补行乡试举人，捐纳刑部主事，后以二品顶戴按察使衔直隶候补道的身份任北洋支应局总办。

星命家仍以庚辰大寒论：算命的人以立春为一年之始，故云。

伏枥雄心：化用曹操诗“老骥伏枥，志在千里”。

悬车：指七十岁，因为古人到了七十岁就把车挂起来，表示不再出门了。见《晋书·刘毅传》。

【解析】

上联既“惜”其怀才不遇，又“幸”其子“能成父志”，处理得很好。下联从死者想到自己，亦属老年作者的题中应有之义。

“悬车”对“伏枥”极好，“雄心”与“暮齿”之对甚巧，末句“子”“父”“公”“吾”四字之自对兼互对也甚好。

郭汝雨明府挽联

汝雨由广文改知县，署常熟县。既受代，民欠二万余千。是岁又值水灾，乃慨然曰：“民困如此，再扰残黎，不如身任之。”乃以官款垫之，如民欠数。民得免，而身累矣。然郭固闽巨族，汝雨有九子六孙，第五子曾焜已举于乡，继起未艾也。

自秉铎、至鸣琴，生平惟尽所当为，早已感孚遍遐迩；

不病民、甘累己，造物将何以图报？请看继起众儿孙。

【注释】

郭汝雨：郭元昌，字或号汝雨，福建侯官（今福州）人，同治元年（1862年）壬戌恩科举人，光绪初年曾任江苏常熟知县。

闽巨族：福建侯官郭家是当地的官宦人家，其长一辈的郭伯荫等弟兄曾“五子登科”，他这一辈和下一辈科举成名的也很多。

第五子曾焜：郭曾焜，光绪十五年（1889年）己丑恩科举人。

秉铎：指任教官。古人执木铎以施教，后称执掌教化人民的官吏为“秉铎”。

鸣琴：指任知县。用宓子贱治单父典。详见第94页注。

造物：万物的创造者，亦可指上天。

【解析】

晚清官场以贪官为多，能不贪或少贪的已属罕见，这位郭元昌还能倒贴自己的家产，虽然“固闽巨族”，也实在是凤毛麟角的了。俞樾认为子孙兴旺是上天对郭元昌的报答，则此联当得一篇劝世文看。

对仗方面，首二句的自对甚工整。

戚母钱太恭人挽联

太恭人为戚英甫同年室，钱衎石先生女也。能诗，工书，且善分书。咸丰初，余与英甫同官翰林。两家眷属拟结伴入都。而英甫奉讳归，不果。旋亦即下世矣。其子人铣，以刑曹官京师。而恭人自与少子居家乡。今年病殁，年七十有九。

已逾七帙遐龄，止争一岁光阴，竟不少延登耄寿；

顿触卅年旧梦，回忆两家眷属，曾谋结伴到京华。

【注释】

戚英甫同年：戚士彦，字声叔，号英甫，浙江余姚人（实际居住在德清），道光三十年（1850年）庚戌科进士（与俞樾同年），历仕翰林院编修、国史馆协修。

钱衎石先生：钱仪吉，字蔼人，号衎石，浙江嘉兴人，嘉庆十三年（1808年）戊辰科进士，官至工科给事中，罢官后长期主讲广州学海堂及河南大梁书院。

其子人铣：戚人铣，字振甫，号润如，又号溥如，浙江余姚人，同治七年（1868年）戊辰科进士，历仕刑部湖广、陕西司主事、员外郎、郎中。

七帙：七十岁。

耄寿：“八十、九十曰耄”。见《礼记·曲礼上》。

【解析】

上联以“竟不少延登耄寿”紧切七十九岁。下联则回忆两家的关系，是挽联的常见写法。相信俞樾又一次想起了自己的妻子。

鲍伯熙太守挽联

太守为华潭中丞之子，曾文正公年终考语有“世家子弟，能耐劳苦”之语。署九江太守，卒于官，年未六十也。卒后三日，其侧室高氏仰药以殉。

官止二千石，寿未六十年，方期幢引碧油，重绍家声开幕府；

帝知佳子弟，民歌贤父母，谁料楼成白玉，并教房老殉泉台。

【注释】

鲍伯熙太守：鲍地光，字或号伯熙，江西候补知府，其余不详。

华潭中丞：鲍源深，字华潭，号穆堂，安徽和州（今和县）人，道光二十七年（1847年）丁未科探花，官至山西巡抚。

考语：上级官员对下属官员的鉴定性文字。

侧室：妾。

幢引碧油：碧油幢是古代大官坐的车，此处代指清代三品以上官员坐的绿呢大轿（知府级别不够，只有升了官才能坐）。

房老：婢妾年久而位高者，亦作房长。

泉台：坟墓，亦指阴间。

【解析】

上联悲其官不大、寿不高，未能“重绍家声开幕府”。下联转而赞扬，并以妾殉葬入联，是很常见的挽联写法。

以“幢引碧油”对“楼成白玉”，工巧之极。以“房老”对“家声”也起到了改善对仗工整程度的作用。

前两句的格律随意和后两句的格律严谨，又一次形成鲜明的对照。

李少荃傅相七十寿联

五百年名世之才，上纬天维，下理地轴；

七十载从心所欲，西摩月镜，东弄日珠。

又

以黄阁老臣，兼青宫太傅，九畿坐镇，五等崇封，德威及万里遐陬，翻笑唐李郭，宋范韩，勋业事功，不离寰宇内；

先元宵十日，祝上相千秋，梁案齐眉，谢庭继武，恩礼自九天下逮，远轶汉张苍，魏罗结，富贵寿考，再届古稀年。

【注释】

五百年名世：化用《孟子·公孙丑》“五百年必有王者兴，其间必有名世者”。

七十载从心所欲：用孔子语，“七十而从心所欲，不逾矩”，见《论语·为政》。

西摩月镜，东弄日珠：引自唐皇甫湜《出世篇》。

青宫太傅：太子太傅。青宫即东宫。

九畿：出自《周礼·大司马》，以“方千里曰国畿，其外方五百里曰侯畿”，再向外每方五百里是一个“畿”，共有侯、甸、男、采、卫、蛮、夷、镇、藩等九畿。此指畿辅，李鸿章时任直隶总督。

遐陬：意为边远一隅。

唐李郭：唐代平定安史之乱的名将李光弼和郭子仪。

宋范韩：北宋镇守临近西夏边疆的名将范仲淹和韩琦。

梁案齐眉：用汉梁鸿孟光举案齐眉典。

谢庭继武：用东晋谢玄“（子弟）譬如芝兰玉树，欲使其生于庭阶耳”典。

汉张苍，魏罗结：张苍是西汉文帝时的丞相，《史记·张丞相列传》说“（张）苍年百有余岁而卒”；罗结是北魏时的大将军，《魏书·罗结列传》说“（罗结）年一百二十岁，卒”。

【解析】

第一联除文字典雅之外，就只剩下吹捧之辞了。在任何一个七十岁的朝廷重臣身上都用得，也都难免有过分的溢美。

相比之下，第二联的内容就丰富得多了。

上联前四句分切李鸿章的大学士、太子太傅、直隶总督兼北洋大臣以及一等肃毅伯的显赫身份。后面几句拉来唐朝的郭子仪、李光弼和北宋的韩琦、范仲淹作陪衬，衬得十分巧妙。俞樾并不说李鸿章就比他们功劳大或者名望高，而是说他们的"勋业事功"是"不离寰宇内"即只在中国范围内的，而李鸿章的"德威"却是"及万里遐陬"即"驰誉全球"的。

下联在切了生日，赞扬了夫妻"齐眉"、子弟"继武"之后，又拉了两个古人来作陪衬。张苍和罗结一相一将，都活到一百多岁。俞樾说李鸿章不仅出将入相，而且将来要"远轶"他们，"再届古稀年"，也就是说再活七十年。李鸿章看了即使心里知道不可能，但总是会开心的。

此联虽然也吹捧过分，但是吹得比较有技巧，内容比较充实，对仗、用典也很见功力。

崧镇青中丞六十寿联

中丞今年五十有九，豫祝焉。是年公弟锡侯中丞开府蜀中，弟兄同时两巡抚，缙绅荣之。

先一岁祝六十生辰，正玉昆金友，同领封疆，当代合肥堪媲美；

为两浙吁九重恩命，就越水吴山，特开制府，昔年敏达与同符。

【注释】

崧镇青中丞：崧骏，字镇青，瓜尔佳氏，清满洲镶蓝旗人，时任浙江巡抚。

公弟锡侯中丞：崧蕃，字锡侯，崧骏弟，光绪十七年（1891年）由四川布政使升任贵州巡抚。联当作于此时。

开府蜀中：疑是“开府黔中”之笔误。一则与史实不符；二则四川有总督而无巡抚。

当代合肥：指李瀚章、李鸿章兄弟，同时任巡抚、总督。

为两浙吁九重恩命：据《清史稿·崧骏传》记载“（光绪）十五年，浙患水祲，（崧骏）奏请免漕，发帑赈之”。

昔年敏达：指雍正朝任浙江总督、管巡抚事，政绩颇好的李卫（谥敏达）。

【解析】

上联称颂崧骏兄弟同为巡抚，可以媲美李鸿章兄弟，虽然颂扬得体，也无非是熟套语言。下联则说出了“为两浙吁九重恩命”的实质性内容。由于有事实在，俞樾用李卫比崧骏，应该说是比较贴切的。

宝文靖公挽联

佩蘅相国宝鋆，谥文靖，丁酉同年也。五六岁时，其封公口授以《金刚经》，即背讽不遗一字，可知真灵位业中人，自有宿根矣。

五十年同岁生，平时怅旧雨稀逢，一旦惊台星骤陨；

廿四考中书令，早日擅金经宿慧，千秋垂青史贤名。

【注释】

宝文靖公：宝鋆，索绰络氏，字佩蘅，清满洲镶白旗人，道光十八年（1838年）戊戌科进士，历任军机大臣、总理各国事务大臣、体仁阁大学士、武英殿大学士，谥文靖。宝鋆卒于1891年，联当作于此时。

丁酉同年：宝鋆是道光十七年（1837年）丁酉科举人，俞樾是该科乡试副榜。

真灵位业中人：神仙中人，因道教有《真灵位业图》，详细地排列了各种神仙的谱系。

台星：三台星，被认为是对应人间的三公、宰相，此指宝鋆的军机大臣、大学士身份。

廿四考中书令：典出《旧唐书·郭子仪传》，郭子仪担任中书令多年，“校中书令考二十有四”，即主持对官员的考核多达二十四次。后遂用作对长期身居高位者的称颂语。

金经：《金刚经》。

【解析】

上下联后两句无论内容还是对仗都很不错。

贺云甫御史大夫挽联

云甫亦丁酉同年。罢官后，侨寓天津，年八十二而卒。其孙于今科中式京兆榜第二名，犹及见之也。

享大年兼备达尊，三看贤孙折桂而回，白发重亲，正喜满门皆杞梓；

叹同谱又凋硕果，一从文靖骑箕之后，黄垆再恸，自怜暮景亦桑榆。

【注释】

贺云甫：贺寿慈，字云甫，湖北蒲圻（今赤壁）人（其出生地今属湖南临湘），道光二十一年（1841年）辛丑科进士，官至都察院左副都御史。

御史大夫：都察院左都御史的别称。

京兆榜：顺天府乡试榜。

杞梓：杞、梓皆为良木，用以比喻有用的人才。

文靖：上一联所挽之宝鋆。

黄垆：黄公酒垆的省略。睹物思人，怀念故友之典。出自南朝宋刘义庆《世说新语·伤逝》："王濬冲为尚书令，著公服，乘轺车经黄公酒垆下过，顾谓后车客：'吾昔与嵇叔夜、阮嗣宗共酣饮于此垆……自嵇生夭、阮公亡以来，便为时所羁绁。今日视此虽近，邈若山河。'"

【解析】

"骑箕"的"箕"本义是星名，但也是木名，借对"折桂"甚巧。"黄垆"指坟墓，"杞梓"指贤才，分别对"白发"和"桑榆"也极漂亮。

查子伊贰尹挽联

子伊以微员需次吴中，去年腊月二十九日卒于震泽县丞署。其子燕绪，余孙陛云同年，时充日本使臣随员。

以微员薄宦吴中，最怜风冷具区，腊鼓送回仙吏舄；

有令子壮游海外，谁料电飞列缺，星槎催返孝廉船。

【注释】

查子伊：除本联提供的信息外，只知其出自海宁查家，其余不详。

贰尹：县丞的别称，县丞是知县的副手，正八品。

震泽：清代设立的县，入民国后并入吴江县。

其子燕绪，余孙陛云同年：查燕绪，字翼甫，号檵亭，浙江海宁人，与俞樾之孙俞陛云同于光绪十一年（1885年）乙酉科中举，后曾任松江府海防同知。

具区：太湖的别称。

送回仙吏舄：反用《后汉书·王乔传》叶令王乔乘"双凫"飞来，其"凫"化而为"舄"之典。"舄"需"送回"，则人已死可知。

列缺：本指闪电，这里的"电飞列缺"则当是指通知查燕绪的电报。

星槎：此用张骞泛槎之典以切外交使节。

孝廉船：对有才识之士的美称。见南朝宋刘义庆《世说新语·文学》。

【解析】

此联对仗讲究，如“薄宦吴中”与“壮游海外”、“风冷具区”与“电飞列缺”、“腊鼓”与“星槎”之对，均甚工整。声律亦甚严谨，全无“率意而为”的影子。

刘文楠观察挽联

文楠当金陵不守时，其父母弟妹死寇难者十余人。感而投笔从戎，积功至观察。其才略之优，可想也。

承一门忠烈之余，投笔从戎，公愤私仇皆得尽；
历卅载艰难而起，盖棺定论，文才武略两俱优。

【注释】

刘文楠：刘传桢，字文楠，一字守斋，江苏上元（今南京）人，官至三品衔记名道台。

金陵不守时：指1853年太平军攻克江宁（今南京）。

投笔从戎：用东汉班超投笔典。

【解析】

此联组织素材而成，虽然中规中矩，却也无甚亮点，只能算是平平的应酬之作。

清溪书院讲堂联

时吾邑修葺书院。董其事者属书此联。

合天目苕溪诸胜，龙飞凤舞而来，钟毓英才宜此地；
承朏明方虎之遗，经术文章相望，缵修旧业在群贤。

【注释】

清溪书院：在德清，始建于明代成化年间。俞樾曾在该书院讲学。

天目苕溪：天目山和苕溪。均有部分在德清境内。

龙飞凤舞而来：化用唐诗“天目山前两乳长，龙飞凤舞到钱塘”。

朏明方虎：清初的德清学者胡渭和徐倬（胡字朏明，徐字方虎）。

【解析】

上联赞扬书院，从地理的角度着笔，从“天目苕溪”的“地灵”引出“钟毓英才宜此地”的“人杰”来，切合书院培养人才的主旨。下联寄语学生，从人文的角度着笔，提出两位清初的德清学者胡渭和徐倬，希望家乡书院的学子能够“缵修旧业”，继承他们的“经术文章”。全是书院联的题中应有之义。

王氏长外孙喜联

王氏长外孙念曾，字少侯，娶许氏二外孙女为妇，于正月十六日成礼。顾而乐之，为书此联。

十六良宵，对明月金樽，还如元夕；

一双佳耦，看春风玉树，总是孙枝。

【注释】

王氏长外孙：俞樾长女俞锦孙与俞樾会试同年王凯泰之子王豫卿所生，名王念曾，字少侯。

许氏二外孙女：俞樾次女俞绣孙与杭州许家许乃恩之子许祐身所生，名许之雯，字修梅。

元夕：元宵节之夜。

【解析】

此联写得喜气洋洋，上联紧扣正月十六，下联紧扣自己是新郎新娘双方外公的身份。

“明月金樽”与“春风玉树”之对，既极富喜庆气氛，也相当工整。

许室施恭人挽联

许子社明经之配也。平日喜持斋念佛，于十二月初九日微笑而逝，室中有旃檀香。

过腊八日，含笑归真，但有旃檀香不灭；

诵元九诗，伤心营奠，定知虚幌泪难干。

【注释】

许子社：许郊，字或号子社，曾任杭州紫阳书院监院，其余不详。

旃檀香：檀香，梵语音译。

诵元九诗，伤心营奠：元九即唐诗人元稹，后句化用元稹悼亡诗"今日俸钱过十万，与君营奠复营斋"。

定知虚幌泪难干：反用杜甫《月夜》诗"何时倚虚幌，双照泪痕干"之意，以写丧妻后的许郊的情形（同倚虚幌、明月双照的情景已不可再得）。

【解析】

此联的亮点在下联。用"元九"对"腊八"已见工巧，而后面先化用元稹悼亡诗句，再反用杜甫《月夜》诗之意，以写丧妻后的许郊的情形，极为得体。

罗景山军门挽联

军门以军功起家，官至福建福宁镇总兵，升福建提督，调湖南提督，罢归。复起，仍为福宁总兵。壬申之岁，先兄壬甫守福宁，余往省太夫人起居。军门正官福宁镇，一见如故。觞余于望海楼，出所著《思痛录》见示，盖纪严州战事也。先兄旋卒于福宁郡署。乃至今年，军门亦卒于福宁镇署。追念旧游，为之泫然。

崎岖百战后，飞扬大纛高牙，浙闽草木，都仰威名，犹不忘严陵城外，数载艰难，往事重提，示我亲编思痛录；

荏苒廿年前，省识轻裘缓带，褒鄂英雄，更饶儒雅，试回忆望海楼头，一樽谈笑，旧游如梦，哭公兼恸对床人。

【注释】

罗景山：罗大春，字景山，贵州施秉人，曾随左宗棠在浙江与太平军作战。两度担任福建福宁镇总兵，并曾署理福建陆路和水师提督。罗卒于1891年，联当作于此时。

壬申之岁：同治壬申，即1872年。

望海楼：此指福宁府治霞浦的望海楼。俞樾曾有《望海楼》诗。

《思痛录》：罗大春记载自己战争经历的书，俞樾曾为其作序。据《衢县志》记载，“此录盖其晚年自述，记其一生身莅戎行，历经危难情状，有痛定思痛之意，故以为名”。

严州：浙江古地名，在今桐庐、建德等地，府治在建德。

浙闽草木，都仰威名：套用唐德宗“朕谓江淮草木亦知尔威名”语。见《新唐书·张万福传》。

严陵城：浙江桐庐，因东汉严光（字子陵）曾隐居在此而名。此即指严州。

轻裘缓带：用西晋名将羊祜典，“（羊祜）在军常轻裘缓带，身不被甲”。见《晋书·羊祜传》。

褒鄂英雄：唐太宗李世民的功臣褒国公段志玄和鄂国公尉迟敬德。唐杜甫诗有“褒公鄂公毛发动，英姿飒爽来酣战”。

对床人：兄弟。用风雨对床典。出自唐韦应物《示全真元常》诗：“宁知风雨夜，复此对床眠。”此为俞樾指其兄俞林。

【解析】

联中用“褒鄂英雄”比罗大春，再加一句“轻裘缓带”，就描画出了一个文武双全的儒将形象。全联不刻意求工，但也不失对。下联末句“哭公兼恸对床人”，由挽罗而联想到自己已经去世的胞兄，也是情理中事。

广化寺大殿柱联

寺在孤山之阳，唐宋人所称孤山寺也。初名永福，陈文帝天嘉元年建。唐元和十二年，僧惠皎镌《法华经》于寺之石壁，长庆四年毕工，元微之有记。宋大中祥符间始改名广化寺，有辟支佛塔。

建刹傍孤山，溯天嘉永福初基，试与寻长庆残碑，读微之遗记；

题楣仍广化，还大中祥符旧观，愿重立辟支古塔，刻法华真经。

【注释】

广化寺：广化寺在孤山南麓，与俞楼相邻，现已不存。

唐宋人所称孤山寺：唐诗人白居易就曾有“孤山寺北贾亭西，水面初平云脚低”之诗句。

陈文帝天嘉元年：天嘉是南朝陈文帝的年号，元年为560年。

唐元和十二年、长庆四年：元和是唐宪宗的年号，元和十二年为817年；长庆是唐穆宗的年号，长庆四年为824年。此时白居易正在杭州做刺史，并给僧惠皎捐了钱。

僧惠皎：唐代僧人，《新唐书·艺文志》载，他著有《高僧传》十四卷。

《法华经》：佛教经典《妙法莲华经》的简称。

元微之有记：元稹，字微之，唐代著名诗人，与白居易合称“元白”。元稹应僧人之请，作有《永福寺石壁〈法华经〉记》。

宋大中祥符：北宋真宗的年号，为1008—1016年。

辟支佛塔：宋元之际人周密《武林旧事》记载“广化院，旧名‘永福’，自孤山迁于此。旧有……辟支佛骨塔”。据说是南朝时期印度僧人所建。

【解析】

俞樾此联与一般的寺庙联不同，并没有宣扬什么佛法，用许多佛家术语，而是从广化寺的历史着笔。上联在叙述了广化寺的历史后，希望能“寻长庆残碑，读微之遗记”，这分明是一个学者的考古兴趣。下联在赞扬广化寺恢复了宋代的“旧观”之后，希望能“重立辟支古塔”，重“刻法华真经”，表达了对进一步恢复寺庙当年面貌的期望。这样的联是不是适合挂在寺庙大殿，还真是难说。

李黼堂方伯挽联

黼堂以江西藩司护巡抚，谢病归，著《国朝耆献类征》一书，卷帙繁富。往年曾寓居浙江，于孤山筑芋禅精舍，即在俞楼之后。

谢节钺以归来，征文考献，遂有成书，大笔千秋垂信史；

爱湖山而寄寓，煨芋谈禅，长留名迹，小楼一角附芳邻。

【注释】

李黼堂：李桓，字叔虎，号黼堂，湖南湘阴人，早年曾入曾国藩幕府，官至江西布政使，署巡抚。李卒于1892年，联当作于此时。

《国朝耆献类征》：李桓著，系清代人物传记集，共七百二十卷。

煨芋谈禅：用唐僧人懒残“煨芋”并预言李泌“领取十年宰相”之典。见唐袁郊《甘泽谣·懒残》。此系为李住处名“芋禅精舍”而用此典。

【解析】

上联写死者的成就，下联写双方的关系，是常见的挽联正格。全联几乎不涉及“死”，但有“长留名迹”一句在，也稍稍有那么一点意思，不能算偏题。

窦母张太恭人七十寿联

太恭人乃甸青大令之母。甸青为河内人。余从前视学中州，曾来应童子试。以试卷污墨，遂将所作文与同县范君。余竟取入府学，而甸青又迟十年乃入学。曾以诸生从戎，有战绩。今以县令官吴中，七月三日为其母称觞。因赠是联。

趁七月新凉，祝阿母寿到期颐，齿杖荣颁，宠命定从天上至；

忆卅年旧事，看令子材兼文武，牙琴虚赏，英雄未入彀中来。

【注释】

甸膏大令：窦镇山，字甸膏，自号戎马书生，河南河内（今沁阳市）人，附生出身，曾任江苏上海、武进、元和、崇明等县知县。

英雄未入彀中来：反用“天下英雄入吾彀中矣”（唐太宗语，见《唐摭言》）之典。

【解析】

上联祝寿，还是寻常语言。下联以双方当年的特殊关系入联，很有特点。因为赏其文而没有赏其人，所以说“牙琴虚赏”。末句反用李世民“天下英雄尽入吾彀中矣”，以写未能取中窦甸膏，也很见功力。

对仗方面，以“牙琴虚赏”对“齿杖荣颁”极好。“七月新凉”与“卅年旧事”之对也很不错。

乐峰中丞母太夫人七十有八寿联

乐峰中丞奎俊，自山右移节吴下，于六月初五日至吴。前一日，太夫人生日也，行年七十有八矣。是年闰六月，乃补以此联寿之。

使节帝移来，鹂坊鹤市，罗拜慈軿，见说七旬刚晋八；

寿觞天补与，雪藕冰桃，重开家宴，又看六月过初三。

【注释】

乐峰中丞：奎俊，字乐峰，清满洲正白旗人，姓瓜尔佳氏，时新任江苏巡抚。奎俊由山西巡抚改任江苏巡抚在1892年，联当作于此时。

鹂坊鹤市：黄鹂坊、白鹤寺，苏州地名。此代指苏州。

寿觞天补与：因这一年刚好闰六月，于是就自然地把在路上耽误的六月四日生日用闰六月四日来补上了。

【解析】

上联着重写老太太随儿子赴任，新到苏州，受到当地百姓的爱戴，并点出七十八岁。下联则紧切闰六月补过生日，并把这一年正好闰六月说成是“寿觞天补与”，真是会说话得很啊。

对仗方面，“鹂坊鹤市”与“雪藕冰桃”的自对甚好。

庄芝田大令挽联

大令曾从戎，有战绩。其先德官浙中，故大令亦筮仕于浙。余孙儿陛云入学时，适知吾邑，取第二。

于从戎见战绩，于从政见吏才，溯先世治谱传家，又以循良达朝听；

在吾邑为父母，在吾家为师友，记小孙童年就试，曾因文字受公知。

【注释】

庄芝田大令：除本联提供的信息外，其余不详。

筮仕于浙：“筮仕”本指吏部通过抽签的方式确定官员分派的省份。但是在晚清时只要另外交一点钱，就可以“指省”，即由该官员自己选择省份。这位庄芝田的父亲在浙江做过官，有一定的人脉关系，所以就这样“指省”了。

余孙儿陛云入学时，适知吾邑，取第二：考秀才须经过县试、府试和院试。俞陛云县试第二名，府试、院试均第一名。庄时任德清知县，主持县试。

【解析】

上联写其生平成就，归结到其父的“治谱传家”。下联写双方关系，重点在俞陛云的“文字受公知”。唯全联无一处涉及“挽”，是为遗憾。另上下联首句句脚同仄，亦是瑕疵。

浣花夫人祠联

江叔海自蜀中书来，言浣花溪上新建冀国夫人祠，欲余撰一联寄刻祠中。夫人乃唐时崔宁妾任氏。宁入朝，留其弟宽守成都。杨子琳乘间袭据其城。宽战力屈。任募士，自将以进。子琳大惧，遁去。新、旧唐书并载此事，然未言封冀国夫人。《杨升庵集》言成都浣花溪有石刻浣花夫人像，三月三日为夫人生日，倾城出游，亦止称浣花夫人。冀国之号，未知何代所封也。

新旧书未详冀国崇封，但传奋臂一呼，为夫子守城，为小郎破贼；

三四月历数成都盛事，且先遨头大会，以流觞佳节，作设帨良辰。

【注释】

浣花夫人祠：浣花夫人姓任，是唐朝成都尹、西山防御使、西川节度使崔宁之妾。据《旧唐书·崔宁列传》记载，大历三年（768年）泸州刺史杨子琳乘崔宁入朝之机，“以精骑数千突入成都，据城守之”。崔宁之弟崔宽对抗不利，任氏“出其家财十万募勇士”，亲自指挥部队进逼杨子琳军，终于把杨军赶出成都。为了纪念她保卫成都的功绩，五代时即在成都浣花溪旁建有她的祠堂，清光绪年间又再重建。

江叔海：江瀚，字叔海，福建长汀人，曾在四川为官和任教，入民国后曾任京师图书馆馆长。

浣花溪：亦名百花潭，锦江支流，在成都西郊。

新旧书未详冀国崇封：“新旧书”指《新唐书》和《旧唐书》，两书都没有关于任氏被封为冀国夫人的记载。但唐人岑参有《冀国夫人歌辞》七首，从内容看，颇与成都有关。

遨头大会：成都起于宋代的一项活动。据陆游《老学庵笔记》记载：“四月十九日成都谓之浣花，遨头宴于杜子美草堂沧浪亭，倾城皆出，锦绣夹道，自开岁宴游至是而止。”“遨头”指太守。

流觞佳节：三月初三是上巳，是各地百姓进行春游活动、“曲水流觞”的日子。

设帨：指女子生日，典出《礼记·内则》“子生，男子设弧于门左，女子设帨于门右”。

【解析】

上联写夫人的功绩，下联写夫人生日的盛况，皆是题中应有之义。唯上联首句体现了俞樾作为考据家的一面，似不太适合悬于祠堂。

“奋臂”与“遨头”之对极好。后两句自对亦甚工整。

上联末句的“为小郎破贼”曾见有版本作“代小郎破贼”，不仅可以避免不规则重字，而且用字似也更为恰当。

诂经精舍式古堂联

诂经精舍讲堂西遍，有便坐焉。余题曰式古堂，并撰是联。

与诸君拜许郑先师，敢以空谈荒实义；

为昭代存乾嘉学派，须知经术即文章。

【注释】

式古堂：“式，法也”，见《说文解字》。俞樾题“式古堂”，应是希望学生们以古为法的意思。

许郑：汉代大儒许慎和郑玄。

敢以：此为“不敢”“岂敢”义。

昭代：政治清明的时代。常用以指本朝。

乾嘉学派：清朝前期的一个学术流派，以对中国古代社会历史各个方面的考据而著称。

【解析】

上联主张要以汉代的大儒许慎和郑玄为师，不尚空谈，讲求实义。下联则主张要继承清代的乾嘉学派，注重对儒家经典原文的理解，这个才是真正的“文章”。

此联无甚亮点，但提出了明确的主张，也可以看作是俞樾主持诂经精舍教育工作的指导思想。

虎邱魁星阁联

七月七日为魁星生日，见国朝施可斋鸿保《闽杂记》，盖闽中龙岩州有此说，他处不知也。吴下虎邱新建魁星阁落成，余题是联，庶此说传播三吴乎？

胜地傍虎邱，更登百尺楼台，已近九霄通瑞气；

奎光射牛斗，愿共三吴俊艾，长从七夕拜文星。

【注释】

魁星阁：魁星是神话传说中掌文运的神。各地常建魁星阁以供奉魁星。

国朝：指本朝。

施可斋鸿保《闽杂记》：施鸿保，字可斋，浙江钱塘（今杭州）人，道咸间在福建居住多年。《闽杂记》成书于咸丰年间，书中记载有关福建的风土人情。

牛斗：天上的牛宿和斗宿（均属二十八宿中的北方玄武七宿）。

俊艾：亦作俊乂，指杰出贤能的人才。《尚书·说命下》："旁招俊乂，列于庶位。"

【解析】

上联极言魁星阁之高。下联以"七月七日为魁星生日"这一"他处不知也"的福建说法入联，希望借联文而使"此说传播三吴"。

"虎邱"与"牛斗"、"九霄"与"七夕"之对都很漂亮。

于室张孺人挽联

孺人名祖绶，字绿砚，于香草明经之室也。能词翰，兼通经义。香草治经，得其襄助者为多。尝课其女诵《毛诗》，遂著《诗问》二卷，亦女而士者也。

廿一年佐夫婿治经，似此倡随能有几；

三百篇为女儿课读，至今笺注尚如新。

【注释】

张孺人、于香草明经：于鬯，字醴尊，一字东厢，号香草，江苏南汇（今属上海）人，光绪二十三年（1897年）丁酉科拔贡生。其妻张祖绶，字绿砚，著有《留香阁诗问》二卷，实际是张祖绶"课女读《毛诗》时，意有所疑。绿砚问而香草答也"，见俞樾《留香阁诗问·序》。

三百篇：指《诗经》。

【解析】

在古代一个女子能帮助丈夫"治经"，能教女儿读《诗经》，还能写出二卷《诗问》（从书名看很可能是对《诗经》的某些内容提出疑问），确实是当得起"女而士者也"。因此，联的写法就和一般挽妇女联不同，把重点放在这方面了。此联的欠缺处是"挽"的意味太淡了。

广东学使署光霁堂联

为花农题。联中事迹，均见花农《诗纪》，不具录。

四面厂园林，看喻学有斋、校经有庐，以及瑞芝簃外、仙石亭中，好景无边，都向此堂呈胜概；

九霄下鸾藻，溯大兴之翁、仪征之阮，上而米老题诗、雪翁葺屋，前徽未远，更欣继起得名流。

【注释】

花农：徐琪，曾任广东学政。详见第141页注。

光霁堂：广东学政署中堂名，当是取"光风霁月"之意。上联所举喻学斋、校经庐，瑞芝簃、仙石亭，皆学政署中建筑物之名。

大兴之翁：翁方纲，直隶大兴（今属北京）人，乾隆时曾任广东学政。

仪征之阮：阮元，江苏仪征人，嘉庆时曾任两广总督，创办了著名的学海堂。

米老题诗：北宋大书法家米芾，曾在广州的九曜石上题“药洲”二字，并作有《九曜石》五绝一首。翁方纲任学政时曾找到此石并摹刻一石，置于学政署中。

雪翁葺屋：不详。应是某位曾修葺过光霁堂或者学政署的官员，号雪翁。

【解析】

上联从空间的角度写景，下联从时间的角度写人，条理分明。下联末句用“更欣继起得名流”隐隐地捧了徐琪一下，却不说破，手法甚是高明。

任小沅中丞七十寿联

中丞曾官浙江布政使，后至浙江巡抚。

屏藩节钺半生来宦迹两至吾乡，僚友曰善、士林曰善、闾阎曰善；

香山放翁七十岁诗篇并为公寿，富贵中人、风雅中人、神仙中人。

【注释】

任小沅中丞：任道镕，别字筱沅，江苏宜兴人。详见第201页注。任生于1823年，联当作于1892年。

宦迹两至吾乡：光绪四年（1878年）任浙江布政使，光绪九年（1883年）任浙江巡抚。

香山放翁七十岁诗篇：白居易（号香山居士）有《偶吟自慰兼呈梦得（予与梦得甲子同，今俱七十）》诗；陆游（号放翁）有《甲寅元日予七十矣酒间作短歌示子侄辈》诗。

【解析】

上联赞其官声，下联祝七十寿。也是一种较常见的寿联写法。

任道镕官做到方面大员，年龄活到七十古来稀，有著作传世，书画也都有可观，联中称他是“富贵中人、风雅中人、神仙中人”，也还不是毫无根据地瞎吹捧。

彭岱霖观察挽联

观察为文敬公之子，宦游吾浙。其生也，以十月十七日亥时。其殁也，亦同之。且其临终处分身后事，神色湛然，若有甚异者。亦必生有自来者也。今年春，曾偕吴清卿中丞访我于俞楼。清卿为余门下士，而观察又出清卿之门。清谈良久，进小食点心而别。不谓此别，遂千古也。

宰相之子，儒雅风流，春间过我清谈，卮酒杯羹，敢谓门生出门下；

神仙中人，去来自在，身后传君奇事，悬弧属纩，不徒同日又同时。

【注释】

彭岱霖：彭祖润，字岱霖，江苏长洲（今苏州）人，同治十二年（1873年）癸酉科举人，官至浙江候补道。

文敬公：彭蕴章，字咏莪，道光十五年（1835年）乙未科进士，咸丰六年（1856年）任文渊阁大学士，1862年去世，谥文敬。

吴清卿中丞：吴大澂，字清卿，刚结束丁母忧，准备赴湖南巡抚任，故称其为“中丞”。详见第225页注。

春间过我清谈：俞樾在光绪十八年（1892年）三月初八的日记中有记载“吴清卿河帅、彭岱霖观察同来，留之小饮，买楼外楼醋溜鱼佐酒”。联当作于此年。

【解析】

全联以纪实为主，一记双方关系，一记生死“同日又同时”。因为要强调其“生有自来”“去来自在”的一面，就不免淡化了哀挽的一面。

朱伯华观察挽联

伯华曾从余游。庚申春，苏州失陷。同出危城，转徙至越中。相依一载有余，呼内子姚夫人为母。后以孝廉出为监司，署直隶清河道者一年，加二品衔。李傅相颇倚重之。未登中寿而卒，惜哉！

昔年曾患难相依，从吴下转至越中，辛苦道途，同留此烽火余生，何异一家骨肉；

壮岁以孝廉筮仕，由郎署出为观察，勤劳王事，止博得清河小试，兼叨二品头衔。

【注释】

庚申春，苏州失陷：指1860年太平军攻陷苏州。

转徙至越中：俞樾曾先后到浙江德清、定海等地避乱。

李傅相：指李鸿章。李有太子太傅及文华殿大学士衔，故称。详见第12页注。

未登中寿而卒：朱福荣卒于光绪十八年（1892年），未及中寿。

【解析】

上联写双方关系，下联写死者经历，并叹其未得大用。中规中矩而已。

对仗方面，“骨肉”与“头衔”之对可算亮点。

钱子密侍郎七十寿联

子密乃子方同年之弟也。受曾文正知最深，在两江幕府垂二十年。后入都，供职枢廷，累迁至工部侍郎矣。子密小于余三岁，戒余勿自称弟。而每与通书，辄忘之，仍自称弟。乃加“罘”字于上，作“罤”，曰周人称兄曰罤也。今年子密七十生日，书此联寿之，并述前语为戏。

枢廷宿望，戎幕旧游，衣钵得真传，会见两江来建节；

八秩初开，三年忝长，轩楹题吉语，不辞一笑再书罤。

【注释】

钱子密：钱应溥，字子密。详见第111页注。钱生于1824年，联当作于1893年。

子方同年：钱应溥之兄钱炳森，字子方，与俞樾同为道光二十四年（1844年）甲辰科举人。

两江幕府：两江总督的幕府。

枢廷：军机处的别称，亦作枢垣。

乃加“罘”字于上，作“罤”，曰周人称兄曰罤也：“罤”字是“昆”的异体字。而据《毛诗故训传》：“昆，兄也。”《说文解字》有“周人谓兄曰罤。”钱应溥因为自己比俞樾小三岁，而哥哥与俞樾是同年，所以坚持不同意俞樾按照当时一般社交惯例自称“弟”。而俞樾往往习惯性地自称“弟”，发现后再在“弟”字上加一个“罘”字，改成“罤”字。这样就把“弟”改成“兄”了。

【解析】

此联以当年书信署名改“弟”为“罤”趣事入联，可算别出心裁。有此一语，全联即无应酬语气，显得情真意切了。

徐寿蘅侍郎七十寿联

侍郎视浙学时，曾以余文章学问，力荐于朝。余固不知也。及侍郎以此得严谴，余始知之。乃与书曰：“此事姑置之五百年后，自有定论耳。”今侍郎年七十矣。六月五日，其生日也。书此寿之，并及前语，以为一笑。

七十岁古稀，庭院清凉，好引碧筒招客饮；

五百年论定，文章道义，可容青史附公传。

【注释】

徐寿蘅：徐树铭，字寿蘅，湖南长沙人，道光二十七年（1847年）丁未科进士，曾在同治年间任浙江学政，官至工部尚书。徐生于1824年，联当作于1893年。

曾以余文章学问，力荐于朝。……得严谴：据《清史稿·徐树铭传》记载“同治五年，起署礼部左侍郎。明年，督学浙江。以荐举人才中列已罢编修俞樾，严旨付吏议，谪迁太常寺少卿”。从正二品的侍郎衔降到正四品的太常寺少卿，连降四级，确实可以算是“得严谴”了。

余始知之：据俞樾致谢增书信可知，俞樾是在读到关于徐树铭被处分的“邸抄”后才知道此事的。

碧筒：古人用荷叶做的饮酒器具。见《酉阳杂俎》。

【解析】

下联的“可容青史附公传”是俞樾自谦的说法，其实即使在当时，俞樾的名望也未必在徐树铭之下。到了一百多年后的今天，徐树铭的名望就更是远不如俞樾了。在百度查俞樾，有相关网页1170万个，而查徐树铭只有20.1万个。这个谁附谁传的说法应该倒过来才对了。

以“碧筒”切六月很应景，以对“青史”也甚好。

李母陶太淑人挽联

淑人生于嘉庆二十二年丁丑，殁于光绪十八年十二月，月建在丑。又曰：吾于丑时归。及卒，果丑时。早寡，无子，抱夫弟之子为子。其夕，梦人以榴实示之，拈其一子。及所抱子来，目有红点。生平言笑不苟。每谓物力艰难，不可不惜。食毕辄令人于案下检寻遗粒。其嗣子名滨，官浙中，仕而不废学，亦佳士也。

生丑年，殁丑月，又豫定丑时，平居懿美不胜书，小物克勤，珍此稻匙一点雪；

始贤妇，继贤母，遂教成贤子，异时造就未可量，循声大起，拈来榴实十分红。

【注释】

嘉庆二十二年丁丑：1817年。

光绪十八年十二月：1892年，但十二月当已在1893年。联当作于此时。

嗣子名滨：嗣子即过继的儿子。李滨，字古渔，江苏上元（今南京）人，捐班出身，官至浙江通判，著作颇多，曾就礼仪方面的有关问题与俞樾信函讨论。故云“仕而不废学”。

【解析】

上联写生死于丑年、丑月、丑时之奇，并赞其爱惜物力；下联赞其一生，并预言其嗣子将来会“循声大起”“造就未可量”。

前三句用了三个“丑”字对三个“贤”字的重言技巧，但是以牺牲句脚平仄相对为代价，得失之间也难说得很。

以“稻匙一点雪”对“榴实十分红”，可算是一亮点。

张勤果公祠联

公立功西域，薨于山东巡抚之位，相传为张桓侯转世，见于蒯士芗廉访所撰《岳忠武祠联跋语》，蒯其至亲，当不诬也。

唐留姓、宋留名，又为熙朝钟间气；

太山云、天山雪，长于浙水护灵旗。

【注释】

张勤果公：张曜谥勤果。详见第91页注。

张桓侯：三国张飞，谥桓侯。

蒯其至亲：蒯士芗是张曜姑父。详见第91页注。

唐留姓：指唐张巡留张飞之姓。

宋留名：指宋岳飞留张飞之名。

又为熙朝钟间气：指据说张曜是张飞转世。

太山：泰山，“太”通“泰”。此处切山东。

长于浙水护灵旗：杭州有张曜祠堂（张曜的籍贯后来改为钱塘），故云。联当题于此祠。

【解析】

上联用张曜是张飞转世的传说做文章，于是拉来张巡、岳飞作陪，可谓深得吹捧的技巧。下联则写实，“太山云”切山东巡抚的身份，“天山雪”切收复新疆的战功，再用“浙水”落实到祠堂的所在地杭州，干净利落之至。

彭刚直公衡州专祠联

公西湖专祠，余已为题联矣。闻衡州祠成，又寄此联。

儒雅是书生，英武是宿将，赤心许国是社稷臣，长留俎豆旂常，突兀崇祠壮南岳；

发轫在湘中，转战在江上，白发筹边在岭海外，追数艰难辛苦，凄凉老友哭西湖。

【注释】

衡州：今衡阳，彭的家乡。

社稷臣：关系国家安危的重臣。

白发筹边在岭海外：指彭在中法战争时到广东会办军务。时已年近七十。

【解析】

上联前三句写彭的身份，后两句写祠堂；下联前三句写彭的经历，后两句写自己的心情，属于比较常规的写法。

对仗方面，“赤心许国”与“白发筹边”、“南岳”与“西湖”之对很漂亮。

前两句自对在对仗方面颇工整，却置平仄于不顾，对比后三句的格律严谨，似乎在提示我们俞樾就是认为自对且有重言的句子是不必苛求平仄的。

盛旭人方伯八十寿联

方伯之哲嗣杏孙观察亦行年五十矣，方为天津海关道。明年恭值皇太后万寿庆典，方伯由天津入京祝嘏，必与在籍九老之列。盖庆典例有文九老、武九老、在籍九老，谓之三九老云。

与贤郎合作百卅龄，叠举兕觥上寿；

看明岁征为三九老，同扶鸠杖趋朝。

【注释】

盛旭人：盛康，字旭人，因有布政使衔，故称“方伯”。详见第152页注。

哲嗣杏孙观察：盛宣怀，字杏荪（“孙”疑为“荪”之误），盛康之子，同治五年（1866年）丙寅科秀才，时任直隶津海关道。盛宣怀生于1844年，此时正好五十虚岁。

明年恭值皇太后万寿庆典：指1894年慈禧太后六十大寿的庆典。故联当作于1893年。

三九老：据《清稗类抄》记载“乾隆辛巳，孝圣后七旬万寿，赐三班九老宴于香山。在朝王大臣九人，武职九人，致仕诸臣九人”。后来太后八旬万寿时，又搞了一次。从此“三九老”成了“庆典例有”。

兕觥：用兕角做成的酒器。兕是犀牛类的动物，有角。

同扶鸠杖趋朝：用“八十杖于朝”之典，切八十岁。见《礼记·王制》。

【解析】

联中“叠举兕觥”与“同扶鸠杖”之对，极为工巧。

许星叔尚书挽联

星叔以内阁中书起家，官至尚书、军机大臣，以微疴遽卒，赠太子太保，谥恭慎，亦备极哀荣。其明年恭遇万寿庆典，枢廷诸臣，皆膺异数之恩，则君不及矣。

起家直阁，秉政枢廷，中外交推，洵不愧丁卯桥百年乔木；
叠晋宫衔，茂膺谥典，哀荣备至，惜未逮甲午岁万寿恩纶。

【注释】

许星叔：许庚身，字星叔，号吉珊，浙江仁和（今杭州）人，咸丰二年（1852年）壬子科举人，考取内阁中书，同治元年（1862年）壬戌科进士，官至军机大臣、兵部尚书。许庚身是道光朝的兵部尚书许乃普之侄，与俞樾的二女婿许祐身是本家兄弟。许卒于1893年，联当作于此时。

直阁：内阁中书的别称。

丁卯桥：在镇江。晚唐诗人许浑曾居此地，自编诗集名《丁卯集》。此以切姓。

百年乔木：此指世家大族。

宫衔：指太子太师、太子太傅、太子太保、太子少师、太子少傅、太子少保这些头衔，因太子居东宫，故云。清代自雍正以后虽不立太子，但这些头衔都是保留的。

【解析】

杭州许家是名门望族，“乃”字辈就六十年间科甲不断，到了“身”字辈继续这种荣耀，以“百年乔木”相比是很恰当的。

以“丁卯桥”对“甲午岁”，极工巧。

聂仲芳廉访四十寿联

廉访为曾文正公之婿，由苏松太道迁浙江按察使，行年四十，正万寿庆典之年也。

九重大庆，延及臣家，一时中外艳传，谓吾师文正公真能择婿；

四十华年，晋陈臬事，此后勋名鼎盛，是本朝咸同后继起名臣。

【注释】

聂仲芳：聂缉椝，字仲芳，湖南衡山人，曾国藩的小女婿，时任浙江按察使，后官至浙江巡抚。聂生于1855年，证之文中“正万寿庆典之年”，联当作于1894年。

【解析】

本来聂缉椝做四十大寿和慈禧太后做六十大寿是风马牛不相干的两件事，俞樾却用一句“延及臣家”就轻巧地拉过来作衬了。而一句“吾师文正公真能择婿”也是明着夸曾国藩慧眼识人，暗里夸聂缉椝当得起乘龙快婿，真是一举两得。下联“此后勋名鼎盛”的祝愿后来还真应了一部分，不过十来年，聂缉椝就做到了浙江巡抚。

下联重一“名”字，或当是无意之失。

潘母汪太夫人挽联

太夫人为文恭相国季子妇，年至八十，未逮生日而卒。

出自名门，嫔于相门，庆典躬逢，鸠杖方期颁内府；
生在冬日，殁当秋日，耄龄已届，兕觥未及进华堂。

【注释】

文恭相国季子：潘曾玮，字季玉，潘世恩第四子。详见第6页注。
出自名门：这位汪老太太出生于苏州的名门望族汪家，其父汪祥芝是潘世恩的内兄，即潘曾玮的舅舅兼岳父。

【解析】

此联是应酬之作，无甚新意。上联也是用慈禧太后的“万寿”来作文章。下联在“未逮生日而卒”上花了点笔墨，再加一点重言技巧。而“鸠杖”与“兕觥”之对前面也已经用过。看来多次使用自己比较得意的文字，也不是今天某些写应征联者的发明。

宋母彭夫人八十寿联

彭夫人为宋叔元观察德配。长子树之筮仕吾浙，次子澄之应试金陵，皆有时誉。八月十四日，其生日也。

看长君鹊起，听仲子鹿鸣，都为萱堂添福寿；

距百岁廿龄，先中秋一日，长斟桂醑祝期颐。

【注释】

长子树之：宋仁寿，字树之，宋颐长子，曾任浙江南浔、嘉兴电报局总办，两浙盐运副使等职。

次子澄之：宋文蔚，字澄之，宋颐次子，光绪二十年（1894年）甲午科江南乡试举人（不过俞樾写联时尚未发榜）。联当作于1894年。

鹿鸣：此指乡试中举，参加鹿鸣宴。俞樾的“听仲子鹿鸣”成了准确的预测。

桂醑：桂花酒。此处用以切时。

【解析】

此联虽然也是应酬之作，但前两句的自对和末句的“萱堂”与“桂醑”之对都相当漂亮。而下联的切年龄和切生日也非常到位。

许子社明经挽联

子社于今年元旦作五言绝句一首，句首冠以“甲午大吉”四字，和者甚众。

大吉竟无凭，空流传甲午元旦；

旧游能有几，又凋零丁卯诗人。

【注释】

丁卯诗人：用唐代诗人许浑典，切许姓。详见第284页注。

【解析】

“丁卯”对“甲午”内容甚好（惜平仄未谐）。这也是联中唯一的亮点了。不过又是前面已经用过的。

孙镜江吏部挽联

镜江以进士官吏部，改以知县官江西，罢归，以安定书院山长终。性嗜金石，尝以同乡吴氏所藏齐侯罍，谓考订有误。又好散氏盘铭，命其女公子摹之，书扇面见赠。今年来见我于右台仙馆，其名刺乃钟鼎文也。

登进士第，官吏部郎，花县归来，竟以山长老；

摹散盘文，订齐罍误，草堂投刺，早作古人看。

【注释】

孙镜江：除本联提供的信息外，其余不详。

安定书院：安定书院多地均有。但是从孙很可能是湖州人看，或当是指湖州的安定书院。

同乡吴氏所藏齐侯罍：吴氏指吴云。吴藏有齐侯罍和齐侯中罍，故其室名两罍轩。吴云是浙江归安（今湖州）人，如此孙镜江亦当是浙江归安人，或至少是湖州府人。

散氏盘铭：散氏盘是清乾隆初年出土的西周青铜器，有铭文三百多字。

名刺：名片，名帖。

钟鼎文：亦称“金文”，古代殷周秦汉时期钟鼎等铜器上的文字。

【解析】

上联叹其仕途不顺，下联写其“性嗜金石”，并巧从“其名刺乃钟鼎文也”引出“早作古人看”，用“作古”落到挽联上来。

对仗方面，“花县”与“草堂”之对很漂亮。

沈仲复中丞挽联

仲复以安徽巡抚内召，于姑苏小住，即拟入京恭祝皇太后万寿，未及启行，以疾卒于苏寓之耦园。

谢玉节以归来，盛典恭逢，正拟衣冠趋北阙；

爱金阊而小筑，名园大好，不堪丝竹冷东山。

【注释】

盛典：指1894年慈禧太后六十大寿庆祝典礼。联当作于此时。

丝竹冷东山：反用谢安东山丝竹之典。

【解析】

下联以沈的耦园比东山，也就是隐以谢安相比，但不明言，是高明的捧人方法。

以“金阊”对“玉节”大好。“北阙”与“东山”之对也甚工稳。

潘伟如中丞八十寿联

中丞由微秩起家，官至贵州巡抚。引疾家居，年登八秩。七月既望，乃其生日。夫人沈氏，白首齐眉。亦佳话也。

任封疆万里，受知遇四朝，备历官阶到开府；

距百岁廿年，先中秋一月，安排家宴祝齐眉。

又挽联

中丞生日后逾一月，旋卒。遗疏入，诏视巡抚例赐恤。

溯悬弧谷旦，到撤瑟灵辰，一月光阴歌泣异；

从牧令起家，以封疆致仕，九重恩礼始终全。

【注释】

潘伟如：潘霨，字伟如，江苏吴县（今苏州）人，监生出身，官至贵州巡抚。潘卒于1894年，联当作于此时。

受知遇四朝，备历官阶到开府：潘霨是从道光二十九年（1849年）的九品小官连捐带升一步一步地往上爬的。从知县、知州、知府、盐运使、按察使、布政使直到巡抚，经历了道光、咸丰、同治、光绪四朝。

撤瑟：本指生病，典出《礼记·丧大记》，后来逐步演变为指去世。

【解析】

寿联上联切事，下联切八十、切生日、切夫妻齐眉，可算面面俱到。作为应酬之作可以算得中规中矩，但也无甚亮点。

挽联上联通过一月间从祝寿到吊丧的强烈对比营造悲哀氛围。下联则叙其一生经历，并归结到“诏视巡抚例赐恤”。全联也算得中规中矩。

“悬弧谷旦”与“撤瑟灵辰”的自对极好。

于母姚孺人七十寿联

孺人为于香草明经之母。七十生日，戒勿称觞，命以所费周亲族之贫者。香草因请余书此联寿之。联中云云，皆述孺人之言也。

幼承祖训，老授孙书，谓儿勿急科名，课尔曹三百篇毛诗殊有味；

年届古稀，月逢瑞腊，为吾小赒乡里，道我母八十岁耄寿未称觞。

【注释】

我母八十岁耄寿：题及内文均曰七十，联亦云“古稀”，而又曰“八十”。疑“八十”是“七十”之笔误。

【解析】

这副寿联与众不同，并没有为寿星祝寿。联中一个“课尔曹”，一个“为吾”，纯是寿星的口吻。类似自寿联，即“皆述孺人之言也”。

一个古代的老太太，能够不办自己的七十大寿，用省下来的钱接济族中的穷人，这种襟怀确是非常难得。

上下联前两句自对较为工整。

桐山居士七十寿联

居士名凤瑞，字桐山，号如如老人，杭州驻防。曾刻小印曰“曲园门下走狗”，亦旗营中一老诗人也。今年七十矣。以诗稿见示，并乞寿联。书此赠之。其生日为十一月二十三日，乃冬至前三日。

读卮言七章及杂言诸篇，想见其人，嵚崎历落；

前阳生三日为先生上寿，从今以往，耄耋期颐。

【注释】

桐山居士：凤瑞，字桐山，号如如老人，瓜尔佳氏，清满洲正白旗人，入《清史稿·孝义传》。凤瑞早年曾隶属李鸿章淮军，与太平军作战，“以笔帖式积功累保副都统，赏花翎”。后隐居杭州，从事慈善活动，被称为“善人”。他“博学，工书画，游迹遍天下”，著有《老子解》《如如老人诗草》《殉难录》等著作。

刻小印曰“曲园门下走狗”：此系仿郑板桥“青藤门下走狗”（见袁枚《随园诗话》）之意。

嵚崎历落：指人卓尔不群，磊落洒脱。语出《世说新语·容止》中周颛称赞桓彝的话：“周伯仁道桓茂伦：‘嵚崎历落可笑人。’”亦见于《晋书·桓彝传》。

阳生：冬至一阳生。

【解析】

上联赞其人，下联先以“前阳生三日”切生日，再以“从今以往，耄耋期颐”祝寿，是寿联的传统写法。

首句重言，略见技巧，然亦失之平仄不谐。

王母周太淑人挽联

太淑人为王可庄太守之母。其始归也，及事祖舅文勤公。随宦历秦、晋、蜀，而荆布如寒素。晚年子孙森立，长君可庄以进士第一人出守镇江，移守苏州，皆有惠政，至今遗爱犹存。

随秦晋蜀使节归来，依然裙布钗荆，不愧文勤家法；
有子孙曾英材继起，看取召棠郇黍，常留吴会名区。

【注释】

王可庄太守：王仁堪，字可庄，福建闽县（今福州）人，光绪三年（1877年）丁丑科状元，官至苏州知府。

祖舅：此当指丈夫的祖父。虽然一般都认为祖舅指父之舅。对于男子而言，固然不错。但对女子而言，既然夫之父母分别称“舅”“姑”，夫之祖母称“祖姑”，则夫之祖父自当称“祖舅”。证之文中“事”“文勤公”和“随宦”，也更支持夫之祖父之说。

文勤公：王庆云，字雁汀，王仁堪的祖父，道光九年（1829年）己丑科进士，咸丰年间曾任陕西、山西巡抚，四川总督等职，官至工部尚书，谥文勤。以上见《清史稿·王庆云传》。如此，则王庆云是周太淑人之舅而非祖舅。《清史稿·王庆云传》亦明言“（其）孙仁堪”。俞樾“祖舅”之说或恐是传闻之误或笔误。

荆布、裙布钗荆：以布作裙，以荆代钗，言女子贫穷或朴素。

郇黍：歌颂地方官的典故。出自《诗经·黍苗》的“芃芃黍苗，阴雨膏之。四国有王，郇伯劳之”。

【解析】

全联材料组织得甚好，而且上联联系公公，下联联系儿子，章法井然。

对仗方面，“裙布钗荆”与“召棠郇黍”之对极好。

唯全联不及“死义”，似可算一缺陷。

陆存斋观察挽联

存斋以观察使官广东、福建。咸以大用期之，而竟不果。然收藏书籍，富甲海内，亦足以豪矣。

历官闽粤，声望满朝中，大可由柏署薇垣到开府；

旧籍宋元，收藏冠海内，忍抛却曹仓杜库去修文。

【注释】

陆存斋：陆心源，字刚甫，号存斋，晚号潜园老人，浙江归安（今湖州）人，咸丰九年（1859年）己未恩科举人，捐纳知府，官至福建盐运使。陆卒于1894年，联当作于此时。

收藏书籍，富甲海内：陆心源是清末四大藏书家之一，筑有“皕宋楼”“十万卷楼”“守先阁”等三座藏书楼，藏书达十五万多卷。

柏署薇垣：分别代指按察使和布政使。按照清代的升官路线，道台升官是臬台（按察使），再升是藩台（布政使），再升就是巡抚（可以开府了）。

曹仓：曹家书仓。晋王嘉《拾遗记》载：曹曾书垂万余卷，“及世乱，家家焚庐，曾虑先文湮没，乃积石为仓以藏书，故谓曹氏为‘书仓’”。

杜库：杜武库。西晋杜预博学多才，人称“武库”，“言其无所不有也”。见《晋书·杜预传》。

修文：指文人之死。因古代认为修文郎是阴间掌著作之官，孔子弟子颜回等人均在地府担任修文郎。见《太平广记》。

【解析】

陆心源官已经做到道台，而且“咸以大用期之”，就是说大家都认为他仕途一片光明。但是他没有进一步升官就死了。俞樾将这一事实入联，就突出了哀的一面，也表达了惋惜之情。

联中“柏署薇垣”“曹仓杜库”的自对甚是工整。

朱母陈太淑人挽联

淑人为朱萍华大令之母，年八十一而终。有三子两孙，其长君先卒。

生甲年，殁甲年，上寿八旬，去岁曾经进春酒；

子二人，孙二人，考终一笑，长君先已待泉台。

【注释】

朱萍华大令：除本联提供的信息外，其余不详。

生甲年，殁甲年：据此，陈太淑人卒于光绪甲午年（1894年，联当作于此时），生于嘉庆甲戌年（1814年）。

【解析】

此联完全属应酬之作，主要内容应该都是以讣告材料敷衍而成。虽然用了些重言技巧，但对前两句句脚同平全然不顾。得失之间，也难说得很。下联把“长君先已待泉台”与“考终一笑”相联系，似也未必恰当。

楹联录存四

孙琴西同年挽联

琴西以翰林直上书房，出守安庆，历官至江宁布政使，以太仆卿内召，引疾归。工诗文，兼喜校刻其乡先辈遗书。与余为丁酉、甲辰、庚戌三次同年。虽学术门户不同，而颇相得。年至八十而终。其官翰林时，再上封事甚切，非徒以文学见者也。

数丁酉甲辰庚戌三度同年，洵推理学名臣，内官禁近，外任屏藩，晚以太仆归田，老去白头，重游泮水；

刻横塘竹轩水心诸家遗集，自任永嘉嫡派，文法桐城，诗宗山谷，更有封章传世，将来青史，岂仅儒林。

【注释】

孙琴西：孙衣言，字劭闻，号琴西，浙江瑞安人，晚清著名的大儒，道光三十年（1850年）庚戌科进士，入翰林，官至太仆寺卿。孙卒于1894年，联当作于此时。

上书房：清代皇子读书之处。“直上书房”即给皇子当老师。

太仆卿：指太仆寺卿，从三品。

与余为丁酉、甲辰、庚戌三次同年：丁酉科俞樾中乡试副榜，孙拔贡；甲辰科两人同中举人；庚戌科，两人同中进士。

横塘竹轩水心：“横塘”指北宋许景衡的《横塘集》，“竹轩”指南宋林季仲的《竹轩杂著》，“水心”指南宋叶适的《水心集》，三人均为永嘉（今浙江温州）人。

桐城：桐城派，清代著名的古文流派。

山谷：北宋诗人黄庭坚，号山谷道人，江西诗派的开山人物。

有封章传世：孙衣言曾多次就反抗英法帝国主义侵略上奏章。

将来青史，岂仅儒林：意为今后在史册上不仅仅被写进《儒林传》。

【解析】

上联记孙衣言的经历，推崇他为同年中的佼佼者。下联就孙衣言出版永嘉先贤著作着笔，说孙“自任永嘉嫡派”，并因孙“更有封章传世”，进一步认为他在后世史书中的位置不止是在《儒林传》。

此联“挽”的意味也相当淡，但全联以近似盖棺论定的口吻立论，也不至离题。

联中“老去白头”与“将来青史”之对甚巧。另“归田”与“传世”、“泮水”与“儒林”之对，也较漂亮。

廖谷士中丞六十寿联

中丞以二月十六日生，时方抚吾浙。

春满浙东西，百五韶光，钟五百名世；

月明弦上下，十六望日，庆六十生辰。

【注释】

廖谷士：廖寿丰，字谷士（或作谷似），江苏嘉定（今属上海）人，同治十年（1871年）辛未科进士，光绪十九年（1893年）任浙江巡抚。廖生于1836年，联当作于1895年。

百五韶光：指寒食节，自冬至至寒食为一百零五日。廖生日农历二月十六在某些年份会接近寒食节。

五百名世：孟子“五百年必有王者兴，其间必有名世者”的缩略。见《孟子·公孙丑下》。

【解析】

此联以巧胜。上联切时、切地，又以“五百名世”捧一下寿星。下联紧扣十六，又点出六十岁生日。再用上“百五”与“五百”、“十六”与“六十”的文字颠倒技巧，手法极为纯熟。

余母程太夫人挽联

太夫人为余古香观察之母，正月八日生，年八十九而卒。已有元孙，惜其子皆前卒矣。

耄耋届九旬，止欠一龄，正拟寿筵开谷日；
曾元罗五世，仅虚一代，已堪人瑞告枫宸。

【注释】

余古香观察：余本愚，字古香，安徽休宁人，官至浙江杭嘉湖道。
枫宸：朝廷。汉宫殿多植枫，故云。

【解析】

上联切八十九岁，切正月初八生日，用“止欠”“正拟”写出遗憾。下联从五世同堂，堪称“人瑞”着笔，有意淡化“挽”的氛围（八十九岁完全可以算喜丧了）。“子皆前卒”本无须入联，故“仅虚一代”似略有凑对之嫌。

以“枫宸”对“谷日”极好。

此联同位重“一”字，终是欠妥。

沈母蒋太夫人挽联

太夫人为雪门先生之配，光绪二十年，年九十有七，遵例计闰作为一百岁。奏建百岁坊并奉旨加赏上用缎一匹、银十两。至二十一年五月而卒。有子二人，孙十三人，曾孙十五人，元孙三人，可称全福矣。

赐寿有加隆，上溯嘉道咸同来，计闰一百零一岁；
归真无遗憾，俯看子孙曾元辈，送终三十又三人。

【注释】

遵例计闰作为一百岁：由于农历有“十九年七闰”的规则，九十七年中大约有三十六个闰月，按十二个月为一年，就多了三年，可以算一百年了。

上用缎：皇家专用的缎匹。

【解析】

此联看似信手拈来，对仗却相当工整。而后两句句中平仄方面的不谐调，应与受制于内容有关。

林笃甫太史挽联

太史自贵州学政罢归，即侨居吴下。其先德梦一僧入室而生，太史去年又梦受命为扬州府城隍，或不诬也。临卒前二日，犹向其妻弟恽季文内翰问余安否。亦可感矣。

同馆论交情，又兼同寓胥阊，垂死病中犹念我；

前年征梦兆，更溯前身寒拾，归真去后定成神。

【注释】

林笃甫太史：林国柱，字笃甫，浙江萧山人，同治九年（1870年）庚午科二甲进士，入翰林，光绪五年（1879年）任贵州学政。

恽季文内翰：恽炳孙，字季文，江苏武进（今常州）人，光绪十一年（1885年）乙酉科拔贡，官至内阁中书，曾师事俞樾。

胥阊：胥门和阊门，苏州的两座城门。此代指苏州。

寒拾：寒山、拾得，唐代的两位诗僧。此代指和尚。

【解析】

上联写双方的交情，是翰林院的同事，又是苏州的“同寓”，末句“垂死病中犹念我”尤其写出真情。下联借用“梦兆”，得出“归真去后定成神”的结论，既是对逝者的推崇，也是对生者的宽慰，深得挽联之法。

朱焕文总戎挽联

曾忠襄收复金陵时，从龙脖子地道首先冲入者，焕文也。而叙首功，竟不之及。时论惜之。其任云南鹤丽镇，曾发火枪毙一虎，绘《杀虎图》。余有诗存集中。乙未夏防寇海上，卒于军中。

海上落大星，争传当日战功，匹马冲开龙脖子；
吴中怀旧雨，听话平生快事，一枪击毙虎於菟。

【注释】

朱焕文总戎：朱洪章，字焕文，贵州黎平人，初为胡林翼部属，后归曾国荃，积功升至总兵。在曾国荃部署进攻太平天国首都天京（今南京）时，朱洪章第一个在军令状上签名。城墙被埋在地道里的炸药炸崩塌后，也是“洪章率所部长、胜、焕字三营千五百人，从倒口首先冲入”。但论功时因为李臣典（一起立军令状的九将之一）已经病危，曾国荃就“列臣典功第一”（不等朝廷批复下来，李就病死了）。难得的是朱洪章竟相当大度，并不计较。见《清史稿·朱洪章传》。

龙脖子：南京地名，在太平门外。当年清军从此处破城。

乙未夏防寇海上：中日战争从甲午打到乙未。此为清政府为预防日军从沿海进攻所做的准备。乙未是1895年，联当作于此时。

於菟：虎的别称。楚人“谓虎於菟”。见《左传》。

【解析】

此联“海上”与“吴中”、“大星”与“旧雨”之对都很漂亮。但下联末句的“虎於菟”似有凑对之嫌。

杨石泉制府七十寿联

制府时督陕甘。九月九日，其生日也。从前六十生辰，上赐以四字额曰“岩疆锡羡”，想古稀之庆，锡赉必有加矣。

柱石久铭勋，逢重九节，拜九重恩命；
岩疆仍锡羡，赐十七物，祝七十生辰。

【注释】

杨石泉制府：杨昌濬时任陕甘总督，故称“制府”。详见第80页注。杨生于1826年，联当作于1895年。

锡羡：赐福。

赐十七物：典出《汉书·孔光传》。孔光为汉平帝的太师，得到“十日一赐餐，赐太师灵寿杖，黄门令为太师省中坐置几，太师入省中用杖，赐餐十七物”的赏赐。

【解析】

如果说上联的“重九”与“九重”的技巧虽然切生日甚巧，但到底已经是多人多次使用，不足为奇了的话，那么下联的“赐十七物”就颇为别出心裁了。为用此典而导致句脚同仄，似乎还是可以接受的。

瓜尔佳那拉太夫人挽联

太夫人为奎乐峰中丞之母。中丞由苏抚调陕抚，奉母北上。行次上海，待轮船未发。太夫人暴疾，卒时七月七日也。年八十有二。

一品紫泥封，三吴移驻三秦，海国飚轮刚待展；

八旬黄发寿，七月适当七日，天孙云锦遽来迎。

【注释】

由苏抚调陕抚：奎俊调任陕西巡抚是在1895年，联当作于此时。

海国飚轮：本指神仙驭风而行的神车。此指海轮。

【解析】

此联切事、切时、切地、切年龄，手法纯熟。尤其是因七夕而用“天孙云锦”对“海国飚轮”，通过“海”“天”之对和“飚”“云”之对，大大提升对仗的工整程度。其思路之巧和对仗之讲究，都是很值得学习的。

陆母程太夫人挽联

太夫人为陆凤石祭酒之母。凤石在京，因母老乞归。归未两月，而太夫人卒矣。凤石乃吴中旧家。康熙二十四年乙丑状元，名肯堂者，其八世祖也。至同治十三年甲戌，而凤石亦魁天下。吴人称之。

当年以状元母，撤谷城头，乡里艳传，重振大魁旧门第；

有子为国学师，陈情阙下，君恩终养，是称全福太夫人。

【注释】

陆凤石祭酒：陆润庠，字凤石，江苏元和（今苏州）人，同治十三年（1874年）甲戌科状元，时任国子监祭酒（从四品）。

名肯堂者，其八世祖也：陆肯堂，字邃升，康熙二十四年（1685年）乙丑科状元。

撤谷：此处疑当有典，但未知出自何典。疑或文字有误。

【解析】

此联的重点看似全部放在陆润庠身上。上联写他继承远祖，再次大魁天下，重振门第；下联写他这位“国学师”（国子监祭酒）“陈情阙下”，蒙“君恩”回家“终养”。但是并不脱离挽联的正主。因为不仅有上下联首句的“以状元母”和“有子”在，而且下联末句“是称全福太夫人”完全落到了老太太身上来。陆润庠不过是个陪衬而已。

吕庭芷同年挽联

庭芷为余庚戌同年，入翰林时年止二十有三，然在京供职时甚少。曾从左文襄于甘肃军中，又在闽管船政事。奔走半生，去年始简放永定河道。未之官，卒于家。

回忆登金榜，入玉堂，我正三旬，君甫越二旬，角逐青云，垂老追思都是梦；

最怜走甘凉，游闽峤，西行万里，南亦数千里，奔驰白首，真除虚拜未之官。

【注释】

吕庭芷同年：吕耀斗，字庭芷，号定子，江苏阳湖（今常州）人，道光三十年（1850年）庚戌科与俞樾同中进士，入翰林，官至直隶永定河道。吕卒于1895年，联当作于此时。

左文襄：左宗棠，字季高，湖南湘阴人，举人出身，官至东阁大学士、军机大臣，封二等恪靖侯，谥文襄。

真除：指实授官职。

【解析】

吕耀斗的仕途很不顺利，连这个道台官衔还是化钱捐的。他先在翰林院任职，中间丁父母忧各一次，又请了两年多病假，后来被调到左宗棠的西北军营，然后捐了道台，先分到直隶，再调到福建船政局任提调，后来又任北洋水师学堂总办，一直都是“差使”而不是实缺道台，待到真正放了实缺永定河道，却“真除虚拜”，还“未之官”，就死了。

下联就是以这些事实组织而成，由于本来就很有悲剧色彩，尤其是与上联的少年得意相对比，也算得是悲哀氛围十足了。

联中前两句的自对，中间两句的重言，以及“青云”与“白首”之对都很见功力。

陆母徐太夫人挽联

太夫人为陆星农同年之配。星农乃庚戌榜大魁也。其子孙颇盛。去年一孙举于乡，今年两孙又同入学，而其次君蔚亭太史，又新授汉中府知府。太夫人年八十矣。乃以六月二十四日生，而以六月十四日卒。幸其家已先于四月称觞矣。

梅魁门第，尚有清风，一孙攀桂，两孙采芹，更报次君以二千石领郡；

莲界往来，皆宜长夏，廿四生辰，十四忌日，幸先三月为八十岁称觞。

【注释】

次君蔚亭太史：陆继辉，字蔚庭，陆增祥次子，同治十年（1871年）辛未科进士，入翰林。此时（1895年）已被任命为陕西汉中知府，但因丁母忧未赴任。服丧期满后，任河南汝宁知府。

梅魁：指状元及第。因梅是一年中最早开花的，有“百花魁”之称。

莲界：此指西方极乐世界。

【解析】

上联写子孙科第鼎盛，能继承父祖的门风。下联切入正题，但着重点放在生死都自佛界和已经先做了八十大寿上，完全是“喜丧”的写法。

此联自对和数目字的对仗都很漂亮，“梅魁”与“莲界”之对也极好。唯重一“十”字，殊为可惜。

许荫庭观察挽联

观察乃恭慎公之胞弟，生平笃好内典，年六十六而卒。

古稀将届，未满四龄，如何慧业已终，佛坐催归大弟子；
恭慎云亡，甫逾两稔，谁料德星又陨，乡闾顿失老成人。

【注释】

许荫庭观察：除本联提供的信息外，其余不详。

恭慎公：许庚身谥恭慎。详见第284页注。联文曰“恭慎云亡，甫逾两稔”，则联当作于1895年。

【解析】

此联也属于应酬之作，但上联切年龄，切“生平笃好内典”；下联联系到许庚身去世不久，末句以“乡闾顿失老成人”作结，还是很中规中矩的。

严母周太夫人挽联

太夫人为石阡太守之配。太守死寇难，夫人抚其孤子以至成立。其子开第时生甫六月，今亦官观察矣。乙未五月，值太守忌日，夫人作诗云："教子成名慰九泉，佳儿端不负君贤。怪他天上轻离别，弃我于今三十年。"是岁竟卒。所著有《砚香阁诗钞》。又平时最敬岳忠武王，撰《精忠传弹词》四十卷。

剑负儿已继家声，卅载睽违，嘉耦依然共瑶岛；

砚香阁流传遗稿，万家弹唱，粹编更为补金陀。

【注释】

石阡太守：严谨，在任贵州石阡知府时遇难殉职。详见第158页注。

其子开第：严开第曾任湖北汉黄德道，其余不详。

剑负儿：谓当年抱中小儿。用欧阳修《泷冈阡表》典："回顾乳者剑汝而立于旁。"

粹编更为补金陀：《金陀粹编》是南宋名将岳飞之孙岳珂编著的关于岳飞的史料性著作。因周太夫人著有《精忠传弹词》四十卷，故云。

【解析】

上联说当年战乱中的婴儿不仅已经长大成人，而且"已继家声"，而生死"睽违"三十年的夫妻又在仙界重逢了，俞樾在这里有意识地淡化了悲哀气氛。下联则专门写其著作。一个古代妇女而能有诗集和四十卷"弹词"（即苏州评弹的文字本），确实是值得一写的。

以"金陀"对"瑶岛"，相当漂亮。

汪耕余观察挽联

耕余由县令起家，以道员需次江苏。所居有小园，花木颇胜。余每诣之，必饮以洞庭山僧所饷碧萝春佳茗。盖耕余宰吴县时，曾有德于山僧也。

官从牧令起家，跻历监司，黄歇故墟颂余爱；

居有园林之胜，每来便坐，碧萝新茗佐清谈。

【注释】

汪耕余观察：汪福安，字敦仁，别字耕余，安徽怀宁人，捐纳县丞出身，以军功升知县，同治年间曾在江苏常熟、吴县、嘉定等地任知县，官至江苏候补道。

洞庭山：在太湖中，分东西两山，清代属吴县。

碧萝春佳茗：今名碧螺春，绿茶类名茶。

黄歇：楚国春申君，战国四公子之一，苏南地区（含今上海）属其封地。

【解析】

上下联一写死者事迹，一写双方交往，是挽联的常规写法。唯“挽”的意味很淡，只从“余爱”二字略能感受到一点，似可算是小小的不足。

以“碧萝新茗”对“黄歇故墟”极好。

赵母邓太恭人挽联

太恭人为邓嶰筠制府之女，归赵惠甫刺史。其嫁时，奁装甚盛。尽以佐家，不蓄私囊。自幼即博习群书，然未尝以诗文自炫。能绘仕女，亦不轻为人作也。

袁伦始嫁，资遣甚丰，不蓄私财，尽出奁装佐家计；

徐淑能文，丹青兼擅，耻留虚誉，惟将著述助夫君。

【注释】

邓嶰筠制府：邓廷桢，字维周，又字嶰筠，江苏江宁（今南京）人，嘉庆六年（1801年）辛酉科进士，曾任两广总督、陕甘总督等职。

赵惠甫刺史：赵烈文，字惠甫，江苏阳湖（今常州）人，曾国藩的重要幕僚，官至直隶州知州。

袁伦：未详出于何典。

徐淑：东汉秦嘉之妻，能文，有诗传世。

【解析】

此联只是组织材料成联而已，无甚出彩处。且全联无“挽”的意味，当是一缺陷。

郑听篁同年挽联

余与听篁，同副道光丁酉贤书，及余于甲辰举于乡，而听篁又中副车，凡三登副榜，而后举孝廉、成进士。始官刑部，继入谏垣。一生谨慎，同官皆重之。少时曾受业于先君子之门。有三子，长君兴梁已官工部矣。

自丁酉至甲辰，两回同到月宫，溯文字因缘，又向先君亲受业；

由刑曹而台谏，卅载服官日下，论平生谨慎，固宜后辈克承家。

【注释】

郑听篁同年：郑训承，字听篁，浙江乌程（今湖州）人，同治七年（1868年）戊辰进士，补刑部江西司主事，升兵科掌印给事中（正五品）。

谏垣、台谏：指都察院。

长君兴梁：除本联提供的信息外，其余不详。

【解析】

此联“挽”的意味也甚淡，但是有“固宜后辈克承家”一句在，多少还是有那么一点意思。

联中“月宫”与“日下”、“先君”与“后辈”之对可算亮点。

孙师母赵夫人七十寿联

赵夫人为余房师孙文节公之配。今年十二月，值其七十生日，书此联寿之。文节公曾官吏部侍郎，故人目其所居为天官第云。

披一品服，称七旬觞，腊鼓频催，已转青阳新节序；

唱王母谣，登天官第，仙筹遥献，尚存白发老门生。

【注释】

余房师：科举考试采用分房阅卷的方法，由某一房推荐而最后考中的考生，以该房的阅卷人即同考官为房师。孙铭恩是俞樾会试的房师。

孙文节公：孙铭恩，字兰检，江苏通州（今南通）人，道光十五年（1835年）乙未科进士，入翰林，咸丰四年（1854年）以兵部右侍郎任安徽学政，在学政驻地太平府被太平军俘获，后被杀。清廷给予“赠内阁学士，入祀京师及安徽、江苏昭忠祠，予骑都尉世职，谥文节”的褒奖。

天官第：周代设天地春夏秋冬“六官”，后世借以对应吏户礼兵刑工“六部”。

青阳：指春天。

【解析】

全联除“唱王母谣”属泛指外，点出诰封品级，点出丈夫官职，点出年龄，点出祝寿时间，均甚贴切。末句“尚存白发老门生”落到自己身上，是属寿联正格。

“白发老门生”对“青阳新节序”甚好。

贺室樊夫人挽联

夫人为贺仲愚太守之配，久病不瘳，遂至不起。时太守奉差江右，得信驰归，距夫人之卒久矣。余大儿妇乃其胞姊，十月中在杭州相别，犹云明年再见。亦可悲也。

痼疾四年余，痛远道征夫，残腊驰归，未及一言成永诀；

贤声三党遍，叹吾家儿妇，小春握别，犹将再见订重来。

【注释】

贺仲愚太守：贺良樾，字仲愚，湖北蒲圻（今赤壁）人（其出生地今属湖南临湘），工部尚书贺寿慈次子，曾任浙江严州知府，有盐运使衔。

三党：父党、母党、妻党。亦可泛指各种亲族。

【解析】

此联上下各写一件伤心事：丈夫在外不能诀别和姊妹一别竟成永诀，于是就有了全联催人泪下的效果。

对仗也甚为讲究，如"四年"与"三党"、"征夫"与"儿妇"、"残腊"与"小春"、"一言成永诀"与"再见订重来"等处皆然。

金友筠处士挽联

友筠名文潮，青浦人，与余神交十年，书问频通，而未一面。年逾六十，衰病相乘。犹谓明春如小愈，当来苏一见，以遂平生之愿。竟不及也。其妇先数月卒，其子名咏榴，颇有声庠序间。

十余年老友，两心相契，半面未谋，衰病已难支，犹冀明春见我；

六豑外考终，与妇偕行，有儿继起，显扬应可待，愧无巨笔传君。

【注释】

金友筠：金文潮，字友筠，号无碍翁、林阴仰雪翁，江苏青浦（今属上海）人，与俞樾书信往来甚多（现存俞樾致金信件即有一百多封），其余不详。

其子名咏榴：金咏榴，字端生，号剑华，举人，曾任民国《青浦县续志》总纂，其余不详。

六豑：六秩，"豑"同"秩"。

愧无巨笔传君：俞樾在得知金文潮死讯后，有为金作传之意。曾致书金文潮之子金咏榴，提出“尊翁称善一乡，必多懿行。俟卒哭之后，尚求示我大略。当为作小传，以报知己。亦后死者之责也”。

【解析】

上联写双方的交往，中间的“两心”与“半面”自对极好。下联先写年龄，中间写金家的情况，最后谦称自己“愧无巨笔传君”，也是挽联常见的写法。其实我们今天能够知道金文潮，多半还是靠了俞樾的这一段文字。

沈母钱太夫人挽联

太夫人为笛伊太守之母，年六十五岁。于正月九日卒于金陵寓馆。有孙三人。

周甲又五龄，欣看子舍黄堂，率总角三孙来舞彩；
建寅才九日，怅望慈軿白下，先上元七夕去游仙。

【注释】

笛伊太守：除本联提供的信息外，其余不详。
建寅：指正月，《淮南子》有“正月建寅”之说。

【解析】

上联切年龄，切儿子官职，切孙子人数；下联切去世日期，切地，可算得面面俱到。

对仗方面，“周甲”与“建寅”、“五龄”与“九日”、“黄堂”与“白下”之对以及“角”与“元”的借对，都极见功力。

曹锦涛孝廉挽联

孝廉曾主宁波船捐局。贼势逼近，凡海泊之不得出口者，一夕给牌放行，全活数千人。精岐黄术，传其长子元恒，以医名吴下；余二子皆成进士，福元官编修，元弼官内阁中书。

活数千人倾侧扰攘之中，岂惟是肘后一编堪济世；

送七十翁福寿全归而去，最难者膝前三子尽知名。

【注释】

曹锦涛孝廉：曹毓俊，字锦涛，号承洲，江苏吴县（今苏州）人，同治六年（1867年）丁卯科举人，苏州名医。

贼势逼近：指1861年太平军进攻并占领宁波。

长子元恒：曹元恒，字智涵，号沧洲，苏州名医。1907年光绪帝病重时，曾进京参与替光绪帝治病。

福元、元弼：曹福元，原名元荄，字邃翰，光绪九年（1883年）癸未科进士，入翰林院。曹元弼，字谷孙，光绪二十一年（1895年）乙未科二甲进士，任内阁中书。

肘后一编：东晋葛洪的中医药名著《肘后备急方》。

【解析】

上联写其“活数千人”的功德，下联写其三个儿子“尽知名”，都是死者一生最大的亮点。俞樾立论可谓能言其大者。

对仗方面，“肘后”与“膝前”之对极好。

朱象甫喜联

象甫为竹石观察之子，娶严琴墅孝廉女，二月十六日于吴中成礼。

门第紫阳高，百两香车，分到严陵清气；

园林红杏闹，一双嘉耦，占将吴苑春光。

【注释】

朱象甫：除本联提供的信息外，其余不详。

严琴墅孝廉：除本联提供的信息外，其余不详。

门第紫阳高：借朱熹以切朱姓。

百两：化用《诗经·鹊巢》“之子于归，百两御之”等句。

严陵清气：借严光以切严姓。

红杏闹：化用宋祁“红杏枝头春意闹”诗句以切时。

【解析】

上联切双方姓，又化用《诗经》文字，非常切合婚礼。下联用“红杏”切时，用“吴苑”切地，又赞新人是“一双嘉耦”。全联既典雅，又喜庆，相当成功。

联中“紫阳”与“红杏”、“严陵”与“吴苑”之对极漂亮。

杨敏斋太守挽联

敏斋为壬甫家兄同年，以刑部主事改官江苏，曾权知太仓直隶州，后为牙厘局提调二十余年。

郎官出典方州，岂惟是榷算缗钱，为盛朝小佐军兴费；

暮齿回思往事，最难忘提携席帽，与伯氏同膺乡举年。

【注释】

杨敏斋太守：杨锡麒，字瑞徵，号敏斋，浙江归安（今湖州）人，道光二十三年（1843年）癸卯科举人（与俞林为乡试同年），咸丰年间曾任太仓直隶州知州。

牙厘局提调：地方政府最初为了解决军饷而设立的向百姓收取“厘金”的机构，后来就一直设下来了。其主官称“总办”，“提调”是副手。

席帽：此指尚未显贵的读书人的服色。

【解析】

此联不论内容、对仗均无甚可观处。且全联看不出“挽”的意味，可说比较失败。

恽母戴夫人七十寿联

夫人为恽次山中丞之配，年六十时，余曾以一联寿之，今又寿以此联。

溯从前中外扬历，善相其夫，彤管录中无此才，无此识，诗画兼长，犹为余事；

愿自后耄耋期颐，永锡难老，金萱堂上有贤子，有贤孙，勋名克绍，大慰慈怀。

【注释】

彤管录：因古代有女史用彤管记事，所以后世不少记载妇女事迹的书籍都命名为《彤管录》。

【解析】

上联赞其人，说“彤管录中无此才，无此识”，就是说这位戴夫人是史上少有的杰出女子。下联祝寿，兼祝子孙鼎盛，亦属题中应有之义。

以“金萱堂上”对“彤管录中”，相当漂亮。

杭州府学乡贤祠联

明时杭州府学乡贤祠，以汉严先生光居首。然先生实非杭人也。乾隆间始撤去之，以晋临淮太守范平居首。

远稽晋代，近逮熙朝，骏烈清芬，岂仅诗文垂浙派；

山号武林，湖名明圣，钟灵毓秀，不须声望借严陵。

【注释】

杭州府学乡贤祠：设于杭州府学宫里面的祭祀本府先贤的祠堂。

汉严先生光：东汉严光，著名的隐士，会稽余姚（今属宁波）人，只是曾隐居在属于杭州府管辖的富春江边桐庐。

晋临淮太守范平：《晋书·儒林传》第一人即是范平，内称“范平，字子安，吴郡钱塘人也”，但《晋书》称其“吴时举茂才，累迁临海太守，政有异能。……吴平，太康中，频征不起”，则“临淮太守”或当是“临海太守”之笔误。

【解析】

上联从西晋说到当代，指出杭州府的“乡贤”不仅是以诗文流传后世的。下联说杭州山明水秀，人杰地灵，根本不用借助严光的声望。颂扬可算得体，对仗格律也都中规中矩。可见俞樾对这一类长期悬挂的联是不会率意而为的。

惠菱舫都转挽联

都转榷浙盐最久，善丹青，有墨竹数幅，刻石敷文讲舍。喜戴文节所著《画絜》，寿之剞劂。曾赠余方竹枝一枝，至今存焉。

十载总盐纲，任他人旌节飞扬，老我闲情看画絜；

数竿留墨妙，记从君湖山谈笑，赠余长物有吟筇。

【注释】

惠菱舫都转：惠年，号菱舫，清满洲正蓝旗人，官至浙江盐运使，其余不详。

榷浙盐：主管浙江盐务。

敷文讲舍：杭州敷文书院的讲堂。

戴文节：戴熙，清代画家，浙江钱塘（今杭州）人，字醇士，号榆庵等。道光十二年（1832年）进士，官至兵部右侍郎，后退休，咸丰十年（1860年）太平军攻克杭州时死于兵乱，谥文节，著有《习苦斋画絜》。

寿之剞劂：刻印该书之意。

【解析】

惠年任浙江盐运使多年而不能再升官，本来不是好事。但是俞樾却用一句“任他人旌节飞扬，老我闲情看画絜”，轻轻地说成好事了。下联写两人的关系，提到“吟箬”，就有了一点人亡物在的感觉，再加上前面的“留”字，就有了一点“挽”的意味。

对仗方面，“吟箬”对“画絮”相当漂亮。

林云台广文挽联

广文乃乙酉拔贡，与余孙有同岁之谊。于光绪十七年五月选就德清训导，至二十二年五月卒于官。所异者，广文以五月十九日卒，年四十三；其孺人王氏于五月十八日卒，年四十二。生则先后一年，死则先后一日，似亦非偶然也。

六载讲堂开，以五月选官，以五月卒官，回思记织登科，侥幸吾孙叨附尾；

双骖仙驭并，迟一年出世，迟一日逝世，恰称诗歌偕老，逍遥佳耦总随肩。

【注释】

林云台广文：除本联提供的信息外，其余不详。林卒于光绪二十二年，即1896年，联当作于此时。

乙酉：光绪乙酉年，即1885年。此年俞樾之孙俞陛云中浙江乡试第二名举人，故云“有同岁之谊”。

德清训导：德清县学的副职学官（正职为教谕），从八品。

记织登科：“登科记”指科举时代收载考中者的名册。传说天上的登科记是由织女织成的，故云。

附尾：附骥尾的缩略。

诗歌偕老：“诗”指《诗经》。《诗经·击鼓》有“执子之手，与子偕老”之句，故云。

【解析】

此联内容平平。中间两句的重言技巧略有可观。唯“附尾”与“随肩”之对极好。

陈舫仙方伯挽联

方伯为湘军宿将。及东洋启衅，以江苏按察使奉命赴山海关防堵。积劳三载，事平而君遽殁。甫迁江西布政使，未及赴也。然直督以开缺告，而奉朱笔垂问其战绩，遂得宣付史馆。亦可知其上契者深矣。

湘军宿将，如公者几人，诏书下问，战绩上陈，足见英名动天听；

辽海筹防，积劳至三载，方岳甫迁，大星遽陨，长留威望镇遐荒。

【注释】

陈舫仙方伯：陈湜，字舫仙，时已任命为江西布政使。详见第250页注。陈卒于1896年，联当作于此时。

东洋启衅：指中日甲午战争。

方岳：方伯，布政使的别称。

【解析】

陈湜只是一个刚任命的布政使而能够劳驾皇帝亲自询问他的战绩，确实算得是“动天听”的殊遇了，俞樾在联中大书一笔是很正常的。

此联前两句对仗甚为宽松，而中间的自对却颇工整，只能说俞樾已是到了不为对仗所拘的地步了。

杨见山太守挽联

见山乃吾湖名孝廉，以太守官吴中，一摄常州守而罢。然其翰墨颇行于时。余与踪迹稍疏，去岁余著《迂议》一篇，见山读之则曰“语语如吾所欲出”云。卒年七十八，长于余两岁。

循良小试，翰墨盛行，两岁耄龄先我老；

踪迹久疏，文章深契，一篇迂议惬君心。

【注释】

杨见山太守：杨岘，字见山，浙江归安（今湖州）人，咸丰五年（1855年）乙卯科举人，光绪三年（1877年）短期代理常州知府，八年（1882年）署理松江知府，十年（1884年）降调，书画颇有名。杨卒于1896年，联当作于此时。

《迂议》：俞樾晚年写的文章，内容是反对洋务的。

【解析】

此联上写其人，下写双方关系，是挽联常见的写法，只用“先我老”三字委婉地点出杨岘的死亡。

诸暨钱氏宗祠联

钱氏为武肃王之后，其裔孙士芳求撰是联。联中所述，皆其所自述也。

合数百里之秀，若雁池，若龙山，若筱岭，若亢岛，环抱崇祠，恰称五王俎豆；

溯卅余世以来，有名宦，有循吏，有武功，有文学，蔚成巨族，长绵千祀烝尝。

【注释】

武肃王：五代吴越国开国之君钱镠，武肃是其谥号。

裔孙士芳：除本联提供的信息外，其余不详。

雁池、龙山、筱岭、亢岛：当是祠堂周边地名。

五王：吴越国从钱镠开国到钱俶降宋共历经三代五王。

【解析】

此联是一纵一横的写法，上联写祠堂周边的环境，下联写诸暨钱氏自钱镠“卅余世”的人才辈出和家族兴旺。结尾用“五王俎豆”和“千祀烝尝”落到祠堂上来。作为祠堂联，还是中规中矩的。

兄子剑孙挽联

先大夫登嘉庆丙子贤书，越六十年，光绪丙子剑孙继之。祖孙同丙子，一时以为佳话。方冀其昌大吾家，不谓其盛年殂谢，客死羊城也。

六十年接续科名，戚党艳称，谓此幼孙，同符大父；
五千里归来旅榇，门庭衰落，痛吾犹子，追念先兄。

【注释】

兄子剑孙：俞林第三子俞祖绥，字履卿，号剑孙，光绪丙子（1876年）科举人，拣选知县，曾任杭州敷文书院监院。

嘉庆丙子、光绪丙子：分别为1816年和1876年。

盛年殂谢，客死羊城：据俞樾致其弟子徐琪（曾任广东学政）书信可知，俞祖绥持徐琪引荐信，去两广都转盐运使衙门谋“馆地”。后如何“客死羊城”，则不详。

犹子：侄儿。《礼记·檀弓上》：“兄弟之子，犹子也。”

【解析】

上联一抬，下联一跌，这就营造出了悲情氛围，是挽联常用的营造悲情的手法。

黄母刘太夫人挽联

太夫人为莘农侍郎之配，幼农观察之母。生于四月，殁于九月，年九十三。

封膺一品，年近百龄，福寿兼全，信有汾阳在巾帼；
首夏称觞，暮秋含玉，音容顿渺，徒劳翁叔泣甘泉。

【注释】

莘农侍郎：黄赞汤，字莘农，江西庐陵（今吉安）人，道光十三年

（1833年）癸巳科进士，官至刑部右侍郎。

幼农观察：黄祖络，字幼农，黄赞汤之子，监生出身，时任上海道。

汾阳：指唐朝汾阳郡王郭子仪，他是富贵寿考的典型。

含玉：古时丧葬的一个仪式，要在死者口中放入玉器。

翁叔泣甘泉：翁叔指汉武帝时的大臣金日磾（字翁叔）。据《汉书·霍光金日磾传》记载："（金）日磾母教诲两子，甚有法度，上闻而嘉之。病死，诏图画于甘泉宫，署曰'休屠王阏氏'。日磾每见画常拜，乡之涕泣，然后乃去。"

【解析】

上联赞死者的富贵寿考，下联联系其子的悲伤来写，也是一种不错的选择。

联中"首夏"与"暮秋"的自对非常工整。

龙仁陔方伯挽联

方伯廉俭，所至有声，下僚皆畏惮之。余今年始与相见，其执礼甚谦。别未数月，遽闻其卒。时太夫人九十四，犹在堂也。

持己以俭，接人以谦，尤推吏治精详，能为圣朝除弊政；

惠泽在民，勋劳在国，堪叹中年殂谢，翻教老母泣高堂。

【注释】

龙仁陔方伯：龙锡庆，字仁陔，湖南安化人，官至浙江布政使。龙卒于1896年，联当作于此时。

能为圣朝除弊政：化用韩愈《左迁至蓝关示侄孙湘》"欲为圣明除弊事"诗句。

【解析】

此联先写其人的"廉俭""甚谦"和"所至有声"，再叹其"中年殂谢"，最后用"翻教老母泣高堂"把悲情推到高潮，深得挽联之法。

施少钦封翁挽联

少钦寓上海久，凡直隶、山东、山西、陕西、河南各省，无不力筹振济。玺书褒美，海内称善人。年六十九而卒，临终大呼“善举”者三。可谓中心好仁者矣。

朝廷曰贤，乡里曰贤，海内皆曰贤，如何天不慭遗，古稀欠一；

集资无算，活人无算，阴德更无算，堪叹殁而犹视，善举呼三。

【注释】

施少钦封翁：施善昌，字少钦，江苏震泽（今苏州）人，长期从事慈善事业，其子施则敬是中国红十字会的创始人之一。他因自己和子孙的捐款而得到朝廷“赏给头品顶戴，诰授光禄大夫”的封诰，所以称其为“封翁”。

玺书：皇帝的诏书。

朝廷曰贤，乡里曰贤，海内皆曰贤：套用《孟子·梁惠王下》“左右皆曰贤，未可也；诸大夫皆曰贤，未可也；国人皆曰贤，然后察之；见贤焉，然后用之”。

天不慭遗：天不留下。属哀悼专用词汇。

【解析】

此联以技巧胜，但三个排比句也确实言之有物，末句一切年龄，一切临终之事，也无虚设。

汪伯春任子新婚喜联

伯春为柳门侍郎犹子，以子畜之，故得二品荫生。所娶妇乃柳门婿曾孟朴之妹，谚所谓“来者为姑，去则为嫂”者。惟姑嫂之称，起于后世。唐宋以来，类书从无姑嫂一门。吾浙平湖县，有姑嫂饼，见于志书。余尝啖之。戏用此事为联语，贺其新婚。

喜气溢门阑，竞说朱陈重结好；

华筵启汤饼，笑看姑嫂互尝新。

【注释】

汪伯春：除本联提供的信息外，其余不详。

任子、荫生：按照清代的制度，汪伯春以汪鸣銮儿子的身份可以得到二品荫生，无须再经过科举考试就可以按主事（正六品）级别直接做官。由于这种制度与汉代的“任子”制度相似，所以也把“荫生”称为“任子”。

柳门侍郎：汪鸣銮，字柳门，号郎亭，浙江钱塘（今杭州）人，同治四年（1865年）乙丑科进士，入翰林，官至吏部右侍郎。

曾孟朴：小说《孽海花》的作者曾朴。曾朴，字孟朴，江苏常熟人，光绪十七年（1891年）辛卯科举人，官内阁中书，汪鸣銮的三女婿。

姑嫂饼：浙江平湖的一种点心特产。

汤饼：本是古代一种水煮的面食。但此处似只从字面理解为一种饼。

【解析】

此联无甚深意。但一用古典，一用俗典，说的又都是眼前实事，可称别有风味。

谢绥之太守挽联

绥之苏州人，以善士闻天下，凡四方水旱偏灾，皆集资振之。

一乡之善士，友天下之善士；

国人皆曰贤，诸大夫皆曰贤。

【注释】

谢绥之太守：谢家福，字绥之，江苏吴县（今苏州）人，《清史稿》有传，称他“世以行善为事。闻豫、晋灾，呼吁尤切。义声倾动，闻者风起。自上海、苏、扬及杭、湖，愿助赈者众。日赍钱至家福门，或千金，或数千金，不一年得银四十三万有奇。凡赈二十七州”。谢卒于1897年，联当作于此时。

一乡之善士，友天下之善士：取自《孟子·万章下》“一乡之善士，斯友一乡之善士；一国之善士，斯友一国之善士；天下之善士，斯友天下之善士”。

国人皆曰贤，诸大夫皆曰贤：取自《孟子·梁惠王下》“左右皆曰贤，未可也；诸大夫皆曰贤，未可也；国人皆曰贤，然后察之；见贤焉，然后用之”。

【解析】

此联为集句联。俞樾从《孟子》原文中截取组合，却能够既非常贴切，又相当自然，很见功力。但全联无“死”义，似略欠妥。

吴谊卿观察挽联

谊卿以翰林历佐督抚幕府，积功保至道员。偶感风疾，遂至不起。今年六十，豫为称觞。及至生日，则逝已经月矣。

名翰林负干济长才，筹笔勤劳，一道福星虚注籍；

病维摩视形骸外物，盘铃游戏，六旬生日豫称觞。

【注释】

吴谊卿观察：吴大衡，字谊卿，号运斋，江苏吴县（今苏州）人，光绪三年（1877年）丁丑科进士，官至候补道，吴大澂之弟。

虚注籍：谓虽有道员身份，未得实缺。

病维摩：维摩是佛教人物维摩诘的简称。维摩诘曾“称病”。

盘铃游戏：指盘铃傀儡戏。唐人韦绚《刘宾客嘉话录》曾记“大司徒杜公”对幕僚们说：“我致政之后，必买一小驷八九千者，饱食讫而跨之，着一粗布裥衫，入市看盘铃傀儡，足矣！”

【解析】

上联叹这位“负干济长才”的“名翰林”只做到候补道就死了，因而成了“虚注籍”。下联则把吴大衡描述成一个生性淡泊、了然生死之人。

联中“福星”与“生日”之对，很是漂亮。

沈旭初观察六十寿联

观察生于正月十二日，夫人谢氏。

前元宵三日，弧帨同陈，先生沈休文，夫人谢道韫；

由中寿六旬，台莱进祝，会昌一品集，平原百年歌。

【注释】

沈旭初观察：沈玉麒，字旭初，号味似、味叟，浙江海盐人，曾任电报局总办、苏州海关监督等职。沈生于1838年，联当作于1897年。

弧帨同陈：“悬弧”和“设帨”，分别指男女生日，此当是指男女双寿。

沈休文：沈约，字休文，南朝梁开国功臣，政治家、文学家、史学家。此系切沈姓。

谢道韫：东晋著名才女，谢安侄女，“咏絮”之典的主角。此系切谢姓。

会昌一品集：唐李德裕所作。李德裕官至宰相。书的内容主要是他替皇帝起草的文件。

平原百年歌：指西晋陆机所作的《百年歌》。陆机曾任平原内史，故人称“陆平原”。《百年歌》共十首，分别写人从十岁到一百岁的情况。

【解析】

上联分别用沈约和谢道韫作比，同时切姓。下联分别祝福富贵和寿考。连用四个古人作比，典雅固然是典雅了，技巧固然也显示出来了，但过分拔高也很明显。

法相寺定光佛殿联

定光佛即然灯古佛，如来所从受记者也。在五代时出世，为长耳和尚。至今真身尚在，香火极盛，求子甚灵。宋朱弁《曲洧旧闻》言宋太祖、高宗均定光佛转世。

衍大法于千佛出世之前，如来五百年密记亲承，自昔传灯推鼻祖；

显灵迹在三凤开山以上，有宋十八帝真人再降，至今锡福逮婴娩。

【注释】

法相寺：佛教寺庙，在杭州三台山东麓，始建于唐代。

定光佛、然灯古佛：燃灯古佛，佛教过去、现在、未来三世佛中的过去佛，较现在佛释迦牟尼为早，且曾在过去时为释迦牟尼“授记”。

长耳和尚：传说五代时杭州法相寺生有异相的高僧。据说是定光佛转世。

《曲洧旧闻》：南宋朱弁撰写的一部文言小说集。

三凤开山：北宋英宗治平年间（1064—1067年），僧人道宣与其弟道翊、道定一起到杭州，道宣为六通寺开山祖，道翊为上天竺开山祖，当时号为“僧中三凤”。

有宋十八帝：自北宋开国皇帝太祖赵匡胤至南宋末代皇帝赵昺共十八位皇帝。

婴娩：婴儿。

【解析】

上联说定光佛的资格老；下联说他的“灵迹”绵延至今，都用了独有的事来切定了定光佛。俞樾的佛教寺庙联还是有点与众不同的。

前两句是古文句式，句中平仄就不甚细究；后一句是七言律句，声律方面就相当严谨，也还是俞樾的风格。

曹仙槎鹾尹五十寿联

八月初三日生。

平分百岁光阴，河图五，洛书十；
领略四时风景，秋一半，月初三。

【注释】

曹仙槎鹾尹：曹文汉，字仙槎，江苏长洲（今苏州）人，监生出身，捐纳福建盐场大使，著有《闽归集》。据俞樾《仙槎曹君传》，曹卒于光绪二十七年（1901年），年五十四。则此联当作于1897年。

河图、洛书：古代儒家关于《周易》卦形来源及《尚书·洪范》“九畴”创作过程的传说。《易·系辞上》：“河出图，洛出书，圣人则之。”

【解析】

上联用“平分百岁光阴”切五十。下联用“秋一半”切八月，用“月初三”直接点出初三，干净利落，对仗也甚工整。唯“河图五，洛书十”似不太贴切。

余澹湖太守挽联

太守为古香观察之子。古香乃余杭州旧雨也。太守管苏州六门厘局，卒于行馆。

两代论交情，杭州旧雨痕，吴郡新诗本；
六门颂遗爱，商贾藏于市，行旅出其涂。

【注释】

余澹湖太守：除本联提供的信息外，其余不详。

杭州旧雨痕，吴郡新诗本：化用白居易“袖中吴郡新诗本，襟上杭州旧酒痕”诗句，改动一字后分切父子。

商贾藏于市，行旅出其涂：化用《孟子·梁惠王上》“今王发政施仁，使天下仕者皆欲立于王之朝，耕者皆欲耕于王之野，商贾皆欲藏于王之市，行旅皆欲出于王之涂，天下之欲疾其君者皆欲赴诉于王”。

【解析】

上联论自己与死者两代人的交往；下联赞其政绩。用“遗爱”二字落到挽联。上下联化用古诗文皆甚自然。其中上联改“旧酒痕”为“旧雨痕”，别有风味；下联选取此两句，于“厘局”极为贴切，很见功力。

曾君表孝廉挽联

君表曾肄业紫阳书院，亦在门下之列。家居常熟，极园林之胜。母年八十余，子孟朴亦登贤书矣。

居虞山胜地，又有好园林，上奉母欢，下课儿读；

忆吴苑旧游，可为长太息，既悲君逝，更念吾衰。

【注释】

曾君表孝廉：曾之撰，字圣舆，号君表，江苏常熟人，光绪元年（1875年）乙亥恩科举人，官至刑部郎中，小说《孽海花》作者曾朴之父。曾卒于1897年，联当作于此时。

紫阳书院：此指苏州紫阳书院，俞樾曾任该院山长。

极园林之胜：曾家在常熟的园林叫虚廓居，后来也叫曾园，今犹存。

虞山：常熟有虞山，此即代指常熟。

既悲君逝，更念吾衰：用曹丕《与吴质书》“既痛逝者，行自念也”文意。

【解析】

上联写出其生前的园林之胜、天伦之乐，借以反衬其去世之哀，也是挽联常见的一种写法。下联写双方关系，此时的俞樾已经七十七岁，看到自己当年的学生都去世了，自然会有一些感触。

陈母王太孺人七十寿联

孺人为陈孝廉洛东之母，有子四人，孙五人。除夕，其生日也。

开除夕之筵，子四人，孙五人，同承欢矣；

越古稀而上，耋八十，耄九十，直至期颐。

【注释】

陈孝廉洛东：陈洛东，字禹钦，浙江黄岩人，光绪二十三年（1897年）丁酉科举人。曾任直隶候补知县，后任黄岩清献中学堂监督。从时间及科名来看，均吻合，地域亦不冲突，但未知是否即是此人。

【解析】

此联就眼前材料组织而成，看似信手拈来，却也相当贴切。所谓“都是寻常字面，一经名手烹调，便若清脆可口”，同一理也。

杨石泉制府挽联

公为浙臬时，余即与相识。嗣是每岁春秋，必再相见，或泛舟西湖，或同饮云栖山中。上联所云皆实事也。

识公于廉问两浙时，寻诗湖上，载酒山中，叹逝水光阴，历历旧游还似昨；

论功在咸同百战后，投笔衡湘，建旄秦陇，问凌烟图画，寥寥宿将更何人。

【注释】

云栖：云栖竹径（清代亦称“云栖梵径”），杭州的景点，在西湖风景区西南隅五云山下。

廉问两浙：“廉问”即廉访，按察使（臬台）的别称。杨昌濬曾任浙江按察使，故云。杨卒于1897年，联当作于此时。

投笔衡湘：杨昌濬是秀才出身，后参加湘军。

建旌秦陇：杨曾任陕甘总督。

凌烟图画：光绪十二年（1886年）曾有绘图紫光阁之举，所绘系平定太平天国的功臣。由于完全的名单已不可考，杨是否在内不能确定。从这一句看，很有可能是在内的。

【解析】

上联写双方多年来的交往，下联写杨的一生事业。上下联不直接表达"挽"，而是通过一"叹"一"问"，落到挽联上来。

此联中间两句自对和"逝水"与"凌烟"之对，都很工整。

宋母彭夫人挽联

夫人为宋叔元观察之配，年八十岁时，曾作自寿文，传播于时。今年正月十六日卒，年近九旬矣。

三五月初圆，令节才过，何意上元旋罢宴；

九十日有秩，耄龄将满，不能自寿再成文。

【注释】

九十日有秩：见《礼记·王制》"七十不俟朝，八十月告存，九十日有秩"，是古代优待高龄老人的制度。

【解析】

上联切去世之日，下联切事、切"年近九旬"，全联中规中矩。

此联其他各句均格律严谨，唯下联首句用成句，就完全不考虑句中平仄了。集句从宽，此之谓也。

刘吉园总戎七十寿联

总戎时镇温州，其地有九凰山。

五羖年高，帝命作东瓯重镇；

九凰春满，军门拜南极仙翁。

【注释】

刘吉园总戎：刘祥胜，字吉园，湖南湘乡人，湘军将领，官至浙江温州镇总兵，记名提督。刘生于1829年，联当作于1898年。

九凰山：山名，在温州平阳县。此用于切地。

五羖：此指春秋时秦国的“五羖大夫”百里奚。秦穆公用五张羊皮把百里奚从楚国赎回来重用时，“百里奚年已七十余”。见《史记·秦本纪》。此用以切年龄。

东瓯：古国名，在今温州一带。此指温州。

南极仙翁：传说中的神仙人物，民间亦以其为寿星。此用以祝寿。

【解析】

上联用“五羖大夫”典切七十，兼抬高刘的身份。下联巧用“九凰山”，既切地，对“五羖”又极工巧，末句祝寿的同时不忘点出其总兵身份。

“东瓯”与“南极”之对很漂亮。

翁少畦大令挽联

少畦为翁兰畦廉访之子，性真挚，且有用世之才，尝著《书生初见》一书，皆言治理；又著《医时六言》一书，则因东洋之衅，发愤而作者也。以知县需次吴中，即执挚来见，愿居门下，情意殷然。其兄少兰，亦负美材，于前年十二月卒。君笃于手足，为其兄营丧葬毕，遂成心疾，今年正月八日，卒于苏寓。

读所著之书，两卷论治，六卷谈兵，其才其识，迥异恒流，何幸吾门得此士；

不可知者命，前岁兄亡，今岁弟逝，至性至情，郁为心疾，空留祖笏待将来。

【注释】

翁少畦大令：翁传照，字少畦，号心释子，以候补知县在江苏当差，曾先后在洋务局、镇江上游厘局任职。

翁兰畦廉访：翁学本，字小轩，一字兰畦，湖南善化（今长沙）人（世居浙江余姚），湘军将领，官至福建盐法道，署福建按察使。

《书生初见》《医时六言》：皆翁传照所著，前者为论治理之书，俞樾曾为其作序。后者为兵书，分类辑录古人兵书部分内容而成。

东洋之衅：指中日甲午战争。

其兄少兰：翁传煦，字少兰，号鲁斋，其余不详。

祖笏：祖辈做官所用的笏，此指期待孙辈继祖辈继续做官。

【解析】

上联从著作赞其才识，并带出彼此的师生关系；下联把兄弟接踵死亡归于“不可知者命”，再将希望寄托在将来孙辈的身上，也不失为挽联的一种写法。

此联首句在似对非对之间，在俞樾的联中实属少见。

钱氏孝子烈妇祠联

钱君讳坚，字竹卿，始以孝子旌；及庚辛之乱，与妻唐氏同死于难，又各旌如律。其子耕伯大令，乞题此联于其祠中。

前旌孝，后旌忠，两回邀九陛恩纶，不愧家风承武肃；

夫死义，妻死烈，一日成千秋大节，长留祠宇在吴阊。

【注释】

钱君讳坚：钱坚，字竹卿，江苏吴县（今苏州）人，“以精于薄书会计，为郡县上客”，咸丰庚申（1860年）太平军破苏州时，与妻唐氏先后投水自杀。见俞樾《钱中议公取义图·序》。

其子耕伯大令：钱福年，字耕伯，俞樾“门下士”，以名孝廉仕浙，为县令，请人画《钱中议公取义图》，并请俞樾作序。

九陛：代指皇帝。

武肃：五代时吴越国王钱镠，谥号武肃。

【解析】

此联因材料丰富，俞樾写来得心应手，切姓、切地，工整的对仗加上重言技巧，颇为可观。唯首句句脚同仄，可算小疵。

恽伯方同年挽联

伯方乃余庚戌同年，由庶常改部曹，以知府官贵州。时抚黔者为曾文诚公，亦庚戌同年也。甚器之，调补首府，奏以道员升用。及文诚卒，继之者不慊于君，君知直道难容，引疾而归。年逾八十，重游泮水，亦一鲁灵光也。

远宦到黔中，循声卓卓，风骨棱棱，如何直道难容，竟以二千石归，观察头衔虚注籍；

旧游思日下，春梦重重，晨星落落，闻说泮宫两赋，不能六十年后，恩荣关宴再登筵。

【注释】

恽伯方同年：恽鸿仪，字伯方，号曼云，江苏阳湖（今常州）人，道光三十年（1850年）庚戌科与俞樾同中进士，入翰林，散馆授刑部主事，官至贵州贵阳府知府。恽卒于1898年，联当作于此时。

曾文诚公：曾璧光，字枢垣，四川洪雅人，道光三十年庚戌科进士，入翰林，官至贵州巡抚，光绪元年（1875年）卒于任所。“追赠太子太保，依总督例赐恤，谥文诚。”见《清史稿·曾璧光传》。

首府：府城与省会同在一地的府为首府。

恩荣关宴："关宴"本是唐宋时新进士经过"关试"后的宴会，此指招待新科进士的恩荣宴，六十年前的进士可以得到重宴恩荣的殊荣。

【解析】

此联中规中矩，上联先说几句好话，再叹其仕途坎坷。下联先回想当年，再感慨其重游泮水而不能重赴恩荣宴。

对仗方面，"黔中"与"日下"之对以及"直道"与"泮宫"之借对，皆甚工巧。

查室蒋淑人挽联

淑人为余孙陛云同年翼甫大令之室。其婚在咸丰辛酉之冬，两家同避兵在沪，因赘姻焉。翼甫曾充日本使者随员，淑人从之，居海外横滨者两年。去年冬，在吴下谋为其子理生授室，拮据拼挡，而病已甚。新妇甫入门，淑人已卒。未及一月，理生亦卒。新妇朱氏，年甫二十，毁妆守志，亦可哀也。

兵戈扰攘时，黄浦催妆，最怜鹣翼双飞，海外共看妻岛月；

病榻弥留际，青庐迎妇，谁料凤雏同去，闺中空剩女贞花。

【注释】

翼甫大令：查燕绪，字翼甫，号檵亭，浙江海宁人，金庸的族祖，光绪十一年（1885年）乙酉科与俞陛云同中举，后官至松江府海防同知。

其子理生：除本联提供的信息外，其余不详。

鹣：传说中的比翼鸟。《尔雅》："南方有比翼鸟焉，不比不飞，其名谓之鹣鹣。"

妻岛：吾妻岛，在日本横滨附近。

青庐：古代举行婚礼的地方。段成式《酉阳杂俎》："北朝婚礼，青布幔为屋，在门内外，谓之青庐，于此交拜。"

凤雏：亦作雏凤，比喻优秀的子弟。李商隐诗有"雏凤清于老凤声"。

女贞花：此喻守节的新妇。

【解析】

上联写战乱中成婚，夫妇相随赴海外，全是一派欢乐景象；下联笔锋一转，淑人病故，儿子亦亡，只剩下守寡的新媳妇，又成了一片哀伤景象，深得挽联之法。

此联的局部对仗处理是一亮点，如“黄浦”与“青庐”、“鹣翼”与“凤雏”、“妻岛月”与“女贞花”等处，都相当漂亮。

聂母张太夫人七十寿联

太夫人为仲芳方伯之母。方伯奉觞上寿，并醮子迎妇，率以承欢，洵盛事也。

矍铄七旬人，上寿到颐龄，崇封登极品；

团栾一堂上，今年看新妇，明岁抱曾孙。

【注释】

仲芳方伯：聂缉椝，字仲芳，时任江苏布政使。详见第285页注。

醮子迎妇：让儿子娶媳妇。见《礼记·昏义》：“父亲醮子，而命之迎，男先于女也。子承命以迎。”此处“醮”是古代婚礼所行的一种简单仪式。尊者对卑者酌酒，卑者接受后饮尽，不需回敬。

【解析】

此联完全是应酬之作，质量也乏善可陈，几乎全是廉价的口水话。

吴季蓉世兄新婚贺联

季蓉乃广庵廉访之子，其所娶桃源尹氏，乃吾同年杏农观察女孙也。

一双嘉耦，于柏府趋庭，春色满延陵门第；

百两香车，自桃源发轫，风流想尹吉衣冠。

【注释】

吴季蓉世兄：除本联提供的信息外，其余不详。

广庵廉访：吴承潞，字广庵，时任江苏按察使。详见第9页注。

杏农观察：尹耕云，字瞻甫，号杏农，江苏桃源（今泗阳）人，与俞樾同为道光三十年（1850年）庚戌科进士，官至河南河陕汝道。

柏府：按察使府邸。与柏署、柏台相类。

趋庭：出自《论语·季氏》“（孔）鲤趋而过庭”。用于指晚辈接受长辈教诲。

延陵门第：“延陵”此指延陵季子季札，切吴姓。

百两：用《诗经》语。详见第312页注。

发轫：此处用其本义，即发车。

尹吉：出自《诗经·都人士》“彼君子女，谓之尹吉”。此处用以切尹姓。

【解析】

上联用“柏府趋庭”切新郎是按察使之子，用“延陵门第”切吴姓。下联用“桃源”切女方籍贯，用“尹吉”切女方的尹姓。全联喜气洋洋，极合婚联的气氛。

“一双”与“百两”之借对和“柏府”与“桃源”之对，都很漂亮。

费幼亭观察七十寿联

幼亭始以知县官直隶，曾以事至京师。适英吉利入犯，焚圆明园。幼亭奉恭邸命，入敌营议定和约，由此知名。后以清河道谢病归，优游林下。滨江沙田，皆君产也。助入南菁书院，日以扩充，多至八万亩。尝语余曰：“此归田以来，第一快事也。”

矍铄七旬翁，从前单骑入敌营，尚有勋名留北阙；

膏腴八万亩，此后诸生游讲舍，长传歌颂满南菁。

【注释】

英吉利入犯，焚圆明园：指第二次鸦片战争英法联军攻入北京并火烧圆明园之事。

恭邸：恭亲王奕䜣。英法联军入京，咸丰帝出逃承德后，由他留在北京负责与英法议和。

助入南菁书院：南菁书院在江苏江阴，创办于光绪八年（1882年）。费幼亭曾捐献大量沙地资助南菁书院。

【解析】

此联以寿星的两件值得夸耀的大事入联，相信费幼亭看了也会掀髯而笑的。

对仗方面，“单骑”与“诸生”、“敌营”与“讲舍”、“北阙”与“南菁”之对，均很漂亮。

又挽联

观察拟于四月十六日称觞，乃前三日而卒，因挽以此联。

小雅赋南山，止争三日光阴，未启七旬筵宴；

大名留北阙，犹忆片言却敌，争传单骑成功。

【注释】

小雅赋南山：《诗经·小雅》有《南山有台》一篇，主要内容是祝寿，如“乐只君子，万寿无期”“乐只君子，万寿无疆”等。

【解析】

整个下联几乎就是寿联的调子，上联的首句也和寿联没有区别。但是上联后两句一变，“挽”的味道就完全出来了。

用“大名留北阙”对“小雅赋南山”，极见功力。

不过把到敌营去议和，说成是“片言却敌”，未免太过誉了。

王母李太夫人七十寿联

太夫人为王文勤公侧室，以嫡孙官受封。长斋奉佛，而治家极严。孙曾辈皆敬畏之。

开八旬耋寿，受二品荣封，五色紫颁天上诰；

治百口谨严，养一心淡泊，六时静守佛前灯。

【注释】

王文勤公：清代姓王而谥文勤的虽然有好几位，但是就生卒时间来看，最吻合的当是王庆云。王庆云，字雁汀，福建闽县（今福州）人，道光九年（1829年）己丑科进士，历任陕西巡抚、山西巡抚、四川总督等职。王庆云生于1798年，其妾比他小三十岁左右是很正常的事。此外其孙王仁堪是光绪三年（1877年）丁丑科状元，官至苏州知府，也与“以嫡孙官受封”符合。

六时：佛教分一昼夜为六时，即晨朝、日中、日没、初夜、中夜、后夜。

【解析】

此联切事、切年龄，也很中规中矩。但亮点是在对仗方面，特别是六个数目字的对仗和下联自对中的“百口”与“一心”之对。

郑母李太恭人七十寿联

太恭人为肖彭大令之母。肖彭与吾孙同年，其弟则吾兄子剑孙同年也。六月中生日，寄此寿之。

六月祝千春，筵前雪藕冰桃，阿母七旬初度；

上堂罗二俊，膝下金昆玉友，吾家两代同年。

【注释】

肖彭大令：郑籛，字允铿，号肖彭，福建长乐（今福州市长乐区）人，与俞樾之孙俞陛云同于光绪十一年（1885年）乙酉科中举，光绪十五年（1889年）己丑科进士，曾任江苏丹阳知县。

其弟则吾兄子剑孙同年：郑籛之弟名郑筹，字允展，号鹤卿，光绪二年（1876年）丙子科副贡（俞祖绶此年中举），光绪五年（1879年）己卯科举人，光绪九年（1883年）癸未科进士，官内阁中书。

上堂：无论意义、对仗皆成问题。疑是“一堂”之误。

【解析】

此联除切时、切寿、切事外，还写到两家关系，比上一联更进一层，而对仗也甚为讲究。

吴广庵方伯挽联

广庵乃老友平斋观察之子，中进士甲第甚高，以请归原班，不入翰苑，遂以直隶州起家，官至江苏臬使，迁闽藩，未赴而卒。前数日，犹得其书也。

名父子大振家声，纪群交谊，同客姑苏，病榻数行犹报我；

翰苑才出居外服，牧令循良，跻登方岳，宦游卅载不离吴。

【注释】

中进士甲第甚高：吴承潞是同治四年（1865年）乙丑科二甲第六十一名进士（本科进士共二百六十五人）。

请归原班：原来已经进入仕途但不是进士出身的官员，如果参加会试并中进士，那么既可以以新科进士的身份分配工作，也可以继续从事原来的工作，即“归原班”。

纪群交谊：据《三国志·陈群传》记载，孔融与陈纪、陈群父子论交，孔融的年龄小于陈纪而大于陈群。俞樾比吴云小十岁，当然就年长于吴承潞了。

外服：京城以外的地方。

【解析】

上联“纪群交”之典用得贴切之极，末句“病榻数行犹报我”亦深得挽联煽情之法。下联则相对显弱，尤其末句“宦游卅载不离吴”颇有凑句之嫌。

陈母黄太淑人八十寿联

太淑人为陈杏荪太史之母，寓居沪上，精力甚强，犹能坐马车游洋场也。正月十二，为其生日。

杖履八旬人，但期岁岁清游，安稳版舆黄歇浦；

笙歌正月夜，共羡婆婆老福，斑斓彩服玉堂仙。

【注释】

陈杏荪太史：除本联提供的信息外，其余不详。

斑斓彩服：用老莱子斑衣戏彩典。

玉堂仙：犹玉堂客。详见第38页注。

【解析】

上联用“杖履八旬人”切年龄，用“黄歇浦”切地，用“但期岁岁清游”祝寿（也就是现在常说的“年年有今日”的意思）；下联用“笙歌正月夜”切时，用“玉堂仙”切其子是翰林，也可算得是面面俱到了。

“八旬”与“正月”、“黄歇浦”与“玉堂仙”之对也相当工巧。

鲍竹生明经六十寿联

余丙寅、丁卯主讲紫阳，竹生曾肄业焉，故亦在门下。中年后，以医名噪吴中。正月十二日，其生日也。

距元旦已十日，距元宵尚三日，祝君甲子一周，茂苑寻春，先归董奉林间杏；

负文名逾廿年，负医名又卅年，忆我丙丁两载，讲堂较艺，曾赏江淹笔底花。

【注释】

鲍竹生明经：鲍晟，字竹生，或作竺生，江苏吴县（今苏州）人，二十岁中秀才，后成为苏州著名的医生，著有《鲍竹生丸散录要》。俞樾为其作序，称其“不以文名而大以医名”，“吴中虽妇人竖子，无不知有鲍竹生也”。鲍与俞樾都居住在苏州马医科巷，曾为俞樾家人看病。据俞樾为鲍作的传，鲍卒于光绪二十六年（1900年），年六十一。则此联当作于光绪二十五年，即1899年。

丙寅、丁卯：指同治丙寅、丁卯年，分别是1866年和1867年。

紫阳：此指苏州紫阳书院。

董奉林间杏：董奉是三国名医，“杏林”之典就是从他让治愈的患者种杏树成林而来的。见《太平广记》。

江淹笔底花：江淹是南朝梁人，年轻时文才卓著，据说是因为东晋文学家郭璞的五色笔在他那里。见《南史·江淹传》。

【解析】

以“江淹笔底花”对“董奉林间杏”，甚为工巧。此外，“甲子一周”与“丙丁两载”、“茂苑”与“讲堂”之对也很漂亮。而前两句的重言自对也很见技巧。

桐子霑观察挽联

子霑由苏州府迁粮道，己亥春将押运北上，未果而卒。

财赋管三吴，绿水洋中将转漕；

讴歌盈万户，白公祠畔共焚香。

【注释】

桐子霑观察：桐泽，字伯用，号子霑，清满洲镶蓝旗人，笔帖式出身，曾任江苏常州、苏州知府，官至苏松粮道。

己亥：指光绪己亥，即1899年。联当作于此时。

绿水洋：从长江口向北到天津港中途所经的一片水域，因为海水呈绿色而得名。

白公祠：此指白居易在苏州的祠堂，以代指苏州。

【解析】

此联甚简洁，但切地、切官、切事，对仗也很工整。俞樾这时已经七十九岁，还能写得如此出色，真是难得。

张汉章司马挽联

汉章为兄子祖绥丙子科同年。其宰江山也，曾表章毛烈女。余为赋诗，事详诗集。其宰吾邑也，适值余重游泮水之年。余雅不欲上渎官师。而君必以闻于学使者，亦可感也。

名孝廉竟以循吏传，不惟妇竖讴歌，并使烈女一抒泉壤气；

旧部民叨附年家谊，回忆溪山坐啸，曾为老夫再赋泮宫诗。

【注释】

张汉章司马：张缙云，字汉章，曾任浙江江山、德清知县，其余不详。

丙子科：此指光绪丙子，即1876年。

毛烈女：据俞樾《毛烈女诗》，毛烈女名凤英，江山人，年十六，嫁王家为童养媳。其婆母要其卖淫，其坚决不从，被残酷折磨致死。时任江山知县张缙云“访得其实，表烈惩奸，悉如律令”。

余雅不欲上渎官师：俞樾曾就此事专门写信给张缙云，希望“（此事）如未举行，请作罢论”。见俞樾致张缙云书信。

【解析】

上联的“名孝廉”“循吏”和“妇竖讴歌”不过是挽联常用的好话，而“烈女”一事则能切其人的特点。下联自居“旧部民”，切其曾任德清知县，再联系到上报“重游泮水”之事，写出双方的关系。虽然俞樾“雅不欲上渎官师”，但是张缙云坚持上报了，相信俞樾还是很感动的。

此联的对仗虽然没有特别的亮点，但是几乎都很工整。

丁潜生廉访挽联

潜生少时从军，母刘夫人刺八字于其臂上曰：“忠心报国，致身事君。”故潜生在军，不避危险，颇蓄战功。曾文正、彭刚直皆极赏之。尝自练藤牌二千五百人，成一军，所向无前。余谓此制火器之良法也，有如公等者数人，无忧西戎矣。精绘事，能为人写真。曾写余真，苦未肖。去年冬携一人来，以西法照余小像，盖欲用此为蓝本也，然竟不及为矣。今所照像犹在，兼有潜生像及世振之都转像，盖三人同照云。

奉母教刺臂教忠，卅年功在中兴，如文正，如刚直，皆叹赏英雄，尚期制胜重洋，精练滚牌成劲旅；

莅吾乡建牙陈臬，一见欢同旧识，于湖楼，于山馆，每从容谈笑，惜未传神阿堵，但留照像在空斋。

【注释】

丁潜生廉访：丁峻，字潜生，江西南昌人，在湘军时是曾国藩和彭玉麟的部下，官至浙江按察使。

世振之都转：从名字看当是满族人，职务则当是两浙盐运使，其余不详。

教忠：疑或是“效忠”之误，否则重字，且意亦不若效忠。

山馆：指俞樾位于杭州右台山的右台仙馆。

传神阿堵：指画得生动逼真。东晋著名画家顾恺之曾说：“四体妍蚩，本无关于妙处，传神写照，正在阿堵中。”见《世说新语·巧艺》。

【解析】

上下联分写生平与交往，一用“尚期”，一用“惜未”，皆是挽联惯用手法。

对仗方面，“刺臂”与“建牙”之对极好。

丁松生大令挽联

松生藏书甚富，善搜辑杭州掌故，刻《武林丛书》数百卷。往年浙中钞补文澜阁书，松生力也。余与交最久，余著《琼英小录》，君刻入《武林丛书》中。又尝以娑罗树一小株赠余，今种吴寓。

插架八万卷，钞补文澜全书，采辑武林故事；

论交四十年，商定仙花小谱，分栽佛树灵根。

【注释】

丁松生大令：丁丙，字嘉鱼，别字松生。详见第72页注。丁卒于1899年，联当作于此时。

《武林丛书》：丁丙与兄丁申编刊《武林掌故丛编》26集，208册，将存世的杭州掌故典籍多数包罗列入。

浙中钞补文澜阁书：杭州文澜阁在清军与太平军反复作战中受损，所藏《四库全书》散失严重。光绪六年（1880年），浙江巡抚谭钟麟重建文澜阁，次年落成，组织补抄《四库全书》。丁丙兄弟在抢救和搜集、补抄等工作中居功至伟。

《琼英小录》：俞樾所著的关于琼花的书。

娑罗树：植物名，常绿乔木，俗名柳安木，原产于印度及东南亚。

佛树灵根：此指娑罗树。

【解析】

此联自对中的“文澜”与“武林”、“仙花”与“佛树”，工整至极。但全联无“挽”的味道，算是一个缺陷。

徐季和学使挽联

季和持正论，不随俗，君子人也。终于安徽学使任，士论惜之。其视浙学时，尝徒步访余于右台仙馆。是日盖其生日也。

为朝廷深惜老成人，方期正学扶轮，何意噩音来皖北；
同词馆兼叨年世谊，犹忆生辰避客，曾劳健步访山中。

【注释】

徐季和学使：徐致祥，字季和，号霭如，江苏嘉定（今属上海）人，咸丰十年（1860年）庚申科会元，成进士，入翰林，官至兵部右侍郎、安徽学政。徐卒于1899年，联当作于此时。

持正论：徐致祥曾多次上奏章提出颇有见地的意见，也敢于弹劾位高权重的大臣，如礼亲王世铎、山西巡抚阿克达春、湖广总督张之洞、庆亲王奕劻、北洋大臣李鸿章等。

视浙学：徐致祥曾担任浙江学政。

【解析】

上联用“方期”与“何意”一转折，写出悲情，手法纯熟。下联转而写双方交往，因有徐因避寿而“健步访山中”，故能显出真情。

对仗方面，“皖北”与“山中”之对，是一亮点。

朱茗笙侍郎挽联

侍郎以水部郎起家，至少司马，年甫五十，引疾归田。乡里善举，无不首倡之。建复六和塔，其功尤巨。慕吴中狮子林之胜，于里第仿为之。峰峦千万，涌见庭中。取紫阳诗意，署曰“涌峦楼”。

历官至少司马，归来林下优游，廿年功在梓乡，开化寺前重建塔；
叠石如大狻猊，移到吴中名胜，一旦神游蓬岛，涌峦楼上孰凭栏。

【注释】

朱茗笙侍郎：朱智，字茗笙，浙江钱塘（今杭州）人，咸丰元年（1851年）辛亥科举人，官至兵部侍郎。朱卒于1899年，联当作于此时。

建复六和塔：朱智在临终时的遗折中有说明，他因病开缺回乡后，发现“濒（钱塘）江石塘，坍塌已甚，并六和塔年久失修。臣目击情形，工程紧要，自愿分年措资，独力修建”。六和塔的修复，在他逝世时尚未完工。他“遗嘱家属，悉心经理……早竣全功”。

吴中狮子林：苏州著名的园林景点，以假山为最著名。

紫阳诗意，署曰“涌峦楼”：朱熹诗无直接用“涌峦”二字者。综合考虑，以下列写假山瀑布的诗句为较近：“一篑工夫莫坐谈，便教庭际涌千岩。”诗题为“假山焚香作烟云掬水为瀑布二首”。

狻猊：狮子的别称。

【解析】

此联在局部对仗处理上很有亮点，如“少司马”与“大狻猊”、“林下”与“吴中”、“廿年”与“一旦”、“梓乡”与“蓬岛”、“建塔”与“凭栏”等，都值得借鉴。

谢母杨夫人挽联

夫人余姚人，为子蓉部郎之母。其女名又花，字韵仙，彭刚直女弟子也，曾来见我于湖楼。

是节母，是寿母，二品崇封，早拜恩荣来北阙；

有贤子，有贤女，一江远隔，曾闻刚直话西湖。

【注释】

子蓉部郎：除本联提供的信息外，其余不详。

女名又花：谢又花，字韵仙，室名咏絮轩，浙江上虞人，彭玉麟的女弟子。在彭玉麟去世后，谢又花“欲以事刚直者事余（俞樾自称）。

余谢不敢当，而其意欣然不可却。丁酉岁，来见我于西湖，以所著《絮香吟馆》诗见示，余厘为三卷，序而归之”。见俞樾《谢韵仙女史传》。

【解析】

此联很有特点。上下联前两句属于重言自对，全不讲究格律，不仅句脚同仄，而且重字位置也上下联各自不同。后两句则格律严谨，对仗也甚为工整。俞樾这样处理对联句，已经屡见不鲜了。

朱竹石观察六十寿联

时观察方权江苏按察使，以贤员闻，传旨嘉奖。

帝曰汝予嘉，正自九重传奖励；

天锡公纯嘏，好从六十祝期颐。

【注释】

帝曰汝予嘉：出自《尚书·文侯之命》“汝多修，扞我于艰，若汝，予嘉”。

天锡公纯嘏：出自《诗经·鲁颂》“天锡公纯嘏，眉寿保鲁”。

【解析】

上下联各用《尚书》和《诗经》一句。这两句用在这里确实相当贴切，而且对仗也还可以，很见功力。

毛葆园处士挽联

葆园白手起家，人甚诚笃。余与交二十年，湖楼山馆，皆托其照料。去年余自湖上归，尚来相送，不意竟永诀也。葆园事佛，终年不茹荤血，今岁七十矣。七月初微疾，梦见地藏王菩萨。语其子曰：“我不起矣。”至中元日趺坐而卒。有四子，存者二，皆县学生。

古佛梦中迎，七旬善果，竟证菩提，到中元趺坐而终，了无病状；

故人湖上别，廿载交情，顿归逝水，盼后辈踵兴勿替，大振家声。

【注释】

毛葆园处士：毛永孝，字葆园，杭州人，其余不详。

湖楼山馆，皆托其照料：俞樾家在苏州，每年春秋时到杭州处理诂经精舍的教学事务，其余时间不在杭州。故俞楼和右台仙馆需要有人照料。

中元日：中国传统节日，农历七月十五。

趺坐：佛教徒盘腿端坐，左脚放在右腿上，或右脚放在左腿上。

【解析】

此联虽无甚深意，但切人、切事、切年龄和去世之日，还写到双方交情，联系到死者两个儿子是秀才，可算面面俱到。

对仗方面，“古佛”与“故人”、“七旬”与“廿载”、“中元趺坐”与“后辈踵兴”等处，均很漂亮。

黄漱兰侍郎挽联

余去年辞诂经讲席，浙抚廖中丞以侍郎代之。未半载而卒。时五月九日，竟未及一至精舍也。

饮端五酒，驻君四日流光，朝野千秋同想望；

坐第一楼，继我卅年陈迹，云山三竺未来游。

【注释】

黄漱兰侍郎：黄体芳，字漱兰，浙江瑞安人，同治二年（1863年）癸亥科进士，官至兵部左侍郎。黄卒于1899年，联当作于此时。

诂经：诂经精舍，俞樾于同治七年（1868年）主持诂经精舍，光绪二十四年（1898年）年底辞职，前后共三十一年。下联云“卅年陈迹”，取其约数。

浙抚廖中丞：廖寿丰时任浙江巡抚。详见第297页注。

【解析】

上联前两句切时，后一句写出黄的声望。下联通过诂经精舍写到两人的关系，并用最后的“未来游”落到挽联上。

此联的六个数字对很有特色。

尤春畦封翁挽联

翁善别人参，凡人参自关外至，皆集于上海。翁岁必至沪，品定其高下。一经翁定，无能违者。今翁殁矣，未知继其术者，尚有人否也。

沪上罢清游，北斗瑶光愁减色；

吴中推老辈，西堂杂俎喜传家。

【注释】

尤春畦封翁：除本联提供的信息外，其余不详。

北斗瑶光：古代纬书《春秋运斗枢》云“摇光星散为人参。废江淮山渎之利，则摇光不明，人参不生”。“摇光”即瑶光，北斗七星之一。

西堂杂俎：清初文学家尤侗，号西堂老人，江苏长洲（今苏州）人，《西堂杂俎》是其著作之一。

【解析】

上联着眼于尤的人参鉴别家身份，说尤春畦这位人参鉴别专家去世，不再来上海，上海的人参业将受到影响。下联着眼于尤的苏州尤家身份。

从人参而想到“北斗”，从苏州尤氏而想到“西堂”，这种功力没有深厚的积累是达不到的，我们现代人实在很难望俞樾之项背。

“沪上”与“吴中”、“北斗”与“西堂”之对，均甚好。

程省卿孝廉挽联

省卿幼慧，其父有“吾家千里驹”之叹。长而幕游皖北，赋《梅花诗》百首，见赏于学使者，饩于庠。后举孝廉，以知县筮仕江苏，未补官而卒。临终语其弟锡煐曰：“吾死后，得曲园先生一联，刻入《楹联录存》中，死无憾矣。”余初不相识，感其意，为题此联。

髫龄夙慧，强仕寿终，回思喜动椿庭，曾博名驹千里誉；

攀桂有年，栽花无地，仅得名驰莲幕，传诵寒梅百首诗。

【注释】

程省卿孝廉：除本联提供的信息外，其余不详，其弟锡煐亦不详。

饩于庠：指秀才获得“廪生”的资格，可以领取一定的伙食补贴。

强仕：指四十岁。《礼记·曲礼上》有“四十曰强，而仕”。

攀桂有年：用“月宫折桂”典，谓中举已多年。

栽花无地：反用“河阳一县花”典，谓候补知县不得实缺。

莲幕：南朝齐王俭官至尚书左仆射，领吏部、兼丹阳尹。时人以王俭幕府为莲花池。后即以“莲幕”泛指幕府。典出《南史·庾杲之传》。

【解析】

“攀桂有年”与“栽花无地”自对极好。另“椿庭”与“莲幕”之对也很漂亮。

此联上下联末句分别符合七言律句的格律，但是彼此相粘，这种情况在联中比较少见。

王竹侯方伯挽联

方伯为丁酉拔贡生，仕至陕西藩司，年八十九而终。余丁酉副贡，与有同年之谊，挽以此联。

昔布秦中德政，今推海内灵光，计闰岁九旬逾二岁；

君举拔萃高科，我登待补小榜，作同年六十有三年。

【注释】

王竹侯方伯：王承基，字竹侯。详见第170页注。

布秦中德政：“藩司”的正式名称是布政使，“布秦中德政”即用此意。

【解析】

“秦中”与“海内”、“高科”与“小榜”的自对甚工整。末句的数字对和重字对颇见技巧。

李小荃制府挽联

公起家淮军，官至两广总督。往年抚浙时，曾招余饮。日暮不及出城，因止宿于花厅之西厢。剪烛清谈，漏三下始罢。余主讲西湖精舍，宿于城中者，止此一夕。至今犹记之也。

大树荫长淮，看幕府宏开，万里威名到南海；

甘棠留两浙，忆节堂止宿，一宵清话共西窗。

【注释】

李小荃制府：李瀚章，字筱泉，曾任湖广总督、四川总督、两广总督等职。详见第11页注。李卒于1899年，联当作于此时。

大树荫长淮：“大树”用东汉开国名将冯异人称“大树将军”典。“长淮”切地（李系安徽合肥人）。

万里威名到南海：切其两广总督身份。

【解析】

上联起句用“大树将军”典，又切其籍贯，然后用“万里威名到南海”切其最后一个职务两广总督。下联用“召公甘棠”典赞其浙江巡抚任上的政绩，再自然地转到双方关系的回忆。是挽联的传统写法。

联中“大树”与“甘棠”、“幕府”与“节堂”、“南海”与“西窗”之对相当漂亮。

江建霞京堂挽联

建霞以编修特旨用四品京堂，旋褫职。曾视湖南学，刻有《灵鹣馆丛书》。

无妄福，无妄灾，孤负此金马门前，雍容大作手；

非常人，非常遇，流传得灵鹣阁上，荟蕞小丛书。

【注释】

江建霞：江标，字建霞，号灵鹣阁主，江苏元和（今苏州）人，光绪十五年（1889年）己丑科进士，曾官湖南学政。江卒于1899年，联当作于此时。

京堂：原是对朝中一些部门如都察院、通政司、詹事府、国子监及大理、太常、太仆、光禄、鸿胪等寺的长官的称呼，后成为虚衔。

以编修特旨用四品京堂，旋褫职：江标在政治上属于维新派，任湖南学政时积极参与新政。光绪帝戊戌变法时从正七品的翰林院编修被提拔为四品京堂、总署章京上行走。但是慈禧太后很快就发动政变，江标还没有来得及上任就被革职，永不叙用，并交地方官严加管束了。

金马门：汉代未央宫宫门。门旁竖有铜马，故称“金马门”。汉武帝曾使学士待诏于此。此指翰林院。

灵鹣阁：江标的室名。

【解析】

江标在被革职的第二年即1899年就去世了，年仅四十岁。在当时的政治形势下，俞樾也只好用“无妄福，无妄灾”、“非常人，非常遇”这样含糊之词来写了。

联中“金马门”与“灵鹣阁”、“大作手”与“小丛书”之对，很是工整。

陈哲甫太守挽联

哲甫乃钱子密尚书之女婿，曾从子密在曾文正军中。以奉母早归，故功名不显，以知府候选而已。子五人，出仕者已四人。陈氏固海宁望族，哲甫乃相国文简公来孙也。

功名让同辈，簪笏付后人，落落家风，不愧黄扉旧门第；

官职未真除，年华止中寿，萧萧婿水，难为白发老尚书。

【注释】

陈哲甫太守：除本联提供的信息外，其余不详。

陈氏固海宁望族：海宁陈氏为清代著名望族，出过陈之遴、陈元龙、陈世倌三位大学士。

相国文简公：雍正朝的大学士陈元龙，浙江海宁人，谥文简。

候选：中下级官员在取得任职资格后，需要到主管部门（文官到吏部，武官到兵部）报到，等候分配工作，即为候选。

黄扉：宰相的居所，因古代丞相等高官的办事场所以黄色涂门。

婿水：代指女婿。见《水经·沔水注》：“左谷水出西北，即婿水也……川有唐公祠，唐君字公房，成固人也，学道得仙……公房升仙之日，婿行未还，不获同阶云路，约以此川为居，言无繁霜蛟虎之患。其俗以为信然，因号为婿乡，故水亦即名焉。”婿水今称湑水。

【解析】

上联把“功名不显”写成“让同辈”，颇见匠心。下联联系到还在世的老丈人，增加了联的悲情氛围。

联中“后人”与“中寿”、“黄扉”与“白发”之对颇为抢眼。

谢韵仙女史挽联

女史上虞人，归麋氏，早寡，能诗，乃彭刚直之女弟子也。以刚直故，愿隶余门下。余谢不敢当。然其意甚殷，曾渡江见我于湖楼。临别，订期后会，而竟不果。去冬大病。稍间，犹驰书告：病间乃至。今年正月二日，竟逝。余曾序其诗，今又寄此联挽之。

病榻报粗安，其时已届三冬，如何饮罢屠苏，未许春光转东陆；

寓楼曾过访，此后竟难一面，料得神随刚直，仍吟秋色到西湖。

【原注】女史有和刚直《秋色》诸吟。

【注释】

谢韵仙女史：谢又花，字韵仙。详见第344页注。

归麋氏：谢的丈夫为同县人麋祖梁。

屠苏：屠苏酒，古人在正月初一饮用的酒。

东陆：指东方七宿区域，太阳运行至此区域便是春天。

和刚直《秋色》诸吟：谢又花与彭玉麟交往期间，唱和极多。

【解析】

上联用“饮罢屠苏”扣正月初二极切。

末句“春光”与“秋色”、“东陆”与“西湖”之对极工。

潘峄琴学士挽联

学士曾再至浙中，前典试，后视学也。时继阮文达辑《两浙輶轩续录》，署中建“辑雅堂”，即其选诗所。去浙后，浙士思慕之，奉生位于朱文公祠。吾孙陛云，乃其典试所得士。

与吾浙有文字缘，两度乘轺，继阮太傅輶轩成后集；

许我孙列门墙末，一堂辑雅，附朱紫阳祠宇拜先生。

【注释】

奉生位：供奉还在世的人的“长生禄位”。

朱文公祠：南宋大儒朱熹的祠堂。

吾孙陛云，乃其典试所得士：潘衍桐任浙江乡试考官是在光绪十一年（1885年），俞陛云正是这年考中乡试亚元的。潘衍桐卒于1899年，联当作于此时。

【解析】

俞樾的联往往在局部对仗方面有些讲究，此联的“后集”与“先生”也是如此。另，此联“挽”的意味过淡，是不足处。

李健斋廉访挽联

廉访以父忠武公殉难三河赏举人。会试不售，引见，赏员外郎。嗣是扬历中外。往年辽东告警，从督部刘公北征，战于唐王山、七里河，大捷，斩其酋。至己亥岁，意人索我三门湾，浙有兵事，拜浙江按察使，旋命督办军务，卒于宁波行营。

继忠武公投笔从戎，昔年辽警方殷，七里河边竿贼首；

以廉访使登坛拜将，此日海氛未靖，三门湾外激英风。

【注释】

李健斋廉访：李光久，字恒亨，号健斋，湖南湘乡人，湘军悍将李续宾之子，官至浙江按察使。李卒于1900年，联当作于此时。

父忠武公殉难三河：1858年，李续宾于著名的三河镇之役被太平军击毙，获得清廷“赠总督，入祀昭忠祠，立功地建专祠，谥忠武。赐其父一品封典，子光久、光令并赐举人，予骑都尉世职”（见《清史稿·李续宾传》）的优厚抚恤。

督部刘公：中日甲午战争后期，清廷调两江总督刘坤一为钦差大臣，督办东征军务，授以指挥关内外军事的全权。

战于唐王山、七里河，大捷，斩其酋：李光久与日军战于此两地属实，日军有军官阵亡也属实，但结果是清军战败，称为“大捷，斩其酋”，未免夸大。

意人索我三门湾：光绪己亥年（1899年）意大利派出三艘军舰到浙江三门湾海面游弋，进行勘测和示威活动。意大利驻华公使马丁诺向清政府提出“租借”三门湾的要求。

【解析】

此联选取李光久生平两件最为光彩的事入联，是很好的切入角度。但全联“挽”的意味极淡，总觉欠妥。

全联对仗总体皆较工整，唯少特别出色的亮点。

查湘帆封翁挽联

封翁行贾沪上，有法兰西人吗呢者设一肆，延翁主其事，一无私焉。生平四遭回禄之灾，艰苦备尝。晚年以子济元官封二品，年七十一而卒。

四度遘郁攸灾，辛苦艰难，为此老养成晚年福；

七旬拜荣禄诰，忠信笃敬，虽远人订作出门交。

【注释】

查湘帆封翁：除本联提供的信息外，其余不详。

子济元：查纶先，字济元，浙江海宁人，书画家，其余不详，或是此人。

回禄之灾、郁攸灾：均指火灾。回禄是火神，郁攸指火焰、火气，皆出《左传》。

出门交：出自《周易·随》“初九：官有渝，贞吉。出门交，有功”。此指订交而已。

【解析】

此联虽然很切其人，但无“挽”的意味，也没有其他方面突出的亮点，只能算是平平而已。

龚母张太夫人挽联

太夫人殁于沪上，归葬合肥。有二子心铭、心钊，皆翰林也。

封崇一品，寿近七旬，蓬岛催回金母驾；

风送沪渎，神归肥水，麻衣对泣玉堂仙。

【注释】

二子心铭、心钊：龚心铭，字景张，号渠生，安徽合肥人，光绪十八年（1892年）壬辰科进士，入翰林院。其弟龚心钊，字仲勉，号怀西，光绪二十一年（1895年）乙未科进士，入翰林院，曾任驻英属加拿大总领事。

肥水：安徽境内的淮河支流，流经合肥等地，亦作淝水。

【解析】

此联既切又工，尤其是“蓬岛”与“麻衣”、“金母”与“玉堂”之对极好。

惜首句上下联句脚同仄，是为缺憾。

陈养原观察挽联

观察曾随崇地山侍郎出使俄国，又充日本星使参赞官，后授浙江温处道，调署杭嘉湖道，署按察使，卒于官。

大瀛海外仙槎，西至罗刹，东至扶桑，万里重洋游迹广；
三折江边宦辙，始而观察，继而廉访，四年两浙颂声长。

【注释】

陈养原观察：除本联提供的信息外，其余不详。

崇地山侍郎出使俄国：崇厚，字地山，完颜氏，清满洲镶黄旗人，曾任出使俄国大臣。

罗刹：本指佛教传说中的恶鬼。此处系俄语的音译。

扶桑：指日本。

三折江：钱塘江，因水流曲折，又名之江，“之”字三折。

【解析】

上联中间两句如果换一下位置，就可以保证与下联句脚平仄相对，也并不影响联意。但俞樾没有这样作，或者是因为使俄在先、使日在后的关系吧。

此联“挽”的意味也甚淡，只从下联末句隐隐可以感受到一点。

常介之参戎挽联

参戎乃浙江将军常公恩之弟，官江苏抚标中军参将。于正月十三日卒于官，年五十九。

大衍又九龄，雄镇苏台，胥母门边貔虎壮；
元宵先两日，耗传浙水，将军树上鹡鸰孤。

【注释】

常介之：除本联提供的信息外，其余不详。

参戎：参将的别称。参将是正三品武官。

浙江将军常公恩：常恩，字润伯，号小徵、筱澂，道光三十年（1850年）庚戌科进士，官至杭州驻防将军。

胥母门：苏州胥门，代指苏州。

将军树上鹡鸰孤："将军树"用大树将军典。"鹡鸰"指兄弟，典出《诗经·常棣》："脊令在原，兄弟急难。"

【解析】

上联切年龄，切官，切地；下联切去世日期，又从其兄方面说起，看来此联是送到杭州的常恩那里的。

联中"九龄"与"两日"，"苏台"与"浙水"，"貔虎"与"鹡鸰"之对都很漂亮。

汪李门封君五十寿联

李门为柳门侍郎之弟，以瞽废。然多材能，闲居足以自娱，视柳门似胜也。因其五十生辰，书此寿之。郭幼明乃子仪之母弟，见钱易《南部新书》。唐汝询字仲言，华亭人，无目而啸咏不废，见《静志居诗话》。

郭幼明真大富贵；

唐汝询不废啸歌。

【注释】

汪李门封君：汪鸣銮弟，字李门，行四，其余不详。

郭幼明乃子仪之母弟：郭幼明附见于《旧唐书·郭子仪传》"（郭）幼明，尚父子仪之母弟也。性谨愿无过，不工武艺，喜宾客饮宴，居家御众，皆得其欢心。以子仪勋业，累历大卿监，大历八年卒，赠太子太傅"。

《南部新书》：北宋钱易所著记载唐至五代故事之书。

唐汝询：唐汝询，字仲言，明末清初江南华亭（今上海松江）人。唐汝询五岁即双目失明，默坐静听诸兄读书，日久成才。善属文，尤工于诗。有《唐诗解》《编蓬集》《姑蔑集》等。

《静志居诗话》：清人朱彝尊所撰的诗话，系姚祖恩自朱氏编《明诗综》中辑出有关诗评文字编成。

【解析】

此联虽然只有短短七言，但是上联写弟实胜兄，下联写残而不废，两个切入点选取得极好。所用两典均非常见，若非博览群书如俞樾，旁人势难想到。不过作为寿联而言，究竟少了点贺寿的意味。

赵紫瑜大令挽联

紫瑜以知县官广东，罢官后，挟壬遁星命之术，浪游人间，自称一笠山人。所著诗文最多，推衍《璇玑图》，得五万七千余首，亦奇观也。

一见宰官身，挟技而游，落托数十年，存留饭颗山头旧笠；

千秋才子笔，以文为戏，纵横五万首，推衍璇玑图上新诗。

【注释】

赵紫瑜大令：除本联提供的信息外，其余不详。

壬遁星命之术：指算卦、算命等迷信方术。

《璇玑图》：由若干文字组成的一幅图，按照不同的方法可以从中组合出很多诗来，最早出于晋代女子苏蕙之手。

饭颗山头旧笠：化用“饭颗山头逢杜甫，顶戴笠子日卓午”诗句。见李白《戏赠杜甫》诗。

【解析】

上联末句因赵号“一笠山人”而化用李白诗入联，隐隐然以杜甫相比，是高明处。

此联对仗颇讲究，但挽味甚淡。

陈杏孙太史挽联

太史恒乞假家居，仅一分校礼闱而已。大考后召见，上问历俸何浅。以母老不能远离对。庚子考差后，以病南回，道卒。太夫人犹在堂也。

蓬山养望，棘院论文，天语垂询怜俸浅；

荡节未持，輴车遽驾，亲闱痴想盼儿归。

【注释】

陈杏孙太史：陈昌绅，字杏孙，浙江钱塘（今杭州）人，光绪十二年（1886年）丙戌科进士，官翰林院编修。

分校礼闱：担任分房阅卷的会试同考官。因会试由礼部组织，故称“礼闱”。

历俸：做官的资历。

庚子：光绪庚子，1900年。联当作于此时。

棘院：指考场。因古时用荆棘围住考场，以防舞弊。

輴车：运载灵柩的车子。出自《礼记·杂记上》。

【解析】

下联末句写出白发人送黑发人之悲哀，深得挽联煽情之道。

对仗方面，“蓬山”与“棘院”之自对极好。

赵母陈太夫人挽联

夫人生四子，存者一，即仲莹殿撰也。己亥冬，夫人促仲莹入京销假。今年秋，卒于苏寓。仲莹归，已不及见矣。于重阳日受吊，书此挽之。

但期远志，不寄当归，鹤发人催赴京华，岂仅仙槎希八月；

已折三珠，幸存片玉，鳌头客遄还吴下，空将佳节泣重阳。

【注释】

仲莹殿撰：赵以炯，字仲莹，贵阳青岩人，光绪十二年（1886年）丙戌科状元。赵丁母忧在1900年，联当作于此时。

但期远志，不寄当归：反用姜维“远志当归”之典。《三国志·姜维传》裴松之注引孙盛《杂记》云：“初，姜维诣亮，与母相失；复得母书，令求当归。维曰：‘良田百顷，不在一亩；但有远志，不在当归也。’”

仙槎希八月：此处似系双关。既用张华《博物志》“八月仙槎”之典，亦指出任八月举行的乡试考官之事。

三珠：三珠树，对他人弟兄的美称。典出《新唐书·王勃传》：“初，勔、勮、勃皆著才名，故杜易简称‘三珠树’。”

鳌头客：指状元。因状元有“独占鳌头”之说。

【解析】

挽老太太的联常常苦于缺少素材，而此联的切入点选得甚好，因而写来得心应手。

联中前两句自对和后面的“鹤发人”与“鳌头客”、“八月”与“重阳”之对都极漂亮。

倪儒粟明府挽联

儒粟于今年闰八月卒于沪上。余在西湖，频与往返。赠余白牡丹一丛，今犹在曲园也。

申浦咽潮声，刚逢八月秋风，怜君厄共黄杨树；

午栏斗花韵，犹记一丛春色，为我分来白牡丹。

【注释】

倪儒粟明府：倪茹，字儒粟，浙江杭州人，能诗文，善书画，自称“俞楼弟子”。

午栏：栏杆。《仪礼·大射仪》有“度尺而午”。郑玄注曰：“一纵一横曰午。”

厄共黄杨树：黄杨厄闰。详见第61页注。

【解析】

上联切地、切时、切闰月，下联写双方的交往，是挽联正格。

以“午栏”对“申浦”极好。另“秋风”与“春色”、“黄杨树”与“白牡丹”之对也极工整。

谭少卿太守挽联

太守以州判起家，官至二千石，历权剧郡，屡管大局，亦能吏也。曾署丹徒县，有营官缚盗五人至。君察之，皆冤也，尽释之。此事颇为沈文肃所称。今年秋，已病甚矣，闻銮舆西狩，伏枕泫然，越二日遂卒。

四十年宦辙，总在吴中，怜赤子无辜，曾活刀边人五命；

二千石循声，久传朝右，闻翠华远狩，空流枕上泪双行。

【注释】

谭少卿太守：谭泰来，字少柳，江西南丰人，以军功授县佐，任江苏海州州判，历任泰兴、崇明、丹徒、江阴等县知县，后升任知府，历任常州、镇江、苏州等府知府。

州判：知州的副手，从七品。

剧郡：政务繁剧的郡。

沈文肃：沈葆桢，字幼丹，福建侯官（今福州）人，道光二十七年（1847年）丁未科进士，入翰林，官至两江总督，谥文肃。

銮舆西狩：1900年，八国联军攻入北京时，慈禧太后和光绪帝逃往西安。联当作于此时。

朝右：朝班之右，指朝中高官（古代以右为尊）。

翠华：天子仪仗中以翠羽为饰的旗帜或车盖。此代指皇帝的车队。

【解析】

此联作于1900年。此时俞樾已经八十高龄。但此联在对仗方面很有亮点，如“四十年”与“二千石”、“吴中”与“朝右”、“赤子”与“翠华”、“刀边”与“枕上”等都十分漂亮，真是难得。

宋养初侍御挽联

光绪二十六年秋七月，京城陷，侍御仰药死。然其五月十七日寄其子书云：“急难时我自有主意，家中勿念。”盖死志久定矣。

由拔萃登科，跻历谏垣，乃逢阳九年百六厄运；

以艰贞报国，预存死志，请看夏五月十七家书。

【注释】

宋养初侍御：宋承庠，字养初，号连漪，江苏华亭（今上海松江）人，拔贡出身，光绪四年（1878年）戊寅科举人，官至御史，卒后朝廷赠四品卿衔。宋卒于1900年，联当作于此时。

光绪二十六年秋七月，京城陷：1900年八国联军攻入北京。

阳九年百六厄运：术数家的说法。此泛指多灾难厄运的年份。《汉书·王莽传》记载王莽诏书有“予受命遭阳九之厄，百六之会”。

【解析】

上联叹其遭逢厄运，下联赞其预存死志，突出重点而并不面面俱到，这样处理是合理的。

末句是古文句式，又连用数字，就不讲究句中平仄，前人联中常有这种情况。

右台仙馆联

余所筑右台仙馆，无墙垣，仅以槿篱围之。初落成时，题此联。上句本《东轩笔录》，乃荆公事；下联则陶贞白传中语也。

所居不设墙垣，望之俨若逆旅；

有时独游泉石，见者以为仙人。

【注释】

上句本《东轩笔录》，乃荆公事：北宋魏泰所著《东轩笔录》关于王安石（封荆国公，故亦称“荆公”）在金陵有这样的记载：“（王安石）所居之地，四无人家，其宅仅蔽风雨，又不设垣墙，望之若逆旅之舍，有劝筑垣，辄不答。”

下联则陶贞白传中语也：陶贞白即南朝齐梁之际人陶弘景，因陶死后谥贞白先生。《南史·陶弘景传》记载：“（陶弘景）本便马善射，晚皆不为，唯听吹笙而已。特爱松风，庭院皆植松，每闻其响，欣然为乐。有时独游泉石，望见者以为仙人。”

【解析】

俞樾化用这两段文字，也就是隐隐然以晚年的王安石和陶弘景自居。但因并非直接自比，也就算不得自大，是高明的手法。

又

余喜静坐，人事纷扰，苦未能也。山馆中偶一为之，颇得静趣。因题此联。

七旬外老翁，固知死之为归，生之为寄；

半日内静坐，不识此是何地，我是何人。

【注释】

七旬外老翁：俞樾生于1821年，按照中国传统算法，到1890年七十岁。据此可知此联当作于19世纪90年代。本联及前后题右台仙馆、俞楼、春在堂诸联，皆作于较早时期，只是在《楹联录存》第四卷结集时收于最后而已。

死之为归，生之为寄：出自《淮南子·精神训》“生，寄也；死，归也”。

【解析】

上联勘破生死，下联忘形物我。七十岁后的俞樾，已经“从心所欲”了。

又

上联《般若波罗密多心经》语，下联《金刚般若波罗密经》语也。对耦天成，因书而县之山馆。

无苦集灭道，无智亦无得，以无所得故；

如梦幻泡影，如露亦如电，历作如是观。

【注释】

《般若波罗密多心经》《金刚般若波罗密经》：《般若波罗蜜多心经》《金刚般若波罗蜜经》，皆属佛教经典。前者简称《般若心经》或《心经》；后者简称《金刚经》。

县之：“县”通“悬”。

【解析】

如果从我们今天的对仗观点来看，这个上下联的对仗无疑是问题多多的。工整不工整先不说，单是同位重“亦”字和不规则重字，就谈不到“对耦天成”；而且平仄安排也很成问题。当然，这是集句，集句可以从宽，而且基本的意思还是可以对仗的，对于喜欢率意而为的曲园老人，就不必过于苛求了吧。

俞楼联

俞楼落成，余题此联，详见《俞楼经始》，已刻入《俞楼杂纂》矣。

合名臣名士为我筑楼，不待五百年后，斯楼成矣；

傍山南山北沿堤选胜，得之六一泉侧，其胜何如。

【注释】

《俞楼经始》：俞樾所作的文章，记载俞楼建造的经过情形。

名臣名士：名臣指彭玉麟，名士指俞樾的学生徐琪等人。他们参与或赞助了俞楼的建设。

六一泉：在孤山南麓，俞楼左侧。由苏轼因纪念欧阳修而命名。

【解析】

此联也是不为寻常格律所拘的率意之作。

又

余主讲诂经精舍三十一年，可谓久矣。戊戌秋，以衰老乞退。因携孙儿陛云至俞楼小住，临行题是联。是时陛云新及第，兼以勉之。

湖山恋我，我恋湖山，然老夫耄矣；

科第重人，人重科第，愿吾孙勉之。

【注释】

余主讲诂经精舍三十一年：俞樾自清同治七年（1868年）至光绪二十四年（1898年），主持诂经精舍，恰好是三十一年。此联作于1898年。

老夫耄矣：用《左传》卫国老臣石碏派人对陈国国君说的话“老夫耄矣，无能为也”。

【解析】

俞樾与西湖山水结缘三十多年，至此因年老退休，上联乃其复杂心情的写照。下联既有对孙子科举高中的由衷喜悦，也有语重心长的告诫。在文字组织上采用了重言反复的技巧，写得极好。

春在堂联

余前有春在堂联，已录存矣。戊戌岁，续题两联，又录存之。

小圃如弓，竹林前一曲，柳阴后一曲；
浮生若梦，登第五十年，成婚六十年。

【注释】

登第五十年：俞樾于道光三十年（1850年）庚戌科中进士，至光绪二十四年（1898年）戊戌科实为四十九年，五十年取其约数。

成婚六十年：俞樾于1839年与表姐姚夫人成亲，至此时正好六十年。

【解析】

此联无甚深意，白描写实而已。唯后两句重言，略有可观。

又

孙儿陛云，进学名次第一，乡试中式第二，殿试则以第三人及第，因题此联。戚党颇传诵焉。

念老夫毕世辛勤，藏书数万卷，读书数千卷，著书数百卷；
看吾孙更番侥幸，童试第一名，乡试第二名，殿试第三名。

【注释】

著书数百卷：俞樾毕生著作收入《春在堂全集》，共五百余卷。

童试第一名：俞陛云光绪十年（1884年）应县试，中秀才第一名。

乡试第二名：俞陛云光绪十一年（1885年）应浙江乡试，中举人第二名。

殿试第三名：俞陛云光绪二十四年（1898年）戊戌科殿试中一甲第三名探花。

【解析】

上联总结自己一生，下联言孙子科举成就，自豪之情，溢于言表。但均系事实，亦无可非议。环顾海内，当时只怕无第二家当得起。

又

题内室以勉励家人。

周家忠厚，开百世基，况于民庶；

武侯谨慎，成一生事，矧在庸愚。

【注释】

周家忠厚：周家指历史上的周朝。司马迁记载周文王“遵后稷、公刘之业，则古公、公季之法，笃仁，敬老，慈少。礼下贤者，日中不暇食以待士，士以此多归之”。见《史记·周本纪》。

武侯谨慎：武侯指诸葛亮，生前封武乡侯，谥忠武侯。其《出师表》有“先帝知臣谨慎”之语。

【解析】

此联是家训型的写法。上联要求后辈忠厚待人，下联要求后辈毕生谨慎。文王、武侯之事，本非常人所能比拟，但“况于”与“矧在”二词一用，不仅顺理成章，而且更具说服力了。

又

八十生日题八字于春在堂。

南埭村民；

右台山鬼。

【注释】

八十生日：俞樾出生于道光元年辛巳（1821年）农历十二月初二，八十生日当在光绪二十六年庚子农历十二月初二（公历已为1901年）。联当作于此时。

南埭村民：俞樾出生于德清县南埭村，并刻有“南埭村民”的印章。

右台山鬼：俞樾之妻姚夫人葬于杭州右台山，俞樾也在其妻墓旁自营生圹，作为自己死后的埋骨之地。卒后即葬于此。

【解析】

短短八字，可以说概括了俞樾一生，而这八字的对仗也相当工整。

至于上下联句脚上平下仄，盖因先有民、后成鬼，颠倒不得。

自撰挽联

此联既题于右台仙馆，又题于春在堂，由来久矣。未知何日果用，计亦不远也。

生无补乎时，死无损乎数，辛辛苦苦，著成五百卷书，流播四方，是亦足矣；

仰不愧于天，俯不怍于人，浩浩落落，历数八十年事，放怀一笑，吾其归乎。

【注释】

仰不愧于天，俯不怍于人：孟子认为的“天下三乐”之一。原话是“君子有三乐，而王天下不与存焉。父母俱存，兄弟无故，一乐也；仰不愧于天，俯不怍于人，二乐也；得天下英才而教育之，三乐也。”见《孟子·尽心上》。

浩浩落落：化用自苏轼《书东皋子传后》，原文是“予饮酒终日，不过五合，天下之不能饮，无在予下者。然喜人饮酒，见客举杯徐引，则予胸中为之浩浩焉，落落焉，酣适之味，乃过于客”。此处为心胸舒畅，坦荡磊落之意。

【解析】

上联先自谦，后自负。俞樾毕生著作收入《春在堂全集》，共五百余卷。“著作等身”这个成语已经不足以用来形容他的著作之丰富了；而且著作得以“流播四方”，他确实可以欣慰地说一句“是亦足矣”了。

下联回顾自己八十多年的经历，认为自己的所作所为无愧于天地，无愧于世人，觉得可以问心无愧地离开人世了。联末的“放怀一笑，吾其归乎”，超然生死，潇洒至极。

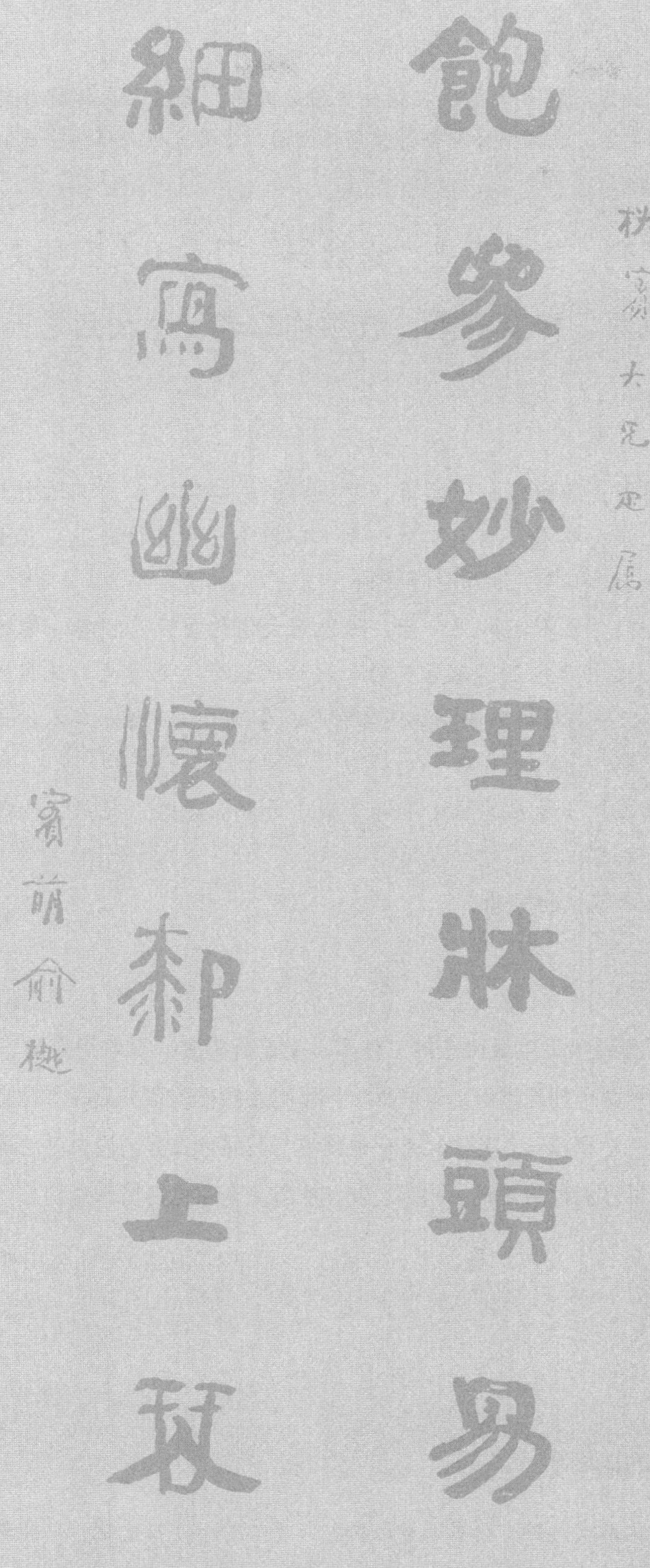

孙蕖田前辈挽联

蕖田前辈为琴西同年之弟，在翰林中科分最老，海内无在其前者矣。重赴鹿鸣宴，重赴恩荣宴。沈文肃公及今傅相合肥相国，皆其分校会试所得士，亦极儒臣之荣矣。

桂宫两到，杏苑再来，房魏罗一门，无人不拜文中子；

芸署科深，梓乡望重，坡颍称二老，令我回思苏长公。

【注释】

孙蕖田前辈：孙锵鸣，字韶甫，号蕖田，浙江瑞安人，道光十五年（1835年）乙未科举人，道光二十一年（1841年）辛丑科进士，官至侍读学士。孙卒于1901年，联当作于此时。

房魏罗一门，无人不拜文中子：据说唐太宗的重臣房玄龄、魏徵等人都是王通（文中子是王通死后其门人私拟的谥号）的学生。此指道光二十七年（1847年）孙锵鸣任会试同考官时，李鸿章、沈葆桢二人均出于他这一房。

坡颍：指苏轼（号东坡居士）和苏辙（号颍滨遗老）兄弟，以比孙锵鸣与其兄孙衣言。

苏长公：对苏轼的尊称。

【解析】

上联写了孙锵鸣平生最得意的三件事：重赴鹿鸣宴，重赴恩荣宴，门下出了李鸿章和沈葆桢两个朝廷重臣。下联称赞孙锵鸣在翰林院辈分最高，在家乡德高望重，以北宋大文学家苏轼、苏辙兄弟比孙锵鸣与其兄孙衣言，说自己由孙锵鸣的去世而回忆起他早已去世的哥哥、同年老友孙衣言。全联显得情真意切。

全联用典得体，自对工稳，堪称佳作。已年过八旬的俞樾能写出如此佳联，实在难得之极。

潘景桓世讲喜联

景桓为潘文恭公元孙，谱琴庶常之孙也。于二月十九日完姻，书此贺之。

五世其昌，上承宰相门风，此夕喜谐凤卜；

二月既望，正值观音生日，明年抱送麟儿。

【注释】

潘景桓世讲：除本联提供的信息外，其余不详。世讲指两姓子孙世世有共同讲学之谊，见宋人吕本中《官箴》。

谱琴庶常：潘祖同，字桐生，号谱琴，江苏吴县（今苏州）人，咸丰六年（1856年）丙辰科进士，入翰林，后因咸丰八年（1858年）科场案而受到重处。

五世其昌、凤卜：《左传·庄公二十二年》记载：初，懿氏卜妻敬仲，其妻占之，曰：“吉，是谓‘凤皇于飞，和鸣锵锵，有妫之后，将育于姜。五世其昌，并于正卿。八世之后，莫之与京。’”后世因称占卜佳偶为“凤卜”，而以“五世其昌”为祝贺新婚夫妇子孙昌盛之词。

观音生日：民间以农历二月十九日为观音菩萨生日。

抱送麟儿：民间有送子观音的传说。麟儿是对他人孩子的美称。

【解析】

由于从潘世恩到潘景桓正好是五代，所以上联“五世其昌”用得恰到好处。下联巧在结婚的日期农历二月十九是观音菩萨生日上做文章。因观音菩萨又有“送子”的功能，于是就自然地引出了“明年抱送麟儿”的祝福语言。

对仗方面，“麟儿”与“凤卜”之对很漂亮。此外“门风”与“生日”的借对也相当出色。

潘济之中翰六十寿联

济之为文恭公之孙。二月六日，其生日也。

二月良辰，畅领三吴好风景；

六旬周甲，振兴一品旧门庭。

【注释】

潘济之：潘祖谦，字济之，江苏吴县（今苏州）人，潘世恩之孙，优贡出身，曾任内阁中书，后回乡从事商业和慈善事业。潘生于1842年，联当作于1901年。

【解析】

上联切时，切地；下联切寿，切事。全联不长，却照顾得相当周到。

对仗方面，除了四个数目字之外，“良辰”与“周甲”的干支借对也很不错。

刘母顾太淑人挽联

太淑人为我山农部之母，于归之次日，即趋侍病姑。姑发久不栉，手为栉之。庚子之变，我山在京师奉召赴行在，乞假回籍措资。太淑人敦促西上。行至袁浦，闻太淑人病，乃还。

当年初赋于归，兰膳新尝，便为病姑亲栉发；

此日深明大义，芒鞋催赴，不教游子苦牵衣。

【注释】

我山农部：刘奉璋，字我山，或作峨山，江苏宝应人，光绪十五年（1889年）己丑科二甲进士，入翰林，曾任户部山东司主事。

于归：女子出嫁，典出《诗经·桃夭》的“之子于归，宜其室家”。

行在：帝王巡幸所居之地。

兰膳：此词未知出于何典，但视前人诗文，似是指侍奉尊长之精美膳食。《后汉书·边让传》有“兰肴山竦，椒酒渊流”。李贤注曰：“兰肴，芳若兰也。”其意或者近之。

【解析】

上联说的是这位老太太当年“洞房昨夜停红烛”的时候就服侍生病的婆婆的孝行，下联说的是老太太敦促儿子先公后私，尽快赶到皇帝出逃的所在地去，一孝一忠，写出了一个深明大义的老太太的形象。但全联不见“挽”的意味，略觉不足。

对仗方面，“兰膳”与“芒鞋”、“病姑”与“游子”之对都甚漂亮。

张忠敏公祠联

祠在山塘，应敏斋同年为苏臬时所建，内有莳红小筑，敏斋属余题一联，已录存矣。今年同乡诸君，又乞题祠联。

祠宇傍山塘，小筑莳红成胜迹；

讴歌遍吴会，大名韦白并传人。

【注释】

韦白：唐代韦应物和白居易，二人均曾任苏州刺史。

【解析】

这次题张忠敏公祠联距上次题联已近三十年，祠堂的修建者应宝时已经去世多年，当年新建的莳红小筑也已经成了“胜迹”，相信俞樾应该有“物是人非”之感。

“韦白”指唐朝曾任苏州刺史的韦应物和白居易，用来衬托张国维的同时，也可以借对“莳红”，真是一举两得。除了借对之外，“小筑”与“大名”之对也还不错。

薛仲襄茂才挽联

茂才名扆坋，为慰农太守之孙，饴澍大令之子，年十七游庠，十九即下世。娶彭氏，结缡止十六月，年止二十，相从地下。可敬亦可哀也。

祖是名流，父亦循吏，一领青衿，盼他年金马玉堂，振兴二千石旧门第；

夫未弱冠，妇仅廿龄，千秋黄壤，看终古鸟鹣鱼鲽，完成十六月好因缘。

【注释】

薛仲襄茂才：除本联提供的信息外，其余不详。

慰农太守：薛时雨，字慰农，曾官杭州知府。详见第173页注。

饴澍大令：薛葆楹，字饴澍，薛时雨嗣子，光绪五年（1879年）己卯科优贡，曾任江苏荆溪知县。

游庠：中秀才。

结缡：本是女子出嫁时的一个仪式。后代指结婚。

相从地下：薛扆郴去世后，其妻彭氏殉夫而死。

鸟鹣鱼鲽：鹣是比翼鸟；鲽是比目鱼。喻夫妻恩爱。

【解析】

上联一抬，下联一跌，就更进一步突出了悲剧氛围。此种手法俞樾用得极为纯熟。

以“千秋黄壤”对“一领青衿”极好。

恽母张太夫人挽联

太夫人为菘耘中丞之母，性好施与，奉旨建有“乐善好施”坊。年八十六而卒。中丞方抚吾浙，未三月以忧去，浙人皆惜之。

登堂拜寿母，过八旬又届六龄，生平风义甚高，乐善好施邀特奖；

持节看佳儿，抚两浙未盈三月，一旦星奔遽去，安民察吏待重来。

【注释】

菘耘中丞：恽祖翼，字叔谋，又字崧耘，江苏阳湖（今常州）人，同治三年（1864年）甲子科举人，原任浙江布政使，升任巡抚后，“未几，丁母忧归”。见《清史稿·恽祖翼传》。恽丁母忧在1901年，联当作于此时。

【解析】

上联写母，下联写儿，这个也是写有名人儿子的老头、老太太的挽联的常见手法。

此联“寿母”与“佳儿”及几个数目字之对都很工整，而“风义”与“星奔”的对仗，很值得注意。

沈母陆太夫人挽联

太夫人为子梅观察之母。庚子之变，子梅以通永道受代，从戎马中转展南归，得以亲视含敛，真幸事也。年七十七而终，子四、孙二、曾孙一，亦盛矣。

有令子从三千里外先三月归来，含敛躬亲，戎马之间真福分；

享大年过七十岁后又七龄曼衍，孙曾环侍，骖鸾而去即神仙。

【注释】

子梅观察：沈能虎，字子梅，号怀景、轶侪，浙江海盐人。沈锡华次子，曾随李鸿章攻捻，官直隶通永道，后任招商局会办、总办。

以通永道受代：沈原任直隶通永道，此时奉命卸任，与继任者办交代。

含敛：丧葬的程序。含，含玉于口；敛，入殓，纳死者于棺。后泛指入殓。此处“敛”同“殓”。

戎马之间真福分：沈曾当过李鸿章的幕僚，后来也常办洋务。因此在1900年的时候，作为洋务官员，如果遇到义和团，是很危险的（有记载称义和团曾指名要杀他）；作为地方官，如果遇到入侵的八国联军，也是很危险的（直隶通永道是管辖通州、永平府等地的地方官，所辖地正是联军入京的必由之路）。他能够在这个时候“受代”而“南归”，确是算得上“戎马之间真福分”。

【解析】

此联的“戎马之间”与“骖鸾而去”在对与不对之间，但是“戎马”与“骖鸾”却对得工巧，因而得以改善整句的对仗。此种技巧也是很值得学习的。

郜荻洲观察挽联

观察年九十二而终，余丁酉同年也。丁酉距今六十四年，恐海内同年希矣。

大寿似公稀，若连闰月推排，已届百龄惟欠五；

微名容我附，堪叹同年寥落，还愁四海更无双。

【注释】

余丁酉同年：俞樾道光丁酉年（1837年）中乡试副榜。郜云鹄是咸丰二年（1852年）进士，此前何时中秀才，何时中举，以及是否拔贡或中过副榜，均不详。或有其中一次与俞樾为同年。

连闰月推排：参见前关于“计闰”“闰余”之注。

【解析】

此联内容无甚新意，无非是一说高寿，一说同年而已。但多处局部对仗甚为讲究，如“大寿”与“微名”、“闰月”与“同年”以及末句的数字对，都很漂亮。

杭禄庭封翁挽联

翁白手起家，以助赈赏二品封典，年九十四而终，以五世同堂旌。幼时及见曾祖，故又赐“七叶衍祥”额，亦吴中人瑞也。

上承曾祖，下见元孙，五世同堂，更溯祥源成七世；

寿过九旬，封膺二品，百年计闰，略留余算只三年。

【注释】

杭禄庭封翁：杭安福，字禄庭，江苏长洲（今苏州）人，以经商起家，以助饷获赏二品封典。杭卒于光绪“二十七年正月己巳”。见俞樾《禄庭杭君墓志铭》。联当作于此时（1901年）。

幼时及见曾祖、上承曾祖：据俞樾《禄庭杭君墓志铭》，杭禄庭“曾祖以上无考”，“及事祖父母，所见凡七世”。故“曾祖”或是“祖父”之误。否则是亲见八代了。

【解析】

此联对仗甚工，且用了同位互重技巧。全联几乎不见“挽”的意味，只下联末句“略留余算只三年”轻轻点题，完全符合喜丧的挽联写法。

于母姚孺人挽联

孺人为香草明经之母，治家整肃，每日焚香以所事告天，尤惜五谷，粒米在地，必手自检取。

物力惜艰难，怕鹦粒抛残，遗糁不教留在地；

家规垂谨慎，对鹊炉默诉，焚香每事告之天。

【注释】

怕鹦粒抛残：化用杜甫“香稻啄余鹦鹉粒”诗句。

鹊炉：鹊尾炉，一种有柄的香炉。

【解析】

上联化杜甫诗入联，对于提升联句品位很有好处。下联以“鹊炉”对“鹦粒”极好。上下联末句后五字有部分不甚对仗，但经“天”与“地”一对，就得到了很大的改善。

戴笠青广文挽联

笠青曾至苏州受业于余，官遂昌教谕而卒。

一官老玉女峰前，青余杜甫吟诗笠；

卅载溯金阊亭畔，红赏江淹入梦花。

【注释】

戴笠青广文：除本联提供的信息外，其余不详。

玉女峰：此指遂昌玉女峰，以切地。

青余杜甫吟诗笠：化用李白《戏赠杜甫》诗“饭颗山头逢杜甫，顶戴笠子日卓午。借问别来太瘦生，总为从前作诗苦”。

金阊亭：古亭名，旧址在今苏州阊门内。

江淹入梦花：用“梦笔生花”典。

【解析】

上联首句以玉女峰切地，又以一“老”字点题；次句从“笠青”字面上生发出来，借用李白《戏赠杜甫》诗，写出人亡物在，又借以抬高戴的身份，很见手段。下联回忆当年，写双方的师生关系，用江淹梦笔生花之典赞其才，属挽联正格。

“金阊”对“玉女”甚为工巧。

郑芝岩观察挽联

观察入翰林即典试河南，试毕省亲杭州，至养亲事毕，始还朝，故资俸俱浅，不得开坊，由御史迁给事中，出为浙江粮道，积劳成病。

辎轩归去，又彩服娱亲，眷恋晨昏，不惜芝坊迟晋秩；

骢马驰来，更云帆转漕，崎岖南北，剧怜荡节太劳人。

【注释】

郑芝岩观察：郑嵩龄，字芝岩，江苏上元（今南京）人，同治七年（1868年）戊辰科进士，入翰林，官至浙江粮道。

开坊：翰林升任詹事府左右春坊的官职，一般是正六品到五品的官。

御史、给事中：御史是某某道监察御史的简称，从五品。给事中是某科给事中的简称，正五品。两者都是属于都察院的“言官”，常合称“科道”。

骢马：代指御史。典出《后汉书·桓荣传》：“行行且止，避骢马御史。”

【解析】

此联虽然没有特别的亮点，但上联赞其孝，下联怜其劳，内容平实，各方面也都中规中矩。

张恕斋大令挽联

恕斋官江苏泰兴县，罢官后侨寓吴中，不喜乘肩舆，每徒步与亲故往还。临殁前一日，犹青鞋布袜自市上归，已薄暮矣。及就寝，忽感疾，一时许即逝，亦可异也。去岁曾访我春在堂。适潘谱琴、汪柳门均在。宾主四人，二百八十八岁。余有诗存集中。

同乡里又同客吴门，去年谈笑从容，挥麈得三人，皓首苍颜偕过我；

传循良更传君耆旧，晚岁精神矍铄，易箦前一夕，青鞋布袜尚如仙。

【注释】

张恕斋大令：张兴诗，字子持，一字恕斋，号经畬，浙江归安（今湖州）人，咸丰元年（1851年）辛亥科举人，曾任江苏泰兴、江浦知县。张卒于光绪二十六年庚子（1900年）十二月，联当作于此时。

【解析】

此联“挽”的意味不重，但用到了“易箦”，就不会离题。

全联对仗相当讲究，如“挥麈”与“易箦”和“皓首苍颜”与“青鞋布袜”之对，都很漂亮。

朱念椿孝廉挽联

念椿以拣选知县，大挑二等用教谕，年五十一而卒，医术颇精。

桂宫高占，又雅擅岐黄，大衍年华加一算；

花县待铨，竟未膺铜墨，冷官资格足三班。

【注释】

朱念椿孝廉：除本联提供的信息外，其余不详。

拣选知县，大挑二等用教谕：清朝规定举人三次会试不中的，可以参加由吏部组织的“拣选”，从外貌、语言等方面考核。一等的可以获得担任知县的资格，称为“拣选知县”；二等的可以担任县级教官（教谕、训导）。这个活动每六年进行一次，亦称“大挑”。

铜墨：指铜印黑绶，代指知县。《汉书·百官公卿表上》有“秩比六百石以上，皆铜印黑绶”的记载，六百石正好是县官的俸禄。

【解析】

上联用“桂宫”切举人身份，用“雅擅岐黄”切“医术颇精”，用“大衍年华加一算”切五十一岁。下联叹息其未能成为大挑知县，只当了个教谕“冷官”。

联中“桂宫”对“花县”、“岐黄”对“铜墨”均很漂亮。

胡芸台观察挽联

观察以鹾尹起家，官至江南盐巡道，历署宁藩苏臬。其兄即芸楣侍郎也。

由盐铁跻历穹官，累摄柏薇，方冀外台荣建节；
看昆玉联翩皇路，交辉棣萼，忍教伯氏独吹埙。

【注释】

胡芸台观察：胡家桢，字芸台，安徽泗州（治今泗县）人，祖籍浙江萧山，监生出身，官至江宁盐巡道，多次署理江苏按察使和江宁布政使。

宁藩苏臬：江苏与他省不同，在江宁和苏州各有布政使和按察使。宁藩即江宁布政使，苏臬即江苏按察使（驻苏州）。

芸楣侍郎：胡燏棻，字芸楣，安徽泗州（治今泗县）人，同治十三年（1874年）甲戌科进士，官至邮传部侍郎。

穹官：高官。

柏薇：柏署薇垣的简称，分别指按察使和布政使衙门。

昆玉、棣萼：皆指兄弟。

忍教伯氏独吹埙：反用《诗经·何人斯》“伯氏吹埙，仲氏吹篪”之典。

【解析】

下联反用《诗经》句意，甚为雅切。

对仗方面，“盐铁”与“昆玉”、“柏薇”与“棣萼”之对均甚工巧。

汪宝斋司马挽联

宝斋官游吾浙，侨寓吴中，去岁归湖北，拟卜宅武昌，又拟合刻丁鹤年、杜茶村集，皆未逮也。

久客忽思归，滞苏杭卅载游踪，去岁梓桑虚卜宅；
有志仍未逮，抚丁杜两家遗集，何年梨枣得成书。

【注释】

汪宝斋司马：除本联提供的信息外，其余不详。

丁鹤年、杜茶村：丁鹤年，字永庚，号友鹤山人，元末明初诗人，湖北武昌人。杜濬，字于皇，号茶村，明末清初诗人，湖北黄冈人。

梨枣：印刷出版。因古代木版印书多用梨木和枣木，故云。

【解析】

“去岁梓桑”与“何年梨枣”之对，极为工整。

徐筱云尚书挽联

筱云前年在京寓，有菊花并蒂之瑞。绘图征诗，余亦尝和之。未一年即有此变，亦可叹也。

星象折三台，东市朝衣，补报国恩惟碧血；
馨香留万古，西风老圃，豫呈家瑞有黄花。

【注释】

徐筱云尚书：徐用仪，字吉甫，别字筱云，浙江海盐人，捐纳主事，咸丰九年（1859年）己未科举人，官至军机大臣、兵部尚书，光绪二十六年（1900年）因反对朝廷利用义和团围攻外国使馆，同时对十一国列强宣战等政策，与户部尚书立山、内阁学士联元一起被杀，当年农历十二月又得以平反。从文中“前年”“有菊花并蒂之瑞”，“未一年即有此变”，可知此联是作于平反之后，即1901年。

东市朝衣：指朝臣被杀。典出《史记·袁盎晁错列传》：“上令晁错衣朝衣斩东市。”

碧血：为正义死难而流的血。典出《庄子·外物》：“苌弘死于蜀，藏其血，三年而化为碧。”

西风老圃：化用北宋韩琦《重阳》“不羞老圃秋容淡，且看寒花晚节香”诗句。

【解析】

上联以“三台”切其军机大臣身份，以“东市朝衣”点出被朝廷处死，以“碧血”写出其忠（后来徐用仪、立山、联元被称为“庚子三忠”，徐用仪、许景澄、袁昶被称为“浙江三忠”）。下联更赞其万古流芳，并以菊花并蒂作为“豫呈家瑞”，中间一句因菊花而化韩琦诗，进一步抬高徐用仪的身份。

此联的“东市”与“西风”、“国恩”与“家瑞”、“碧血”与“黄花”之对都相当漂亮。

张母周太夫人挽联

太夫人为张子虞太守之母。子虞以词臣乞郡，两署松江府，夫人病不能偕往，寓居沪上。今年署苏州府，子虞自沪赴苏，甫十二日而讣至矣。卒年八十五。

大年登耄耋，计闰将及九旬，沪渎安居，方冀长开王母宴；

令子出承明，领郡两临三泖，苏台暂驻，不能再着老莱衣。

【注释】

张子虞太守：张预，字子虞，号虞庐，浙江钱塘（今杭州）人，光绪九年（1883年）癸未科进士，曾任松江、常州、苏州知府。

乞郡：要求外放出任知府。

夫人病不能偕往：此处“夫人”疑是“太夫人”之笔误。

三泖：代指松江，因松江有“九峰三泖”之说。

【解析】

上联写高寿，写安居，再用“方冀长开王母宴”写出希望，为下联的“不能再着老莱衣”留出对比空间，是典型的欲抑先扬手法。

廖谷士中丞挽联

谷士与令弟仲山尚书，昆弟竞爽。仲山甫得请归田，而谷士没矣。谷士抚浙数年，四境无事。去浙未久，而衢案起，抚藩皆获重谴。令人更切去思矣。

君家伯仲是当代郊祁，坡老云亡，忍使伤神听夜雨；

浙事安危视一身进退，召公遗爱，岂惟怀旧感晨星。

【注释】

仲山甫得请归田，而谷士没矣：廖寿恒（字仲山）于光绪二十六年（1900年）以足疾告归。廖寿丰于次年去世。联当作于1901年。

衢案：1900年发生于浙江衢州的教案。教案发生时，多名外国传教士及其家属以及一些信教的华人和保护传教士的知县全家等均被杀，教堂被烧毁。

抚藩皆获重谴：清廷在处理衢州教案时，浙江巡抚刘树堂被革职永不叙用，布政使荣铨褫职戍极边，金衢严道以下的官员都受到严厉处分，有的甚至被处死。

郊祁：北宋宋郊、宋祁兄弟。

坡老云亡，忍使伤神听夜雨：坡老指苏轼（东坡），后一句化用苏轼乌台狱中写给苏辙的诗句“是处青山可埋骨，他时夜雨独伤神”。

【解析】

上联先把廖氏兄弟比作北宋的宋郊和宋祁，接着把先死的廖寿丰比作苏轼，并化用苏轼写给苏辙的诗句入联，虽然比喻过当，但是使典极佳。下联以廖在任时浙江平安无事而卸任后即出大事来赞颂廖寿丰，也深得赞颂之道。

对仗方面，“夜雨”与“晨星”之对极漂亮。

雪舟和尚挽联

和尚主持南屏净慈寺，曾画山水四幅见赠。

北苑写春山，曾以烟岚分赠我；

南屏看夕照，不能云水再寻君。

【注释】

雪舟和尚：原是圣因寺僧人，后住持净慈寺。净慈寺在咸丰末年清军与太平军争夺杭州时毁损严重，雪舟在寺庙重建方面颇有贡献。其余不详。

南屏净慈寺：净慈寺位于杭州南屏山北麓，西湖之南，与雷峰塔相近。

北苑：南唐画家董源（因曾任北苑使，人称“董北苑”），沈括《梦溪笔谈》称其“善画，尤工秋岚远景，多写江南真山”，后人多有仿其笔法作“北苑春山图”的。

烟岚：山中蒸腾的云气。此代指山水画。

南屏看夕照：南屏晚钟和雷峰夕照，是西湖十景之二。因两者相近，故云。

云水：行云流水，漂泊无定，此喻僧人。

【解析】

上联写生前交情，下联写死后惋惜。虽然文字不多，但以“南屏”切地、以“云水”切身份，对仗又工整，颇见功力。

傅懋元观察挽联

懋元著述甚伙，自《经翼》《史征》《子衡》各种外，有《唐文精粹》《金石集成》等书，不可胜数。及奉命游历海外，凡十有一国，皆有记述，其书益多。既还，上所著书。奉有“书甚详细”之谕，然以道员发直隶，竟未补官。丙戌岁在京师相见，承欲以师事我，未敢当也。

舟车游海外，历十万里而遥，闻见瑰奇，未尽雄才人共惜；

著述进朝端，逾一千卷之富，中西综贯，谬叨师事我何堪。

【注释】

傅懋元观察：傅云龙，字懋元，号醒夫，浙江德清人，官至道员。傅卒于1901年，联当作于此时。

奉命游历海外：1887年清政府计划派大臣出国考察，由总理各国事务衙门组织考试。时任兵部郎中的傅云龙名列第一，成为“游历使”。他历时两年考察了日本、美国、秘鲁、巴西、古巴、加拿大、厄瓜多尔、智利等十一国，并写出了大量考察报告。

丙戌岁在京师相见：光绪丙戌年（1886年），俞樾送孙子俞陛云进京参加会试。傅云龙作为在北京的德清同乡京官，二人自须相见。

【解析】

此联无甚亮点，但也中规中矩。

世振之廉访挽联

振之家京师，庚子之变，忧念家国，郁陶成疾。其官吾浙也，以都转权廉访，及拜真除，则旋卒矣。

烽火望燕云，神京鼿甈，家室飘摇，半载仓黄忧北阙；
德星临浙水，禺筴理财，廉车问俗，千秋苏白共西湖。

【注释】

世振之廉访：除本联提供的信息外，其余不详。

真除：正式任命。

鼿甈：动荡不安的意思。出自《周易·困》：“上六，困于葛藟，于鼿甈，曰动悔有悔，征吉。”

廉车：古代观察使、廉访使、按察使等赴任时所乘的车子。亦代指这些官员。

【解析】

此联的“半载仓黄忧北阙”与“千秋苏白共西湖”之对很漂亮。

巢县杨氏厅事联

杨吉堂广文，名庆长，素不相识，踵门求见。言其祖母陈苦节四十年。其父善夫明经，节口腹，具甘旨，先意承志，色养无违。寿至八十一而终。欲余书一联，悬其厅事，以表扬潜德。余感其事，为书此联。

惟节母磊落冰霜，卌载孀居，止如一日事；

有孝子艰难菽水，终身孺慕，直到八旬余。

【注释】

杨吉堂广文：除本联提供的信息外，其余不详。

其父善夫明经：据俞樾《巢县杨氏母子合传》“其子名某，字善夫，少颖异，乡先辈皆伟之。家贫，不克竟所学，惟谨事其母。……善夫年八十一，以明经终”。其余不详。

冰霜：比喻操守纯洁清白。

菽水：豆和水，指普通饮食。出自《礼记·檀弓下》：“孔子曰：‘啜菽饮水尽其欢，斯之谓孝。’”

孺慕：此指对父母的孝敬。出自《礼记·檀弓下》：“有子与子游立，见孺子慕者。”

【解析】

由于素不相识，俞樾只能根据对方提供的素材创作，构思时间也不可能很充分，此联显然算不得出色，而且平仄方面还有些不协调。但对仗还是比较讲究的。

俞廙轩中丞七十寿联

中丞时抚湖南，六月十九日生，相传观世音成道之日也。

仗节镇三湘，与岣嵝古碑并寿；

称觞逢六月，从补陀佛会而来。

【注释】

俞廙轩中丞：俞廉三，字廙轩，浙江山阴（今绍兴）人，幕僚出身，时任湖南巡抚。资料均谓俞生于1841年（包括其家乡《绍兴市志》），则俞廉三七十岁应在俞樾去世后的1910年。故联题疑有误，或是六十生日，或是非整寿。

岣嵝古碑：指原刻于南岳衡山岣嵝峰的古碑，最早的记载见于东汉罗含的《湘中记》。

补陀：补陀洛迦山，中国佛教界认为在浙江舟山普陀，据说是观音菩萨所在的地方。此代指浙江。

【解析】

此联上切地，并祝寿；下切时，切家乡。文字简洁，别是一种风格。

德清柳侯祠联

柳侯乃唐柳子厚叔父，曾为德清令，《柳集》所谓"德清君"是也。同治十年，余泊舟城中。有客来见。余适不在舟，未之见。从者问其姓，如云姓柳。而吾邑固无柳姓。时江子平孝廉、蔡瑜卿茂才在余苏寓，皆邑人也。闻之诧曰："岂柳侯乎？"事详《春在堂随笔》及《右台仙馆笔记》。临上质旁，实深寅畏。敬题此联，惟神鉴之。

曾读柳州文，治迹分明于此信；

幸叨枌社荫，灵踪飘忽至今疑。

【注释】

德清柳侯祠：在德清县城西门城上，奉祀唐德清令柳察躬（柳宗元之祖父）。

柳侯乃唐柳子厚叔父：《右台仙馆笔记》中俞樾根据柳宗元（字子厚）《先侍御史府君神道表》记载说做过湖州德清令的柳察躬是柳宗元的祖父是正确的，而注文中说“柳侯乃唐柳子厚叔父”则有误。

《柳集》：柳宗元的文集《柳河东集》。

江子平孝廉：除本联提供的信息外，其余不详。

蔡瑜卿茂才：俞樾兄俞林任厦门同知时，曾入其幕。其余不详。

临上质旁：出自唐韩愈《与孟尚书书》“天地鬼神，临之在上，质之在旁，又安得因一摧折，自毁其道，以从于邪也”。

寅畏：敬畏。《尚书·无逸》记有周公之言：“昔在殷王中宗，严恭寅畏，天命自度，治民祇惧，不敢荒宁。”

柳州文：柳宗元之文，因柳宗元曾任柳州刺史，后世称“柳柳州”。

枌社：枌榆社的省称，原指汉高祖刘邦的家乡，后泛指家乡。

【解析】

此联“柳州”与“枌社”之对很工巧。

邵小村中丞挽联

小村官台湾巡抚，后调湖南，谢病归，寓居沪上。

丝竹老东山，黄歇浦边，大好平泉风景；

旌麾照南海，赤嵌城外，长留开府勋名。

【注释】

邵小村中丞：邵友濂，字小村，浙江余姚人，同治四年（1865年）乙丑科举人，中法战争时曾襄办台湾军务，后任台湾首任布政使，并接替刘铭传继任台湾巡抚，官至湖南巡抚。邵卒于1901年，联当作于此时。

平泉：唐李德裕有别墅平泉庄，联中借指邵友濂退休后在上海的居所。

赤嵌城：位于台湾台南市的“红毛城”，系早期荷兰殖民者所建。此处代指台湾。

【解析】

上联首句切“谢病归”，后两句切“寓居沪上”。下联回过头来写当年在台湾的情况，也是邵友濂一生中最值得一写的地方。全联“挽”的意味极淡，但是用了“老东山”和“长留开府勋名”，也算点到了。

联中“东山”与“南海”、“黄歇浦”与“赤嵌城”之对，很是漂亮。

刘景韩中丞七十寿联

景韩自浙抚罢归，暂寓吴下。七月六日，其生日也。

三吴小住，话三竺清游，新诗本，旧酒痕，公真白太傅；
七夕将临，庆七旬初度，大富贵，亦寿考，天赐郭汾阳。

【注释】

刘景韩中丞：刘树堂，字景韩，云南保山人，官至浙江巡抚。刘生于1832年（或作1830年），以文中“自浙抚罢归，暂寓吴下”论之，自当以1832年为是（刘因衢州教案被罢官，而衢州教案发生于1900年），而联作于1901年。

新诗本，旧酒痕，公真白太傅：化用白居易“袖中吴郡新诗本，襟上杭州旧酒痕”诗句。

七夕将临、郭汾阳：唐郭子仪（封汾阳郡王）生于七夕，故云。

【解析】

此联上切苏杭两地，下切生日与年龄，祝颂语一儒雅、一福寿，又用到重言技巧，很见功力。虽然以白居易、郭子仪相比，显属过誉，但是上联由苏杭引出，下联由七夕引出，就较为自然，也较易使人接受。

谭仲修大令挽联

余主诂经讲席三十一年。自辞退后，继之者为黄漱兰侍郎，五阅月而殁；又继者为汪郎亭侍郎，逾年亦他就；又继者即仲修也，六阅月而殁。仲修工诗词，颇负时望，曾官安徽含山县令。

词坛耆宿，自少知名，百里牛刀怜小试；

精舍替人，得君为幸，半年马帐叹俄空。

【注释】

谭仲修大令：谭献，初名廷献，字仲修，号复堂，浙江仁和（今杭州）人，同治六年（1867年）丁卯科举人，曾任安徽多地知县，是晚清较有名的词人。谭卒于1901年，联当作于此时。

【解析】

"百里牛刀"与"半年马帐"之对极好。"词坛"与"精舍"之对也不错。

王文敏公挽联

文敏名懿荣，字廉生，官国子监祭酒，直南书房。庚子之变，充团练大臣。京师陷，与其妻及子妇同投井死。其在翰林时，颇有声，曾请开四库馆，有旨俟会典告成时举行。今恐无计及者矣。

铜驼荆棘，通国仓黄，抟民力以卫皇畿，岂仅南斋留硕望；

金井梧桐，举家化碧，哭斯人兼悲吾道，更谁东观访遗书。

【注释】

王文敏公：王懿荣，字正儒，一字廉生，山东福山（今烟台市福山区）人，光绪六年（1880年）庚辰科进士，官至国子监祭酒，甲骨文的发现者。1900年八国联军入侵时，王任团练大臣，率领团勇抵抗联军。保卫北京失败后，与妻子、儿媳投井自杀。死前留下了"主忧臣辱，主辱臣死。于止知其所止，此为近之”的绝命词。事后被追赠侍郎衔，谥文敏。

铜驼荆棘：指国家变乱后的衰败景象。典出《晋书·索靖传》：“（索靖）知天下将乱，指洛阳宫门铜驼，叹曰：‘会见汝在荆棘中耳。’”

南斋：南书房。清代文学侍从之臣在宫内的值班处。

东观：指皇家藏书之处。

【解析】

此联从为国捐躯和学术地位两方面着笔，选取的切入点都很恰当。

以“东观”对“南斋”极好，上下联前两句的对仗也甚为工整，“皇畿”与“吾道”的借对也甚好。

彭补勤部郎挽联

补勤为刚直第三孙。及岁引见，赏主事，以助赈加员外郎衔。始，颇有用世之志，以“运甓”名其斋。后知时事难为，乃归，而以诗词自娱。年二十七而卒。余甚惜之，挽以此联。“吟香”乃刚直旧馆也。

时事艰难，想运甓斋中，不无遗憾；

天才清妙，附吟香馆后，定有传诗。

【注释】

彭补勤部郎：彭见绶，字如莽，别字补勤，自号钝庐，其余如本联提供的信息。彭卒于光绪二十七年（1901年），联当作于此时。

及岁引见：朝廷重臣去世后，皇帝一般会恩赐其已成年子孙官职，而对于尚未成年者，则让其成年时进京“引见”，再恩赐官职。

以“运甓”名其斋：“运甓”系用东晋陶侃典。见《晋书·陶侃传》：“侃在州无事，辄朝运百甓于斋外，暮运于斋内。人问其故，答曰：‘吾方致力中原，过尔优逸，恐不堪事。’其励志勤力，皆此类也。”

【解析】

彭见绶死时过于年轻，可写的事迹有限，此联这样着笔，也算得是无可奈何中的高明之举了。

汪南陔大令挽联

南陔官青浦县，卒于官。其父厈青大令亦宰青浦，二十年间，父子相继，亦佳话也。其祖小堂观察，乃余丁酉同年。

青浦听循声，昔日郎君今众母；

白头悲往事，君家大父我同年。

【注释】

汪南陔大令：汪瑞曾，字慕沂，号南陔，安徽盱眙（今属江苏）人，同治九年（1870年）庚午科举人，光绪二十一年（1895年）任青浦知县。汪卒于1901年，联当作于此时。

其父厈青大令：汪祖绶，字元纶，号厈青，咸丰六年（1856年）丙辰科二甲进士，入翰林，同治十一年（1872年）任青浦知县。

其祖小堂观察：汪根恕，号小堂、筱堂，道光十七年（1837年）丁酉科举人（俞樾是该科副榜），官至苏州织造兼浒墅关监督。

【解析】

上联围绕父子二人前后出任青浦知县的佳话做文章，下联写双方关系。

对仗方面，“青浦”与“白头”之对可算一亮点。

陈辰田明经八十寿联

辰田乃湖郡同乡，寓居吴门。光绪辛丑，行年八十，重游泮宫，重谐花烛，亦佳话也。其少时，曾客王壮愍、瑞忠壮幕府，话辛酉之变甚详。

吴兴耆宿，吴下寓贤，白首话前游，旧是诸侯老宾客；

重掇芹香，重谐花烛，青庐传盛事，共推平地两神仙。

【注释】

陈辰田明经：除本联提供的信息外，其余不详。

光绪辛丑：1901年。联当作于此时。

王壮愍：指咸丰辛酉年（1861年）因杭州城被太平军攻克而自杀的浙江巡抚王有龄（谥壮愍）。

瑞忠壮：指同时自杀的杭州将军瑞昌（谥忠壮）。

重掇芹香：中秀才六十年。

重谐花烛：结婚六十年。

【解析】

此联切事、切地，格律严谨，对仗讲究，还使用了重言技巧，很见功力。已经年过八旬的俞樾确实称得上宝刀不老。

赠蔡雪筠女史联

女史以祖殁关外，而父又笃病，刺血写经，誓迎祖柩。间关万里，卒成其志。遂撤环不嫁，长斋奉佛。孝女也，亦贞女也。余闻而敬之，为书此联。

誓迎祖骨归来，写经血赤；

甘以童贞终老，礼佛灯青。

【注释】

蔡雪筠女史：除本联提供的信息外，其余不详。

刺血写经：佛教信众刺取自身血液以抄写佛经，以示虔诚。

【解析】

此联“祖骨”与“童贞”、“血赤”与“灯青”之对都很漂亮。

李文忠公挽联

公临卒，以俄约未定、两宫未返为忧。或诡言以慰之，乃瞑。可谓忠矣。

甫四十即封疆，未五旬即宰辅，经文纬武，盖代勋名，历数寰中荡寇，域外和戎，力任其难，相业巍巍千古少；

位三公为太傅，食万户为通侯，重地隆天，饰终典礼，惟是边警仍殷，銮舆尚远，殁而犹视，忠心耿耿九原悲。

【注释】

李文忠公：李鸿章，谥文忠。详见第12页注。李卒于1901年，联当作于此时。

俄约未定、两宫未返：李鸿章生前作为议和全权大臣代表清政府与八国联军进行和约谈判，此时已达成一致，各国军队也已经陆续撤出京、津等地。但俄国乘八国联军入侵之机单独出兵占领中国东北大片土地的撤军问题尚未解决，慈禧太后和光绪皇帝逃到西安也还没有回京。

甫四十即封疆：李鸿章生于道光三年（1823年），同治元年（1862年）率领淮军到达上海后不久就被任命为署江苏巡抚，开始成为封疆大吏，这时刚好四十岁。

未五旬即宰辅：李鸿章任协办大学士是在同治七年（1868年），才四十五岁，任大学士是在同治十二年（1873年），刚好五十岁。

寰中荡寇：指李鸿章剿灭太平军和捻军。

域外和戎：指李鸿章作为清政府代表与各国签订了以《马关条约》《辛丑条约》为代表的一系列条约，其中大多数是不平等条约。

位三公为太傅，食万户为通侯：李鸿章卒后，朝廷“追赠太傅，晋封一等侯爵”。见《皇朝续文献通考》。

九原：指阴间。

【解析】

此联对仗工稳，隶事贴切，看来俞樾是下了点功夫的。只是“寰中荡寇，域外和戎”这两句，在今天看来，不免总有点“内战内行，外战外行”的味道了。

又

前联意有未尽，再题一联。

一个臣系天下重轻，使当年长镇日畿，定可潜消庚子变；

八旬翁完真灵位业，溯壮岁同游月府，不能再逮甲辰科。

【注释】

日畿：犹畿辅，首都及其周边地区。

八旬翁：李鸿章生于1823年，卒于1901年，享年七十九岁，此当是取其约数。

同游月府：指一起中举，因中举称“月中折桂”。

甲辰科：俞樾与李鸿章是道光甲辰科（1844年）乡试同年。

【解析】

上面一联确实是有点“意有未尽”。一是对李鸿章的评价还不够，二是没有写到双方的关系。

上联认为如果李鸿章“长镇日畿”，即还在直隶总督、北洋大臣的位置上，那么“庚子之变”就可以消弭于无形。这就把李鸿章定位到了一身“系天下重轻”的高度。下联转到俞樾与李鸿章都是道光甲辰科举人的同年关系上，当时李鸿章二十二岁，俞樾二十四岁，确是“壮岁同游月府”。眼看着再过三年又是甲辰年，就要“重宴鹿鸣”了，但李鸿章却没有等到这一天。

对仗方面，“日畿”对“月府”极好，另外“庚子”与“甲辰”之对也相当工巧。

罗少耕观察七十寿联

观察时官江苏粮道、兼苏海关监督。

辽海驾云帆，三千里转漕初归，又向雄关司管键；

苏台酌春酒，七十岁从心所欲，便由藩服到封疆。

【注释】

罗少耕观察：罗嘉杰，字少耕，福建上杭人，贡生出身，曾任中国驻日本横滨领事、江苏苏松常镇太粮储道。

便由藩服到封疆：从藩台升官到巡抚。

【解析】

此联只是寻常应酬之作，但是上联切事、切官，下联切地、切寿，再加上预祝升官，也算得是面面俱到了。

高母裘太夫人挽联

夫人为滋园都转之配，笏堂运副之母。生于道光辛丑十一月十一日，殁于光绪辛丑十月十二日，年八十一。

生于仲冬，殁于孟冬，因果往来，止争一日异；

前以夫贵，后以子贵，恩荣终始，直到八旬余。

【注释】

裘太夫人：高卿培继妻，封一品夫人。

笏堂运副：高尚缙，高卿培次子，时任两浙候补盐运副使。

生于道光辛丑十一月十一日，殁于光绪辛丑十月十二日，年八十一：自道光辛丑（1841年）至光绪辛丑（1901年）虚岁应为六十一，既然“年八十一”不会误，“光绪辛丑”不会误，则“道光辛丑”当是“道光辛巳”（1821年）之笔误。

【解析】

古代挽妇女的联真是不好写。俞樾上联在生日、忌日上很勉强地做文章（既不同月，又不同日，说“因果往来”实在是太过勉强了），下联在丈夫、儿子身上做文章，只有最后一句“直到八旬余”才是在老太太身上做文章。

不过对仗和重言还是比较见功力的。

董端生大令挽联

端生官江苏靖江县，卒于官。余识其大父梓庭吏部，曾购余《群经平议》百部而去，时“平议”初刻成也。

忆昔年经议初成，文字因缘，何幸获交君大父；

听此日政声卓著，茧丝保障，果然不愧古循良。

【注释】

董端生大令：董观瀛，字海珊，号端生，山东邹县（今邹城）人，光绪二十一年（1895年）乙未科进士，袭云骑尉世职，官至江苏靖江知县。

其大父梓庭吏部：董作模，字范之，号梓庭，一作梓亭，道光三年（1823年）癸未科进士，官至吏部文选司主事，兼验封司行走，稽勋司郎中。

《群经平议》：俞樾重要的学术著作之一，共三十五卷。

【解析】

此联无甚亮点，但也中规中矩，除了“挽”的意味甚淡之外，没有其他明显的缺陷。

谢筱山司马挽联

筱山挟钱谷之法，幕游江苏，客苏藩署最久，亦诸侯老宾客也。其馆嘉定时，适获贼数百人，将骈诛之。筱山察非真贼，言于居停而免之。一大功德也。

积四五十年以金布令甲起家，名满三吴，佐治无惭唐幕职；

活六七百人于兵火零丁之地，泽流百世，勃兴应比汉于公。

【注释】

谢筱山司马：除本联提供的信息外，其余不详。

钱谷之法：古代幕僚也是分专业的，钱谷之法即财政经济方面的专业知识。

居停：此指聘用他的官员。

金布令甲："金布"指钱，代指财务，因"金"与"布"都是古代钱币的名称。"令甲"指法令，代指刑名，见《汉书·宣帝纪》："令甲，死者不可生，刑者不可息。"

唐幕职：幕职官始于唐代，与后世的幕僚有一定共同之处。

汉于公：《汉书·于定国传》"始，（于）定国父于公，其闾门坏，父老方共治之。于公谓曰：'少高大门闾，令容驷马高盖车。我治狱多阴德，未尝有所冤，子孙必有兴者。'至定国为丞相，永为御史大夫，封侯传世云"。此谓谢与于公一样"多阴德"，其子孙也会兴旺发达。

【解析】

此联后两句格律严谨，第一句属古文句式，几乎不顾句中平仄。另不规则重一"百"字，或当是无心之失。

对仗方面，"令甲"与"零丁"之天干借对，灵动可喜。

潘室毕淑人挽联

淑人为济之太守之配，文恭公孙妇也，贤而勤，济之甚得其内助之力。晚年卜新居，亲往营度，竟不得一日居。其奁中物，因兵乱尽失。一油盒仅存，忽失手碎之。未几而病，遂不起矣。卒年六十二。

六旬人备历勤劳，最怜卜定新居，空费鱼轩亲相度；

一品家自安俭素，剩有嫁时旧物，竟先鸾镜兆分飞。

【注释】

毕淑人：乾隆朝状元、湖广总督毕沅之曾孙女。

鸾镜：指妆镜，典出《太平御览》。

【解析】

上下联所找的两个切入点都颇有特点，这样就保证了此联不与挽别的官太太的联雷同。而“新居”与“旧物”、“鱼轩”与“鸾镜”之对，也相当漂亮。

姚莲槎明经挽联

莲槎乃杭州书局同事，亦吾湖老辈也。长于余七岁，与先壬甫兄同岁生。

书局久追陪，看此老白发苍颜，是吾郡一乡之望；
道山遽归去，溯当年桑弧蓬矢，与先兄同岁而生。

【注释】

姚莲槎明经：除本联提供的信息外，其余不详。

杭州书局：浙江官书局，俞樾曾负责书局多年。

桑弧蓬矢：古代男子出生时，射人以桑木制弓，蓬草作矢，射向天地四方，取意男子长大后志在四方。见《礼记·内则》。

【解析】

上联尚好，下联末句未免失之随意。唯上下联第二句之自对较为工整。

余晋珊方伯挽联

方伯以鼎甲起家，官至湖南布政使，署浙江巡抚，甫半载，以疾归，逾年遂卒。其官苏松太道，适值庚子之变，调和中外，保障东南，与有力焉。

由鼎甲起家，曩时沪上筹防，怀远招携，滨海东南资保障；
叹年庚未暮，半载浙中建节，事烦食少，之江左右失长城。

【注释】

余晋珊方伯：余联沅，字晋珊，湖北孝感人，光绪三年（1877年）丁丑科榜眼（故云“以鼎甲起家”），官至湖南布政使，署浙江巡抚。余卒于1901年，联当作于此时。

庚子之变，调和中外，保障东南，与有力焉：光绪庚子年（1900年），八国联军侵华时，余正任苏松太道（俗称“上海道”），作为刘坤一、张之洞等东南各省督抚的代表，与各国驻沪领事谈判议定《东南保护约款》及《保护上海城厢内外章程》。

年庚未暮：余去世时年仅五十八虚岁，故云。

事烦食少：用诸葛亮事，语本《晋书·宣帝纪》司马懿与诸葛亮使者之问答。

【解析】

上联写其参与“东南互保”之事，称“滨海东南资保障”。下联转到其最后任职浙江巡抚上来，以“之江左右失长城”作结。虽都有夸大，但亦是挽联的常见写法。

此联的对仗甚为讲究，如“鼎甲”与“年庚”、“沪上筹防”与“浙中建节”、“滨海东南”与“之江左右”等处，都很漂亮。

钱子密尚书挽联

子密由拔贡起家，以尚书直枢廷，老病乞归，赏食全俸，终于里第。余与其兄子方，同举于乡，又同为曾文正门下士。年长于君者三岁，书问往来，率自称兄焉。

君以拔萃起家，官尚书，参机务，食一品俸终其身，乞骸北阙归来，绿野平泉，共钦全福；

我与哲昆同榜，承推爱，僭称兄，历五十年如昨日，回首南丰门下，白头老辈，更有何人。

【注释】

钱子密尚书：钱应溥，字子密。详见第111页注。钱卒于1902年，联当作于此时。

哲昆：对他人之兄的尊称。

南丰门下：北宋曾巩是建昌军南丰（今属江西）人，世称“南丰先生”。此指曾国藩门下。

【解析】

上联称扬钱的富贵福寿，下联先叙双方的关系，再感叹同辈凋零，“更有何人”，也是老年人挽同辈常见的手法。

对仗方面，“乞骸北阙”与“回首南丰”、“绿野”与“白头”之对，都很工巧。

李少梅观察挽联

少梅乃眉生廉访嗣子。寓吴下蘧园，有泉石之胜。其卒也，以壬寅正月元旦。

为名父子主领名园，兜率海山遽归去；

于正月朔考终正寝，屠苏春酒太悲凉。

据《史记正义》，正月之正，以避始皇讳，故改音征，然则正月，古读如字也。

【注释】

李少梅观察：网络资料均作李少眉，子承父字，似较合理。李曾修建过网师园，其余不详。

蘧园：李家所有的苏州名园网师园，蘧园是其曾用名。

壬寅：光绪壬寅，即1902年。联当作于此时。

兜率海山遽归去：化用白居易《答客说》诗句：“海山不是吾归处，归即应归兜率天。”

【解析】

上联带出其名气更大的父亲和他家所拥有的名园，自是题中应有之义。下联从大年初一去世着笔，通过应喜而悲的事实，进一步写出哀伤氛围。

王松坪大令挽联

大令以孝廉官直隶知县。其八岁时，能解说《论语》“戒之在得”语，微谏其祖。人以神童目之。宰宣化时，寇大至，城无兵。乃多张旗帜，且于旅店门上大书红纸，题曰“某某统领行台”。贼疑援兵至，竟不敢犯。

诵先圣既衰戒得一言，大父解颐，八岁神童征慧业；

法古人多鼓钧声之意，疑兵误敌，千秋上谷仰英风。

【注释】

王松坪大令：除本联提供的信息外，其余不详。

《论语》“戒之在得”、既衰戒得：出自《论语·季氏》记载的孔子关于“君子有三戒”的第三戒“及其老也，血气既衰，戒之在得”。

多鼓钧声：很多鼓同时发出声音。出自《左传》襄公二十六年的记载。从楚国叛逃到晋国的析公分析楚军说：“楚师轻窕，易震荡也。若多鼓钧声，以夜军之，楚师必遁。”

上谷：古郡名，宣化属之。

【解析】

此联写得颇讲究，但“挽”的意味极淡，只从“千秋上谷仰英风”处稍稍能感觉到一点。

江南提督质堂李公祠联

咸丰初，广西李沅发叛，公即在行间，有战绩。后隶曾文正公部下，自两湖而至江浙，无战不与。积功至提督，诏于原籍及立功之地各建专祠。此其原籍所建也。

自西粤从军为始，历湘皖江浙，所在有功，百战勋名登国史；

是南丰特拔之才，与左李彭杨，一时并起，千秋祠宇壮乡关。

【注释】

质堂李公：李朝斌，字质堂，湖南善化（今长沙）人，行伍出身，隶属于曾国藩湘军水师，随杨载福、彭玉麟等与太平军作战，从湖南一直打到浙江，积功官至江南提督（武职从一品）。李朝斌卒于光绪二十年（1894年），得到“赐恤，建专祠”（见《清史稿》）的待遇。

广西李沅发叛：李沅发，湖南新宁人，晚清湖南农民起义首领，于1849年发动起义，于1850年5月失败被杀。1850年虽然是道光三十年，但道光帝正月就去世了，说“咸丰初”也不算有多大问题。

南丰：指曾国藩。详见第23页注。

左李彭杨：左宗棠、李鸿章、彭玉麟、杨载福，都是对“同治中兴”有大功的人物。

【解析】

上联叙事，下联借“左李彭杨”抬高李朝斌的身价，但是又只说“一时并起”，就不会授人话柄。这样“拉人作衬”，实在高明。末句用“壮乡关”切住“原籍所建”。

对仗方面，以“南丰”对“西粤”极好。

窦母张太恭人挽联

太恭人为訇膏大令之母。去年七月，大令为豫祝八十寿，实七十有九也。今年正八十，而太恭人正月遽卒。时大令宰武进，方大浚河道，工未毕，以忧去。舆论惜之。

八秩豫称觞，尚期乞巧楼头，萱寿重逢，今岁再开瓜果宴；
千夫方荷锸，何意惠民渠畔，瓠歌未唱，一朝顿废蓼莪篇。

【注释】

太恭人正月遽卒：据俞樾《实母张太恭人传》，张卒于光绪二十八年（1902年）正月。联当作于此时。

瓠歌：汉武帝为堵塞黄河决口而作的《瓠子歌》。此谓疏浚河道工程竣工。

废蓼莪篇："蓼莪"指《诗经》的《蓼莪》一章，内容是怀念去世的父母。"废蓼莪篇"典出《晋书·王裒传》。王裒父母去世后，"读《诗》至'哀哀父母，生我劬劳'，未尝不三复流涕，门人受业者并废《蓼莪》之篇"。

【解析】

结构方面，用的仍是上联以"尚期"表希望，下联以"何意"表失望的手法。

此联的局部对仗很讲究，如"称觞"与"荷锸"、"楼头"与"渠畔"、"萱寿"与"瓠歌"、"瓜果"与"蓼莪"等处都极漂亮。

吴清卿中丞挽联

清卿以翰林起家，官至湖南巡抚。工篆籀，嗜金石。尝于秦中得玉管，长一尺二寸，受一千二百黍，定以为古黄钟管。凡言黄钟管长九寸者，皆误。所言颇近理。余有长歌纪之。同治初，余主吴下紫阳书院，君为肄业生。今君已古人，而紫阳书院规模亦大变矣。

词臣雄领封圻，尚将古尺评量，白玉考求真律管；
老我感怀今昔，不独故交寥落，紫阳非复旧巢痕。

书此联已，意有未尽。又题《满江红》词一阕。

同治初元，正大乱，削平区宇。有吴下，紫阳一席，皋比叨据。文采风流吾及见，升平景象今犹慕。算两年，黄卷共青灯，人文聚。四十载，犹朝暮；一转瞬，成今古。叹故交，零落不堪重数。阙下尚书应白发（谓陆凤石尚书），湘中开府俄黄土。剩龙钟，八十二龄翁，悲前度。

【注释】

吴清卿中丞：吴大澂，字清卿，官至湖南巡抚。详见第225页注。

篆籀：篆文和籀文，皆古代字体。

黄钟：古代乐器名。

紫阳书院：在苏州，同治四年（1865年）李鸿章收复苏州后，俞樾曾任紫阳书院山长。

皋比：本指虎皮，因古人坐虎皮讲学，故借指讲席。

八十二龄翁：俞樾自指。吴卒于1902年，是年俞樾虚岁八十二，故云。联当作于此时。

【解析】

上联对吴的仕途、官衔只用一句带过，而对吴的精于金石文物之学却大书特书。下联追忆双方交往，但又不明写师生关系，把握得很到位。

联中“古尺”与“故交”、“白玉”与“紫阳”之对很漂亮。

孙师母赵夫人挽联

夫人为余房师孙文节公之配。今年二月二日卒，年七十有七，子孙零落，仅嗣一曾孙而已。

封膺一品，寿近八旬，玉树阶前，幸有曾孙小萧愿；

节届中和，天归兜率，绛纱帐外，尚存下士老彭宣。

【注释】

曾孙小萧愿：据《旧五代史·周书·萧愿传》记载“（萧）愿之曾祖仿，唐僖宗朝入相，接客之次，愿为儿童戏，效传呼之声。仿谓客曰：‘余岂敢以得位而喜，所幸奕世寿考，吾今又有曾孙在目前矣。’”小萧愿即代指曾孙。

节届中和：中和节，二月初一（现为二月初二）为中和节。

老彭宣：彭宣是西汉成帝的师傅、丞相张禹的门生，自己也是大臣。彭宣因见王莽专权而辞职，自称“臣资性浅薄，年齿老眊，数伏疾病，昏乱遗忘”。见《汉书·彭宣传》。

【解析】

此联萧愿之典用得极好，而彭宣之典则殊未妥帖。

对仗方面，“玉树阶前”与“绛纱帐外”之对极好。

林室侯夫人挽联

夫人年四十一，始归林少颖太守为继室，年四十九而终。其生也，以十一月十一日；其卒也，以十一月十二日，亦似非偶然也。

四十一年嫁，四十九年终，虽然大衍虚奇，已算唱随同艾发；

旬有一日生，旬有二日卒，等是仲冬中浣，请将消息问梅花。

重两一字。然纪实之语，不能改也。

【注释】

林少颖太守：除本联提供的信息外，其余不详。

艾发：花白头发。《礼记·曲礼上》：“五十曰艾，服官政。”孔颖达疏曰：“发苍白色如艾也。”

中浣：古代官吏每十日一浣沐（即休息日）。中浣，即每月中旬的浣沐日，后亦泛指中旬。

梅花：此处暗用林逋梅妻之典，兼切林姓。

【解析】

可写的材料实在太少，俞樾只好在生日、忌日、出嫁的年龄、去世的年龄上做点文章，再用点重言技巧，敷衍成文。

对仗方面，以“梅”对“艾”甚巧。

从注中可以看出俞樾对重字的态度：能避则避，不得已时，重也无妨。

姚竹安封翁挽联

竹安以子菊坡官翰林院侍读学士，封如其官。年七十三，有曾孙四人矣。于三月二十八日卒。

芝诰晋清班，高年又越古稀，三党艳称爵齿德；

梓乡娱晚景，爱日竟随春去，一堂哭拜子孙曾。

【注释】

姚竹安封翁：除本联提供的信息外，其余不详。

子菊坡：姚丙然，字菊坡，浙江钱塘（今杭州）人，光绪十二年（1886年）丙戌科进士，官至侍读学士、山东学政。

清班：清贵的官职，此指侍读学士。

爵齿德：孟子所谓“天下有达尊三”。详见第211页注。

【解析】

上联因死者获得侍读学士的封典，又活到七十多岁，就顺理成章地用《孟子》的“天下有达尊三”来恭维了。下联先用“爱日竟随春去”切死于暮春时节的三月底，再用“一堂哭拜子孙曾”作结，写出一个全福而归的老人。

对仗方面，“芝诰”与“梓乡”、“高年”与“爱日”、“三党”与“一堂”等处，也很值得借鉴。

吴季英部郎挽联

季英为故人晓帆方伯之孙，今年感时疾，与妻女二人相继而逝。

纪群累代之交，昌黎又哭殿中君，墓草已看三世宿；

梁孟同时而逝，摩诘兼携月上女，天花还是一家春。

【注释】

吴季英部郎：除本联提供的信息外，其余不详。从前面提及吴煦有一孙叔和看，吴季英或当是叔和之弟。

时疾：季节性流行的传染病。

昌黎又哭殿中君：用韩愈为马继祖作《殿中少监马君墓志铭》的故事。韩愈曾与马继祖的祖父马燧、父亲马畅交往，又为马继祖作墓志铭。联中俞樾以韩愈自比，以马燧比吴煦，以马畅比吴季英之父，而以“殿中君”马继祖比吴季英。

墓草已看三世宿：典出《礼记·檀弓上》中曾子说的话“朋友之墓，有宿草而不哭焉”。

摩诘兼携月上女：用佛教故事。“摩诘”指维摩诘居士，“月上女”是他的女儿。

【解析】

此联用典雅切。对仗也甚为讲究，如“累代”与“同时”、“殿中君”与“月上女”、“墓草”与“天花”都极好。

恽菘耘中丞挽联

毗陵恽氏，分南北二派。本朝有三巡抚：一为吾师薇叔先生，一为次山同年前辈，一即君也。君为薇叔先生犹子，开藩吾浙有年，及升巡抚，止七十余日，奉讳去。然其藩浙，多善政。次山同年之抚湖南，祀名宦祠，君将来或亦同之也。

南北派分支以后，入本朝节钺有三人，政绩相望，岂惟湘水千秋，留召棠遗爱；

东西浙宣化多年，逮暮岁封疆无百日，设施未竟，不仅曲园一叟，感孔李私交。

【注释】

恽菘耘中丞：恽祖翼，字叔谋，又字崧耘。详见第377页注。恽卒于1902年，联当作于此时。

毗陵：常州的别称。

吾师薇叔先生：恽光宸，字濬生，又字薇叔，号养拙斋，江苏阳湖（今常州）人，道光十八年（1838年）戊戌科二甲进士，入翰林，官至江西巡抚。道光二十四年（1844年）曾任浙江乡试副考官，俞樾是年中举，故恽光宸是俞樾之师。

入本朝节钺有三人：指江西巡抚恽光宸、湖南巡抚恽世临和浙江巡抚恽祖翼。

宣化多年：指任布政使多年。因布政使全称为承宣布政使司布政使，有承流宣播朝廷的德泽、禁令的职能。

孔李私交：指两家有师生关系（因孔子曾问礼于老子）。

【解析】

以“孔李”（孔李两家）对“召棠”（召公甘棠），本来不工，但“李”与“棠”之借对又甚工，此种手法在俞樾联中已经屡见不鲜了。

朱苹华大令挽联

苹华以庶常改部，自请以知县官江苏。去岁有相士劝其留须，谓必可得缺。乃竟无验。旧尝肄业紫阳书院，故于余执弟子礼，曾制山轿见赠。

起家翰苑，屈为百里才，怜君捻断吟髭，未得除书拜黄纸；

同客苏台，谬叨一日长，怕我折残屐齿，曾为游具制蓝舆。

蓝舆之蓝，从艹，本王右丞蓝舆，白衣之对。

【注释】

朱苹华大令：朱镜清，字苹华，浙江归安（今湖州）人，光绪二年（1876年）丙子科进士，入翰林。他是俞樾老友吴云的女婿，与俞樾的学生，著名画家、书法家、篆刻家吴昌硕也有交往。朱卒于1902年，联当作于此时。

庶常改部：由翰林院庶吉士经过散馆考试，改任某部主事。

除书拜黄纸："除书"指拜官授职的文书，通常用黄色纸书写，故云。

王右丞蓝舆，白衣之对：指王维《酬严少尹徐舍人见过不遇》诗中的"偶值乘蓝舆，非关避白衣"。"蓝舆"亦作"篮舆"，一种简易的轿子。

【解析】

本来新进士入不了翰林院的可以直接以"榜下即用知县"的资格到地方担任知县，而且不必排队就可以得到实缺，称为"老虎班"。现在朱镜清从翰林院散馆再当知县，却不能得缺。俞樾上联中即为此事鸣不平。下联写双方关系，也属挽联正格，唯全联"挽"的意味甚淡。

对仗方面，"怜君捻断吟髭"与"怕我折残屐齿"之对很工巧，"黄纸"与"蓝舆"之对也甚工整。

陈室胡宜人挽联

宜人为陈辰田明经原配，年八十五而终。去岁成婚六十年，成重谐花烛之礼。一时艳之。

判合逾六十年，百岁期颐让夫婿；

考终完九五福，一堂蹡踊有孙曾。

【注释】

判合：把男女双方的“八字”交给算命先生“合婚”，只有双方八字相合的，才可以成婚。

【解析】

此联属“喜丧”的写法，对于一个已经“重谐花烛”、四世同堂，活到八十五岁又死在丈夫前面的老太太来说，这样处理是相当恰当的。

朱修庭观察挽联

修庭自幼能文，应县府及院试皆第一，人称“小三元”。官吴下数十年，不废啸咏，著《双清阁诗初、二集》若干卷。所居有园林之胜。往岁曾招髯者四人共饮。宾主皆髯，名曰“五髯会”云。

服官卅余载，仕学兼优，双清阁遗诗，手稿已编初二集；
卜筑十数楹，园林最好，五髯仙高会，头衔还带小三元。

【注释】

应县府及院试皆第一，人称“小三元”：清代考秀才先要经过县、府两级考试，才能参加由本省学政主持的院试（因学政又称提督学院，故称院试），录取者才能成为秀才。“小三元”即这三场考试都得第一，是相对于正式的“连中三元”即乡试解元、会试会元、殿试状元而言的。

【解析】

此联切事，对仗也很讲究，尤其“手稿”与“头衔”之对极好。但“挽”的意味极淡，只从“遗诗”二字中可以体会得到。

戴美含七十寿联

美含居休宁之隆阜，有园曰仿陶，极园林之胜。集诸名人题咏刻成一集。今年，其七十生辰也，乞余以一联为寿。言其少时曾执挚来见。盖五十年前事，余久不记忆矣。

小筑曰仿陶，集名流数百首新诗，为此地长留风月；

前游曾访戴，是老夫五十年旧雨，愿与君同到期颐。

【注释】

戴美含：除本联提供的信息外，其余不详。

隆阜：休宁的小地名。隆阜戴氏是著名的望族，出了戴震这样的大学者和戴衢亨这样的大官。这位戴美含很可能是他们的族人。

访戴：用东晋王徽之雪夜访戴典（见《世说新语·任诞》），以切戴姓。

【解析】

上联也只平平，下联"访戴"之典用得极好，既切姓，又巧对"仿陶"。而结句用"寿人自寿"的方式祝寿，也很别致。

盛旭人侍郎贺联

侍郎今年八十有九。八月十三日生日，先一日为第四郎君莱荪授室，犹止十四岁也。是岁，补行庚子正科，又为侍郎重宴鹿鸣盛事。书此贺之。

预举九旬觞，十四岁佳儿，笑携鸳侣拜；

将交八月望，三五夜良会，重奏鹿鸣篇。

【注释】

盛旭人侍郎：盛康，字旭人，因其子盛宣怀当时官至工部侍郎，而得侍郎封典。详见第152页注。

弟四郎君："弟"通"第"。

莱荪：盛善怀，字莱荪，盛康第四子，盛宣怀之弟。盛善怀生于1889年，联当作于1902年。

补行庚子正科：光绪辛丑年（1901年）是光绪皇帝"三旬万寿"，原定增加会试"恩科"，这一年的正科改在第二年举行。由于八国联军于1900年占领北京，贡院被毁，辛丑会试恩科和第二年的壬寅会试正科以及1900年的顺天府庚子科乡试都没有办法举行，于是两届会试延期到了1903年才合并举行。相应的庚子科乡试也在1902年补行。

侍郎重宴鹿鸣：盛康是道光二十年（1840年）庚子科举人，至1902年"补行庚子正科"，即可"重宴鹿鸣"。

【解析】

上联用"预举九旬觞"切八十九岁，下联用"将交八月望"切八月十三日，都很到位。

对仗方面，"九旬"与"八月"、"鸳侣"与"鹿鸣"之对都很漂亮。

汪室吴夫人五十寿联

夫人乃柳门侍郎之配，四月十九生日。柳门曾祖，亦以是日生。家人谓与太阳同生日。盖是日俗传太阳生日也。

大衍祝齐眉，距观世音诞降恰三旬，佛国分来无量寿；

小君尊敌体，记曾王父览揆同一日，大家都庆太阳生。

【注释】

太阳生日：不同地区民间所认为的太阳生日各不相同。四月十九日是其中一个说法。

距观世音诞降恰三旬：传说中的观音菩萨生日有好几个，但均不与四月十九日相距三旬。此处疑有误。

小君：本是周代对诸侯之妻的称呼，后用作妻子的通称。

敌体：中国古代认为夫妻是“敌体”，即地位是相等的。《说文解字》解释“妻”字就说“妻，妇与夫齐者也”。

曾王父：曾祖父。“王父”即祖父（见《礼记·祭统》），故“曾王父”即曾祖父。

览揆：生日。出自《楚辞·离骚》：“皇览揆余初度兮，肇锡余以嘉名。”

【解析】

上联切年龄，切生日；下联则在与曾祖父同在太阳生日这天过生日上做文章，完成了一副原本没什么内容可写的寿联。

联中“大衍”与“小君”、“齐眉”与“敌体”、“三旬”与“一日”等处的对仗，都很漂亮。

德清白云桥联

亦名云塘桥，未知建自何年。雍正间重建，李敏达有碑。今又重建，为题桥柱。嘉庆四年进士陈斌，字陶邻，有《白云文集》，时称白云先生，即其地人也。

天目山两乳双来，凤舞龙飞，到此始成大结果；

云塘桥百年重建，虹腰雁齿，于今再焕旧规模。

【注释】

李敏达：李卫，字又玠，号恰亭，江苏铜山大沙河（今属丰县）人，雍正朝曾任浙江总督管巡抚事，谥敏达。

陈斌：字陶邻，号白云，嘉庆四年（1799年）己未科进士，曾任安徽青阳、合肥、泾县知县。

天目山两乳双来，凤舞龙飞，到此始成大结果：化用唐诗“天目山前两乳长，龙飞凤舞到钱塘”。

虹腰雁齿：“虹腰”喻桥拱；“雁齿”喻桥的台阶。宋人韦骧《无脚桥》诗有“激波无雁齿，跨岸只虹腰”。

【解析】

上联化用古诗，写桥的周边地理位置。天目山的余脉直到杭州西湖之滨，德清位于其间，这里把桥说成是“大结果”，是借以抬高桥的地位的手法。下联写桥，以“虹腰”喻桥拱，以“雁齿”喻桥的台阶，既形象，对“凤舞龙飞”也极好。

又

一方水利攸关，读敏达遗碑，岂止通津便舟楫；

百岁风流未沬，近陶邻故里，应教比户盛弦歌。

【注释】

沬：“沬”通“末”。竭，终止。《楚辞·离骚》有“芳菲菲而难亏兮，芬至今犹未沬”。

【解析】

如果说上一联是从自然地理的角度写的，那么这一联的着眼点就是人文角度了。上联从李卫的碑文写出桥还和水利有关。下联拉来曾经住在附近的“白云先生”陈斌，引出“应教比户盛弦歌”，即这里的文风将会昌盛。陈斌是嘉庆初年人，到此时大致是“百岁”。

任筱沅中丞贺联

中丞今年八十生辰。于九月十三日为其第九郎君子木授室，所娶乃李文忠幼女也。书此贺之，即以为寿。

雁来秋九月，恰好新郎行第，班列九人，九十其仪，向相门引凤；

龙兴廿八年，欣看元老精神，寿登八秩，八州兼督，卜尚父飞熊。

【注释】

任筱沅中丞：任道镕，别字筱沅，他虽然已经八十高龄，但仍在浙江巡抚的位置上。详见第201页注。任生于1823年，联当作于1902年。

第九郎君子木：任德龢，字子木，有主事的功名，其余不详。

李文忠幼女："文忠"是李鸿章卒后的谥号。其幼女名李经溥，原名经璞。

九十其仪：出自《诗经·东山》："之子于归，皇驳其马。亲结其缡，九十其仪。"夸奖新娘仪容出众之意。

龙兴廿八年：此指光绪帝登基二十八年，1902年正好是光绪二十八年。

八州兼督：用东晋陶侃八州都督典。陶侃曾任"都督荆江雍梁交广益宁八州诸军事"。见《晋书·陶侃传》。

尚父飞熊：用姜尚八十遇文王故事，以切年龄。见《史记·齐太公世家》。

【解析】

上联贺婚，点出时间，点出新郎的排行，点出新娘的相府千金身份。下联贺寿，1902年正是光绪帝登基二十八年。任道镕虽然已经八十高龄，但是还在浙江巡抚的位置上。于是俞樾就用上了姜太公八十遇文王的典故，祝他进一步升官。

此联还巧用重言技巧，而"雁来"与"龙兴"、"引凤"与"飞熊"之对，也相当漂亮。

包缵甫挽联

余与具曾大父虎臣孝廉交，及君四世矣。君工大小篆，吴愙斋中丞后，未见有出其右者。以微员需次吴下而卒，甚可惜也。

忝与曾大父游，吴苑逢君，倍怜我老；

妙得古籀史意，愙斋逝世，又失斯人。

【注释】

包缵甫：包承善，字缵甫，一作赞甫，号随盦，浙江归安（今湖州）人，其余不详。包卒于光绪壬寅（1902年），年仅三十六岁。联当作于此时。

具曾大父虎臣孝廉："具"字疑是"其"字之笔误或排印错误。包虎臣，初名锟，字子庄，道光、咸丰年间著名的书画家。据包承善墓志铭，包虎臣系包承善之祖父，而非曾祖，故文中"曾大父"疑是笔误。

吴愙斋：吴大澂，晚号愙斋。详见第225页注。

【解析】

此联似较随意，唯于"吴苑"与"愙斋"之对处略见匠心。

赵卓士从孙婿挽联

卓士今年就湖北学幕，抱病而归。小愈，来苏州见我于春在堂，即辞去。就试秣陵，未及试，卒于客舍。余兄子履卿孝廉遗二孤女，皆余为遣嫁。长者归洪氏，今年以疾卒；次即适赵氏，又抱未亡之痛。何皆不幸之甚也。

一握手从此长辞，殁于建业，病早在武昌，来去匆匆如大梦；

两从孙同时遣嫁，姊竟黄泉，妹亦悲白首，因缘草草只三年。

【注释】

赵卓士：除本联提供的信息外，其余不详。

湖北学幕：湖北学政的幕僚。

就试秣陵：参加南京举行的乡试。

兄子履卿孝廉："兄子"即俞樾的侄儿、俞林的三儿子俞祖绥，字履卿。详见第318页注。

长者归洪氏：洪尔振，字鹭汀，四川华阳人，俞祖绥长女婿，光绪十七年（1891年）辛卯科举人，在山东作幕友，因治河功，以知州分发江苏，曾任江苏溧阳、丹徒、丹阳知县，官至江苏候补道。

未亡之痛：指丈夫去世。古代妇女在丈夫去世后，自称“未亡人”。

【解析】

上联叙事，并无特别之处，下联从其妻身上着笔，联系其早死的姐姐和只有短短三年的婚姻，就加强了哀挽的氛围。

吴子薇司马挽联

子薇年六十三，于八月十四日卒。其六十岁时，有自寿诗，和者颇众。

六十岁高唱阳春，锦字钞来，正拟和章征海内；

三五夜待看明月，玉楼归去，未能佳节赏秋中。

【注释】

吴子薇司马：除本联提供的信息外，其余不详。

阳春：阳春白雪，此指其自寿诗。

玉楼归去：用唐李贺奉召赴天上白玉楼作记之典。见李商隐《李贺小传》。

【解析】

下联切“八月十四日卒”极紧，但也相当费辞。

对仗方面，“锦字钞来”与“玉楼归去”之对工巧可喜。“阳春”与“明月”、“海内”与“秋中”之对也颇工整。

盛旭人侍郎挽联

侍郎福寿，为同辈中所希有。共知为常州待云庵和尚转世也。年八十九而终。若待至明年，即可奏请重宴恩荣矣。

富贵寿考，媲美郭汾阳，五戒是前身，自合三生兼福慧；
兜率海山，送归白太傅，九旬虚一岁，未能两度宴恩荣。

【注释】

待云庵和尚转世：盛康号待云庵主，在其苏州留园的家中有待云庵，或与此传说有关。

若待至明年，即可奏请重宴恩荣矣：盛康是道光二十四年（1844年）甲辰科进士，至1904年即可重赴恩荣宴。但他在1902年去世，故云（“奏请重宴”要提前一年）。联当作于此时。

五戒：佛教的杀生戒、偷盗戒、邪淫戒、妄语戒和饮酒戒。此代指和尚。

兜率海山：化用白居易诗意。详见第404页注。

【解析】

盛康的富贵不过是得益于其子盛宣怀，自己是不值一提的。在文学方面也毫无建树可言。虽然挽联难免要说些恭维话，但此联以郭子仪、白居易相比，未免太过。

都韶笙大令挽联

韶笙桐乡人，江苏知县，生于咸丰四年六月十九，卒于光绪二十八年六月二十三。

游宦到三吴，桐树泾边怀旧隐；
去来皆六月，莲花香里证前身。

【注释】

都韶笙大令：除本联提供的信息外，其余不详。

咸丰四年、光绪二十八年：分别是1854年和1902年。联当作于1902年。

桐树泾：梧桐泾，在浙江桐乡境内，桐乡即因此而名。

【解析】

写应酬联应该是一件苦事。看来俞樾也是实在没有什么可写的了，竟凭空地从“去来皆六月”就得出了“莲花香里证前身”即这个死者有佛缘的结论。不过“桐树泾边”与“莲花香里”之对倒很不错。

林质侯观察挽联

质侯曾权知苏州府事，临终语诸子曰：“吾无宦囊，惟以清白二字贻汝。”

易箦有遗言，惟愿子孙矢清白；

守苏曾小试，常教父老话龚黄。

【注释】

林质侯观察：林文炳，字质侯，福建福清人，同治十三年（1874年）甲戌科进士，曾任苏州知府。

【解析】

龚黄（龚遂、黄霸）是汉代著名的循吏，二人都担任过太守，用以比地位相当的苏州知府林文炳虽然有些过誉，但还是比较得体的。

对仗方面，“子孙”与“父老”、“清白”与“龚黄”之对，都很漂亮。

沈谷成庶常挽联

谷成始官水部，继入翰林，竟以庶常终，不散馆，亦奇士也。精通释典，著有《报恩论》一卷。卒年七十三。

由水部入词林，以庶吉士归田，在认启单久推前辈；

因儒书通释典，逾古稀年证果，有报恩论长寿名山。

【注释】

沈谷成庶常：沈善登，字谷成，浙江桐乡人，同治七年（1868年）戊辰科二甲进士，入翰林，未及散馆即辞官。沈卒于1902年，联当作于此时。

竟以庶常终，不散馆：入翰林院为庶吉士后，沈自己占卦得“履之乾”卦，认为是有“履虎尾”之险，不吉利，于是辞官归里。

认启单：指由一些人发起，在一部分人中间传阅的一种“启事”性质的文件，通常用以募捐之类的活动。

长寿名山：此用司马迁《报任少卿书》“藏之名山，传之其人”之意。

【解析】

此联虽然切事、切官、切年龄，但也无特别的亮点。“挽”的意味也很淡，不过有“证果”二字，也不离题。

周笠西同年挽联

笠西名乐，湖南人。今年奏请于明年癸卯正科重赴鹿鸣宴者，余之外，有周君及江南张君丙炎二人。乃至六月，而周君殂谢。承以同谱之谊，赴告于余。寄此联挽之。

六十年前，与君同谱，荏苒至癸卯正科，其福在太傅文忠之上；

四千里外，报我噩音，约略检甲辰小录，并世惟清河学士犹存。

【注释】

周笠西同年：周乐，字仲子，号笠西，湖南人，道光二十三年（1843年）癸卯科举人，官至湖北督粮道。周卒于1902年，联当作于此时。

癸卯正科重赴鹿鸣宴：俞樾中举是道光二十四年（1844年）甲辰恩

科，因为恩科是临时增加的，六十年后就不一定会遇到乡试，所以把上一年的“癸卯正科”算作他们的“重赴鹿鸣宴”之期。

张君丙炎：张丙炎，字午桥，号药农，江苏仪征人，咸丰九年（1859年）己未科进士，官至广东廉州知府。

太傅文忠：此指李鸿章，李卒后赠太傅，谥文忠。李也是他们甲辰恩科乡试的同年。

甲辰小录：甲辰科乡试的同年录。

清河学士：此指张丙炎。清河是张姓的郡望。

【解析】

上联拉出一个已经去世的乡试同年“太傅文忠”李鸿章作衬，说周乐的福还在其之上。单就活得更久而言，是言之成理的。

对仗方面，“六十年前”与“四千里外”、“癸卯正科”与“甲辰小录”之对，均甚工整。

潘谱琴庶常挽联

谱琴为相国文恭公之孙，以庶吉士罢归。巾褐萧然，与寒士无异。每与余商榷小典故，孜孜不倦。精制肴点，时承分贶。居在石子街，时相过从。二十余年吴中老友也。

宰相文孙，依然儒素，翰林老辈，尚有典型，遥遥十九科前，回首望玉堂天上；

郇厨精馔，每荷分颁，邺架奇书，常劳代检，历历廿余年事，伤心过石子街头。

【注释】

潘谱琴庶常：潘祖同，号谱琴。详见第373页注。

以庶吉士罢归：潘祖同因卷入咸丰八年（1858年）科场案而被“罢归”。

十九科前：潘祖同在咸丰六年（1856年）因祖父潘世恩去世而钦赐进士，入翰林，至此时正好相距“十九科”。

郇厨：指美食之家，典出《新唐书·韦陟传》“穷治馔羞，择膏腴地艺谷麦，以鸟羽择米，每食视庖中所弃，其直犹不减万钱。宴公侯家，虽极水陆，曾不下箸”。

邺架：指藏书丰富之处，“邺”指唐朝邺侯李泌，藏书甚富。韩愈有“邺侯家多书，插架三万轴”之诗句。

【解析】

上联写其人，下联写双方交往，是常规的挽联写法。

此联在对仗方面有其特点。前四句两两为一组的自对，在当时尚不多见。后两句的对仗也甚工整。

陆春江方伯配王夫人六十寿联

夫人于十二月八日生，方伯曾护巡抚印。

六秩启华筵，恰好良辰过腊八；

三吴开幕府，再来使宅祝千秋。

【注释】

陆春江方伯：陆元鼎，字春江，浙江仁和（今杭州）人，同治十三年（1874年）甲戌科进士，官至江苏巡抚（时任江苏布政使）。

护巡抚印：护，即护理。当地方官员离任，新任官员未到任时，常由次一级官员临时任职，称为“护理”。

【解析】

此联只有四句，但第一句切年龄，第二句切生日，第三句切地并与第四句一起祝寿兼预祝升官。可谓简洁明快，要言不烦，很见功力。巧的是“三吴开幕府”一句也正好让俞樾说中了，陆后来确实当上了江苏巡抚。

王复卿明经挽联

复卿为菱湖镇龙湖书院监院。今年正月望，院中有礼事，犹出而主持。越三日，遽卒。盖其宿疾已深也。时有废书院之议，余曾主是席三十三年，不能无今昔之感。故于次联及之。

人惊鹤驭太匆忙，元夕留连，三日光阴俄已矣；
我为龙湖长叹息，老成凋谢，百年坛坫意如何。

【注释】

王复卿明经：除本联提供的信息外，其余不详。

菱湖镇：地名，现属浙江省湖州市南浔区，当时属湖州府归安县。俞樾曾为《菱湖镇志》作序。

龙湖书院：在菱湖镇，始建于道光二十六年（1846年），俞樾曾主讲该书院。

时有废书院之议：在1902年，新式学堂已经办了不少，废科举的呼声也日益高涨（正式废科举是在1905年）。老式的书院是为科举制度服务的，自然也已经岌岌可危。

鹤驭：死的讳称，意为驾鹤成仙。

【解析】

此联的“鹤驭”与“龙湖”、“三日”与“百年”之对甚工，在俞樾联中往往可以看到这样的对仗。

程母裘太夫人九十有二寿联

夫人为程辅堂大令母，有四子、五孙、六曾孙。三月初十日，其生日也。大令时权知德清，乞书此联。

官舍大排当，律中姑洗，节届清明，寿母九旬晋二；
部民工颂祷，年过百龄，堂罗五代，贤侯一岁迁三。

【注释】

程辅堂大令：网上查到有一位程赞卿（或作赞清），字辅堂，江苏宜兴人，清末光绪宣统间先后任钱塘知县、海宁知州、绍兴知府等职，就时间、地域、资历而言，应该就是此人。

大排当：借指寿宴，原来专指宫中宴会。见《续资治通鉴》。

姑洗：指三月。班固《白虎通德论》："三月谓之姑洗何？姑者，故也；洗者，鲜也。言万物皆去故就其新，莫不鲜明也。"

部民：地方官管理下的百姓。

贤侯：此指程辅堂大令。知县有"百里侯"之称。

【解析】

此联当是程县令慕名求联，俞樾却不过家乡父母官的情面而写的应酬之作。但局部的对仗处理，还是比较讲究的。

宜兴程氏祠堂联

此亦辅堂大令乞书。自言先世由徽州迁宜兴，与二程子有别。二程子出二十六房，其族则出二十七房，盖同源而异派也。

自休父得姓以来，与伊川明道，并振家声，一样门楣匹纯正；

从新安移居到此，于阳羡义兴，大开祠宇，千秋福祚逮云仍。

【注释】

二程子：北宋程颢、程颐兄弟，程朱理学的奠基者，人称"二程子"。

休父得姓：程伯休父，周宣王时人，程氏始祖。

伊川明道：北宋大儒程颢（人称"明道先生"）、程颐（人称"伊川先生"）兄弟。

阳羡义兴：宜兴的别称。

【解析】

上联借二程作衬，又只说“并振家声”，是很高明的手法。下联切地，并写到“千秋福祚逮云仍”，也是家族祠堂联的正格。

苏州新建李真人庙联

真人名育万，字空凡，元至大时人，年三十二坐化。建庙龙潭，遗蜕犹在，屡著灵异。本朝叠加“广济宣威灵应”封号，同治中颁有“仁德感应”四字额。其庙旧有仙方，分九科，共七百五十方，服之有验。苏州府向子振太守，因吴中多疫，特建是庙。余为题此联。

五百年元气，长镇龙潭，祀典昭垂，四字褒题颁御墨；
数千里灵旗，远临鹤市，神方普锡，九科妙剂拜仙丹。

【注释】

李真人庙：祭祀李育万的祠庙。

建庙龙潭，遗蜕犹在：经清政府同意修建的李育万祠庙在湖南长沙龙潭山，据说供奉李育万的肉身，故云。

本朝叠加“广济宣威灵应”封号、祀典昭垂：清道光朝，李育万作为“直省御灾捍患有功德于民者”获得“锡封号，建专祠，所在有司秩祀如典”的待遇。在长沙建专祠，“封广济李真人”。见《清史稿·吉礼三》。

仙方：旧时迷信认为是仙人所赐的药方。

向子振太守：向万鑅，字子振，亦字绍春，湖南善化（今长沙）人，优贡出身，时任苏州知府。

五百年元气：至大是元武宗的年号，至大元年是1308年，至此时已有五百多年，“五百年”取其约数。

四字褒题颁御墨：指同治中所颁的“仁德感应”四字额。

【解析】

此联对仗甚是讲究，如“龙潭”与“鹤市”、“御墨”与“仙丹”之对，以及两处数字对，都很工整。声律也相当严谨，毫无率意而为之处。可见俞樾对于在正式场合长期悬挂的联是很认真的。

陈母王太恭人挽联

恭人为陈蓝洲大令之母。蓝洲以湖北知县，陈情归养有年矣。客腊与余书，但言目力稍衰，起居尚无恙。不意越数月而长逝也。卒年八十四，已有曾孙。

八秩又四龄，近时目力稍衰，见犹起居如往日；

一堂将五代，有子宦情素淡，归来侍养已多年。

【注释】

陈蓝洲大令：陈豪，字蓝洲，浙江仁和（今杭州）人，同治九年（1870年）庚午科优贡生，曾任湖北房县、汉川、随州等地知县。

客腊：去年腊月。

【解析】

此联较随意，唯两处数字对和“往日”与“多年”之对稍有可观。“挽”的意味也差那么一点。

钱室萧夫人挽联

夫人为钱怡甫观察之配，生于道光二十八年七月三日，殁于光绪二十九年四月九日。

乞巧前四夜披云锦衣来，想见宿根由慧业；

浴佛后一天到波罗蜜去，遥知证果在灵山。

【注释】

钱怡甫观察：钱志澄，字怡甫，亦字清士，浙江嘉兴人，廪贡生，捐纳知县，历任江苏荆溪、镇洋、青浦等县知县，官至道员。

道光二十八年、光绪二十九年：分别为1848年和1903年。联当作于1903年。

云锦：神话传说中织女用彩云织出的锦缎。

波罗蜜：佛教用语，指到彼岸。

【解析】

此联只在生、死的日期上做文章，可见古代的挽妇女联实在很难措辞。不过"宿根"与"证果"之对，"慧业"与"灵山"之对，还是很工巧的。

恽季文中翰五十寿联

季文乃湘抚次山同年子，慷慨有大志，且喜为诗。以拔贡生官内阁中书，以母戴夫人老，故不出也。

为名父子，奉母家居，荏苒年华，已到蘧大夫五十岁；

负经世才，以诗见志，激昂意气，俨然陈同甫一流人。

【注释】

恽季文中翰：恽炳孙，字季文，江苏武进人，恽世临第四子，光绪十一年（1885年）乙酉科拔贡，官内阁中书。恽生于1854年，联当作于1903年。

蘧大夫五十岁：用蘧伯玉"年五十而知四十九年非"之典。见《淮南子·原道训》。

【解析】

上联切事、切寿，也只平平。下联写人，却能写出其特点来。

宋氏祠堂联

祠在西湖卧龙桥畔，乃里六桥之一也。

溯从壮武公后，代有传人，开元宰辅，天圣状头，卓荦大名满霄壤；

爰于新小堤边，聿兴祠宇，曲港金沙，长桥玉带，葱茏佳气到云仍。

【注释】

卧龙桥、里六桥：卧龙桥是西湖杨公堤六桥之一，杨公堤六桥为有别于苏堤六桥，称为“里六桥”。

壮武公：西汉宋昌。汉文帝当代王时的中尉，在周勃、陈平等人发动政变成功，诛杀诸吕，派人迎接代王刘恒进京登基时，宋昌首先力主代王应该进京。刘恒登基入宫后，宋昌作为心腹，“为卫将军，镇抚南北军”。后被封为壮武侯。

开元宰辅：唐玄宗开元年间的名相宋璟。

天圣状头：宋仁宗天圣二年（1024年）甲子科状元宋庠。

新小堤：亦作小新堤，即赵公堤，南宋时建，连通苏堤东浦桥至曲院。今已不存。

曲港金沙，长桥玉带：金沙港、玉带桥，二者均离祠堂不甚远。

【解析】

上联写宋氏历史，下联写祠堂周边环境，全联脉络清晰，对仗工稳，允称佳作。

山塘李文忠公祠联

有诏：立功省分，皆建专祠。苏州建于山塘。为题此联。

钟间气龙文虎武，由灊岳降神，千秋又见临淮李；

奏元功北旆西旌，自苏台发轫，四境长留召伯棠。

【注释】

李文忠公：李鸿章，谥文忠。详见第12页注。

灊岳降神：灊岳是古南岳，即天柱山，在安徽，以切地。

临淮李：唐平定安史之乱的主要功臣之一李光弼，封临淮王，以切姓。

元功：大功。

苏台发轫：李鸿章的事业是以在苏南战胜太平军为起点的。苏州是李鸿章的淮军克复的，李所任的第一个省级职务就是驻苏州的江苏巡抚。

召伯棠：用甘棠遗爱典。详见第131页注。

【解析】

上联写李鸿章其人，重点在切地、切姓，赞颂其是“嵩生岳降”的李光弼式的大功臣。下联写苏州，强调苏州是李鸿章毕生事业的发祥地。此联作为祠堂联颇为得体。

对仗方面，“临淮李”与“召伯棠”的借对，极为灵动。

王同伯比部挽联

同伯以进士官刑曹，奉母家居，遂不出。余主讲诂经，曾来充监院。去岁，余至西湖，犹访我于碧霞西舍也。

壮岁策名北阙，荣列白云司，廿载栖迟，洛社高风留故里；

去年访我西泠，清谈碧霞舍，一朝凋谢，湖楼旧雨失斯人。

【注释】

王同伯比部：王同，字同伯，号肖兰，晚号吕庐老人，浙江仁和（今杭州）人，光绪三年（1877年）进士，官至刑部主事。

白云司：刑部的别称。颜师古注《汉书·百官公卿表上》“黄帝云师云名”，引汉应劭曰：“黄帝受命有云瑞，故以云纪事也。由是而言，故春官为青云，夏官为缙云，秋官为白云，冬官为黑云，中官为黄云。”秋官也是刑部的别称。

洛社：文彦博、富弼等组织的洛阳耆英会。

【解析】

此联对仗之工，即使在俞樾的联中，也是不常见的。而尤为难得的是俞樾并不因追求对仗工稳而影响到其他方面。上联写其一生，从参加会试到做刑部主事，再到辞官后悠游林下；下联先回忆双方交往，再表达哀悼惋惜之情，章法井然。已经八十三岁高龄的俞樾还能写出这样讲究的作品，实在是难能可贵。

柴功甫大守挽联

功甫白手起家，仕吴下，以知府候补。年八十五而终，有子七人，孙十三人，曾孙五人。

卅载宦三吴，福禄寿俱高，喜登仕版二千石；

一堂罗四代，子孙曾咸集，哭拜灵筵廿五人。

【注释】

柴功甫大守：除本联提供的信息外，其余不详。“大”通“太”。

【解析】

此联无甚深意，但几个数目字之对还是很见功力的。

福州吴兴会馆联

福建省城新建吴兴会馆，同乡诸君属题此联。

千里到榕城，好领略丹荔黄蕉风味；

一樽话苕水，最难忘白苹红蓼汀洲。

【注释】

榕城：福州的别称。

苕水：苕溪，其流域主要在湖州府境内。

【解析】

此联虽然简洁，但一写所在地，一写家乡，正是会馆联的正格。

“榕城”与“苕水”相对极为工整。“丹荔黄蕉”是福建风味，“白苹红蓼”是杭嘉湖平原的水乡风光，两者既相对又自对，也极工整。

吴希玉大令挽联

大令为余孙陛云乡榜同年，后成进士，以知县官江西。罢归，贫甚，年六十六而卒，几无以为敛，亦文人之薄命者。将卒前五日，犹来见我于春在堂云。

六旬翁乡举附孙行，五日之前犹见我；

百里宰家居以贫死，一官如此最怜君。

【注释】

吴希玉大令：除本联提供的信息外，其余不详。

【解析】

此联看似很随意，但如仔细分析，其对仗还是比较讲究的。如“六旬翁”与“百里宰”、“乡举”与“家居”、“犹见我”与“最怜君”等处，都很工整。

廖仲山尚书挽联

仲山由翰林起家，官至礼部尚书，引疾归。因其先德曾致力于《路史》一书，未卒业，与其兄谷似中丞共成之。年六十五而卒。余孙陛云应朝考，受其知。庚子之变，同在京师。可谓相从于患难者矣。

曳尚书之履，归卧乡园，与阿兄撰著名山，不惮辛勤成父志；

逾耆寿而终，共推全福，忆吾孙追随京国，正因忧患见师恩。

【注释】

廖仲山尚书：廖寿恒，字仲山；其兄寿丰，字谷士。详见第206页注。廖卒于1903年，联当作于此时。

其先德曾致力于《路史》：《路史》是宋人罗泌所著。廖寿恒之父廖文锦，字邵庵，福建永定（今龙岩市永定区）人，嘉庆十六年（1811年）辛未科进士，入翰林，官至河南南阳知府，署南汝光道，著《〈路史〉节读》未成。

与其兄谷似中丞共成之：廖寿恒兄弟继承其父廖文锦，完成了《〈路史〉节读》，以其父的名义于1901年出版。

朝考：殿试中式的新进士按规定还要参加朝考，根据朝考的成绩确定新进士的去向。

曳尚书之履：典出《汉书·郑崇传》“（郑崇）每见曳革履，上笑曰：‘我识郑尚书履声’”。此处唯谓廖曾任尚书而已。

【解析】

此联使事贴切，但前两句对仗甚宽，唯末句相当工稳，尤其是“父志”与“师恩”之对，极为工整。

许菊圃喜联

杭州许氏为浙西望族，世所称“七子登科”者，菊圃之大父行也。九月十三日完姻，书此贺之。

节序过重阳，喜见菊花开并蒂；

科名绳七子，先将萱章祝宜男。

【注释】

许菊圃：除本联提供的信息外，其余不详。按杭州许家的行辈，他这一辈属之字辈，其名应是许某之。

七子登科：俞樾的亲家许乃恩兄弟七人乃来、乃大、乃济、乃谷、乃普、乃钊和乃恩前后六十年间都中了举人或进士，做了官。

萱章：无论从字义还是字音而言，疑是“萱草”之笔误或排印错误。

谊男：宜男。俞樾认为“宜乃谊之省”。

【解析】

此联简洁，但内容并不少：切时，贺婚，祝登科又祝早生贵子，还不忘把祖上的荣耀写进来。

余杭县文昌阁联

在县城东南，明万历年建。阁圮，又新之。邑人乞题此联。大涤，乃其邑之名山也。

溯前朝建造以来，日启离明，每见奎光腾六府；

自大涤钟灵到此，地当巽位，长留杰阁镇千秋。

【注释】

大涤：山名，余杭两大名山之一，在今杭州市余杭区西南。

离明：指日光。《周易·说卦》有“离为火、为日”。

奎光腾六府：《晋书·天文志上》有“文昌六星，在北斗魁前，天之六府也，主集计天道”之说。“六府”即指天上的文昌六星。

巽位：指东南方。

【解析】

此联对仗、格律都中规中矩，再一次证明了俞樾写长期悬挂的联是很认真的。

汪母黄太夫人挽联

太夫人为耕余观察之配。耕余宰嘉定时，夫人曾置纺纱车数千具，颁赐民间，教之纺纱，至今蒙利。及其长子钧官河南鄢陵令，值河决，夫人又助之赈，诏以“乐善好施”旌其门。

撤瑱赈中州，帝用褒嘉，岂止欢声腾赤子；

鸣机课穷巷，民资乐利，允宜祀典配黄婆。

【注释】

长子钧：除本联提供的信息外，其余不详。

诏以“乐善好施”旌其门：据《光绪实录》，光绪十五年（1889年），因“捐银助赈”，朝廷同意“河南鄢陵县知县汪钧为其父母”建坊。

瑱：古代的玉制装饰品，此泛指首饰。

黄婆：黄道婆，元代在江南传播和改进纺织技术的女子。后世庙祀不绝。

【解析】

黄道婆在海南岛学会纺织后，回到家乡苏南松江（今属上海）向老百姓推广纺织技术，深受人们爱戴，并为她立祠。巧的是这位老太太也姓黄，也是在上海地区（嘉定）向老百姓赠送纺车，因而下联末句就显得很贴切。而且“赤子”与“黄婆”之对也极为工稳。

陆立龠庶常给假归娶贺联

庶常名凤仪，登第后完姻，年二十四，乡会联捷。

给假赋催妆，勿徒艳说随园，好同符吴县文恭与溧阳文靖；

联科登上第，更喜妙龄弱冠，待异日琼林重宴即花烛重圆。

【注释】

陆立龛庶常：陆鸿仪，字棣威，号立龛，苏州人，光绪二十九年（1903年）癸卯科二甲进士，入翰林。联当作于此时。

庶常名凤仪："凤仪"疑是"鸿仪"之笔误。因殿试榜文为鸿仪，解放后中央人民政府任命书亦为鸿仪，而号立龛同，二十四岁成进士亦同，且该科只一个姓陆的成进士。

乡会联捷：乡试中举的次年就会试中进士。

催妆：催妆诗，此处代指娶亲。

艳说随园：袁枚，字子才，号简斋，晚号随园主人，浙江钱塘（今杭州）人，乾嘉时期著名诗人、文学家。袁枚二十三岁中举，次年二十四岁联捷成进士，入翰林，乞假归娶。但袁枚仕途不顺，做了几年知县后，即辞官归隐。

吴县文恭：指潘世恩，江苏吴县（今苏州）人，二十五岁中乾隆五十八年（1793年）癸丑科状元，官至大学士，寿过八旬，重宴琼林，谥文恭。

溧阳文靖：指史贻直，江苏溧阳人，十九岁中康熙三十九年（1700年）庚辰科进士，官至大学士，寿过八旬，重宴琼林，谥文靖。

【解析】

潘世恩和史贻直都是少年登科、官至大学士、寿过八旬、重宴琼林的江苏名人，从富贵的角度看，远胜袁枚。上联用他们作比，可算得善颂善祷。下联末句既扣合中进士和新婚，顺便又祝了白头偕老，也是甚为巧妙。

章式之刑部贺联

式之捷礼闱，分刑部，乞假南归，亲友聚贺。是日，为十一月十二日，距冬至六日，乃其母夫人生日也。

京国赋归来，慈寿欣当日南至；

山堂精考索，清班应属鲁东家。

【注释】

章式之刑部：章钰，字式之，江苏长洲（今苏州）人，光绪二十九年（1903年）癸卯科进士。

日南至：指冬至日。西晋杜预注《左传》的“日南至”，认为是“冬至之日，日南极”。

山堂精考索：南宋人章如愚，著有《群书考索》，卒后门人私谥山堂先生。此以切姓。

鲁东家：本指孔子，此谓儒士之家。

【解析】

上联切事，切其母生日；下联切姓，可算面面俱到。

对仗方面，“日南至”与“鲁东家”之对，本来算不得工整，但有了“南”“东”二字的工对，就得到了显著改善。

彭赞臣庶常挽联

赞臣名世襄，光绪癸卯以庶吉士假旋，到家即卒。相传为湖北某郡城隍，不知何所自也。其家以会试墨卷与赴状同投，亦可悲矣。

衣锦喜荣归，俄传吉士头衔，写入缙云新记；

报罗惊大去，堪叹长安行卷，附来薤露哀词。

【注释】

彭赞臣庶常：彭世襄，字赞臣，江苏吴县（今苏州）人，光绪二十九年（1903年）癸卯科二甲进士。联当作于此时。

会试墨卷：按惯例，会试中式的新进士，要将自己的试卷刻印后向亲友分发。

赴状：讣告。“赴”古同“讣”。

缙云新记：未知出于何典，或是指为湖北某郡城隍事。

大去：死亡。

长安行卷：指会试墨卷。

薤露哀词：指“赴状”。

【解析】

此联不过组织讣告材料而成，无甚深意，但“缙云”与“薤露”之对很工巧。“衣锦”与“报罗”的借对，也很不错。

聂仲芳中丞五十寿联

中丞四十生日，余曾以一联为寿。今五十矣，适抚吾浙。因又赠此。

忆四旬初度，曾献一联，荏苒阅十年，虎武龙文满中外；

际二月仲春，欣开六帙，讴歌听两浙，吴山越水共高深；

【注释】

聂仲芳中丞：聂缉椝，字仲芳，时任浙江巡抚。详见第285页注。聂缉椝生于1855年，联当作于1904年。

开六帙：开启第六个十年。

【解析】

从内容而言，此联也不过是些歌功颂德的老调，但对仗还是很讲究的，尤其是六个数字对。

苏州省城浙江会馆联

苏城向无浙江会馆，今始有之。题此以落其成。

从吾浙挂席而来，历四百里津梁亭堠，到此名区，闾阎殷富，山水清嘉，开拓心胸知几许；

登斯堂举杯相属，合十一郡文物衣冠，成兹良会，襟上酒痕，袖中诗本，流连风景意云何。

【注释】

四百里：杭州到苏州的大致距离。

津梁：渡口和桥梁。

亭堠：路旁供旅客歇宿的有顶无墙的建筑为亭。路旁记里程的土堆为堠。

襟上酒痕，袖中诗本：化用白居易诗意。详见第54页注。

【解析】

此联的写法与常见的会馆联有些不同，不是一写故乡，一写所在地，而是把两者交融在一起写的。上联重在写苏州，但是不忘“吾浙”，不忘沿途的“四百里津梁亭堠”。下联重在写会馆，更是化用白居易诗“袖中吴郡新诗本，襟上杭州旧酒痕”分切两地。可见得会馆联的写法也可以多种多样。

刘母杨太夫人挽联

太夫人为刘□□大令之母，甘肃河西县人。其地素产布，太夫人自少即以纺纱织布为事。及大令官江苏，就养署斋，依然布素也。闻鞭笞声，辄不乐。每劝大令虚心研鞫，勿事刑求。诚贤母也。

布帔不嫌粗，从前窗下鸣机，常自丝丝缫吉贝；

蒲鞭犹觉重，此后堂前听讼，更谁絮絮问平反。

【注释】

吉贝：本指木棉。《梁书·诸夷传》：“吉贝者，树名也，其华成时如鹅毳，抽其绪纺之以作布，洁白与纻布不殊，亦染成五色，织为斑布也。”此指棉花。

蒲鞭：喻宽刑。《后汉书·刘宽传》：“吏人有过，但用蒲鞭罚之，示辱而已，终不加苦。”

平反：据《康熙字典》引《汉书·食货志》之注，平反之“反”字，音幡，平声。

【解析】

上联写其勤劳俭朴；下联写其仁爱慈悲。寥寥三十余字，老人的形象即已跃然纸上。下联末两句一问，就落到挽联上来了。

此联的对仗相当讲究，尤其是前两句。

陈辰田明经挽联

辰田年八十时，重谐花烛，重游泮水。余曾以一联寿之。年八十三而终，少于余一岁。

六十年重谐花烛，再掇芹香，喜今五福俱全，如此完人能有几；

八旬翁已越三龄，未登九秩，叹我一年差长，可知来日亦无多。

【注释】

少于余一岁：陈卒时，俞樾八十四岁，则陈卒于1903年。联当作于此时。

【解析】

此联“重谐花烛”与“再掇芹香”、“已越三龄”与“未登九秩”的自对和“有几”与“无多”之对都很漂亮。

此联不规则重一“年”字，或是无心之失。

沈羲民同年九十寿联

羲民甲辰副榜，丙午举人，历宰江苏大县，兼精医。光绪甲辰，年九十岁，至后年丙午，则重宴鹿鸣矣。

是名宦，是名医，是名孝廉，后此一科，小雅笙簧重宴乐；
又同乡，又同年，又同寄寓，长吾六岁，先生杖履倍精神。

【注释】

沈羲民同年：沈伟田，字羲民，浙江归安（今湖州）人，道光二十六年（1846年）丙午科举人，历任江苏吴江、吴县、常熟、昭文、青浦、江阴等县知县。

光绪甲辰：1904年。联当作于此时。

小雅笙簧重宴乐：指重宴鹿鸣。《鹿鸣》是《诗经·小雅》的第一篇，诗中又有“吹笙鼓簧”之句。

又同乡，又同年，又同寄寓：沈伟田与俞樾是道光二十四年（1844年）甲辰科乡试同年（俞樾中举，沈伟田中副榜），又是湖州府同乡，又都居住在苏州。

【解析】

此联通过组织材料而成，胜在重言技巧。对仗方面，“笙簧”与“杖履”之对甚好。

翁叔平相国挽联

公之殁也，奏入报。闻昔日白香山卒，或为请谥。上曰：“何不取《醉吟先生传》看？”竟不予谥。上联亦微有寓意。

白傅一篇醉吟传；
绿图两代帝王师。

【注释】

翁叔平相国：翁同龢，字声甫，号叔平，晚号松禅，江苏常熟人，咸丰六年（1856年）丙辰科状元，同治、光绪两朝皇帝的老师，官至协办大学士、军机大臣、户部尚书。1898年慈禧太后发动戊戌政变后翁同龢受到革职，永不叙用，交地方官严加管束的处分。翁卒于1904年，联当作于此时。

闻昔日白香山卒，或为请谥。上曰："何不取《醉吟先生传》看？"竟不予谥：白居易生前曾写过《醉吟先生传》和《醉吟先生墓志铭》，以醉吟先生自居。《醉吟先生墓志铭》中说："我殁，当敛以衣一袭，以车一乘，无用卤薄葬，无以血食祭，无请太常谥，无建神道碑。但于墓前立一石，刻吾《醉吟先生传》一本可矣。"宋王谠《唐语林·赏誉》记载："大中末，谏官献疏，请赐白居易谥。上曰：'何不读《醉吟先生墓表》？'卒不赐谥。"

上联亦微有寓意：翁同龢卒后，也没有得到谥号（文恭是后来追谥的），故云。

绿图：绿图子，传说中帝喾时的帝师。《老子化胡经》说绿图子和前后的若干代帝师都是老子的化身。此以切翁为两朝帝师。

【解析】

翁同龢和白居易卒后都没有得到谥号。白居易是因为皇帝尊重他的意愿，而翁同龢则是因为身为"帝党"而为慈禧太后所憎恶。当时慈禧太后还在世，俞樾敢在挽联中用这个典，可算得很大胆的了。

对仗方面，"白傅"与"绿图"之对极好。

赠张真人联

真人名元旭，字晓初，以事至苏，乞书此联。

于仙佛外别开一派；

从汉唐来自有千秋。

【注释】

张真人：此指江西龙虎山张天师。自汉代以来，历朝历代都承认江西龙虎山张天师的地位，并加以册封。张元旭是第六十二代天师。

【解析】

此联是应酬之作，无甚新意，但能不作恭维语，却是难能。

留园戏台联

十余年前，为园主人盛旭人侍郎书，久不记忆。有游留园归者为诵之。补录于此。

一部廿四史，谱成今古传奇，英雄事业，儿女情怀，都付与红牙檀板；

百年三万场，乐此春秋佳日，酒坐簪缨，歌筵丝竹，问何如绿野平泉。

【注释】

留园：苏州著名园林。当时是盛康、盛宣怀一家的私家园林。
红牙檀板：檀木制的拍板。
百年三万场：前人诗词多有“百年三万六千场”之句。

【解析】

上联写台上演的戏，下联写台下看戏的宾主人等，全联脉络清晰，文字典雅，对仗工稳，堪称佳作。

向子振观察六十寿联

子振时官雷琼道，适有上寇犯境，击却之。

数百里疆宇乂安，寻海琼子葛仙游迹；

六十岁精神强固，播汉将军向宠威名。

【注释】

向子振观察：向万鑅，字子振，时任广东雷琼道。详见第429页注。向生于1845年，联当作于1904年。

上寇：疑是“土寇”之笔误或排印错误。

海琼子葛仙：葛长庚，号海琼子，南宋道士，封紫清明道真人，琼州（治今海南海口市琼山区）人。

汉将军向宠：向宠，三国蜀汉将领，诸葛亮有“将军向宠，性行淑均，晓畅军事，试用于昔日，先帝称之曰能，是以众议举宠为督。愚以为营中之事，悉以咨之，必能使行阵和睦，优劣得所”之评。见诸葛亮《出师表》。此以切姓。

【解析】

上联用“海琼子葛仙”切地，又点出土寇已被“击却”；下联用“汉将军向宠”切姓，又点出六十大寿，可谓面面俱到，要言不烦。

周伯英姨甥女挽联

伯英归张氏，其夫亡，支持门户，保守田园，颇于张氏有功。其父周君云笈，余之僚婿。其母乃姚夫人之伯姊也。故自其六七岁时，余即见之。然今年亦七十三矣。

忆幼时婉娈出拜，情景非遥，荏苒岁华成老病；

叹年来撖挏持家，田园无恙，艰难祖业付儿孙。

【注释】

周伯英姨甥女：俞樾连襟周祖诰之女。

其父周君云笈：周祖诰，字云笈，浙江仁和（今杭州）人，举人，自幼随父迁居临平。周祖诰以大挑知县在江西任职，咸丰六年（1856年）在江西安义县知县任上被太平军杀害，年仅四十四岁。

余之僚婿：周祖诰是俞樾的连襟。周祖诰所娶是姚家的长女，而俞樾之妻姚文玉在姐妹中行四。

婉娈：年少美好貌。

撠挶：拮据。

【解析】

此联只能算平平了，但也符合挽联的常规。

苏州元妙观祝釐所联

光绪三十年十月，恭逢皇太后七旬万寿。苏州士大夫以元妙观为祝釐公所。届期咸集，舞蹈趋跄。羁旅小臣，亦与瞻拜。敬题此联。

溯圣朝定鼎以来，从顺治而康熙雍正，及乾嘉道咸同光，文谟武烈，造成百代丕基，尚赖皇太后日新日日新，玉律金科皆有叙；

就苏郡提封之内，合吴县与长洲元和，暨昆新常昭江震，白叟黄童，罗拜七旬寿宇，并祝圣天子万岁万万岁，娥台姒幄共无疆。

【注释】

元妙观：玄妙观，苏州著名的道观。因避康熙名讳而书作元妙观。

祝釐：祭神、祈福，此指祝寿。

光绪三十年十月，恭逢皇太后七旬万寿：1904年是慈禧太后七十大寿。

羁旅小臣：俞樾在1903年重宴鹿鸣时已开复翰林院编修的官职，故云。

日新日日新：化用《礼记·大学》“苟日新，日日新，又日新”。

吴县与长洲元和：苏州府城的三个附郭县。

昆新常昭江震：苏州府属的昆山、新阳、常熟、昭文、吴江、震泽六县。

娥台姒幄：娥指娥皇，舜之妻；姒指太姒，周文王之妻。

【解析】

1904年的清政府已经日薄西山，回天乏力了。但是作为应制之作的官样文章，还是必须要做的。上联历叙清代二百多年的“辉煌业绩”，归结到慈禧太后身上；下联写苏州阖府百姓共同祝寿，皆是题中应有之义。应制之作，也只能这样写了。

公所闳厂，一联不足，再献数联

重轮重光尊二圣；

十月十日祝千秋。

北阙奏笙簧，悉禀娲皇圣制；

南邦采芝术，最宜泰伯遗封。

慈寿庆七旬，七始七元，七百年重开景运；

良辰逢十月，十风十雨，十千耦共乐绥丰。

良月月真良，催回大地祥和，一曲阳春调律琯；

小春春不小，胜似满城桃李，三旬花样艳宫袍。

功令文武官员穿蟒袍一月。

【注释】

二圣：慈禧太后和光绪帝。

娲皇：女娲，此指慈禧太后。

芝术：药材名。

泰伯：吴泰伯，吴国的始祖。此以切苏州。

七始：《汉书·律历志上》“《书》曰：‘予欲闻六律、五声、八音、七始咏，以出内五言，女听。’予者，帝舜也。言以律吕和五声，施之八音，合之成乐。七者，天地四时人之始也”。宋王应麟《小学绀珠·律历·七始》：“黄钟、林钟、太簇为天地人之始；姑洗、蕤宾、南吕、应钟为春夏秋冬之始。”

七元：日月与“五星”的合称。

七百年重开景运：自金朝（与清同为女真人建立，清在早期曾称“后金”）算起，至此时共七百多年。

十千耦：“耦”意为二人同耕。出自《诗经》“亦服尔耕，十千维耦”。

【解析】

应制文字，很难出新，除了第二联，俞樾尽在技巧上做文章，也属不得已而为之吧。但把“五风十雨”改成“十风十雨”就未免有点为技巧而技巧了。倒是不用技巧的第二联，上用“娲皇”颂圣，下用“泰伯”切地，对仗工稳，尚有可观。

另，最后一联不规则重“春”字，或是无心之失。

费屺怀太史暨徐宜人五十双寿联

太史生日，适逢家忌。九月十八日，宜人生日也。弧帨并陈，书此为寿。

成纪安喜，合为百岁；

长生久视，补作重阳。

唐权德舆封成纪县伯，妻封安喜县君，有诗见本集。上联用此。唐懿宗歌云：“长生白，久视黄，同拜金刚不坏王。”并菊花名也。下联用此。费氏悬此联于厅事，见者多不解，聊识于此。

【注释】

费屺怀太史：费念慈，字屺怀，号西蠡，江苏武进（今常州）人，光绪十五年（1889年）己丑科进士，官至翰林院编修，时寓居苏州。费生于1855年，联当作于1904年。

家忌：家中某一长辈的忌日。

有诗见本集：权德舆诗首二句即为“启土封成纪，宜家县安喜”。

长生久视：双关，既指菊花名，又有祝长寿之意。

【解析】

上联切夫妻双寿，切双方都是五十岁。下联切生日在重阳后。而“长生”“久视”这两个菊花名也很吉祥，特别适合用在祝寿的场合，真是恰到好处。不过这两个典确实僻了一点，无怪乎“见者多不解”。

曾母丁太夫人挽联

太夫人之归于丁氏也，自匿其年三岁。故今年九十，实则九十三矣。盖苏俗然也。其生于九月三日，其卒于八月二十七日，是月小尽，距生辰五日耳。

计闰作三年，援昔贤官年之例，又实增三年，虽欠四龄亦人瑞；

设悦当九月，至今岁壮月而终，已将交九月，再迟五日即生辰。

【注释】

小尽：农历小月，当月只有29日。

官年：指上报给官方的年龄。据宋洪迈《容斋四笔》的说法，一般读书人往往报小几岁，而高官家的子弟又往往报大几岁。

壮月：指农历八月，《尔雅·释天》有“八月为壮”。

【解析】

此联以技巧胜，三处重言的处理还是很不错的。

沈问梅赠君挽联

君行年七十。其次公子梅观察自津门驰归，甫举寿觞，即捐宾馆。君宰吴江时，余托其购求雪港沈氏《昭代丛书》。故其卒也，书此挽之。久不存稿，而其长公旭初观察尚能诵之，因补录焉。

七秩甫称觞，洛社春深，有子津门旋宦辙；

十年重感旧，吴江枫冷，烦君雪港访遗书。

【注释】

沈问梅赠君：沈锡华，字问梅，浙江海盐人，监生，吏员，咸丰末至同治年间在苏南多县（包括吴江）任知县。沈卒于1878年，联当作于此时。

赠君：无官职或官职较低的父、祖，因子、孙而获得官职（或获得较高的官职），在世的称“封翁”“封君”，已去世的称“赠公”“赠君”。

次公子梅观察：沈能虎，字子梅。详见第377页注。

雪港沈氏：吴江著名的世家。“雪港”似当作“雪巷”。曾刻印《昭代丛书》。

《昭代丛书》：清代康熙年间张潮编辑的丛书，总共一百五十卷。

长公旭初观察：沈玉麒，沈锡华长子，道员。详见第323页注。

【解析】

此联格律严谨，对仗虽无特别出色处，但也都中规中矩，唯“挽”的意味极淡（仅从“枫冷”二字中略可领会）。

沈芳衢孝廉贺联

芳衢由副榜中式，故首联云。然此联亦失记，乃翁旭初观察属补录之。

两度游月宫，符君家故事；

一飞到霄汉，乘来岁春风。

【注释】

沈芳衢孝廉：除本联提供的信息外，其余不详。

乃翁旭初观察：前一联所涉及的沈玉麒，字旭初。详见第323页注。

由副榜中式：以乡试副榜的身份再次参加乡试中举。

两度游月宫：科举时代把中举称为“蟾宫折桂”。沈先中副榜，再中举人，故云。

符君家故事：未详有何故事。

一飞到霄汉，乘来岁春风：预祝明春会试联捷。

【解析】

上联贺眼前的中举；下联预祝明年联捷。全联无甚亮点，只能算是平平而已。

姚访梅都转挽联

余前寓天津，始与君识，今四十余年矣。自营生圹，在嘉兴城外。颇有邱壑，榜曰“又一村”。

溯从前同寓丁沽，四十年来，喜见高门侔万石；

想此后重经丙舍，又一村里，长留佳气到千秋。

【注释】

姚访梅都转：姚文楠，字访梅，浙江嘉兴人，诸生，官至道员记名加布政使衔，署长芦盐运使。

前寓天津：咸丰末年俞樾因避乱（当时太平军席卷苏杭），曾在天津居住数年。

高门侔万石：用东汉石奋"万石君"之典。详见第12页注。

【解析】

此联上说"从前"，下说"此后"，于当前的吊挽却不正面着笔，但因有"想此后重经丙舍"在，也不致离题。

对仗方面，"丁沽"与"丙舍"之对极好。

李勉林制府挽联

公以诸生从戎，官至巡抚，薨于两江署任。时各国赔款改银为金。公易箦前旬日，犹会商各督抚，合词电达外务部，请其力争。惜未之从也。

范文正起自秀才，白首建高牙，正为长江严管键；

寇莱公力争岁币，黄金掷虚牝，谁怜中土竭脂膏。

【注释】

李勉林制府：李兴锐，字勉林，湖南浏阳人，秀才出身，早年参加曾国藩湘军，官至江西巡抚，先后署闽浙总督和两江总督，卒于署两江总督任上，谥勤恪。李卒于1904年，联当作于此时。

各国赔款改银为金：清政府与各国签订的各种涉及赔款的条约都是以白银计算的。由于金银比价总是金涨银跌，各国要求改以黄金计算。如果改以黄金计算，则中国必然要吃亏。自庚子年"东南互保"之后，地方督抚对中央政府的话语权大大增强，这才有"会商各督抚，合词电达外务部，请其力争"的做法。

范文正起自秀才：北宋名臣范仲淹，谥文正。此以切李的秀才身份。

寇莱公：北宋名臣寇準，封莱国公。

力争岁币：在宋辽就缔结澶渊之盟进行谈判时，宋真宗给的底线是最多可以给辽方一百万岁币。寇準强行要求宋方的谈判代表必须不超过三十万岁币达成盟约。结果辽方接受了宋方的条件。此指反对改银为金。

黄金掷虚牝：用韩愈诗句“可怜无益费精神，有似黄金掷虚牝”，犹言打了水漂。

【解析】

李兴锐算不得什么出色的人物，用范仲淹和寇準相比本来是不伦不类的。但是他和范仲淹都是由秀才出身做到大官，有共同点；他争“改银为金”，寇準争“岁币”，又有共同点。于是这样比就显得言之成理了。这就是拉人作衬时的高明手法。

沈氏节烈坊柱联

德清县学生沈寅恭妻周氏，夫亡守节，以节妇旌；副贡生沈寅禾妻马氏，徇夫而死，以烈妇旌。二妇乃娣姒也，合建一坊，余题其柱。

十载两旌门，节与烈并达九天，壶史修二贤合传；

一堂双筑里，娣及姒并堪千古，家风振八咏清声。

【注释】

县学生、副贡生：县学生，即秀才。副贡生，是贡生的一种，因乡试中副榜而成为贡生。

沈寅恭、沈寅禾：除本联提供的信息外，其余不详。

娣姒：此指妯娌。

筑里：指在里巷建牌坊。

家风振八咏清声：南朝沈约有“八咏诗”。此以切沈姓。

【解析】

此联的八个数字对还是有点难度的。另联中同位重一“并”字，疑有误。

孙仁甫明经七十寿联

君生于十二月初七日，其家富于藏书，乾隆间开四库馆，呈进书籍甚多。

为古稀翁豫祝百年，先腊八日敬举寿觞，共倾新酿酒；
愿中兴朝重开四库，与天一阁同修故事，再进旧藏书。

【注释】

孙仁甫明经：孙炳奎，字仁甫，浙江仁和（今杭州）人，藏书家，著名的藏书名门寿松堂后人。

四库馆：因编纂《四库全书》而设的馆。

呈进书籍甚多：乾隆朝开四库馆时，寿松堂进献书百余种。

天一阁：在浙江宁波，始建于明朝，是现存最早的古代私家藏书楼。在乾隆朝修《四库全书》时，天一阁共进献了六百多种藏书。

【解析】

上联祝寿，切七十岁，切十二月初七生日；下联写其“家富于藏书”，同时顺便捧一下朝廷，也算是面面俱到了。

台州彭刚直公祠联

台州民金满，字玉堂，素豪横，有周孝侯风，颇为乡里患。刚直怜其才，招致麾下，授以右职。积功至守备。玉堂感念旧德，即于其乡创建公祠，命子孙世祀之。公之破格怜才，玉堂之感恩报德，皆可传也。故题此联，以落其成。

感当年白发尚书，费一片婆心，招得英雄侍鞭弭；
看此日赤城胜地，崇千秋庙貌，留将俎豆镇溪山。

【注释】

金满：金满，字玉堂，浙江临海人，初为匪，经彭玉麟建议招安后，官至长江水师守备。

周孝侯：三国至西晋时人周处，年轻时为害乡里，人称“三害”之一，后改过自新，折节读书，终成忠臣孝子。

右职：此指武职。

守备：武官职，正五品。

侍鞭弭：鞭，指马鞭；弭，指弓。《左传·僖公二十三年》：“左执鞭弭，右属櫜鞬，以与君周旋。”

赤城：赤城山，在浙江天台县，清属台州府。此以切地。

【解析】

上联写彭玉麟招安金满之事。招安金满时，彭玉麟已经六十七岁，不过他获得兵部尚书的任命是第二年的事，“白发尚书”之说略有可议之处。下联写祠堂，以“赤城”切地。

以“赤城”对“白发”极好。另“婆心”与“庙貌”之对也很漂亮。

苏州府署闲园联

郡署东偏，旧有一园，有桃坞竹篨诸胜，名之曰“闲”，取乐天诗意也。余婿许子原守是郡，稍修葺之。为题此联。

本黄歇故封，雄开剧郡，士民殷庶，财赋丰饶，赖有小园林，借半日光阴，稍谈风月；

用白诗遗意，肇锡嘉名，桃坞春朝，竹篨秋夕，惟愿贤太守，与三吴父老，共乐宽闲。

【注释】

桃坞竹篨：桃坞，指有桃树的小岛；竹篨，指小竹楼。

名之曰“闲”，取乐天诗意也：白居易有《闲园独赏》诗。

余婿许子原守是郡：许祐身，字子原，时任苏州知府。详见第89—90页注。

【解析】

上联从苏州写起，落到此园是知府公余“稍谈风月”之所，切住“闲”字。下联转到园的得名缘由，最后又向“贤太守”提出希望——这个“闲”不是太守一人之闲，而是“与三吴父老，共乐宽闲”。这就把联意推进了一层，也符合作者的长辈身份。

对仗方面，“黄歇故封”与“白诗遗意”之对甚好。

沈旭初观察谢夫人双寿联

观察与夫人同于正月十三日生。夫人年五十，观察则六十有八。准功令计闰，九十七可作一百，则六十八可作七十矣。

蓬山仙眷，一日同来，预支佳节元宵，赏此十三风月；
柳絮清才，五旬未老，请计先生闰岁，合成百廿春秋。

【注释】

蓬山：指海上三神山之一的蓬莱。
柳絮清才：用东晋谢道韫咏絮典，以切谢姓。

【解析】

此联虽无甚深意，但上联切夫妻同日生，切正月十三生日，下联切双方年龄，又以“柳絮”切夫人谢姓，也算得面面俱到。而“蓬山”与“柳絮”、“一日”与“五旬”、“元宵”与“闰岁”之对也都相当出色。

刘景韩中丞挽联

中丞前在天津，与大儿同官，甚相得。后抚浙，坐疆事免。

疆事处万难，青史应留公论在；
交情联两世，白头殊叹故人稀。

【注释】

刘景韩中丞：刘树堂，字景韩。详见第392页注。刘卒于1903年，联当作于此时。

中丞前在天津，与大儿同官：刘树堂曾任天津道，而俞樾的长子俞绍莱曾在天津任直隶北运河同知。

后抚浙，坐疆事免：八国联军入京后，向逃到西安的慈禧太后施加压力，要求严惩支持义和团“扶清灭洋”的官员。于是清政府对一大批中央和地方官员做了从处死到革职的不同处分。时任浙江巡抚的刘树堂也因为衢州教案而受到“革职，永不叙用”的处分。

【解析】

上联用“公论”委婉地对死者的遭遇表示同情，是特定条件下挽联的常见写法。下联写双方的关系，则是挽联的正格。联中“青史”与“白头”之对很漂亮。

徐孝女六十寿联

长洲县属永昌镇徐氏女，名曰淑英，以孝旌。父名佩藻，字子芹。临殁时语女曰：“汝弟尚幼，汝能不嫁，为我抚之乎？”女曰：“诺。”父以田三百亩予之。女遂不嫁，持家抚弟。弟既成立，娶妇且入学矣。其父素有意欲立义庄，而田止五百亩，因循未果。女以父所予三百亩益之，又历年节省，续购田二百亩，合成一千亩，建义庄，以成父志。光绪三十一年，女年六十岁。戚党嘉之，为征寿言。

成父志以一千亩建立义庄，绰楔高标，东海望族；

守女贞至六十岁抚成弱弟，环瑱长寿，北宫婴儿。

【注释】

建义庄：徐淑英所建义庄名春晖义庄，在苏州南石子街（今10-1号）。有房六十一间，有田一千零十亩七分五厘。

光绪三十一年：1905年。联当作于此时。

东海：东海郡，古地名，徐姓郡望。

环瑱长寿，北宫婴儿：据《战国策》记载，赵威后接见齐国使者，在问了“岁亦无恙耶？民亦无恙耶？王亦无恙耶”之后，接下来问了两男一女三个平民是否“无恙”，其中唯一的女子就是北宫婴儿。赵威后问道：“北宫之女婴儿子无恙耶？彻其环瑱，至老不嫁，以养父母。是皆率民而出于孝情者也，胡为至今不朝也？”“环瑱”泛指首饰。

【解析】

以也是“至老不嫁”的北宫婴儿比徐淑英，真是贴切之极。而且“东海”与“北宫”之对也漂亮得很。另“父志”与“女贞”之对，也很不错。

刘仲良制军八十寿联

公曾抚吾浙。四月四日，其生日也。

浴佛前四日，先瞻南极寿星，共拜东坡北斗；

去浙后廿年，尚有西湖旧雨，寄怀谢傅东山。

【注释】

刘仲良制军：刘秉璋，字仲良，安徽庐江人，咸丰元年（1851年）辛亥恩科举人，以军功升知县，咸丰十年（1860年）庚申科进士，后入李鸿章淮军，官至四川总督。

公曾抚吾浙：刘秉璋光绪八年至十二年（1882年至1886年）曾任浙江巡抚。

浴佛：农历四月初八日为浴佛节。

东坡：东坡居士苏轼。但此处不规则重“东”字，疑无心之失或排印错误。

去浙后廿年：刘秉璋生于1826年，八十大寿应在1905年，距其卸任浙江巡抚正好二十年。联当作于此时。

【解析】

此联切事、切地、切生日，多处对仗都极漂亮。

郭谷斋观察挽联

余与郭氏世有渊源。君之祖，乃先大夫同年也；余从孙剑孙，以丙子举于乡，君又适为内监试；余孙应经济特科，取一等，君之子侍郎君，又为阅卷官。今岁君年七十有六，以金衢严道署臬司而卒。

届八旬耄耋之年，霜柏外台，留得召棠古遗爱；

统四世渊源而论，云萍小录，感怀孔李旧通家。

【注释】

郭谷斋观察：郭式昌，字谷斋，福建侯官（今福州）人，咸丰九年（1859年）己未科举人，官至金衢严道署臬司。

君之祖，乃先大夫同年：郭式昌祖父郭阶三与俞樾父亲俞鸿渐系嘉庆二十一年（1816年）丙子科乡试同年。

从孙剑孙：剑孙，即俞林第三子俞祖绥，字履卿，号剑孙，于俞樾为从子。此称“从孙”疑是笔误。

内监试：科举时代乡试分“内外帘”，内监试即内帘监试官。

君之子侍郎君：郭曾炘，字春榆，号匏庵，郭式昌之子，光绪六年（1880年）庚辰科进士，曾任礼部右侍郎，是俞陛云经济特科考试的阅卷官。

霜柏外台：柏台，指御史台，亦可指外官中的按察使（臬司），故曰“外台”。

云萍小录：云萍录，记载师友姓名的簿册。

【解析】

上联切八十岁，切署按察使；下联写双方四代人的关系。属寿联正格。

对仗方面，“八旬”与“四世”、“霜柏”与“云萍”，均甚工整。“召棠”与“孔李”之植物借对，则显著改善了对仗的工整程度。

刘吉园总戎挽联

吉园以武童从军，首破小池口贼垒，遂知名。曾从事左忠襄甘肃军营，后为杨石泉中丞调至吾浙，署定海总兵、补温州总兵。其统带省城防军也，颇有荣绩。杭州水星阁存贮火药甚多，君于四围厚筑垣。及后火药局灾，而居民不伤。此一事，杭人至今感之。其时，俞楼亦颇震动也。

小池口破贼以来，复九江，复安庆，功冠戎行，及内地肃清，金城郡匹马长征，转战更经边徼外；

两浙间倚公为重，镇定海，镇温州，望隆专阃，即会垣防御，水星阁崇墉高筑，小楼亦在保全中。

【注释】

刘吉园总戎：刘祥胜，字吉园。详见第329页注。刘卒于1905年，联当作于此时。

从事左忠襄甘肃军营：刘祥胜曾随左宗棠西征。但左宗棠谥文襄，文中称“左忠襄”，疑系笔误。

水星阁：杭州地名，在今杭州高级中学附近，离孤山西南麓的俞楼有数公里。

金城郡：古郡名，在甘肃兰州一带。此代指甘肃。

【解析】

此联写实纪功，非泛泛赞颂可比，对仗也颇讲究，但全联无“挽”的意味，稍觉遗憾。

另不规则重一“小”字，或是无心之失。

谭文勤公挽联

公在同治初，以御史上一封奏，颇称旨。后之大用，由此也。及抚陕，值大无。公先在藩司任，积钱粟无算。他省皆纷纷请振，而陕寂然。或疑其膜视，不知其备之有素也。公访余湖上，言此甚详。公自杭州府迁豫臬以去。不十年，抚浙，惠政甚多。而修复文澜阁及钞补《四库全书》，士林尤称颂焉。在浙适逢六十生日，余以文寿之。今闻公讣，寄挽此联。

同治初密陈一疏，宗社攸关，及开府秦中，活万户灾黎，不待泛舟有仁粟；

临安郡小别十年，封疆坐领，忆清尊湖上，祝六旬初度，正当杰阁建文澜。

【注释】

谭文勤公：谭钟麟，字云觐，号文卿，湖南茶陵人，咸丰元年（1851年）辛亥科进士，先后任过杭州知府、河南按察使、陕西布政使、陕西巡抚、浙江巡抚等职，官至直隶总督兼北洋大臣，谥文勤。谭卒于1905年，联当作于此时。

大无：相对“大有”（大丰收）而言，即大灾荒。

不十年，抚浙：谭从杭州知府升任河南按察使是在同治七年（1868年），再到浙江任巡抚是在光绪五年（1879年）。

修复文澜阁及钞补《四库全书》：两事均在谭浙江巡抚任内完成。

同治初密陈一疏，宗社攸关：此事系“密陈”，谭对俞樾虽是“言此甚详”，但俞樾在此只透露了“宗社攸关”四个字。在《谭文卿中丞六十寿·序》中，俞樾尽管说了很多，甚至说了谭在“当时事势，正犹成王冲幼，周召夹辅，宏济艰难。小有摇动，事未可知”的形势下，“密疏于朝，言深辞笃，黑白分明。下析群疑，上回天听”，可以猜测是关于两宫皇太后之间或太后与恭亲王之间关系的，但具体内容还是无法知道。

不待泛舟有仁粟：泛舟，即“泛舟之役”，春秋时秦国用船运粮接济受灾的晋国。典出《左传》。此指陕西因谭钟麟事先准备了粮食，不须外省调粮接济。

临安郡：杭州。杭州在南宋时升为临安府并作为临时首都。

【解析】

上联写其仕途中两件颇值得骄傲的政绩；下联写其任浙江巡抚的政绩。因言之有物，赞颂就不是廉价的吹捧。对仗方面，虽无特别的亮点，但总体还是比较讲究的。惜全联无“挽”的意味，是为一憾。

刘仲良制府挽联

公由浙抚迁川督，与洋人龃龉罢归。今年四月，八十生辰，余寄一联寿之。公手书报谢。乃至七月，以微疴遽卒。八月朔，始由邮局递到前书，亦可叹也。

两川抛玉节，拂袖遄归，疆事艰难，且领取十年林下乐；

八秩醉琼筵，投杯仙去，邮筒迟滞，犹传来四月案头书。

【注释】

刘仲良制府：刘秉璋，字仲良，官至四川总督。详见第460页注。刘卒于1905年，联当作于此时。

与洋人龃龉罢归：1895年发生成都教案，时任四川总督的刘秉璋被革职。刘去世后，朝廷“命复公故官，视总督例赐恤”。见俞樾《故四川总督刘公墓志铭》。

十年林下乐：从1895年罢官到1905年去世，正好十年。

【解析】

刘秉璋因成都教案而被革职，本非好事，但联中却说“且领取十年林下乐”，再加一句“拂袖遄归”，就轻轻地把被革职说成了好事，很见手段。

此联的对仗是较为讲究的，如“玉节”与“琼筵”、“拂袖”与“投杯”、“林下”与“案头”等处以及两处数字对，都很不错。

费屺怀太史挽联

太史甫留馆，即放浙江副主考。喜谈古义，所取各卷，多主公羊家言。撤棘后，亦毁誉参半。今年五月，访我春在堂，坐谈良久。未几，以洪昉思歌版见示。余赋二绝句而归之。不谓其微疾遽卒也。

词曹一出，便主持浙水文衡，高坐棘闱谈古义；

小别四旬，尚传示洪家歌版，骤闻蒿里发哀音。

【注释】

留馆：指翰林院庶吉士经过“散馆”考试后得以留在翰林院任职编修。

撤棘：科举考场为防止舞弊，戒备森严，故亦称“棘闱”。考试结束后撤销戒备措施，就叫“撤棘”。

毁誉参半：费念慈此次任副主考，事后曾受到言官弹劾，并因此而丢官。俞樾仅言“毁誉参半”，应有为死者讳之意在。费卒于1905年，联当作于此时。

洪昉思：洪昇，字昉思，号稗畦，浙江钱塘（今杭州）人，清初著名的剧作家、诗人，有《长生殿》等剧本。

【解析】

上联提到费“主持浙水文衡”，末句却只说“高坐棘闱谈古义”，似微有皮里阳秋之意。

对仗方面，“棘闱”与“蒿里”之对相当漂亮。

汤室周夫人挽联

夫人为味卿大令之配。大令乃余门下士吴焕卿在浙充乡试房官所得士也。夫人因其子以知府官江苏，从宦，至吴而卒。

封鲊勖儿曹，方期多子多孙，两老遐龄登耄耋；

弋凫相夫婿，深惜门生门下，百年良佐失姬姜。

【注释】

味卿大令：汤鼎烜，字味卿，浙江萧山人，同治十三年（1874年）甲戌科二甲进士，入翰林；曾官云南恩安，安徽建平、黟县，江西大庾、清江、丰城知县，官至知府衔直隶州知州。

余门下士吴焕卿：吴绍正，字则之，号焕卿，安徽休宁人，俞樾早年在安徽新安教书时的学生，同治七年（1868年）戊辰科进士，曾任浙江兰溪知县。

其子以知府官江苏：汤鼎烜有四子，未知官知府的是哪一子。

封鲊：用东晋陶侃母教子清廉之典，出自《晋书·列女传》及《世说新语·贤媛》。

弋凫：典出《诗经·女曰鸡鸣》篇。此篇写夫妻，且有“与子偕老”字样。

姬姜：对妇女的美称。孔颖达疏《诗经·东门之池》：“黄帝姓姬，炎帝姓姜，二姓之后，子孙昌盛，其家之女，美者尤多，遂以姬姜为妇人之美称。”

【解析】

上联“方期”，下联“深惜”，一抬一跌，悲情遂出。

首句“封鲊勖儿曹”与“弋凫相夫婿”之对，极是漂亮。

冯仲梓廉访挽联

仲梓自幼家贫，恒食粥。后官陕西臬使，署藩司。适两宫西狩，腊八日赐粥。食之，是夕中风，四肢不仁，引疾归。感时事多艰，辄叹息流涕，病中于东三省之事，尤愤愤云。

颜鲁公食粥不讳言贫，晚岁恩荣，腊八日宠颁新玉粒；

贾太傅忧时可为流涕，病中愤懑，东三省泣念旧金汤。

【注释】

冯仲梓：冯光遹，字仲梓，江苏阳湖（今常州）人，同治十三年（1874年）甲戌科进士，入翰林，官至陕西按察使，署布政使。

两宫：指慈禧太后和光绪皇帝。

东三省之事：指1904年至1905年日俄两国以中国东北为主要战场的日俄战争。清政府两边都惹不起，不得已宣布“局外中立”。

颜鲁公：唐著名书法家颜真卿，封鲁郡公，世称“颜鲁公”。颜真卿“食粥”事见于其致李光弼《乞米帖》，帖中称“拙于生事，举家食粥来已数月。今又罄竭，只益忧煎。辄恃深情，故令投告。惠及少米，实济艰勤，仍恕干烦也”。

贾太傅：西汉长沙王太傅贾谊。其《治安策》开头即云：“臣窃惟事势，可为痛哭者一，可为流涕者二，可为长太息者六。”

旧金汤：东三省是清满族“龙兴之地”，早年固若金汤，故云。

【解析】

上联因“食粥”而联系“颜鲁公”，下联因“忧时”而联系“贾太傅”，虽然过誉，但较之毫无因由地拉人，就较为能言之成理一些了。

联中“新玉粒”与“旧金汤”之对非常工巧。

潘室孔夫人挽联

夫人为潘筑岩太守继配。其来归也，甫合卺，即眩仆于床。贺客皆惊散。卒于乙巳年八月十八日，则其年亦四十有二矣。

却扇便惊心，憔悴姬姜，喜过四旬还益算；

鼓盆重陨涕，凄凉夫婿，忍教八月再观涛。

【注释】

乙巳年：光绪乙巳，即1905年。联当作于此时。

却扇：古代婚礼习俗之一，相当于入洞房后新郎挑开新娘的盖头。

鼓盆：指丧妻，用“庄子妻死，惠子吊之，庄子则方箕踞鼓盆而歌”之典。见《庄子·至乐》。

忍教八月再观涛：每年农历八月十八日是钱塘江观潮的最佳日子。因孔夫人卒于此日，其夫此后每当八月十八观潮，即会想起亡妻，故云。

【解析】

上联写死者，下联写生者，也是挽联的一种格局。而一个“重”字，点出了这是潘祖颐第二次丧妻。

对仗方面，上下联首句极工整。

善伯封翁挽联

翁名恩元，曾奉旨驰驿赴都将军营，时称异数。后历知秦中剧县，皆有声。晚年以次子仲莱阁学官泰宁总兵，赐“教忠裕后”额。其余子孙亦皆贵显。余识其长公召南观察。余孙陛云以朝考受知于阁学云。

卅年来驰传从军，特膺异数，鸣琴治县，大起循声，晚因贤子推恩，凤阙星云颁御墨；

一门内龙文虎武，中外知名，杞梓兰孙，后先济美，私喜吾孙侥幸，鲤庭桃李被清阴。

【注释】

善伯封翁、次子仲莱阁学、长公召南观察：除本联提供的信息外，其余不详。恩元疑是满族人，字或号善伯。

驰驿：驾乘驿马疾行。

秦中：陕西。

鲤庭桃李被清阴：化用唐杨汝士《宴杨仆射新昌里第》诗句“桃李新阴在鲤庭”。意谓成为其子的门生。

【解析】

此联的前四句是一种当时比较少见的自对，即“驰传从军”与“鸣琴治县”对，“特膺异数”与“大起循声”对，下联亦然。俞樾、钟云舫等人是这种自对的较早使用者。联中以“鲤庭”对“凤阙”非常漂亮。但全联无“挽”的意味，也可算是个小小的缺陷。

汤母葛夫人挽联

夫人为垫仙庶常之母，家贫不役婢，媪躬自操作，常一手抱儿，一手治事。年二十有六，产垫仙，临蓐五日而始生。缘是得晕眩之疾，久而不瘳，竟以此卒。然年已七十六矣。

二十六得病，七十六告终，慈寿已高，寤生原不惊姜氏；
一左手剑儿，一右手治事，劬劳实甚，遗像长教泣秺侯。

【注释】

垫仙庶常："垫仙"疑是"蛰仙"之笔误或排印错误。汤寿潜，字蛰仙（一作蛰先），浙江山阴（今绍兴，但其出生地今属萧山）人，光绪十八年（1892年）壬辰科进士，入翰林。汤生于1856年，至1905年正好五十岁，年龄亦大致符合。

寤生原不惊姜氏：反用《左传》"（郑）庄公寤生，惊姜氏"之典。

剑儿："剑"字此作挟于腋下解。欧阳修《泷冈阡表》有"回顾乳者剑汝而立于旁"之句，即用此义。

遗像长教泣秺侯：西汉大臣金日磾，封秺侯，每次见到母亲遗像，"常拜，乡（通'向'）之涕泣"。见《汉书·霍光金日磾传》。

【解析】

上下联各用一典，皆能贴切。上联反用"庄公寤生，惊姜氏"之典尤好。

罗少耕观察挽联

少耕曾充出使日本大臣随员，为横滨领事官。旋蒙记名，候简出使大臣。后官江苏粮道，兼苏海关监督。以病乞休，终于苏寓。

星槎奉使，日窟从公，方期重任躬膺，域外遐探大瀛海；
漕节巡游，雄关坐领，何意微疴引退，吴中虚筑小行窝。

【注释】

日窟：日所居之处。此指日本。

小行窝：用宋邵雍"行窝（安乐窝）"典。《宋史·邵雍传》："好事者别作屋如雍所居，以候其至，名曰'行窝'。"

【解析】

此联写得很好。从内容上看，上联“方期”一抬，下联“何意”一跌，深得挽联营造悲情氛围的要诀。从对仗上看，前两句自对甚工，“重任”与“微疴”、“域外”与“吴中”、“大瀛海”与“小行窝”等处的对仗也很漂亮。

陆蔚庭太守挽联

蔚庭乃心农同年之子，成进士，入词林，简放江西、湖北副主考，官至河南汝宁府知府，在任八年，两次蒙传旨嘉奖。

花砖接武，棘院衡文，真不愧六十年状元门第；

八载贤劳，两回嘉奖，最难忘二千石太守循良。

【注释】

陆蔚庭太守：陆继辉，字蔚庭，江苏太仓人，同治十年（1871年）辛未科进士，入翰林，官至河南汝宁知府。陆卒于1905年，联当作于此时。

心农同年：陆增祥，号星农，一作莘农，道光三十年（1850年）庚戌科状元，与俞樾是会试同年。详见第156页注。

花砖：用唐时内阁北厅前阶有花砖道，冬季日至五砖，为学士入值之候之典。

六十年状元门第：自1850年陆增祥中状元至1905年陆继辉去世，前后五十六年，六十年取其约数。

【解析】

上联用“花砖接武”切陆氏父子两代入翰林，以对“棘院衡文”真是天造地设！八十五岁高龄的俞樾还能写出这样工巧的联句，实在令人叹为观止。

王止轩太守挽联

止轩入词林，未得一差；以知府仕中州，未得一缺。遇亦蹇矣。然身后所遗著述甚富，临殁自撰挽联犹及之。其弟子诒以母病，请以身代，遂投月湖死，世称王孝子。及止轩殁，妻陶氏仰药死柩侧，亦以烈旌。

读中秘未司文柄，请外任未绾郡符，廿载长贫，空有芬芳留艺苑；

昔弱弟以殉孝亡，今令妻以从夫死，九原相见，大堪焜耀在泉台。

【注释】

王止轩太守：王继香，字子献，号止轩，浙江会稽（今绍兴）人，光绪十五年（1889年）己丑科二甲进士，入翰林，官至河南候补知府。

其弟子诒……世称王孝子：详见第156—157页“王母俞太恭人挽联”及注。

绾郡符：掌握一府的印信。指任实缺知府。

【解析】

下联从其弟和其妻身上着笔，在挽男子的联中似较少见。此联无甚亮点，但也无甚缺陷。

李鸿渚封翁挽联

君德行信于乡里。其乡有二次以微故酿械斗之祸，皆得君片言而解。庚子岁，梦至一处，山水清淑，园林疏旷，宫室巍然，中有虚位。及乙巳夏，又梦至其处，自知不久。明年丙午正月，遂卒。其子钟鼎，欲乞余一言。因力疾书此联。

闾里争讼，取决一言，是真长者；

兜率海山，竟归何处，君其仙乎。

【注释】

李鸿渚封翁、其子钟鼎：除本联提供的信息外，其余不详。

庚子岁、乙巳、丙午：分别为1900年、1905年和1906年。联当作于1906年。

【解析】

此联对仗、平仄都有些缺陷，但内容还是比较中规中矩的。此联系“力疾”而书，可知俞樾身体已经不大好了。

任筱沅中丞挽联

中丞以拔贡生，官至浙江巡抚，在吾浙颇有声。谢病归，年已八十。寓吴下，时相过从。今年正月二日，犹亲来贺岁，其精力固未衰也。越二十日，竟捐馆舍，殊令人凄惋也。中丞父为先祖甲寅同年，以行辈论，盖长于余云。

由拔萃起家，跻历封圻，两浙间颂声，至今犹在耳；

叹新正贺岁，尚劳车骑，百年前世谊，此外更无人。

【注释】

任筱沅：任道镕，别字筱沅，曾任浙江巡抚。详见第201页注。任卒于1906年，联当作于此时。

以行辈论，盖长于余：以同年即为同辈计算，任道镕之父与俞樾之祖同辈，故云。

百年前世谊：任父与俞祖甲寅同年，即1794年，至此已过一百年，故云。

【解析】

上联写其抚浙的政绩，下联写双方最后一次交往，结句落到“挽”上，全联章法井然。

恽母戴夫人八十寿

夫人为恽次山中丞之配，生于五月十三日，于四月二十四日豫祝。夫人颇工文墨，老年无事，喜以樗蒲消遣。

从八旬曼衍，开上寿期颐，彩格岁编金叶子；

借四月清和，圆端阳家宴，绮筵人戴石榴花。

【注释】

恽次山中丞：恽世临，号次山，官至湖南巡抚。详见第36页注。

樗蒲：指赌博。此当指老太太喜打麻将、牌九之类，以作消遣。

曼衍：绵延不绝。

金叶子：一种古代纸牌游戏，南唐李后主与后妃玩过，称为“编金叶子格”。见清人赵翼《陔馀丛考·叶子戏》引北宋马令《南唐书》。

【解析】

上联切年龄兼祝长命百岁，年年有今朝。下联切时，既切寿宴举行的四月，又切生日所在的五月，再用应时花卉“石榴花”对“金叶子”，工巧则工巧矣，但三句全化在时间上，未免费辞。

陈鹿笙方伯八十寿联

鹿笙官蜀藩，曾摄川督。壬寅岁，守城有功，曾绘《衣冠巷战图》。余有诗纪之。及罢归，以曾官杭州太守，即寓于杭。今年八十，书此为寿。

节麾五千里，归到白苏堤，坛坫司盟前太守；

杖履八十翁，大开黄绮宴，衣冠巷战老英雄。

又

撰前联后，又知方伯生于六月，今于四月中旬豫祝。其长子幼鹿观察，年亦六十矣。桥梓同庆，洵佳话也。又撰此联，命陛云写寄。

衣冠巷战归来，小住明湖，届耄寿八旬，看令子六旬舞彩；
琴剑宦游旧地，大开盛会，先诞生两月，卜良辰四月称觞。

【注释】

陈鹿笙方伯：陈璚，字鹿笙，又作六笙、鹿生，号澹园，广西贵县（今贵港市）人，咸丰十一年（1861年）辛酉科廪贡生，以军功升知府，曾任杭嘉湖兵备道，后遭降职，先后任浙江台州、嘉兴、处州、杭州知府，官至四川布政使，护理总督。陈生于1827年，联当作于1906年。

壬寅岁，守城有功：光绪壬寅，即1902年，此年四川有“红灯教”起义，中秋前夜有少量起义军武装人员攻入成都城中，因众寡悬殊被消灭。陈璚时任四川按察使。

黄绮：指汉初商山四皓中的夏黄公和绮里季。

长子幼鹿观察：陈寿椿，字幼鹿，号耐庐，光绪附贡，官至二品顶戴候补道，1847年生。

【解析】

第一联是在不知道提前两月过生日和其子正好六十岁的情况下写的，第二联则是在知道之后写的，于是就增加了相关的内容，并采用了重言技巧。两相对照着看，很有意思。

两联在对仗方面都有亮点。如第一联的“节麾”与“杖履”、“白苏”与“黄绮”之对，第二联的“衣冠”与“琴剑”、“令子”与“良辰”之借对，都相当工巧。

彭景云孝廉挽联

景云乃刚直公第四孙也，钦赐举人，负美才。中年萎谢，三党惜之。

一枝桂从丹凤衔来，清才竟以孝廉老；
千里驹惜季騆化去，衰泪重为刚直挥。

【注释】

彭景云孝廉：彭见綷，号景云，彭玉麟第四孙，除本联提供的信息外，其余不详。

一枝桂从丹凤衔来：中举称“蟾宫折桂”，彭之举人系钦赐，故云。

季騧：周代贤人“八士”之一。按伯仲叔季排行，切彭第四孙。另“騧”是黑喙黄马之意。

【解析】

此联以局部对仗胜。如“丹凤衔来”与“季騧化去”和“孝廉”与“刚直”之对，均甚工整。

胡效山观察挽联

效山以进士官至陕西延榆绥道，谢病归，就养吴中。少年时文名颇盛。在都下以授徒为业，门下多贵显者。今溥玉岑尚书即其一也。余与其叔迪甫君为庚戌同年，故与相识。易箦前一月，犹过我春在堂，以所选《西湖诗录》求序也。

都下播文名，数年来宦兴久阑，回思问字人多，犹有尚书留北阙；

吴中寻世好，一月前吟筇小筑，为报选诗功竟，已堪小集订西湖。

【注释】

胡效山观察：胡俊章，原名多春，字效堂、效山，号笑山、彦升，别号燕笙，清汉军正蓝旗人，光绪二年（1876年）丙子恩科三甲进士，光绪中曾任御史。胡卒于1906年，联当作于此时。

溥玉岑尚书：溥良，字玉岑，爱新觉罗氏，清满洲正蓝旗人，光绪六年（1880年）庚辰科会试第一名，殿试进士，入翰林，时任礼部尚书。

其叔迪甫君：查道光三十年（1850年）会试榜，胡姓仅一人，名胡叔琳，或即此人。

问字：请教学问。典出《汉书·扬雄传下》："刘棻尝从（扬）雄学作奇字。"

世好：世代彼此有交谊往来。因俞樾与其叔同年，故云。

【解析】

一个道员，竟是一个贵为尚书的人的老师，自然是值得夸耀的事。上联即以此事入联。下联写双方两代交情，亦属挽联正格。

此联的局部对仗相当漂亮，如"都下"与"吴中"、"数年"与"一月"、"问字"与"选诗"、"北阙"与"西湖"等处都很见功力。

另下联不规则重"小"字，或是无心之失。

胡室杨淑人挽联

淑人为志云太守之配，即效山观察子妇也。先效山三日卒，志云适以海运事，留滞京师。闻病，乞假归。则已不及见矣。

先阿翁三日游仙，仍向九原侍膳；

催夫婿重洋归棹，空劳一恸凭棺。

【注释】

志云太守：胡玉瀛，字志云，号偶松，光绪八年（1882年）壬午科举人，官至江苏候补知府。

【解析】

古代挽妇女的联常没有多少可写的内容。此联上用比公公早死三天引出"仍向九原侍膳"，下用因公出差的丈夫来不及赶回来见最后一面而只能"一恸凭棺"，都是很不错的切入点，对仗也颇讲究。

陈鹿笙方伯挽联

君在成都，有《衣冠巷战图》事，已见前。余自君守温州时相识，垂三十余年。今年，君自知不起。五月二十八日，口授一书，与余诀。并赠五绝句，又寄示《绝笔诗》七律十首。是月小尽，至六月六日而卒，仅间七日耳。

倾盖后逾卅年，欣看一剑指挥，直把狂澜三峡挽；

易箦前仅七日，犹有五诗投赠，并传绝笔十篇来。

【注释】

陈鹿笙方伯：详见第474页注。陈卒于1906年，联当作于此时。

余自君守温州时相识：“温州”当是“台州”之笔误。陈在浙江为官多年，历任台州、嘉兴、处州、杭州知府，未任温州知府。俞樾为陈写有《陈鹿笙方伯八十寿序》，亦言俞樾与陈初识时陈“时摄台州守”。

倾盖：指初订交，从“倾盖如故”而来。

【解析】

此联上写死者生前最得意之事，下写双方最后的交往，也是选择了很好的切入点。联文也写得中规中矩。

对仗方面，“倾盖后逾卅年”与“易箦前仅七日”之对极工整。

赠陶星如联

星如名洙，常州人，为陈小石中丞幕客，长于丹青，为余写真甚肖。

杜少陵诸侯老宾客；

王摩诘前身一画师。

【注释】

陶星如：陶洙，字心如，江苏武进（今常州）人，近代画家，亦是藏书家、红学家。

陈小石中丞：陈夔龙，字筱石，一作小石，贵州贵筑（今贵阳）人，光绪十二年（1886年）丙戌科进士，时任江苏巡抚。陈夔龙还是俞樾女婿许祐身的妹夫。

杜少陵诸侯老宾客：安史之乱后，杜甫在成都依节度使严武，在夔州依都督柏茂林。

王摩诘前身一画师：化王维诗意。详见第181页注。

【解析】

上下联各用一个古人，一切幕僚身份，一切画家身份，构思是不错的。但以杜甫和王维相比，未免吹捧过分了。

陆母郭太夫人挽联

太夫人为陆申甫粮道之祖母，年八十六而终，已有元孙五人矣。

距九秩止四龄，藕节延年，计寿又加两闰岁；

罗一堂将六代，麻衣拉泪，拜宾已有五元孙。

【注释】

陆申甫粮道：陆钟琦，字申甫，浙江萧山人［寄籍顺天宛平（今北京）］，光绪十五年（1889年）己丑科进士，时任江苏粮道。

藕节延年：中医认为藕节可以“不饥延年”。

【解析】

此联的六个数目字之对较为出色。下联用“麻衣拉泪”扣题，且“麻衣”对“藕节”也甚好。

恽母戴太夫人挽联

太夫人为次山中丞继配。今年八十生日，余以一联寿之，已录于前矣。夫人豪迈，有丈夫风，自号洗蕉老人。其家有老栎一株，故有“栎存草堂”额，余所书也。

大家轨范，豪有丈夫风，四坐听高谈，岂止庭蕉闲自洗；

极品荣封，兼享耄期寿，八旬开绮宴，犹祈园栎老常存。

【注释】

戴太夫人：名戴青。详见第186页注。

洗蕉老人：宋人方蒙仲诗《和刘后村梅花百咏·其七十二》云：“和靖墓荒吟骨冷，孤山新庙尚危栏。便当纯用梅花祭，一洗蕉黄与荔丹。”戴青或用此意。

【解析】

此联不明写“挽”，而是从“犹祈”二字显出当时的寿星已经去世，也算一种手法吧。

联中的“庭蕉”与“园栎”之对是一亮点。

易笏山方伯挽联

骆文忠公之督师入蜀也，檄君募乡兵二千以从。途与石达开大股贼遇。或曰：“无与我事，可避勿击。”君曰：“天下之贼，当为天下杀之，而庸可避乎？”而众寡不敌，与战小挫。君于象鼻岭下解鞍踞地坐，贼莫能测，竟引去。时湘军防宝庆，未防澧，赖此以全。湘人至今感之。后仕至江苏布政司，引疾归。爱庐山之胜，筑室名“琴心楼”，竟卒于此。临终衣冠端坐而逝，亦奇人也。

早岁募一军以出，使关湘澧安危，象鼻岭前，箕踞平原酣战后；

晚年后五老而游，竟在匡庐归去，琴心楼上，衣冠危坐考终时。

【注释】

易笏山方伯：易佩绅，字笏山，号健斋，湖南龙阳（今汉寿）人，咸丰八年（1858年）戊午科举人，官至江苏布政使。

骆文忠公：骆秉章，字籲门，号儒斋，广东花县（今广州市花都区）人，道光十二年（1832年）壬辰科进士，入翰林，官至四川总督、协办大学士，谥文忠。

象鼻岭：在湖南龙山县（古属澧州），当年石达开部经广西入湖南时曾在此作战，易佩绅率军刚好路过而参战。

箕踞平原：或用白居易《醉游平原》诗“狂歌箕踞酒尊前”意。

五老：指庐山五老峰。

【解析】

“象鼻岭前”与“琴心楼上”之对是本联的亮点。

汪小樵封翁九十冥寿联

冥寿，俗例也。然顾亭林《丁贡士熊飞亡考生日诗》，则名人集中亦有之矣。小樵汪君，为余老友。道光戊戌、己亥间，与同读书于杭州考寓，今岁存年九十矣。其嗣君郎亭侍郎，敬营斋奠，余为题此联。

回思明圣湖边，六十八年前，铁砚互商文字；

遥想大罗天上，九洲三岛客，玉楼同拜神仙。

【注释】

汪小樵封翁：汪鸣銮之父，秀才出身，早年与俞樾相识于杭州。其余不详。

顾亭林：顾炎武，字宁人，人称“亭林先生”，江苏昆山人，明末清初著名思想家。

道光戊戌、己亥间：1838年至1839年，到1906年正好是六十八年前。

杭州考寓：浙江各地考生到杭州参加乡试时租住的寓所。

嗣君郎亭侍郎：郎亭即汪鸣銮，号郎亭，官至吏部右侍郎。详见前注。

【解析】

上联写实，写双方当年的交往，是很正常的写法。为已死之人祝寿，下联殊难着笔，于是只好说他上天做了神仙。敷衍成篇，也属无奈之举。不过“铁砚”与“玉楼”之对，还是很不错的。

嵊县金氏养老堂联

堂中额养老者一百人，筹备经费至三万缗有奇，乃金君禄甫，承其父孔昭君遗意而成之者也。

庞眉皓首，聚至一百人，饘于是，鬻于是，矍铄同堂，良亦熙朝小祥瑞；

仁粟义浆，积成三万贯，父作之，子述之，拮据两世，允称菩萨大慈悲。

【注释】

嵊县金氏养老堂：由金禄甫承父遗训建成。金捐田五百余亩，以租息养老者百余人。俞樾除撰此联外，还曾为养老堂作碑记。

金君禄甫：金昌运，字禄甫，浙江嵊县（今嵊州）人，金炳汉长子，弟兄三人通过经营茶叶和蚕茧生意逐步致富，后来成为在上海也颇有名气的富商。金昌运致富后乐善好施，对慈善事业颇多贡献。

其父孔昭君：金炳汉，字孔昭，浙江嵊县（今嵊州）人，少时家贫，以经商起家，致富后好行善。

饘于是，鬻于是：出孔子祖先正考父庙鼎铭文，后面还有一句是“以糊余口”，见《左传·昭公七年》。“饘”“鬻”皆指稀饭，“厚曰饘，希曰粥”，见《礼记·檀弓》。“粥”是“鬻”的省字。

父作之，子述之：出自《礼记·中庸》“子曰：‘无忧者，其惟文王乎！以王季为父，以武王为子，父作之，子述之。’”此处仅取其字面意义。

【解析】

此联也是准备长期悬挂的，虽然是俞樾去世前几个月所作，但是对仗还是相当讲究的。

杭州然藜集惜字会听事联

万事万物，皆由文字留传，宝贵真堪同菽粟；
一点一画，可见图书精蕴，零星何忍委泥涂。

【注释】

然藜：“然”通“燃”。用刘向校书、老人燃藜之典，出自东晋王嘉《拾遗记·后汉》。

惜字会：由读书人组织的尊孔尚儒、爱惜字纸的民间组织。

菽粟：豆和小米，泛指粮食。

【解析】

上联说作为精神粮食的文字的“宝贵”，可比物质粮食。下联说即使是零星片段的字纸，也可以“见图书精蕴”。说理透彻，切题精准。

首句重言而全然不顾平仄，后两句则格律严谨。此种情况在俞樾联中时能见到。

王爵棠中丞挽联

中丞由监司起家，以文员从军，官至广西巡抚，充出使俄、法大臣。彭刚直公曾以“诚正笃实”荐。著有《国朝柔远记》，余为之序。

长于军旅，又擅使才，经济文章，请读圣朝柔远记；
起自监司，叠膺疆寄，诚正笃实，曾登刚直荐贤书。

【注释】

王爵棠中丞：王之春，字爵棠，号椒生，湖南清泉（治今衡阳）人，文童出身，先后入湘军霆字营（即鲍超所部）幕、李鸿章幕，积功官至广西巡抚。王卒于1906年，联当作于此时。

充出使俄、法大臣：王于1895年出使俄、法等国，对促成“三国还辽”起了一定的作用。

使才：外交才能。

《国朝柔远记》：王之春关于清朝外交史的著作，后改名《通商始末记》。

疆寄：指封疆大吏。

【解析】

此联是俞樾留存下来的最后一联。全联格律严谨，对仗也较讲究，但无“挽”的意味，终是一个小小的缺陷。

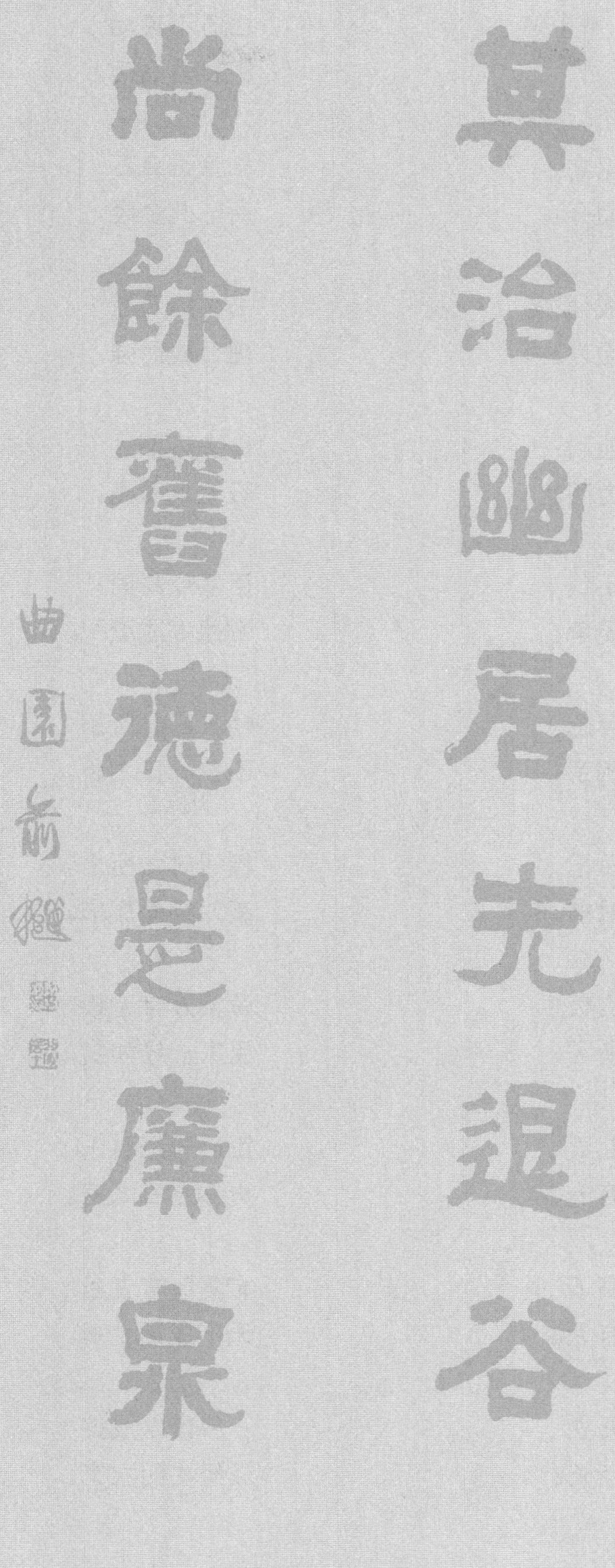
其治幽居先退谷
尚餘舊德是廉泉
曲園俞樾

集秦篆：峄山碑[1]

山石不流动；
天日自高明。

道因时以立；
理自天而开。

相亲维白石；
所诵此金经。

金经略成诵；
白日长无为。

书久绎乃显；
理日战而强。

惟止乃能动；
因昧而为明。

山去天不远；
石无土而高。

功高斯不伐；
理定自无争。

臣家今高国[2]；
帝德古成康[3]。

去日极可念；
远山如相亲。

略具四时所乐；
不争一日之长。

为言今日乐；
因理昔时书。

极四时之所乐；
袭六经而成书。

昧乃明之极；
昔者今所因。

帝德万世无极；
臣家一经如初。

乱流自起灭；
远山时有无。

臣以一经自乐；
史称万石之家。

四野自高下；
万山时有无。

有莫能言者乐；
无不成诵之书。

德成言乃立；
义在利斯长。

一威仪以成德；
泽经史而立言。

维以经史为乐；
时有山泽之思。

乐山泽而之野；
明经义以著书。

除诵经无所作；
思去日有如斯。

盛世不言远略；
臣家自昔明经。

理义明时有建白；
功夫定后无思维。

尽日相亲维有石；
长年可乐莫如书。

言之高下在于理；
道无古今维其时。

昔之所经极可念；
今如不乐请复思。

登高而诵白也[4]作；
立石自刻献之[5]书。

远山相从久不去；
乱石群立长无言。

自天降康年乃有；
及时为乐臣所能。

此日一去不可复；
及时为乐其无辞。

泽以长流乃称远；
山因直上而成高。

古书明昧久乃显；
远山高下初如无。

世不能争维此理；
臣之所乐莫如书。

以经史为无尽义；
不山泽而有远思。

自古以有年为乐；
方今如初日之长。

日莫[6]万山如无有；
天高四野极分明。

六经尽为道而作；
群书以久绎乃明。

略诵古今成野史；
具言金石著山经。

古今之乐尽此矣；
山野所乐如斯夫。

有无不争家之乐；
上下相亲国乃康。

极尽四时之所乐；
自成一家以立言。

世登上理有极乐；
臣除经义无一长。

下臣所乐维经义；
上理无为称诏书。

臣于世不争功利；
日在家维诵道经。

维于经义有献可[7]；
不从时世复争长。

无言者天此理显；
有道之世其日长。

帝立四维而定国；
臣诵一经以起家。

家无所有黔长乐；
世尽能思白不群。

请于极盛登咸世；
诵此无为道德经。

白日无为群动止；
金经成诵万言除。

起灭万流金自定；
久长一念石为开。

戎功久著今天下；
高义咸称古相臣。

白乐天[8]因天而乐；
王无功[9]成功如无。

乐其所乐莫之禁；
利不言利无能争。

道理分明方及远；
功夫长久可为山。

请于泰上无为世；
长作天家在野臣。

时定始成金石乐；
功高长在帝王家。

维孝于亲有石建[10]；
不言所利无王戎[11]。

四时不害年可乐；
数世之利书为长。

为乐极之五六日；
著书可以十万言。

始于在家能及远；
因之为道如登高。

时绎古书明古义；
请从山野著山经。

此乐无极臣一石；
斯世其康帝万年。

帝德不以首山显；
臣年乃如野王高。

动之作之咸有道；
高也明也今夫天。

久从山泽言辞直；
除夫经书家具无。

天年自乐今山长；
帝德能书昔史臣。

时从野臣著野史；
久于山泽称山家。

无古无今道维一；
有可有不理自明。

家有义方称长者；
道维强立在初年。

道在无言天自显；
年高有德世咸亲。

不以经明思自荐；
维其道在泽长流。

乱流四下，疾于夫不；
古石群立，作其之而。

远在泰古乃有此乐；
尽刻斯世所无之书。

威仪可亲，帝称长者；
康强不害，臣乐高年。

登高而尽四野所有；
著书以成一家之言。

四时所乐，具在于此；
六经之义，不尽于斯。

登高而思，此乐万古；
立言不袭，自成一家。

既动复止，初念不及；
自昧而明，群言尽除。

强者明者，乃能斯道；
尽矣极矣，而复其初。

初念长明，如暴之日；
一成不动，所乐者山。

书无经史，咸极其义；
山有土石，分为之辞。

莫不乐其乐，利其利[12]；
斯乃言无言，为无为[13]。

具著于书，以明古义；
有如此乐，维在山家。

经史之泽，可以及后；
道德既高，因而显亲。

山高流长，请从所乐；
道成德立，自显于时。

帝称其功，世乐其利；
及后者德，定远者威。

威制暴强，惠及山野；
泽流后世，功在邦家。

功德既高，长在国史；
金石之乐，下及臣家。

古称不德，乃为上德[14]；
夫维无争，斯莫之争[15]。

家世之盛，长为称首；
著作所定，无不成书。

道义自高，如立六国相[16]；
著作极盛，可称万石家。

及时为乐，请从今日始；
于世无争，长如泰古初。

道其道，德其德，义理自在；
高者高，下者下，山泽攸分。

后日思今，今复思昔，不如尽除此念；
天下在国，国乃在家，其维自定于初。

自泰初而皇而帝而王，理乱相从，止此一道；
念古昔立德立功立言，辞义不袭，具在六经。

【注释】

[1] 峄山碑：秦代石刻，分两部分。前半部分刻于秦始皇二十八年（前219年），共144字；后半部分刻于秦二世元年（前209年），共79字。字体均为小篆。

[2] 高国：春秋时齐国高氏和国氏的并称。均世袭上卿。

[3] 成康：周成王与周康王的并称。

[4] 白也：唐代大诗人李白。杜甫有“白也诗无敌”诗句。

[5] 献之：东晋大书法家王献之。

[6] 日莫：日暮。“莫”通“暮”。

[7] 献可：进献可行者，废去不可行者。见《左传·昭公二十年》晏子对齐侯说的话：“君所谓可，而有否焉，臣献其否，以成其可；君所谓否，而有可焉，臣献其可，以去其否。”

[8] 白乐天：白居易，字乐天，唐代大诗人。

[9] 王无功：王绩，字无功，隋唐之际诗人。

[10] 石建：西汉武帝时郎中令，万石君石奋长子，以孝著称。

[11] 王戎：魏晋名士，竹林七贤之一，

"性好兴利"。见《晋书·王戎传》。

[12] 乐其乐，利其利：出自《礼记·大学》中"小人乐其乐而利其利"。

[13] 言无言，为无为："言无言"出自《庄子·寓言》；"为无为"出自《道德经》。

[14] 古称不德，乃为上德：化用《道德经》"上德不德，是以有德"。

[15] 夫维无争，斯莫之争：化用《道德经》"以其不争，故天下莫能与之争"。

[16] 六国相：战国纵横家苏秦，曾佩六国相印。

集汉隶一：校官碑[1]

文章昔潘乐[2]；
家世今国高。

陈诗聆国政；
讲易剖天心。

清风表介节；
奥义发雄文。

野竹有高节；
文禽无俗声。

闲来绝人迹；
野外聆禽声。

君子焉不学；
国人胥曰贤。

三公不易介节；
一官自乐天年。

谋于野，学有获；
修之家，德乃长。

学不讲，将焉获；
礼既复，即是仁[3]。

获一善，无失之；
即三公，不易矣[4]。

不役世俗之乐；
惟谋我心所安。

利在所轻义自重；
德之既高文不卑。

修竹不孤君是矣；
清风在户我招之。

所教学不外诗礼；
既安乐且长子孙。

平旦所息长在抱；
清风自来初无私。

崇高将冠百官表；
闲雅不矜一艺长。

自将诗礼垂家教；
惟秉忠贞佐圣君。

武公之诗是曰抑[9]；
老子所宝首在慈[10]。

清风无私雅爱我；
修竹有节长呼君。

高人不附百官表；
诗老亲呼一字师。

自抱高风诗典雅；
不矜介节竹平安。

高义自修无德色；
老年长乐有童心。

公旦[5]垂声周有雅；
屈平[6]高蹈楚无风。

老年不失髫年乐；
今世重亲上世人。

自陈心迹诗之圣；
不用矜张文有神。

修德克昌焉有艾；
抱诗自乐一无疑。

自昔学诗宗表圣[7]；
于今讲易有君平[8]。

清高自作诗家祖；
平易长存野外风。

昔年绝作屈平赋；
今世高风表圣诗。

君子在上众欢乐；
国人曰贤无阿私。

周诗汉赋自典重；
清流修竹人平安。

君于诗学自卓绝；
我所师资无阿私。

学有师资在平昔；
老将谋乐从今兹。

野无人迹禽声乐；
户有轻风竹景流。

文禽发声清于磬；
修竹结实陈我笾[11]。

清绝作诗无俗字；
闲来叩户有高朋。

诗有清风师正雅；
字无俗迹学来禽[12]。

亲仁宝善资民利；
讲武修文佐圣谟。

字无流俗形声正；
诗不矜张结构安。

圣垂六艺[13]礼乐作；
天赋三德[14]仁智存。

是迹是神无乃有；
即生即息贞复元。

世有令德在君子；
心乎爱民惟仁人。

人之进退在繇礼；
官无崇卑惟爱民。

自爱初无阿世学；
之官即有利民心。

尚有典章平子[15]赋；
从无声色乐天诗。

爱乐天诗初不俗；
抱君平易自无疑。

自是高人长不老；
即今修竹复生孙。

长令子孙亲有德；
自将诗赋乐平生。

文章尔雅从无俗；
诗赋风流自有神。

平安自爱高人竹；
清远初疑野老家。

雅艺惟诗三绝冠；
受廛有竹一家清。

所爱文章宗尔雅；
不将诗赋表风流。

野色有无在平旦；
清流屈曲抱诗家。

闲家用老子三宝；
从政禀周官六廉[16]。

有三公不易之介；
无一艺自用乃高。

国家将兴有贤佐；
文武所禀惟圣谟。

百姓乐呼贤令尹；
一官即是昔公侯。

叩户从来无俗迹；
抱诗所在有清声。

自有高朋将学讲；
且教童子抱诗来。

野外高人元不俗；
诗家老将自来雄。

野兴且教从众乐；
高年初不用童扶。

化乎彼我元无迹；
存尔天君即在心。

实用闲存惟圣学；
善课克复即天心。

即用诗章陈国政；
长从野老察官声。

谋乐不在文字外；
学诗胥从风雅来。

从我所乐有学在；
操之即存惟心乎。

惟学艺文抑末也；
克修德艺是贤乎。

文艺从来资尔雅；
进修元不失风流。

仪容闲雅人胥爱；
文字优长世所师。

绝艺无双在文字；
用心克一自优长。

清风高节世所重；
令子贤孙家将兴。

修德不矜官位重；
克家惟在子孙贤。

自是清高无俗尚；
从来文雅即风流。

自是野人亲野景；
惟将家学永家声。

闲招野色来平楚；
曲受清流生远风。

一家长有欢乐色；
百年从无彼我心。

文禽双来声欢乐；
清流一曲人优闲。

高兴且谋野外乐；
雄文尚有国初风。

童子一人亲执役；
高年三老[17]来作朋。

强抑直流生一曲；
闲招孤景作三人[18]。

天赋清高绝流俗；
老垂著作贻子孙。

履仁蹈义，用修我德；
学诗讲礼，克昌尔家。

除周孔[19]外，初无绝学；
繇楚汉来，乃有雄文。

长于从政，不惟三善[20]；
卓彼著作，自是一家。

除文字外，一无所有；
有修竹在，众呼曰君。

心乎爱人，即仁即智；
抱兹介节，不卑不高。

仁义自修，君子安雅；
诗礼之教，家人利贞。

乐民之乐，贤于自乐；
仁人安仁，实即利仁。

国政民风，垂之诗教；
进礼退义，闲于圣谟。

礼乐既修，垂之教化；
进退无失，闲于容仪。

爱众亲仁，世之师表；
修文讲武，民乃景从。

克制彼私，平旦有息；
不役于俗，天君乃安。

孝乎惟孝，家即有政；
乐民之乐，德乃不孤。

清流所爱，不直即曲；
野色自来，既有疑无。

家学优长，天资卓绝；
文章尔雅，履蹈清贞。

爱乐天诗，不流乎俗；
学宗师[21]文，克进于安。

惟善是师，今之贤尹；
无疑不察，民曰神君。

惟忠惟孝，禀天所赋；
学诗学礼，演圣之谟。

惟曰进德焉，修学焉，是在我尔；

从兹永安矣，长乐矣，盖有天乎。

天之生我公焉，是上将，是贤佐；

昔也有兹人乎，曰武侯[22]，曰子仪[23]。

【注释】

[1] 校官碑：汉代石刻。刻于东汉光和四年（181年）。字体为由篆书向隶书过渡的字体。

[2] 潘乐：潘当是指魏晋文学家潘岳。乐未详为何人。

[3] 礼既复，即是仁：化用《论语·颜渊》“克己复礼为仁”。

[4] 即三公，不易矣：化用《孟子·尽心上》“柳下惠不以三公易其介”。

[5] 公旦：西周初周公姬旦。

[6] 屈平：战国楚国大诗人屈原，名平。

[7] 表圣：晚唐诗人、诗论家司空图，字表圣，《二十四诗品》作者。

[8] 君平：西汉晚期学者严遵，字君平。

[9] 武公之诗是曰抑：相传《诗经·抑》是卫武公所作。

[10] 老子所宝首在慈：《道德经》有“我有三宝，持而宝之；一曰慈，二曰俭，三曰不敢为天下先”。

[11] 笾：古时祭祀和宴会用以盛干食品的竹器。

[12] 来禽：《来禽帖》，东晋大书法家王羲之的书法作品。

[13] 六艺：指礼、乐、射、御、书、数这六门儒家的教育科目。

[14] 三德：三种品德，有多种不同的说法。

[15] 平子：东汉文学家、科学家张衡，字平子，汉赋四大家之一，著有《二京赋》等。

[16] 周官六廉：指廉善、廉能、廉敬、廉正、廉法、廉辨。见《周礼·天官冢宰》。

[17] 三老：有多种含义。此处或用《左传》杜预注之“三老谓上寿、中寿、下寿，皆八十已上”。

[18] 闲招孤景作三人：化用李白“对影成三人”诗句。“景”古同“影”。

[19] 周孔：周公与孔子的并称。

[20] 三善：《礼记·文王世子》有“父子、君臣、长幼之道得，而国治”。“三善”即指此。

[21] 宗师：唐代散文家樊宗师。

[22] 武侯：三国蜀汉诸葛亮，封武乡侯。

[23] 子仪：唐代名将郭子仪。

集汉隶二：曹全碑[1]

泉石从所好；
文章如有神。

有酒且共乐；
无钱安足忧。

圣世重兴武七德[2]；
诸君同负史三长[3]。

少孙尚拟续迁史[4]；
子云奚惮反离骚[5]。

泉遭急雨因潜出；
风遇余云复勒归。

周礼六官[6]先治典；
汉家大史首臣僚。

早齐文望张童子[7]；
还慕雄风周孝侯[8]。

且以文章存典礼；
还因礼乐振风流。

文章典重张平子；
居处清幽王右丞[9]。

常为山人疏礼节；
还因野史访遗文。

且与君平学周易；
不同扬子反离骚。

遇石不拜为之揖；
拟酒以圣甚于贤[10]。

综贯文章周六典[11]；
清高名望汉三君[12]。

不慕金章仍拜石；
少疏文字复临流。

山野所乐世无禁；
金石之辞臣有长。

野史所收或遗事；
国风既远有骚人。

师商[13]之间有位置；
周秦以降无文章。

白石清泉从所好；
和风时雨与人同。

泉流分布从无绝；
枝叶扶疏不拟芟。

生遭圣主贤臣世；
家在廉泉让水[14]间。

酒以高下别贤圣；
山因远近分亲疏。

为爱凉风开北户；
因芟残叶出南山。

开泉分水山人事；
剪叶芟枝童子功。

名士风流咸所慕；
儒生门户本常清。

文字若无高下别；
酒醪焉有圣贤分。

风雨和平因圣世；
民人欢乐是清官。

大贤忧乐同斯世；
长吏廉平报圣时。

子孙好守儒门学；
乡里仍名廉吏家。

共治幽居先退谷[15]；
尚余旧德是廉泉。

白石清泉常共隐；
美人名士有同心。

雨风好访农家谚；
泉石常存吏隐心。

乡居且复修农政；
兴至时还角酒兵[16]。

辞章旧拟三都赋[17]；
乡里仍名万石家。

汉世金章[18]牟重望；
孔门曾闵[19]拟清名。

门墙咸拜文中子；
官爵仍迁乡大夫。

世承王氏三槐[20]美；
人有张家百忍[21]风。

字学近参王大令[22]；
清名本拟蜀君平。

子孙共守颛门学[23]；
父老长沾治郡（县）恩。

至老不离文字事；
所居合在水云乡。

山上白云高士隐；
庭前好雨故人同。

秦嘉[24]夫妇贤名起；
张敞[25]风流乐事全。

家居好水好山地；
人在不夷不惠[26]间。

常居贤母三迁[27]里；
不慕高官万石家。

官位早从三事后；
文章尚在六朝前。

方干以三拜为节[28]；
君平有百钱养生[29]。

幽人之居足泉石；
高年所乐长子孙。

儒者承家先孝弟；
学人报国在文章。

美官不慕齐三服[30]；
高节还同汉二疏[31]。

且幸雨风和圣世；
常存桃李在臣门。

儒官本不亲民事；
老学奚为让少年。

负米[32]共嘉贤子孝；
县鱼[33]还述长官清。

吏隐既分无造访；
姓名尚在为文章。

曾南丰[34]文章典重；
王右丞居止清幽。

旧有雄文县北阙；
近存老屋在南山。

令子贤孙同继起；
美人名士共长生。

时与高人商出处；
不从文士角辞章。

有钱无钱都不计；
在山出山其奚殊[35]。

和乃不流有定节；
敏而好学无常师。

曹子建[36]文常敏疾；
李商隐[37]意本光明。

叔子风流[38]人所服；
阳城孝弟[39]士咸归。

山野所好各有在；
州郡之职安足为。

人间大隐在朝市；
身后文章报国家。

居家不为在家计；
处世常存出世心。

为慕机云常并屋[40]；
不贪金紫早辞官。

方州部家，扬子之易；
政事文学，孔门所长。

文德武功，副是爵禄；
殊方绝域，惮其威名。

白云既开，远山齐出；
清风所至，流水与遭。

屋后远山，门前流水；
农父赐酒，童子贡鱼。

德义既高，不慕爵禄；
文章之美，故有师承。

云出人间，合而为雨；
泉流石上，清于在山[41]。

理学程朱[42]，辞章元白[43]；
德性曾闵，家世金张。

或有或无，归之性分；
若离若合，同于世人。

不夷不惠，君子所处；
好山好水，幽人之居。

义在斯为，奚让贲育；
理足而止，不因程朱。

枝叶既芟，斯存本性；
门户不出，而收远功。

从叶流根，是为敦本；
因云兴雨，所以济时。

君子修德，无不获报；
儒者明理，奚为费辞。

君子处事，有忍乃济；
儒者属辞，既和且平。

臣门桃李，遗有清景；
名山金石，勒其雄文。

民和年丰，咸拜神赐；
家给人足，共乐时清。

德义无官位而足重；
文章勒金石以不刊。

面山临流，幽人所止；
兴廉举孝，令德之光。

三世长者，是有令望；
百岁老人，还如童年。

和仍不同，君子之德[44]；
定而后安，大学所先。

诸子百家，不分门户；
名山大河，各效文章。

残石临丞相臣斯[45]字；
名山续司马子长文[46]。

不出门庭，全收野景；
相从里巷，大有高人。

白也风流，与神人等；
退之[47]文字，为学者宗。

同人于门，以辅其德；
君子有谷，乃兴尔家。

既济乃定，是有易理；
大极不动，斯为神功。

万里长城，圣意有属；
百谷膏雨，民望所归。

官职文章，各居其极；
门墙桃李，无美不收。

所居临流，亲近泉石；
有人载酒，商定文章。

石不合拜，止相揖尔；
臣盖于酒，时复中之。

治国若鱼，不扰为福；
养民如马，有害斯除。

退之工文辞，学者从而师事；
司马相中国，远人服其威名[48]。

泉明[49]归与归与，置老屋六七间，在山水之乡，白首相安，金章奚慕；

居易乐哉乐哉，共及门二三子，志秦汉而上，干时不足，养性有余。

【注释】

[1] 曹全碑：汉代石刻。刻于东汉灵帝中平二年（185年），共1165字。字体为隶书。

[2] 武七德：《左传》“夫武，禁暴、戢兵、保大、定功、安民、和众、丰财者也。……武有七德，我无一焉，何以示子孙”。

[3] 史三长：唐代著名史学理论家刘知幾提出的著名史学观点，包括史才、史学、史识。

[4] 少孙尚拟续迁史：司马迁去世后，《史记》有散失，褚少孙做了补充、修葺的工作。

[5] 子云奚惮反离骚：汉代扬雄（字子云）曾作《反离骚》以吊屈原。见《汉书·扬雄传》。

[6] 周礼六官：周代分掌国政的六种职官。其为天官冢宰、地官司徒、春官宗伯、夏官司马、秋官司寇、冬官司空的总称。

[7] 张童子：韩愈《赠张童子序》“张童子生九年，自州县达礼部，一举而进立于二百之列；又二年，益通二经，有司复上其事，繇是拜卫兵曹之命”。

[8] 周孝侯：西晋周处，战死后谥号为“孝”。

[9] 王右丞：唐代诗人王维，曾任尚书右丞，世称“王右丞”。

[10] 拟酒以圣甚于贤：《三国志·徐邈传》“平日醉客，谓酒清者为圣人，浊者为贤人”。

[11] 周六典：六典为治典、礼典、教典、政典、刑典、事典。《周礼·大宰》：“大宰之职，掌建邦之六典，以佐王治邦国。”

[12] 汉三君：《后汉书·陈纪传》“（陈纪）弟谌，字季方。与纪齐德同行，父子并著高名，时号三君”。

[13] 师商：师指颛孙师（子张），商指卜商（子夏）。二人皆属孔门七十二贤。《论语·先进》：“子贡问：‘师与商也孰贤？’子曰：‘师也过，商也不及。’曰：‘然则师愈与？’子曰：‘过犹不及。’”

[14] 廉泉让水：《南史·胡谐之传》“帝言次及广州贪泉，因问柏年：‘卿州复有此水不？’答曰：‘梁州唯有文川、武乡、廉泉、让水。’”

[15] 退谷：唐孟士源与元结同隐居处，名曰“退谷”。元结曾作《退谷铭》。

[16] 酒兵：犹言酒。陈庆之子陈暄在信中论饮酒：“故江谘议有言：‘酒犹兵也。兵可千日而不用，不可一日而不备。酒可千日而不饮，不可一饮而不醉。’”见《南史·陈庆之列传》。

[17] 三都赋：西晋文学家左思的作品，由《魏都赋》《吴都赋》《蜀都赋》组成。

[18] 金章：疑或是“金张”（即西汉金日磾、张安世之并称）之误。

[19] 曾闵：曾参与闵子骞之并称。二人皆属孔门七十二贤。

[20] 王氏三槐：苏轼《三槐堂铭》记载“（王祐）尝手植三槐于庭，曰：‘吾子孙必有为三公者。’已而其子魏国文正公（王旦），相真宗皇帝于景德、祥符之间，朝廷清明，天下无事之时，享其福禄荣名者十有八年”。

[21] 张家百忍：《旧唐书·刘君良传》记载“郓州寿张人张公艺，九代同居。……麟德中，（唐）高宗有事泰山，路过郓州，亲幸其宅，问其义由。其人请纸笔，但书百余‘忍’字。高宗为之流涕，赐以缣帛”。

[22] 王大令：东晋大书法家王献之。王献之与族弟王珉先后任中书令，为便于区分，人称献之为“大令”，珉为“小令”。

[23] 颛门学：“颛”通“专”。谓独立门户，自成一家。见《汉书·夏侯胜传》。

[24] 秦嘉：东汉诗人，与其妻有诗赠答。秦客死他乡后，其妻守寡终生。

[25] 张敞：用张敞画眉典。见《汉书·张敞传》。

[26] 不夷不惠：夷指伯夷；惠指柳下惠。“不夷不惠”谓不学伯夷也不学柳下惠。指行事持平而不偏激。见扬雄《法言·渊骞》。

[27] 贤母三迁：用孟母三迁典。见刘向《列女传·邹孟轲母》。

[28] 方干以三拜为节：方干，晚唐诗人，为人质野。每见人设三拜，曰礼数有三。时人呼为“方三拜”。

[29] 君平有百钱养生：皇甫谧《高士传》记载，严遵（字君平）“常卖卜于成都市，日得百钱以自给。卜讫，则闭肆下帘，以著书为事”。

[30] 齐三服：齐三服官是汉代设于齐地的皇家服饰制作机构。

[31] 汉二疏：西汉疏广与侄疏受并称“二疏”。

[32] 负米：《孔子家语·致思》“子路见于孔子曰：‘负重涉远，不择地而休；家贫亲老，不择禄而仕。昔者由也事二亲之时，常食藜藿之实，为亲负米百里之外。’”子路负米养亲是“二十四孝”之一。

[33] 县鱼：悬鱼（“县”通“悬”）。《后汉书·羊续传》记载：“府丞尝献其生鱼，（羊）续受而悬于庭；丞后又进之，续乃出前所悬者，以杜其意。”

[34] 曾南丰：北宋文学家曾巩，唐宋八大家之一，江西南丰人。

[35] 在山出山其奚殊：化用杜甫“在山泉水清，出山泉水浊”诗句。

[36] 曹子建：三国诗人曹植，字子建，曹操子，曹丕弟，曾七步作诗。

[37] 李商隐：晚唐著名诗人，其部分诗较晦涩难解。

[38] 叔子风流：羊祜，字叔子，西晋初名将。“在军常轻裘缓带，身不被甲。……祜乐山水，每风景，必造岘山，置酒言咏，终日不倦。”见《晋书·羊祜传》。“叔子风流”遂成典故。如宋辛弃疾词云：“谁对叔子风流，直把曹刘压？”

[39] 阳城孝弟：唐人阳城，任国子监司业时，“召诸生，告之曰：‘凡学者所以学，为忠与孝也。诸生宁有久不省其亲者乎？’明日，告城归养者二十余人”。见《旧唐书·阳城传》。

[40] 为慕机云常并屋：机云为西晋陆机、陆云兄弟之并称。二人常同室而居。如宋刘克庄有诗云：“肄业机云同屋住，论文坡颍对床眠。”

[41] 泉流石上，清于在山：化用王维“清泉石上流”与杜甫“在山泉水清”诗句。

[42] 程朱：理学家北宋程颢、程颐兄弟与南宋朱熹的并称。

[43] 元白：唐代诗人元稹与白居易的并称。

[44] 和仍不同，君子之德：化用《论语·子路》中孔子语“君子和而不同”。

[45] 丞相臣斯：指秦丞相李斯。此四字乃李斯对秦始皇的自称，亦见于刻石，如《峄山碑》。

[46] 名山续司马子长文：司马迁，字子长，西汉大史学家，《史记》作者。曾言其著作《史记》将“藏之名山，传之其人”。

[47] 退之：唐代著名文学家韩愈，字退之。

[48] 司马相中国，远人服其威名：北宋司马光为相后，“辽、夏使至，必问光起居，敕其边吏曰：‘中国相司马矣，毋轻生事、开边隙’”。见《宋史·司马光传》。

[49] 泉明：东晋著名诗人陶潜，字渊明。唐人因避李渊讳，或改作“泉明”。

集汉碑三：鲁峻碑[1]

清游止风月；
生计在琴书。

春归花不落；
风静月长明。

高文在乐石；
大道有传薪。

春花秋月自娱乐；
三山五岳长游行。

史学无如小颜[2]博；
书家只守二王[3]传。

高人不在百官表；
远游当始三神山。

自昔诗人有何逊[4]；
还传雅度比王恭[5]。

家除图史无长物；
天以风月娱高人。

儒者家风当静穆；
学人体气自和平。

究竟孔颜[6]何所乐；
大凡清狂不如和。

能令一家长静穆；
不惟四月是清和。

令德能如太丘长[7]；
清游何独永和年[8]。

史氏三长惟在学；
文家七发[9]竟如神。

惟为孤石作雅拜[10]；
自载明月当清游。

除琴书乃无长物；
有花石而佐清游。

书体迁流通汉隶；
诗怀清畅发吴歌。

儒门盛比文中子[11]；
神计传之黄石公[12]。

报国之文在公等；
传书而去有门生。

自昔何休为学海[13]；
还如司马在文园[14]。

所居直是和神国[15]；
自昔惟传独乐园[16]。

群传长吏廉平德；
敬作中和乐职诗。

门外有人时载月；
园中无事自弹琴。

儒生任职弹琴治[17]；
廉吏迁官载石行[18]。

何人不谒图书府；
所在当称通德门[19]。

若令居家长肃穆；
自然生子作公卿。

学无弗究诗怀畅；
书不徒临隶体高。

儒者不惟通一孔；
史家所有是三长。

休道春花无足览；
能如秋士自然清。

纵怀花事当春去；
畅足清游载月归。

为报春风能一石；
当延明月作三人[20]。

德行自当颜子[21]比；
风神还若九龄无[22]。

纵览书家师内史[23]；
盛传琴德比中郎[24]。

自构小园称独乐[25]；
时当令节作清游。

臣有图书足娱乐；
人当花月自迁延。

能以诗书通政事；
自然道学始风流。

官高中外威仪盛；
家在东南门第清。

大雅不群自宏远；
盛时所乐是清平。

东山高视小鲁竟[26]；
南国流风怀召公[27]。

游人纵道五陵乐；
高士自守孤山居[28]。

雅事长留在诗史；
清门所拜止花神。

花事循行惟小辇；
石公雅拜有高冠。

自有图书生计足；
长留风月举家清。

自昔儒门长静穆；
一时诗史广流传。

盛事当令诗史纪；
高人能佐石公游。

自作歌诗无节奏；
强循礼度太生疏。

若徒博物儒还小；
未始陵人学自高。

直以文学当政事；
能为循吏惟纯儒。

高官五马何足道；
陈书百城以自娱。

不通干谒门长闭；
惟守琴书案自清。

以诗作史乃无秽；
称石为公自不孤。

门内琴书长雅洁；
山中冠服自清高。

廉静自守则长足；
道德是乐乃无忧。

去除花石当无物；
勃发歌诗若有神。

有时灌园自儒服；
未始弹琴游王门。

五体惟为拜石绌；
三公未若灌园高。

百家九流视之掌；
一月三秋怀其人。

长物不留惟栽石；
清官有效是高门。

无大无小归于敬；
有为有守视其人。

百事清平，为有令德；
一家和乐，是以大年。

自疏干谒臣门静；
若去琴书家计无。

如乐之和，乃称盛德；
无书不览，是为通儒。

不居官职征高节；
惟乐图书表雅怀。

家无长物，琴书自乐；
天生高人，风雅之宗。

高人自纪园居乐；
文士还传山石诗。

帝嘉其才，士归其学；
民乐者德，吏服者威。

陈大丘[29]如是其道广；
颜鲁公[30]何止以诗传。

南董史才，东马文学[31]；
魏国七子[32]，汉时三君。

落月有怀，孤石独拜；
春风所在，百花自生。

石气纵清，花姿自润；
诗怀始畅，琴德以和。

诗若长城，四竟独守；
学如大海，百流兼归。

有花有月，园中乐事；
无春无夏，城外清游。

春九十而园中长在；
月三五于海外生明。

度比江河，细流兼内[33]；
气如春夏，群物发生。

董子大儒，史游小学[34]；
高堂治礼，夏侯传书[35]。

长卿[36]高文，天子是览；
中郎独断[37]，学者所宗。

归之于中，师商自化；
逊而不校，平勃[38]以和。

报国宏文，济时高议；
居家和乐，作吏廉平。

明月清风，人无不有；
弹琴作诗，自足以娱。

帝曰干城，士称师表；
民乐父母，吏敬神明。

有物有则，山父之德[39]；
学诗学礼，孔门所传。

家有小园，足以独乐；
年当大董[40]，自然长生。

门外清游，三五明月；
园中花事，廿四春风。

吕氏博议[41]，自然通畅；
中郎独断，大有发明。

明月清风，足以乐矣；
德行（政事）文学，兼而有之。

长卿诗城[42]，自足以守；
何休学海，士无不归。

和而不流，广平[43]如石；
游乃是学，董子[44]之园。

学比董生[45]，乃为儒者；
政如子产，是曰惠人[46]。

作百一诗[47]，以自娱乐；
临十三行[48]，大有风神。

仁义自治，有为有守；
琴书足乐，乃息乃游。

广平所守，如石不化；
孝肃一乐，若河之清[49]。

强者明者，乃能是道；
忠矣清矣，当视其仁。

若在孔门，当视颜子；
比之汉儒，其惟董生。

颜子服膺，为学之道；
石氏恭敬[50]，当时所称。

南山等高，东海比广；
春风流惠，秋月表清。

公绰[51]之廉，以石表洁；
子产曰惠，不春而温。

能守琴书，是为有子；
自乐道德，不忧无徒。

学通九流，书兼三体；
门无干谒，案有琴诗。

纵览乐史太平所纪[52]；
如在大令永和之年。

山高流长，足以游览；
春温秋肃，归之中和。

天为之徒，而物何有；
人能不孤，惟德则然。

【注释】

[1] 鲁峻碑：汉代石刻。刻于东汉熹平二年（173年），共544字，字体为隶书。

[2] 小颜：唐代史学家颜师古。因其叔颜游秦也是史学家，故称师古为“小颜”。

[3] 二王：东晋大书法家王羲之、王献之父子合称“二王”。

[4] 何逊：南朝梁诗人。

[5] 王恭：东晋大臣。

[6] 孔颜：孔子和颜回的合称。

[7] 太丘长：东汉陈寔，曾任太丘长，与二子并著高名，时号“三君”。

[8] 永和年：东晋穆帝年号。《兰亭序》即作于永和九年。

[9] 七发：西汉文学家枚乘的赋作。

[10] 惟为孤石作雅拜：用北宋米芾拜石典。《石林燕语》记载：“（米芾）知无为军，初入州廨，见立石颇奇，喜曰：‘此足以当吾拜。’遂命左右取袍笏拜之，每呼曰‘石丈’。”

[11] 文中子：隋末王通，号文中子。传说房玄龄、魏徵等唐初名臣都是他的门徒。

[12] 黄石公：秦末传授兵法给张良的老人。

[13] 自昔何休为学海：何休是东汉大儒，今文经学家，学识渊博，人称“学海”。见《拾遗记》。

[14] 还如司马在文园：西汉文学家司马相如，曾任孝文园令。见《史记·司马

相如列传》。

[15] 和神国：传说中的国名。唐牛僧孺《玄怪录·古元之》记载："此和神国也，虽非神仙，风俗不恶。"

[16] 独乐园：北宋司马光所修建的私家园林，在洛阳。

[17] 儒生任职弹琴治：用宓子贱鸣琴而治典。《吕氏春秋·察贤》记载："宓子贱治单父，弹鸣琴，身不下堂而单父治。"

[18] 廉吏迁官载石行：三国吴陆绩，"出为郁林太守。罢归，无装，舟轻不可越海，载石为重。姑苏陆氏之门有巨石，号'郁林石'，世保其居"。见宋范成大《吴郡志·人物一》。

[19] 通德门：东汉孔融为大儒郑玄在其家乡高密所建的门。孔融说："昔东海于公仅有一节，犹或戒乡人侈其门闾。矧乃郑公之德，而无驷牡之路！可广开门衢，令容高车，号为'通德门'。"见《后汉书·郑玄传》。

[20] 当延明月作三人：化用李白"举杯邀明月，对影成三人"诗句。

[21] 颜子：孔子弟子颜回。《论语·先进》云："德行：颜渊，闵子骞，冉伯牛，仲弓。"

[22] 风神还若九龄无：张九龄，唐玄宗开元朝名相。"宰执每荐引公卿，上必问：'风度得如九龄否？'"见《旧唐书·张九龄传》。

[23] 内史：东晋大书法家王羲之，曾任会稽内史。

[24] 中郎：东汉文学家、书法家蔡邕，曾任左中郎将。世称"蔡中郎"。

[25] 小园称独乐：北宋司马光在洛阳有园林，名独乐园。

[26] 东山高视小鲁竟：化用"孔子登东山而小鲁"句意。见《孟子·尽心上》。"竟"通"境"。

[27] 南国流风怀召公：用召公甘棠遗爱典。见《史记·燕召公世家》。

[28] 高士自守孤山居：北宋林逋隐居杭州西湖孤山。

[29] 陈大丘：东汉陈寔，曾任太丘长。"大"通"太"。

[30] 颜鲁公：唐大书法家颜真卿，封鲁郡公。世称"颜鲁公"。

[31] 南董史才，东马文学：南董指春秋时史家南史氏与董狐。东马指汉武帝时文学侍从之臣东方朔与司马相如。

[32] 魏国七子：指建安七子孔融、陈琳、王粲、徐幹、阮瑀、应玚、刘桢。

[33] 兼内："内"古同"纳"。

[34] 董子大儒，史游小学：董子指汉武帝时大儒董仲舒。史游是汉元帝时黄门令，精字学，善书法。

[35] 高堂治礼，夏侯传书：《汉书·艺文志》云"汉兴，鲁高堂生传《士礼》十七篇"。西汉夏侯胜，"少孤，好学，从始昌受《尚书》及《洪范五行传》"。见《汉书·夏侯胜传》。

[36] 长卿：西汉文学家司马相如，字长卿。

[37] 中郎独断：《独断》是东汉蔡邕的著作，共二卷，内容涉及汉代皇室对服饰等级的规定，以及对重要节日的释义和汉代历代皇帝更迭的始末和封谥的记述性资料。

[38] 平勃：西汉初大臣陈平与周勃的合称。

[39] 有物有则，山父之德：出自《诗经·烝民》"天生烝民，有物有则。……仲山甫之德，柔嘉维则"。"甫"通"父"。

[40] 年当大董：《史记·扁鹊仓公列传》"脉法曰'年二十脉气当趋，年三十

当疾步，年四十当安坐，年五十当安卧，年六十已上气当大董’”。徐广注曰：“董谓深藏之。”

[41] 吕氏博议：南宋吕祖谦，著有《东莱左氏博议》。

[42] 长卿诗城：唐代诗人刘长卿，善作五言诗，自称“五言长城”。见《新唐书·秦系传》。

[43] 广平：或指唐玄宗时名相宋璟，封广平郡公。

[44] 董子：西汉大儒董仲舒。

[45] 董生：西汉大儒董仲舒。

[46] 政如子产，是曰惠人：子产是春秋郑国大臣。《论语·宪问》云：“或问子产。子曰：‘惠人也。’”

[47] 百一诗：三国魏应璩所作诗名。

[48] 十三行：《玉版十三行》，东晋大书法家王献之的书法作品。

[49] 孝肃一乐，若河之清：北宋包拯，谥孝肃。“（包）拯立朝刚毅，贵戚宦官为之敛手，闻者皆惮之。人以包拯笑比黄河清。”见《宋史·包拯传》。

[50] 石氏恭敬：石氏指西汉“万石君”石奋。“（汉）高祖东击项籍，过河内，时（石）奋年十五，为小吏，侍高祖。高祖与语，爱其恭敬。”见《史记·万石张叔列传》。

[51] 公绰：疑或当作“公纪”。陆绩，字公纪。

[52] 乐史太平所纪：北宋乐史，著有《太平寰宇记》。

集汉隶四：樊敏碑[1]

不离世而立[2]；
乃与天为徒[3]。

无遗行于乡里；
有令德在子孙。

故人痛饮长松下；
同志清谭密室中。

故旧清谭招一再；
门庭春色又重三。

古书旧校汉天禄[4]；
盛事今参晋永和。

所喜清谭有周党[5]；
好将大节并严光[6]。

所学不为外人道；
其居乃号君子乡。

常以经义授乡里；
不将文字角辞华。

汉世所重在经义；
晋人常好为清谭。

春华不若秋华好；
今月常同古月明。

秋天炳然月长满；
春风起兮华怒生。

旧有辞华分八米[7]；
今留光曜在三台。

不辞华下一再饮；
为喜春光九十长。

种松有就期百岁；
立石不铭刊六经。

立节能轻古韩魏[8]；
当仁不后今微箕[9]。

欲招故人与同饮；
乃锄明月而种华。

古人所重在大节；
君子于学无常师。

痛饮春风能一石；
戏招明月作三人。

居常无喜怒之色；
立志以圣仁为归。

奉华作神有春色；
为石立史无秽辞。

不以荣华曜乡里；
常将道德养祥和。

令德宜为汉三老；
雄风不慕齐一匡[10]。

直道而行能正俗；
学人所重在穷经。

旧事微参柱下史[11]；
雄谭大发枕中书[12]。

体道辞荣汉三老；
执经请事鲁诸生。

能以经术治吏事；
宜将秋实作春华。

属当中外清和世；
请作君臣喜起歌[13]。

能以经义正民俗；
不辞冠冕为君恩。

此中宜作文字饮；
有人能为华月歌。

松下风为鲁和圣[14]；
囊中书有晋阳秋[15]。

诸史以迁为之祖；
六书有铉而后明[16]。

盛世喜当汉文景[17]；
老人复见鲁灵光。

古以青史氏为重；
君乃金华殿中人。

能于遗经见大义；
宜为潜德发光华。

饮人戏招毕吏部[18]；
秋色清同韩魏公。

行见乡闾三物备；
不徒文字一朝长。

喜见故人宜痛饮；
戏为明月发清歌。

能以清谭学东晋；
非徒风景近西泠。

十载濯冠钦俭节；
三军断布佐雄谭。

明月不能无秋思；
故人所在有春风。

请歌王在灵台作[19]；
非复巴人下里辞[20]。

吏治当师宓子贱[21]；
清谭宜招刘景升[22]。

书体浑雄或参米[23]；
史臣纪载欲师迁。

欲与故人同倡和；
不从后起角辞华。

士喜然明重东里[24]；
经将老子续南华[25]。

风度清华晋人物；
文辞严重汉都京[26]。

十载辞荣长枕石[27]；
一朝慕义起弹冠。

石建门风在忠孝[28]；
王褒[29]文体总清华。

囊中旧有归潜志[30]；
松下常谭种树书。

辞华旧有三都作；
道体今从一贯参。

长松卓立古之直；
好风微起圣而清。

勒石铭金百世物；
清风明月六朝人。

秋阳光曜近有若[31]；
长松风起作之而。

所喜好不离文字外；
有行义足为乡里师。

门有古松，庭无乱石；
秋宜明月，春则和风。

华下今月，松下古月；
春宜和风，秋宜清风。

吏号神君，民歌众母；
国有桢干，士赖楷模。

九经三史，轨物咸备；
五光十色，文字之华。

一书再书，华外无史；
十里五里，松下有人。

十年种树，君子有后；
一朝复礼，天下归仁[34]。

天之生民，有物有则；
学无常师，乃一乃精。

三世长者，宜备百禄；
十部从事，不若一书[35]。

集义所生，无助之长；
好学而敏，乃穷其微。

清风和风，咸助长养；
春色秋色，并有光华。

学无常师，卓然有立；
古之君子，和而不同。

仁义足荣，轻汉三杰[36]；
道德为重，耻齐一匡。

行于乡里，为古长者；
附以韩魏，若旧有之。

养之若苗，不助而长；
书此于石，以喜其遭。

仁者为人，学者为己；
义在所重，物在所轻。

仁义是重，乃轻晋楚；
道德无损，能益松侨[37]。

同人于门，冠冕所集；
君子表微，文字之祥。

履蹈中和，身为律度；
安行仁义，福垂子孙。

常将令德，表此风俗；
不以外物，扰其天和。

室除书史，从无外物；
臣于金石，实有微长。

和而不同，周而不党[32]；
今人与居，古人与稽[33]。

皇路方清，俊士并起；
圣经咸在，大义以明。

秋实春华，学人所种；
礼门义路，君子之居。

礼以履之，义路是蹈；
仁者人也，天君乃和。

文以载道，史以载事；
义者为己，仁者为人。

居以志养，仕以禄养；
德为人师，学为经师。

请刊石经，而备三体；
乃为楚辞，以续九歌。

以岁之和，史书大有；
其人能养，天授长生。

有物有则，乃天所与；
或清或和，以圣为归。

九曰五福，天之所与；
一月三迁，士以为荣。

请以种树十年为则；
不徒文士一朝之长。

为学则益，为道则损；
与今人居，与古人稽。

不遇九方[38]，遂无神物；
周历五岳，非复常人。

汉太史公，恩礼为盛；
鲁灵光殿，中外咸钦。

史氏所长，三者咸备；
大学之道，一是为归。

周有八士，伯达居长[39]；
汉之三杰，留侯为贤。

八士生周，三杰佐汉；
六经在鲁，一匡霸齐。

天有文昌，乃见光耀；
国之重臣，是为干桢。

同轨同文，遭际盛世；
有物有则，模楷古人。

国侨[40]有辞，与之方鼎；
晏子节俭，见于濯冠[41]。

集稷下士[42]，作柱下史；
无囊中物，有枕中书。

节制三军，行其秋令；
招集百物，入此春台。

清风清圣，和风和圣；
今月今人，古月古人。

从汉杨雄，而学奇字；
招晋毕卓[43]，以为饮人。

风月满庭，春色无赖；
穷达一节，秋士有思。

鲁灵光殿，下倡景福；
楚巴人辞，上和阳春[44]。

见义则为，锄其德色；
当仁不辟，养此心苗。

和气生祥，所养者大；
浑元无外，与物为春。

道德一经，首重在俭[45]；
损益诸义，无大于谦。

秋阳光曜，近于有若；
清风微起，古之伯夷[46]。

体验入微，不物于物；
造就者大，化工无工。

德威并树，吏治乃建；
文行咸重，士风大和。

清节为秋，是有潜德；
和神当春，故能大年。

六一居士[47]，喜集金石；
九十春光，宜养祥和。

【注释】

[1] 樊敏碑：汉代石刻，刻于东汉建安十年（205年）。字体为隶书。

[2] 离世而立：化用苏轼《前赤壁赋》“飘飘乎如遗世独立，羽化而登仙”。

[3] 与天为徒：出自《庄子·大宗师》“其一与天为徒，其不一与人为徒”。

[4] 汉天禄：天禄阁是汉初所建的皇家藏书之所，在长安。刘向、刘歆父子曾在此校书。

[5] 周党：两汉之际人，刘秀登基后隐居不仕。见《后汉书·逸民列传》。

[6] 严光：两汉之际著名隐士。

[7] 辞华分八米：典出《北史·卢思道传》“文宣帝崩，当朝文士各作挽歌十首，择其善者而用之。魏收、阳休之、祖孝徵等不过得一二首，唯（卢）思道独有八篇。故时人称为‘八米卢郎’”。

[8] 韩魏：春秋时晋国六卿中的两家，三家分晋后的韩、魏两国。

[9] 微箕：商末微子与箕子的合称。

[10] 齐一匡：春秋五霸之首齐桓公曾“九合诸侯，一匡天下”。见《史记·封禅书第六》。

[11] 柱下史：周秦官名，掌理天下图书、计籍。

[12] 枕中书：道教书名，托名东晋葛洪作。

[13] 喜起歌：出自《尚书·益稷》“（帝）乃歌曰：‘股肱喜哉！元首起哉！百工熙哉！’”后遂以“喜起”为君臣协和、政治美盛之辞。

[14] 鲁和圣：指春秋时鲁国人柳下惠。《孟子·万章下》云：“柳下惠，圣之和者也。”

[15] 晋阳秋：东晋孙盛所著关于晋代的史书，已佚。东晋简文帝生母郑后小字

阿春，故讳春秋为阳秋。

[16] 六书有铉而后明：十国南唐至宋初人徐铉，入宋后曾完成《说文解字》的校注工作。

[17] 汉文景：西汉文帝、景帝的合称。

[18] 毕吏部：东晋毕卓，曾官吏部郎，好饮，“卓尝谓人曰：‘得酒满数百斛船，四时甘味置两头，右手持酒杯，左手持蟹螯，拍浮酒船中，便足了一生矣’”。见《晋书·毕卓传》。

[19] 王在灵台作：指《诗经·灵台》。

[20] 巴人下里辞：指《下里》《巴人》两首楚国民歌。见宋玉《对楚王问》。

[21] 宓子贱：春秋鲁国人，孔门七十二贤之一。曾任单父宰。

[22] 刘景升：东汉末荆州牧刘表，字景升。

[23] 米：指北宋著名书法家米芾。

[24] 士喜然明重东里：然明是春秋郑国大夫，智者，鬷氏，名蔑，字然明，曾劝说子产不毁乡校。东里为子产所居，此代指子产。

[25] 经将老子续南华：《南华经》为庄子著作，即《庄子》。老子此指《道德经》。

[26] 都京：东汉班固的《两都赋》和张衡的《二京赋》。

[27] 枕石：指隐居生活。《三国志·彭羕传》有“枕石漱流”之语。

[28] 石建门风在忠孝：西汉“万石君”石奋长子。《史记·万石张叔列传》：“（石奋）诸子孙咸孝，然（石）建最甚。”又：“（石）建为郎中令，事有可言，屏人恣言，极切；至廷见，如不能言者。”

[29] 王褒：西汉文学家。

[30] 归潜志：金元之际人刘祁所著书名。

[31] 秋阳光曜近有若：曾子不同意子夏等人因“有若似圣人，欲以所事孔子事之”，说“不可，江汉以濯之，秋阳以暴之，皜皜乎不可尚已”。见《孟子·滕文公上》。

[32] 和而不同，周而不党：“子曰：‘君子和而不同，小人同而不和。’”见《论语·子路》。“子曰：‘君子周而不比，小人比而不周。’”见《论语·为政》。古文中“党”与“比”义近。

[33] 今人与居，古人与稽：“儒有今人与居，古人与稽；今世行之，后世以为楷。”见《礼记·儒行》。

[34] 一朝复礼，天下归仁：“一日克己复礼，天下归仁焉。”见《论语·颜渊》。

[35] 十部从事，不若一书：《三国志·魏志·刘馥传》裴松之注引《晋阳秋》“得刘公一纸书，贤于十部从事也”。

[36] 汉三杰：指汉初张良、萧何、韩信。汉高祖刘邦曾云：“此三者，皆人杰也。”见《史记·高祖本纪》。

[37] 松侨：赤松子与王侨（即王子乔）的并称。二人皆古代传说中的仙人。见《汉书·王褒传》。

[38] 九方：指春秋相马名家九方皋。见《列子·说符》。

[39] 周有八士，伯达居长：“周有八士，伯达、伯适、仲突、仲忽、叔夜、叔夏、季随、季騧。”见《论语·微子》。

[40] 国侨：春秋郑国大夫公孙侨，字子产。其父公子发，字子国。子产以父字为氏，故又称“国侨”。

[41] 晏子节俭，见于濯冠：“晏平仲祀其先人，豚肩不掩豆，浣衣濯冠以

朝，君子以为隘矣。”见《礼记·礼器》。

[42] 稷下士：指战国时聚集于齐国稷下学宫的文士。

[43] 晋毕卓：见前“毕吏部”注。

[44] 阳春：指楚国民歌《阳春》。见宋玉《对楚王问》。

[45] 道德一经，首重在俭：《道德经》“我有三宝，持而宝之；一曰慈，二曰俭，三曰不敢为天下先”。

[46] 清风微起，古之伯夷：见《孟子·万章下》“伯夷，圣之清者也”。

[47] 六一居士：北宋文学家欧阳修，号六一居士。

集唐隶：纪泰山铭[1]

惟孝蒸蒸乂；
其仁浩浩天。

九五福居首[2]；
七十载从心[3]。

为道则日损[4]；
有大而能谦[5]。

在山为宰相；
于易乃祖师。

其称名也小；
能顺天者昌。

其书浑浑尔；
乃心休休焉。

圣人大宝曰位[6]；
天子万岁无疆。

居何在，仁是也[7]；
信以成，君子哉[8]。

乐其乐，利其利[9]；
道非道，名非名[10]。

仁者安，知者利；
视其以，观其由。

居在仁，由在义[11]；
今与居，古与稽。

能文章，有道德；
是官府，亦神仙。

前古后今有如是；
天高地厚无已时。

高文典重张平子；
旧迹存留王献之。

实始居山斯为祖；
或能植物莫非师。

以石为山焉用大；
不风而月也能凉。

不烦扰斯称道力；
无起灭乃见禅心。

事在始终中毕举；
儒由天地人咸通。

山中人惟知自乐；
天下事不在多言。

海上生明随处见[12]；
山中积雨绝人来。

大山小山若伯仲；
新植旧植称祖孙。

江上自来山万叠；
尊前惟有月三人。

大文自刻会昌集[13]；
小序如见永和人。

多福集中大度者；
成功率在小心人。

岩处先储镇山宝；
川行小制顺风旗。

社事惟行一献礼；
山居亦有九锡文[14]。

厚地高天乐其乐；
凉风明月仙乎仙。

亦有小山起平地；
将随明月至前川。

合道德文章而化；
如金玉锡石之储。

金石刻铭用皇象[15]；
文章典雅有相如。

文士成章时涉戏；
山人行礼不为苛。

立旗而观风顺不；
举网有得月随之。

小举金樽对明月；
高张石刻闻古香。

风化一编今乐府；
表章六艺古师儒。

众山自是群玉[16]积；
明月岂非七宝成。

自有仙人非尽诞；
由来名士亦通禅。

天子万岁万万岁；
圣德日新日日新。

如是我闻尽风月；
多与人同惟艺文。

已成灵运山居作[17]；
不献相如封禅书[18]。

立石自成小五岳；
陈园而观大九州。

天上亦闻有官府；
山中或已是神仙。

汉史公书大著作；
唐山人集小词章。

顺道尚烦风一至；
归山惟与月同行。

多言自守金人诫[19]；
稽典时开玉海编[20]。

顺时自有金风至；
构室惟求明月多。

四时允叶玉衡政；
百岁不闻金鼓声。

观五岳而知众山小；
凡百川咸于大海归。

文岂无神，乃帝之命；
山亦有史，是臣自修。

圣于伯子[21]，亦美其简；
人如获也，始谓之和[22]。

厥修乃来，惟日不继；
与人同乐，其益无方。

山居乐事，三马有庆；
文章大观，万象咸新。

德者本也，利者末也[23]；
礼以行之，信以成之[24]。

著则能明，明则能动[25]；
正而后修，修而后齐[26]。

视山人居，若神仙宅；
开文章府，亦大将坛。

正修齐平[27]，是谓知本；
诚著明动，乃能化邦。

无岁不孰，万宝之府；
得月而明，群玉其山。

以苍史凡，将求古意；
用金人懿，诚毖躬修。

礼大斯简，乐大斯易；
父在为子，君在为臣。

图难于易，为大于小；
视有若无，居实若虚。

天生仙物，三千岁孰[28]；
地溥美利，九十月成。

山有锡贡，惟献植物；
天张玉戏，以乐高人。

今日云云，莫大风月；
我心在在，有小山川。

天锡六符[29]，地贡万宝；
易张十翼[30]，书陈七观[31]。

请观玉衡，以齐其政；
乃刻石鼓，而纪兹文。

古有文章，与我为戏；
天将风月，助人之欢。

文以先秦前汉为则；
居有三山五岳之图。

稽文考献，新编山史；
扬风榷雅，大启词场。

臣于三德六行咸备；
书非先秦前汉不观。

风至山中，无不和畅；
月生海上，自极高明。

秦刻岩石，以视后代；
汉启宅壁，而求古文[32]。

有物在尊，是为天禄；
刻文于石，莫将人磨。

顺时而行，归于安宅；
修德有报，福在后人。

礼乐有成，乃称明备；
功名不处，自极崇高。

为政不烦，在明牧宰；
与人同乐，是小唐虞。

修武揆文，允矣圣相；
报功崇德，美哉昌时。

天孙锡灵，精思乃启；
文昌垂象，休运斯开。

天生是人，以翼圣世；
帝立作相，用缵戎功。

儒者有文，斯称风雅；
山人无事，是谓神仙。

叙事以先秦前汉为则；
考文本方言广雅而来。

通人无方，不为玉，不为石；
修士有则，亦如锡，亦如金。

文物天开，已尽东南之美[33]矣；
典章圣作，尚于庚子而陈之。

【注释】

[1] 纪泰山铭：唐代石刻，刻于唐开元十四年（726年），字体为隶书，现存1008字。

[2] 九五福居首：“九、五福：一曰寿，二曰富，三曰康宁，四曰攸好德，五曰考终命。”见《尚书·洪范》。古文不标点，亦被称为“九五福”。

[3] 七十载从心：“七十而从心所欲，不逾矩。”见《论语·为政》。

[4] 为道则日损：“为学日益，为道日损。”见《道德经》。

[5] 有大而能谦：“有大而能谦必豫，故受之以《豫》。”见《周易·序卦》。

[6] 圣人大宝曰位：“圣人之大宝曰位。”见《周易·系辞下》。

[7] 居何在，仁是也：“居恶在？仁是也。”见《孟子·尽心上》。

[8] 信以成，君子哉：“子曰：‘君子义以为质，礼以行之，孙以出之，信以成之。君子哉！’”见《论语·卫灵公》。

[9] 乐其乐，利其利：“小人乐其乐而利其利。”见《礼记·大学》。

[10] 道非道，名非名：改《道德经》“道可道，非常道。名可名，非常名”而成。

[11] 居在仁，由在义：化用《孟子·尽心上》“居仁由义，大人之事备矣”。

[12] 海上生明随处见：化用唐张九龄“海上生明月，天涯共此时”诗句。

[13] 会昌集：《会昌一品集》，唐李德裕著。

[14] 九锡文：帝王赐九锡予权臣时的诏书。

[15] 皇象：三国吴书法家，有碑刻传世。

[16] 群玉：群玉山，传说是西王母所居处。《穆天子传》有“天子北征，东还，乃循黑水。癸巳，至于群玉之山”。

[17] 灵运山居作：谢灵运，东晋至南朝宋诗人，作有《山居赋》。

[18] 不献相如封禅书：司马相如死后，遗留下封禅书，以待皇帝派人来求取。见《史记·司马相如列传》。

[19] 金人诫：《孔子家语·观周》“孔子观周，遂入太祖后稷之庙。庙堂右阶之前，有金人焉。三缄其口，而铭其背曰：‘古之慎言人也，戒之哉！’”

[20] 玉海编：指宋人王应麟编撰的大型类书《玉海》。

[21] 伯子：古代祝词中弟对兄长的称呼。

[22] 人如获也，始谓之和：柳下惠，展氏，名获，“圣之和者也”。见《孟子·万章下》。

[23] 德者本也，利者末也：改《礼记·大

学》“德者本也，财者末也”而成。

[24] 礼以行之，信以成之：“子曰：‘君子义以为质，礼以行之，孙以出之，信以成之。君子哉。’”见《论语·卫灵公》。

[25] 著则能明，明则能动：化用《礼记·中庸》“诚则形，形则著，著则明，明则动，动则变，变则化”。

[26] 正而后修，修而后齐：化用《礼记·大学》“心正而后身修，身修而后家齐”。

[27] 正修齐平：“正修齐”见上注。“平”指平天下，化用《礼记·大学》“家齐而后国治，国治而后天下平”。

[28] 孰：通“熟”。

[29] 六符：谓三台六星的符验。《汉书·东方朔传》：“愿陈《泰阶六符》，以观天变，不可不省。”颜师古注：“孟康曰：‘泰阶，三台也。每台二星，凡六星。符，六星之符验也。’应劭曰：‘《黄帝泰阶六符经》曰：泰阶者，天之三阶也。上阶为天子，中阶为诸侯、公卿、大夫，下阶为士庶人。’”

[30] 易张十翼：《易》的《彖》上下、《象》上下、《系辞》上下、《文言》、《说卦》、《序卦》、《杂卦》十篇，相传为孔子所作，总称“十翼”。

[31] 书陈七观：儒家称《尚书》可供借鉴的七个方面。《尚书·大传》：“六《誓》可以观义，五《诰》可以观仁，《甫刑》可以观诫，《洪范》可以观度，《禹贡》可以观事，《皋陶谟》可以观治，《尧典》可以观美。”

[32] 汉启宅壁，而求古文：刘歆《移让太常博士书》云“及鲁恭王坏孔子宅，欲以为宫，而得古文于坏壁之中。《逸礼》有三十九，《书》十六篇”。

[33] 尽东南之美：化用王勃《滕王阁序》“宾主尽东南之美”句。

集经石峪《金刚经》[1]字

泰山经石峪所刻《金刚经》已不全，兹姑就所有者集之，所无之字，则取之《金刚经》云。

金轮持世；
宝典应时。

即心是佛；
知我其天。

但用我法；
何畏人言。

金经度世；
白眼观人[2]。

不处下流；
自然上达。

老树若卧；
微波如罗。

从小知大；
受重若轻。

不解事汉；
真读书人。

著作空后世；
礼乐法前王。

尘根耨即去；
清福种方生。

读书能见道；
入世不求名。

照暗孤灯小；
乘流一筏轻。

功名子弟事；
天地圣贤心。

种成皆宝树；
道合即金兰。

不养生而寿；
处尘世亦仙。

高人天所命；
深义佛无言。

罗衣称身著；
华担在肩轻。

白眼观尘世；
金经养道心。

山深围作国；
树老化为人。

读书必提要；
处事在通经。

福寿男则百；
德功言为三[3]。

但愿生平世；
何须著罪言[4]。

清时最有味[5]；
白日长无为。

受经有高足；
应事要平心。

未成灯下句；
来数园中华。

日长金尊小；
身老布衣高。

多言即少味；
无欲斯有为。

能受诸福五；
是称达尊三[6]。

有时而独往；
无日不狂歌。

有子万事足；
无佛一身尊。

坐观西山色；
卧读南华经。

此语深有味；
我心净不波。

佛仙亦凡种；
福寿在名山。

欲无尔我见；
须有老庄[7]书。

所行是我法；
其发即婆心。

众香国中住；
大罗天上人。

书得灯边味；
人闻华下香。

为善无不报；
无欲而后刚。

荷高能得露；
兰小已生香。

老树甚可怖；
空山疑有仙。

有华皆解语；
无树不生香。

深思供佛句；
微暗读书灯。

树上长生果；
天边及第华。

身心万缘净；
意味一灯孤。

不凡即是佛；
有果莫非因。

老树立如塔；
清流绕作城。

是非听人世；
礼乐付经生。

高以下为体；
轻乃重之根。

畏闻人世事；
高卧故山中。

来从华严法界[8]；
去观天下名山。

那能皆如人意；
要不大异我心。

有恒可以入圣；
无欲然后得刚。

入乐国，住乐土；
见异人，读异书。

多言人，莫轻信；
得意事，不妄为。

欲于经义有得；
若云世事无求。

山中作相尊之至；
坐间供佛寿无量。

书有未观皆可读；
事经已过不须提。

尊前时复中清圣；
灯下还能读汉书。

盘中仙果最得味；
坐上修兰别有香。

世上声名天付取；
山中事业我平章。

乐善不言因果事；
养心有取老庄书。

从来大白何能辱；
果是真金定有刚。

合眼如见诸仙佛；
入园即是小山河。

不解俗缘千种事；
皆因身住万山中。

人世亦能随俗住；
我行最喜入山深。

解经切莫金根[9]诳；
养性还须白堕[10]来。

及时上寿一大白[11]；
随处著华千碎金。

山中坐等小兰若[12]；
天下人尊大布衣。

能以仙心修佛性；
即教肉食亦清流。

修仙即是成佛法；
入城不异在山时。

欲解昔贤何所乐；
但观今我此时心。

老树分行如立界；
深山围住即成城。

凡眼何能别兰种；
仙心方得受荷香。

时歌白也微之[13]句；
亦读庄生老子书。

养性尊前须白堕；
戒言坐右有金人。

万事随缘皆有味；
一生知我不多人。

心上有天即见佛；
山中无庙亦来仙。

清波亦可辱以足[14]；
小树已能高及肩。

昔往今来有如此；
天清地旷无已时。

人奉高名非所取；
天生清福不须修。

功已告成还处女；
身能长寿又多男。

心至虚时能受益；
目当暗处乃生明。

我法去来皆不著；
人间聚散莫非缘。

老树成行不见日；
清流小触即生波。

不解养生偏得寿；
颇思离世乃成名。

道大随人各有得；
心平于世一无求。

但求之我有实在；
不得于心无妄言。

少日读书得上第；
老来高卧称达尊。

老去初无阿世意；
出来还是在山心。

千金白日虚言值；
一老空山坐读书。

长句未成三益[15]至；
清尊欲尽五经来。

经在汉初无解释；
字从斯[16]后有真行。

大名在千佛经上见；
此身于众香国中来。

人诵高名，如在天上；
身无尘事，不入城中。

人能读书，即为有福；
我欲去谤，莫如无言。

山中清节，严于金布[17]；
天下散汉，尊在白衣。

善合众长，取狐之白[18]；
大有所利，于肉得金[19]。

独往独来，义之与比；
众闻众见，德则不孤。

有子弟可教一乐也[20]；
舍逆亿[21]不用其贤乎。

与其轻人，不如重我；
但求无过，非必有功。

一念不起，彼我悉化；
空山无人，仙佛皆来。

尊中有味，不为贤，即为圣；
灯下无事，非读老，亦读庄。

园乃甚小，山亦不深，颇得真意；
食尚有肉，衣则以布，自称老人。

深山无日无时，去来今不记；
老树有华有实，色香味皆清。

【注释】

[1] 经石峪《金刚经》：北齐天宝年间的摩崖石刻，刻于泰山经石峪，内容为《金刚经》，字体介于隶书与楷书之间，现存900余字。

[2] 白眼观人：用阮籍青白眼典。见《晋书·阮籍传》。

[3] 德功言为三：指立德、立功、立言。《左传》：“太上有立德，其次有立

功，其次有立言，虽久不废，此之谓不朽。”

[4] 罪言：唐杜牧所作的文章。《新唐书·杜牧传》：“刘从谏守泽潞，何进滔据魏博，颇骄蹇不循法度。牧追咎长庆以来朝廷措置亡术，复失山东，钜封剧镇，所以系天下轻重，不得承袭轻授，皆国家大事，嫌不当位而言，实有罪，故作《罪言》。”后因称奏议或议论时政得失的文章为“罪言”。

[5] 清时最有味：化用杜牧“清时有味是无能”诗句。

[6] 达尊三：《孟子·公孙丑下》“天下有达尊三：爵一，齿一，德一”。

[7] 老庄：老子与庄子的合称。

[8] 华严法界：佛教术语。

[9] 金根：文字遭谬改之典。出唐李绰《尚书故实》：“昌黎生者，名父子也。虽教有义方，而性颇暗劣。尝为集贤校理，史传中有说金根车处，皆臆断之，曰：‘岂其误欤？必金银车。’悉改‘根’字为‘银’字。”

[10] 白堕：美酒的代称。苏辙《次韵子瞻病中大雪》诗云：“殷勤赋黄竹，自劝饮白堕。”

[11] 大白：指酒杯。出自刘向《说苑·善说》：“魏文侯与大夫饮酒，使公乘不仁为觞政，曰：‘饮不釂者，浮以大白。’”

[12] 兰若：寺庙，即梵语“阿兰若”的省称。

[13] 白也微之：“白也”指李白（杜甫诗有“白也诗无敌”）；微之指元稹（字微之）。

[14] 清波亦可辱以足：《孟子·离娄上》“孔子曰：‘小子听之！清斯濯缨，浊斯濯足矣。自取之也。’”此处反用其典。

[15] 三益：《论语·季氏》“孔子曰：‘益者三友，损者三友。友直，友谅，友多闻，益矣。’”后即以借指良友。

[16] 斯：此指秦丞相李斯。

[17] 金布：金与布皆为古代货币。

[18] 善合众长，取狐之白：《墨子·亲士》“是故江河之水，非一源之水也；千镒之裘，非一狐之白也”。喻积小才能成大。

[19] 于肉得金：出自《周易·噬嗑》“六五，噬干肉，得黄金，贞厉，无咎”。

[20] 有子弟可教一乐也：《孟子·尽心上》“君子有三乐，而王天下不与存焉。父母俱存，兄弟无故，一乐也；仰不愧于天，俯不怍于人，二乐也；得天下英才而教育之，三乐也”。

[21] 逆亿：《论语·宪问》“不逆诈，不亿不信”。邢昺疏：“此章戒人不可逆料人之诈，不可亿度人之不信也。”“亿”通“臆”。

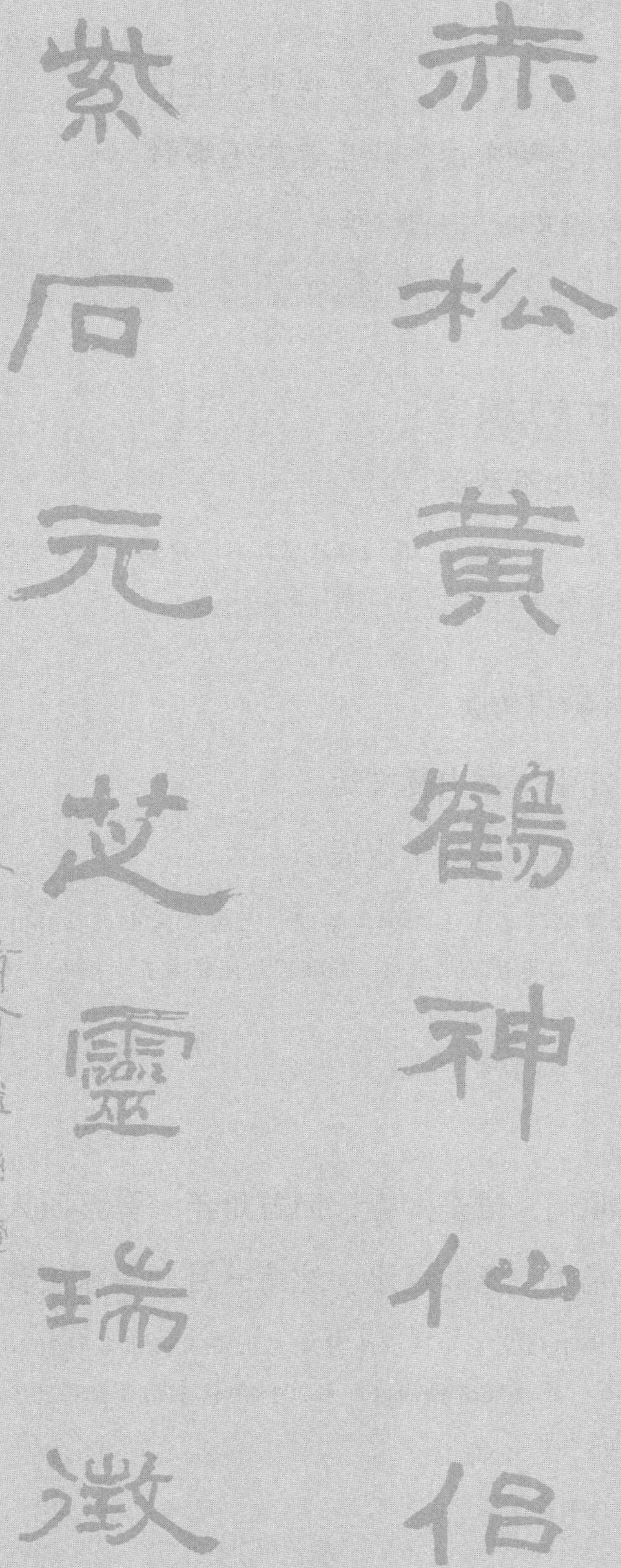
赤松黄鹤神仙侣
紫石元芝灵瑞徵
賓萌俞樾

挽妻姚夫人联

四十年赤手持家，君死料难如往日；

六旬人白头永诀，我生谅亦不多时。

见《春在堂尺牍》俞樾致徐琪书。

右台仙馆联

曾闻古有归真室；

已视身如不系船。

俞樾旧句，汪鸣銮书。见《春在堂尺牍》俞樾致汪鸣銮书。按，此联摘自俞樾自题右台山生圹墓门诗二首之二。

贺瞿鸿禨五十寿联

盛夏方中，振中夏文运；

旬十有五，庆五十生辰。

见《俞樾书信集》（汪少华整理，上海人民出版社2020年1月第1版）第401页，俞樾致瞿鸿禨书。此联因传闻瞿系五十整寿而作，后知非整寿，不果贺。

风尘澒洞，谁是知音，回首卅年，磊落照人肝胆在；

荏苒光阴，竟如逝水，沈疴一月，凄凉使我影形孤。

见《俞樾书信集》（汪少华整理，上海人民出版社2020年1月第1版）第982页。系整理者据西泠印社2018年秋季拍卖会第2324号拍品编入。疑系挽某人联。

自题春在堂联

越水吴山随所适；

布衣蔬食了余生。

见俞樾《春在堂诗编》《彭雪琴侍郎和余年字韵诗，因叠前韵述怀》诗之注。

挽二女俞绣孙联

十岁能诗，廿岁能词，错认痴儿兼福慧；

去年哭子，今年哭女，怎教老泪不干枯。

见俞樾《春在堂诗编》《次女绣孙于十二月十八日卒于杭州，哭之于诗，得十五首》诗之注。

右台山馆前墓门联

正面额：俞氏墓道

且喜故乡无百里；

敢期此后有千秋。

背面额：温爱世界

不妨姑说梦中梦；

自笑已成身外身。

见俞樾《春在堂诗编》《重九前一日至杭州湖楼山馆，小住月余，得诗十七首》诗之注。

题俞楼联

止谈风月；

不具衣冠。

见俞樾《春在堂诗编》《湖楼山馆杂诗》诗之注。

摘白居易诗题右台仙馆联

老自退闲非世弃；

贫犹强健是天怜。

拟答杭州灵隐冷泉亭联

泉自有时冷起；

峰从无处飞来。

见俞樾《春在堂随笔》卷一。

题船联

额曰：六旬泛宅

昼夜六时大安乐；

翁孙两月此勾留。

见俞樾《春在堂随笔》卷十。

附录

附录一　俞樾年谱简编

道光元年辛巳（1821年）一岁

十二月初二，生于德清南埭村。父鸿渐，嘉庆举人，时年四十一岁，母姚氏，时年三十五岁，兄林，时年八岁。

道光四年甲申（1824年）四岁

随母移居仁和临平镇史家埭，依外家居。

道光六年丙戌（1826年）六岁

由母口授《四书》，至九岁毕。

道光七年丁亥（1827年）七岁

与舅父姚光晋第四女文玉订婚。

道光十年庚寅（1830年）十岁

入临平孙氏塾，受教于戴贻仲先生。

道光十三年癸卯（1833年）十三岁

仲冬，至江西玉山。

道光十四年甲午（1834年）十四岁

父设馆于常州汪氏，随父读书于常州。

道光十五年乙未（1835年）十五岁

仍随父读书于常州，粗通经义。冬，由史家埭迁居马家弄。

道光十六年丙申（1836年）十六岁

应童试中式，入县学。

道光十七年丁酉（1837年）十七岁

赴杭州应乡试，中式第十二名副榜。

道光十九年己亥（1839年）十九岁

赴湖州应恩科乡试，下第。十月初八，与姚文玉成婚。

道光二十年庚子（1840年）二十岁

因病未赴乡试。

道光二十一年辛丑（1841年）二十一岁

初为人师，临平沈氏兄弟从学。秋，闻海上有警（按：鸦片战争英军犯浙东），举家避居德清故居。

道光二十二年壬寅（1842年）二十二岁

春，至武林蔡氏授馆，年入四万钱。九月，长子绍莱生。

道光二十三年癸卯（1843年）二十三岁

八月，兄林乡试中式。十月，至玉山汪知县署代兄林授馆。十二月，葬祖父廷镳于德清乌巾山之阳。

道光二十四年甲辰（1844年）二十四岁

八月，应杭州恩科乡试，中式第三十六名。至新安授馆，与汪殿龄兄弟交，有异姓昆弟之约。长女锦孙生。

道光二十五年乙巳（1845年）二十五岁

正月，与兄林同赴京应会试，均下第。秋，复至新安汪氏授馆。

道光二十六年丙午（1846年）二十六岁

正月，父卒。三月十四，次子祖仁生。秋，因守制，未赴试，复至新安汪氏授馆。

道光二十七年丁未（1847年）二十七岁

在新安汪氏授馆。

道光二十八年戊申（1848年）二十八岁

在新安汪氏授馆。兄林游广西巡抚幕。

道光二十九年己酉（1849年）二十九岁

在新安汪氏授馆。次女绣孙生。

道光三十年庚戌（1850年）三十岁

春，与兄林同赴京应会试，途中有覆舟之险。中式二甲第十九名进士。复试诗首句“花落春仍在”为试官曾国藩激赏，置第一。兄林下第。五月初三，选翰林院庶吉士。

咸丰元年辛亥（1851年）三十一岁

春夏间，在新安汪氏授馆。七月，归临平。

咸丰二年壬子（1852年）三十二岁

春，入京。四月，散馆，授编修。与兄林移居棉花胡同。兄林任实录馆誊录。八月，母姚太夫人率家眷至京。移居南柳巷。帝临御门办事，奉派侍班。

咸丰三年癸丑（1853年）三十三岁

正月，奉派拜谒慕陵。二月，帝临雍，奉派听讲《尚书》《中庸》。四月，乞假送太夫人南归，居临平马家弄鸿雪轩。兄林以宣宗实录成，以知县分发福建，携眷赴闽。

咸丰四年甲寅（1854年）三十四岁

清明，赴德清扫墓。浙抚黄寿臣荐任嵊县县学主讲，辞，未就。

咸丰五年乙卯（1855年）三十五岁

春，奉派充国史馆协修。太夫人赴闽，妻姚夫人携儿女返京。四月十三，考差。八月初二，简河南学政。九月下旬，携眷赴开封就任。

咸丰六年丙辰（1856年）三十六岁

二月，至怀庆及洛中各地试士。十一月，疏请以郑公孙侨从祀文庙，以圣兄孟皮配享崇圣祠。诏下部议，从之。结识河南知府咸宁樊琨，为长子绍莱聘其次女。

咸丰七年丁巳（1857年）三十七岁

秋，乡试。御史曹登庸劾命题割裂经义，罢归。十一月，移居开封度岁。

咸丰八年戊午（1858年）三十八岁

春，携眷南归。因乱绕道山东至苏州，赁石蕴玉饮马桥独学庐而居。夏，始读高邮王念孙父子书，有治经之意。始习篆隶书。秋，以苏抚赵德辙荐，主讲苏州云间书院。十二月，移居经史巷五柳园。

咸丰九年己未（1859年）三十九岁

三月，同年瑞安孙衣言途经苏州，为衣言所著《逊学斋诗抄》校勘作序。授课之余，潜心经书，每有所得，辄记之，实为《群经平议》与《诸子平议》之始。冬，刊行《日损益斋诗》十卷。谒长洲宋翔凤，得闻武进庄氏之学。

咸丰十年庚申（1860年）四十岁

四月，太平军攻苏州，携眷出城，辗转避乱于德清新市、绍兴、上虞等地。

咸丰十一年辛酉（1861年）四十一岁

春，避居上虞，后避于上虞之槎浦，复经宁波、定海至上海，赁小舟于黄浦江度岁。

同治元年壬戌（1861年）四十二岁

二月，携眷由海道至天津。

同治二年癸亥（1863年）四十三岁

旅居天津，潜心著述，生计艰难，以借贷度日。

同治三年甲子（1864年）四十四岁

春，携次女绣孙入京，遣嫁于钱塘望族许乃恩次子祐身。秋，长子绍莱娶咸宁樊琨次女。冬，次子祖仁就婚于临平姚氏，即外家也。所著《群经平议》三十五卷、《诸子平议》三十五卷告成。以通商大臣崇厚荐，与修《天津府志》。

同治四年乙丑（1865年）四十五岁

春，张汝霖刻《群经平议》第十四卷于天津。次子祖仁大病于苏州。秋，举家南归。途次江宁，晤李鸿章，以其荐主讲苏州紫阳书院。冬，遣嫁长女锦孙于同年宝应王凯泰次子豫卿。

同治五年丙寅（1866年）四十六岁

二月，至紫阳书院授课。应同年应宝时邀修《上海县志》。

同治六年丁卯（1867年）四十七岁

正月，浙抚蒋益澧助刊《群经平议》成。春，至上海修志，撰《列子平议》二卷成。五月，赴江宁谒曾国藩，同游江宁诸名胜。冬，与妻归德清，葬父于金鹅山。应浙抚马新贻邀，出长杭州诂经精舍，辞紫阳书院教席。浙江学政长沙徐树铭举荐先生，得旨严谴。

同治七年戊辰（1868年）四十八岁

正月，出长杭州诂经精舍，兼管浙江书局。三月，次子妇生长孙陛云。闰四月，曾国藩莅苏州，同游木渎。九月，与妻同游西湖，住诂经精舍第一楼。十月，杨昌濬刻《春在堂诗编》八卷成。撰《古书疑义举例》七卷成。建议江浙扬鄂四书局总刻二十四史。主持浙江书局精刻子书二十二种。

同治八年己巳（1869年）四十九岁

春，彭玉麟来杭，住诂经精舍第一楼，一见如故，遂订交。参与四书局会刻二十四史事。撰成《湖楼笔谈》七卷。四月，以事至绍兴，谒禹陵，登南镇香炉峰。赁苏州马医科巷潘氏屋居之。六月初三，为妻庆五十生辰。

同治九年庚午（1870年）五十岁

刻《诸子平议》成。春，航海至闽中省母。夏，大病于苏州寓所，历三月余而愈。秋，浙江乡试，诂经精舍生中式者十九人，另优贡三人。潘蔚等助刊《诸子平议》三十五卷成。十二月，长子绍莱为直隶大名府同知。

同治十年辛未（1871年）五十一岁

刻《第一楼丛书》九种三十卷成。吴县潘祖谦兄弟以《春在堂杂文》二卷付梓。

同治十一年壬申（1872年）五十二岁

春初，至福宁省母。二月初四，恩师江督湘乡曾国藩卒于江宁督署，作联“是名宰相，是真将军，当代郭汾阳，到此顿惊梁木坏；为天下悲，为后学惜，伤心宋公序，从今谁诵落花诗。”挽之。刊祖廷镳《四书评本》。成《太上感应篇缵义》二卷。以长子绍莱官，加级请二品封典。

同治十二年癸酉（1873年）五十三岁

春，与杨昌濬、彭玉麟同游云栖。四月，兄林卒于任所，赴闽理兄林丧事，迎母归苏州。冬，护兄嫂柩归葬德清。

同治十三年甲戌（1874年）五十四岁

春，同年亲翁闽抚宝应王凯泰过苏州，畅谈竟日。秋，浙江书局谋刻诸子，以嘉庆甲子重镌本十子全书贻杨昌濬。于苏州马医科巷购地筑春在堂并曲园。冬，川督吴棠函邀主讲成都尊经书院，以母老辞。为盛康撰《留园记》。

光绪元年乙亥（1875年）五十五岁

四月十九日，迁春在堂新居。春，吴县雷浚见访于春在堂，以所著《说文外编》十五卷见示。秋，同年亲翁闽抚王凯泰卒于任所，为撰神道碑，并作诗联悼挽。

光绪二年丙子（1876年）五十六岁

夏，兼讲于上海求志书院。秋，长子绍莱补北运河同知。兄子祖绥乡试中式。季秋，自苏州至杭州诂经精舍。《曲园杂纂》五十卷成书并刊行于世。

光绪三年丁丑（1877年）五十七岁

好友苏州太守恩锡去世。

光绪四年戊寅（1878年）五十八岁

夏四月，门人徐琪等为筑楼于孤山之麓，名曰俞楼。八月，母姚太夫人卒，年九十三。选诂经精舍课艺之佳者刻为《诂经精舍四集》。

光绪五年己卯（1879年）五十九岁

三月，聘彭玉麟长孙女见贞为长孙陛云妇。四月，妻姚夫人卒。奉其柩至俞楼，作悼亡七绝一百首，撰联“四十年赤手持家，君死料难如往日；六旬人白头永诀，我生谅亦不多时。”挽之。于杭州右台山买地谋营葬。五月，葬妻于右台山，自营生圹于其左。为《镇海县志》作序录一卷。《俞楼杂纂》五十卷刊行。

光绪六年庚辰（1880年）六十岁

春，门人徐琪入翰林。五月六日，为父百岁生忌，设位家祭，并礼佛于宝积寺。于春在堂西隅添作小竹里馆。于右台山茔侧买地，筑屋三间，名右台仙馆。十月朔，居右台仙馆著述。《右台仙馆笔记》及《茶香室丛钞》之著，皆始于是年。冬，为长孙陛云娶彭氏。

光绪七年辛巳（1881年）六十一岁

八月，长子绍莱卒于天津。九月，与次女绣孙及婿祐身同游杭州九溪十八涧。

光绪八年壬午（1882年）六十二岁

作诗布告同人，有停止作文三载之约。四月，葬长子绍莱于右台山姚夫人茔左。以姚夫人遗齿及己堕齿一枚，合瘗于孤山之麓，题曰双齿冢。冬，日本人岸田国华寄其国诗集一百七十余家，请选定。秋，编刻《诂经精舍文集》第五集成。十二月，次女绣孙卒于杭州。

光绪九年癸未（1883年）六十三岁

春，收集绣孙所遗诗七十五首，词十五首，刻为《慧福楼幸草》。四月，长孙陛云应童试，县试第二，府试第一，因学使更易，院试延期。五月，《茶香室丛钞》二十三卷付梓。夏，选定日本国人诗集四十卷，补遗四卷。于右台仙馆复筑屋三间。长曾孙女琎宝生。

光绪十年甲申（1884年）六十四岁

四月，长孙陛云应院试，以第一名入县学，成秀才。夏，日本大藏省官学生井上陈政来杭州，从学于俞楼。《茶香室丛钞》刊行。

光绪十一年乙酉（1885年）六十五岁

九月，长孙陛云应乡试，中式第二名举人。十二月，次曾孙女珉宝生。编刻《诂经精舍文集》第六集成。

光绪十二年丙戌（1886年）六十六岁

春，送长孙陛云赴京应会试，下第。归途于天津晤李鸿章。十月初六，诂经精舍第一楼大火，《诂经精舍文集》第四、五、六集版尽焚毁。

光绪十三年丁亥（1887年）六十七岁

三月，与家人同游绍兴。日本人井上陈政学成归国。秋，撰《茶香室经说》十六卷成。

光绪十四年戊子（1888年）六十八岁

刻《茶香室三钞》二十九卷成。长孙女庆曾许嫁上元宗湘文子舜年。以六省乡试试题作文七篇，诗四首，合而刊行，售书所得一百四十元为河南直隶赈灾。

光绪十五年己丑（1889年）六十九岁

春，长孙陛云赴京应会试，下第。五月，《曲园自述诗》一百九十首刊行。仍依去年例，拟闱墨刊行，售书所得二百元赈湖州水灾。

光绪十六年庚寅（1890年）七十岁

章炳麟入诂经精舍从学。二月，彭玉麟卒于湖南居庐，三月为诗哭之，作联“功业在天下，声名在柱下，我怀姻娅私情，只论退省庵中，历历心头廿年事；哭别于九月，闻讣于三月，公已支离病榻，犹有吟香馆内，匆匆口授数行书。”挽之。冬，长女锦孙婿王豫卿卒。

光绪十七年辛卯（1891年）七十一岁

十月，刊《东海投桃集》。门生日本人井上陈政征集日本文士贺先生七十寿诗文。

光绪十八年壬辰（1892年）七十二岁

正月十六，许氏二外孙女之雯嫁王氏外孙念曾，作诗联以贺。二月，刊刻彭玉麟《奏稿》八卷成。夏，《九九消夏录》十四卷成。秋，《曲园四要》刊行。

光绪十九年癸巳（1893年）七十三岁

春，撰《茶香室四钞》成。夏，朝鲜文士池文光自平壤至杭州见访，叠次错过于苏杭间，乃在杭待五阅月，始相见。刊刻《诂经精舍文集》第七集。

光绪二十年甲午（1894年）七十四岁

夏，孙妇彭氏卒，年二十九。门生曹小槎以西洋石印法印《春在堂全书》成。

光绪二十一年乙未（1895年）七十五岁

七月二十一，为长孙陛云聘许氏六外孙女之仙为继室。

光绪二十二年丙申（1896年）七十六岁

章炳麟离诂经精舍，任职上海《时务报》。《诂经精舍文集》第八集刊行。

光绪二十三年丁酉（1897年）七十七岁

孙女庆曾暴卒于温州。同年徐树铭典试浙江，相晤叙旧。

光绪二十四年戊戌（1998年）七十八岁

春，长孙陛云赴京应会试，中式第三名探花及第。冬，辞诂经精舍讲席。

光绪二十五年己亥（1899年）七十九岁

初夏，著《骊山传》《梓潼传》各一部。十月，诂经精舍设先生长生牌位，力辞。冬，长孙妇生子僧宝，始有曾孙。

光绪二十六年庚子（1900年）八十岁

夏，闻同年徐树铭讣。八月，作《八十自悼》诗十八首。八月十三日，以祖父廷镳忌日，赋《述组德》长诗一首。

光绪二十七年辛丑（1901年）八十一岁

春，章炳麟来谒于苏州，斥之，辞气陵厉。秋，长女锦孙来，同赏桂闲谈于春在堂。九月二十七，同年直督合肥李鸿章卒于京，作联挽之。

光绪二十八年壬寅（1902年）八十二岁

春，辞归安龙湖书院、上海求志书院讲席。五月，长孙陛云简四川乡试副主考。六月，以明年乡举重逢，诏复翰林院编修原官。七月，长女锦孙卒。冬，携长孙陛云重游杭州，撤诂经精舍之长生牌位。

光绪二十九年癸卯（1903年）八十三岁

蒙古喀喇沁王贡桑诺乐布求书“夔庵”二字。长孙陛云获经济特科考试一等第八名。编定《春在堂杂文》六编三十七卷。值重游鹿鸣，不赴。作《续曲园自述诗》，止于今年。

光绪三十年甲辰（1904年）八十四岁

春，腰病大发，卧床不起。夏，读元人杂剧以消病中时光。

光绪三十一年乙巳（1905年）八十五岁

冬十月，《春在堂杂文》三十七卷刊行。

光绪三十二年丙午（1906年）八十六岁

应苏抚陈夔龙请，为寒山寺书唐张继《枫桥夜泊》诗碑文。作《别家人》等告别诗多首。十二月二十三日，卒于苏州寓庐。（按：公历已入1907年2月）临终，作《病中呓语》诗九首，预言将来。

附录二　主要参考书目

1. 俞樾. 名家联集丛编第一辑·春在堂楹联录存［M］. 北京：诗联文化，2008.

2. 俞樾. 春在堂楹联录存［M］. 台北：文海出版社，1973.

3. 汪少华，王华宝主编. 余樾全集·楹联录存［M］. 南京：凤凰出版社，2022.

4. 俞樾. 春在堂尺牍［M］. ［出版者不详］，1899年.

5. 俞樾. 春在堂诗编［M］. ［出版者不详］，1899年.

6. 俞樾. 春在堂杂文［M］. ［出版者不详］，1899年.

7. 俞樾. 春在堂随笔［M］. ［出版者不详］，1899年.

8. 俞樾. 右台仙馆笔记［M］. 上海：上海古籍出版社，1986.

9. 俞樾. 俞楼诗记［M］. ［出版者不详］，1899年.

10. 俞樾. 俞樾书信集［M］. 上海：上海人民出版社，2020.

11. 赵尔巽，等. 清史稿［M］. 1938年清史馆铅印本.